全球治理与教育变革丛书 / 阚阅 主编

国际精英

美国顶尖大学
国际化人才培养

段世飞 著

商务印书馆
创于1897
The Commercial Press

图书在版编目（CIP）数据

国际精英：美国顶尖大学国际化人才培养／段世飞著．—北京：商务印书馆，2024
（全球治理与教育变革丛书）
ISBN 978-7-100-23595-2

Ⅰ．①国⋯ Ⅱ．①段⋯ Ⅲ．①高等学校—国际化—人才培养—研究—美国 Ⅳ．① G649.712

中国国家版本馆 CIP 数据核字（2024）第 067054 号

权利保留，侵权必究。

全球治理与教育变革丛书
国际精英
美国顶尖大学国际化人才培养
段世飞　著

商　务　印　书　馆　出　版
（北京王府井大街 36 号　邮政编码 100710）
商　务　印　书　馆　发　行
江苏凤凰数码印务有限公司印刷
ISBN 978-7-100-23595-2

2024 年 7 月第 1 版　　　开本 890×1240　1/32
2024 年 7 月第 1 次印刷　印张 12⅞
定价：68.00 元

全球治理与教育变革丛书

总　序

全球治理(global governance)即"如何管理和规范我们生存的世界",这个命题古而有之,但其真正的发展与成熟则受到全球化和国际组织的助推。1989年世界银行(World Bank)在其研究报告《撒哈拉以南非洲:从危机到可持续增长》中探讨"治理的危机"(crisis of governance)问题时就首先使用了"治理"的表述。[1] 此后,全球治理的概念由美国国际政治理论家詹姆斯·罗西瑙(James Rosenau)等提出,[2] 并经联合国全球治理委员会(UN Commission on Global Governance)的提倡,[3] 仅十多年时间就从一个鲜有人知晓的名词变为"后冷战"时代国际事务研究与实践的核心主题。

随着全球治理理论和实践的发展,其"溢出"效应日益显著。全球治理的领域和范围早已从最初的国际关系领域延伸到更广泛的安全、经济、政治和社会事务领域。对于这样一种现实需求和学术趋

---

[1] The International Bank for Reconstruction and Development/The World Bank, *Sub-Saharan Africa: From Crisis to Sustainable Growth: A Long-Term Perspective Study*, Washington, DC: The International Bank for Reconstruction and Development/The World Bank, 1989.

[2] Rosenau, James N. and Czempiel, Ernst-Otto, *Governance without Government Order and Change in World Politics*, Cambridge: Cambridge University Press, 1992.

[3] Commission on Global Governance, *Our Global Neighborhood: Report of the Commission on Global Governance*, Oxford: Oxford University Press, 1995.

向,教育研究者显然应给予更多关注。正如加拿大学者卡伦·芒迪(Karen Mundy)指出的,政治科学、国际关系和公共管理领域最近的研究表明,国际的、地区的和跨国的行为主体及其政策过程的影响力正在增长,这种状况理应得到教育政策研究界的高度重视。① 对教育研究者来说,在业已开启并不断深化对全球化及国际组织研究的基础上,加强对全球治理与教育变革的研究,特别是对全球教育治理的研究,是一项重要而紧迫的任务。

一、全球化时代须更加关注全球教育发展

正如美国经济学家托马斯·弗里德曼(Thomas L. Friedman)在其畅销书《世界是平的:一部二十一世纪简史》(*The World Is Flat: A Brief History of the Twenty-first Century*)中所描述的,21 世纪初期处于一个"世界正被抹平"的全球化不断深入发展的进程当中。② 在全球化时代,教育正在打破既有的传统边界和藩篱,从一种具有强烈民族国家排他特征的专属物品,变成越来越具有全球属性的公共物品。

全球化的发展造成越来越多的趋同性教育问题。世界各国对教育的意义和目标的认识从来没有像今天这样趋同,各国的教育改革也从来没有像今天这样越来越成为席卷全球、具有不可遏止之态势和很多相似要素的"政策流行病"。质量、效率、绩效、公平等成为很多国家教育改革的共同目标,结构改革、市场机制、强化竞争、家校协同等也往往是教育改革的共同举措。全球化的发展催生了越来越多的教

---

① 卡伦·芒迪:"全球治理与教育变革:跨国与国际教育政策过程研究的重要性",《北京大学教育评论》2011 年第 1 期。
② Friedman, Thomas L., *The World Is Flat: A Brief History of the Twenty-first Century*, New York, NY: PICADOR, 2007.

育"全球空间"(global spaces);其影响远远超出了市场化的动态,并转化为互联互通水平的提高。特别是信息通信技术的发展,强化了超越地理领土的联系,导致很多超国家和超领土空间的出现。这些"全球空间"反过来又使得教育政策和教育优先事项的发展和流通超越国家层面,从而导致"去领土化"的进程。① 放眼世界,从全纳教育(Inclusive Education)到全民教育(Education for All),从终身学习(Lifelong Learning)到学习化社会(Learning Society),从国际理解教育(Education for International Understanding)到全球公民教育(Global Citizenship Education)等等,风起云涌的全球教育思潮和教育运动正在以一种独特的"国际制度国内化"方式形塑国家教育政策和教育发展的未来。

新的全球化背景对我们理解和认知教育问题提出了新的要求:在本体论上,强调全球化与全球教育问题发展所带来的全球图景(global landscape)这一全球本体对教育学及其相关知识体系建构的基础和核心意义;在方法论上,强调从全球本体出发,突破民族国家视野的束缚,以全球主义方法论重新建构人类对包括教育在内的政治、经济、文化、环境和社会等各领域全球化的认知和知识建构;在价值观上,倡导以全球意识、全球思维和全球价值来矫正单纯的国家主义的偏颇和不足。在当前加快建设"教育强国"的进程中,我国教育事业的发展离不开开放的国际环境和良好的外部条件。同时,全球教育发展也为我国"教育强国"建设提供了坐标、定位和方向,为接轨和对标国际先进教育制度,进而促进国内教育改革提供了机

---

① Solesin, Luca, "The Global Governance of Education 2030: Challenges in a Changing Landscape," *Education Research and Foresight Working Paper 26*, Paris, UNESCO, 2020.

遇和可能。

二、应对教育挑战须更加关注全球教育治理

全球教育治理是在全球化不断深入发展的背景下,为应对越来越多的全球教育挑战而采取的管理共同教育事务的诸多方法的总和。全球教育治理既是一种越来越走近我们教育生活和教育现实的教育现象,也是一种越来越走向各国教育改革和教育发展议程中心的教育政策。

事实上,全球治理的一个主要特征就是多样化的私人和公共行为体在地方、国家、国际和跨国多重水平与范围上的互动。当前,国际政策行为体在教育治理中也体现出日益明显的多层级的特征。在全球化背景下,各国政府、国际组织、跨国公司等行为体越来越重视在地区和全球层面开展教育对话、交流与合作。例如,很多国际组织正日益介入跨国层面的教育治理和政策协调。过去 30 年经济全球化的发展以及"冷战"的结束,已经改变了各国政府的战略重点及其管理和控制跨境教育服务的能力。经济一体化与自由化进程不仅削弱了战后凯恩斯福利国家的主权和能力,同时也造就了很多新形式的国际组织和跨国专门机构。其中,经合组织(OECD)、世界银行和世贸组织(WTO)等都尝试采取了大量的教育多边主义(educational multilateralism)措施。[①] 全球教育治理不再被视为一种空泛的理想主义,而日益成为一种正常的运作现象。教育正在逐步走向扩大了的全球治理改革议程的前沿。

---

① Mundy, Karen, "Global Governance, Educational Change," *Comparative Education*, Vol. 43, No. 3, 2007, p. 347.

当前我国已进入全面深化改革扩大开放的新时代。新时代的发展背景和发展形势，要求教育事业的发展同样要统筹国内国际两个大局。积极参与全球教育治理既是提升国家软实力和国际影响力的现实需求，也是加快实现社会主义现代化强国和中华民族伟大复兴的战略任务。2014年3月，习近平主席对联合国教科文组织（UNESCO）进行了历史性访问并发表重要演讲。习近平主席指出，"中国高度重视同教科文组织的合作，愿意加大参与教科文组织的各项活动"[①]。2023年9月，习近平主席会见联合国教科文组织总干事奥德蕾·阿祖莱（Audrey Azoulay）时再次强调，中国愿同联合国教科文组织开展更紧密合作，促进各种文明交流互鉴、包容合作，助力世界和平，推动构建人类命运共同体。中国坚持科教兴国战略，积极推进教育、科技、文化事业发展，重视同联合国教科文组织等各方开展国际交流合作。中方愿同联合国教科文组织一道努力，为促进全球共同发展作出贡献。[②] 习近平主席的讲话对中国全面参与全球教育治理发出了号召，做出了动员。在全球治理的积极参与中，倡导构建人类命运共同体，促进全球治理体系变革，推动国际秩序朝着更加开放、包容、普惠、平衡、共赢的方向发展，寻求与世界其他国家和地区的共同发展，将国家的繁荣与人类的共同福祉联系在一起，已经成为我国的重要战略。

三、全球教育治理发展更需中国有效参与

与学术研究相比，我国对于全球治理的政治实践则步伐更快，也

---

① 习近平：《在联合国教科文组织总部的演讲》，2014年3月27日，https://www.gov.cn/xinwen/2014-03/28/content_2648480.htm。
② 新华社：《习近平会见联合国教科文组织总干事阿祖莱》，2023年9月28日，https://www.gov.cn/yaowen/liebiao/202309/content_6906880.htm。

提出了更加明确的任务和目标。2012 年党的十八大报告首次提出，全球治理机制正在发生深刻变革。党的十八大报告对我国参与国际事务进行了系统规划，重申了我国的原则和目标，即"中国将坚持把中国人民利益同各国人民共同利益结合起来，以更加积极的姿态参与国际事务，发挥负责任大国作用，共同应对全球性挑战"，特别是"坚持权利和义务相平衡，积极参与全球经济治理"，以及"积极参与多边事务，推动国际秩序和国际体系朝着公正合理的方向发展"。① 这是党中央在对国内外形势准确判断和把握的基础上，强调实行更加积极主动开放战略的重大部署。2013 年党的十八届三中全会进一步将"完善和发展中国特色社会主义制度，推进国家治理体系和治理能力现代化"作为全面深化改革的总目标。② 2015 年 10 月，习近平总书记在主持十八届中共中央政治局第二十七次集体学习时指出，要"积极发掘中华文化中积极的处世之道和治理理念同当今时代的共鸣点，继续丰富打造人类命运共同体等主张，弘扬共商共建共享的全球治理理念"③。2016 年 9 月，习近平在主持十八届中共中央政治局第三十五次集体学习时强调，中国要"积极参与全球治理，主动承担国际责任"④。党的十九大报告指出："中国秉持共商共建共享的全球治理观，倡导国际关系民主化，坚持国家不分大小、强弱、

---

① 新华社："胡锦涛在中国共产党第十八次全国代表大会上的报告"，2012 年 11 月 17 日，https://www.gov.cn/ldhd/2012-11/17/content_2268826_7.htm。
② 新华社："中国共产党第十八届中央委员会第三次全体会议公报"，2013 年 11 月 12 日，https://www.gov.cn/hudong/2015-06/09/content_2875841.htm。
③ 新华社："习近平在中共中央政治局第二十七次集体学习时强调推动全球治理体制更加公正更加合理，为我国发展和世界和平创造有利条件"，2015 年 10 月 13 日，https://www.gov.cn/xinwen/2015-10/13/content_2946293.htm。
④ 新华社："习近平在中共中央政治局第三十五次集体学习时强调加强合作推动全球治理体系变革，共同促进人类和平与发展崇高事业"，2016 年 9 月 28 日，https://www.gov.cn/xinwen/2016-09/28/content_5113091.htm。

贫富一律平等，支持联合国发挥积极作用，支持扩大发展中国家在国际事务中的代表性和发言权。中国将继续发挥负责任大国作用，积极参与全球治理体系改革和建设，不断贡献中国智慧和力量。"① 2019年10月，党的十九届四中全会从政治上、全局上、战略上对治理体系和治理能力这一重大问题进行研究部署，并立足当前、着眼长远，做出《中共中央关于坚持和完善中国特色社会主义制度，推进国家治理体系和治理能力现代化若干重大问题的决定》的战略决策。2022年10月，党的二十大报告提出："中国积极参与全球治理体系改革和建设，践行共商共建共享的全球治理观，坚持真正的多边主义，推进国际关系民主化，推动全球治理朝着更加公正合理的方向发展。"② 上述发展论述表明，统筹国内国际两个大局，推动全球治理体制向着更加公正合理的方向发展，为我国发展和世界和平创造更加有利的条件，是以习近平同志为总书记的党中央治国理政新理念、新思想、新战略的重大主题之一。

参与全球教育治理是当前和今后我国基于全球发展大势而做出的历史选择，也是顺势而为所应迈向的必由之路。党中央和国务院高度重视全球教育治理问题，并对当前及今后我国参与全球教育治理做出一系列重要战略安排。2016年4月，中共中央办公厅、国务院办公厅联合印发的《关于做好新时期教育对外开放工作的若干意见》提出，"促进教育领域合作共赢，尤其是加强与国际组织的合作，拓展有关国际组织的教育合作空间，选拔推荐优秀人才到国际组织任职，积极

---

① 习近平："决胜全面建成小康社会，夺取新时代中国特色社会主义伟大胜利——在中国共产党第十九次全国代表大会上的报告"，2017年10月18日，https://www.gov.cn/zhuanti/2017-10/27/content_5234876.htm。

② 习近平："高举中国特色社会主义伟大旗帜，为全面建设社会主义现代化国家而团结奋斗——在中国共产党第二十次全国代表大会上的报告"，2022年10月16日，https://www.gov.cn/xinwen/2022-10/25/content_5721685.htm。

参与全球教育治理，提升发展中国家在全球教育治理中的发言权和代表性"①。该意见首次从国家政策层面提出全球教育治理的表述，标志着全球教育治理在中国正由一种理论设想逐步变成行动实践。2019年2月，中共中央、国务院印发的《中国教育现代化2035》，再度强调"开创教育对外开放新格局"，特别是要"积极参与全球教育治理，深度参与国际教育规则、标准、评价体系的研究制定。推进与国际组织及专业机构的教育交流合作。健全对外教育援助机制"②。这是在面向教育现代化和教育强国的中长期规划中对积极参与全球教育治理做出的全面部署。2023年5月，习近平总书记主持二十届中共中央政治局第五次集体学习时发表重要讲话指出，"要完善教育对外开放战略策略，统筹做好'引进来'和'走出去'两篇大文章，有效利用世界一流教育资源和创新要素，使我国成为具有强大影响力的世界重要教育中心。要积极参与全球教育治理，大力推进'留学中国'品牌建设，讲好中国故事、传播中国经验、发出中国声音，增强我国教育的国际影响力和话语权"③。习近平总书记的讲话精神为新时代我国有效参与全球教育治理更加明确了方向和目标。

中国作为联合国教科文组织等联合国机构的重要会员国，作为世界上人口最多、教育规模最大的国家，如何进一步提高与联合国教科文组织等国际机构的合作水平，全面开启全球教育治理新征程，引领世界教育发展潮流，是摆在我们面前的新的历史任务。新时代是中国

---

① 新华社："中共中央办公厅、国务院办公厅印发《关于做好新时期教育对外开放工作的若干意见》"，2016年4月29日，https://www.gov.cn/zhengce/2016-04/29/content_5069311.htm。
② 新华社："中共中央、国务院印发《中国教育现代化2035》"，2019年2月23日，https://www.gov.cn/xinwen/2019-02/23/content_5367987.htm。
③ 新华社："习近平主持中央政治局第五次集体学习并发表重要讲话"，2023年5月29日，https://www.gov.cn/yaowen/liebiao/202305/content_6883632.htm。

日益走进世界舞台中央、不断为人类做出更大贡献的时代。中国秉持共商共建共享的全球治理观,将继续发挥负责任大国作用,积极参与全球治理体系改革和建设,不断贡献中国智慧和力量。建设教育强国,意味着中国教育将以更加开放的姿态全面走向世界,中国将成为世界重要的教育中心之一,更加积极地参与全球教育治理,以中国教育发展的理论、经验、道路、模式为解决世界教育发展问题提供中国方案。中国教育的发展模式本身就是它的最大资产和对全球教育发展的最大贡献。基于自身的治理实践,中国将为全球教育治理做出重大贡献。

四、有效参与全球教育治理更须加强研究

尽管国际、地区和跨国行为主体的影响力日益增强,然而对这些行为主体对国内和全球教育变革影响的研究仍处于起步阶段,对世界政治体系的教育动力讨论仍需要加强。从这个意义上讲,需要通过持续的研究形成对全球治理与教育变革以及全球教育治理的科学认知与全面理解。

全球教育治理不仅是时代发展的产物,也是顺应全面深化改革和全方位开放的需要,更是比较教育研究者应该关注的重要课题。顾明远教授、王英杰教授和张民选教授在《全球化时代比较教育的挑战与使命》一文中明确指出,比较教育研究所面对的问题已远远不仅仅是单向的教育借鉴和国别教育的相似与差异分析,其研究的问题更加全球化,全球治理赋予了比较教育研究者新的使命和新的任务。[①] 刘宝

---

① 顾明远、王英杰、张民选:"全球化时代比较教育的挑战与使命",《比较教育研究》2015年第4期。

存教授等也指出，在"全球治理"的语境中，教育领域不断出现很多新问题，如全球教育治理、国际教育援助、国际理解教育、全球公民教育、可持续发展教育等；这些是以往比较教育研究或教科书中并不关注或较少关注的边缘领域，而"全球治理"的出现使其成为亟待研究的重要问题。[①]

中国参与全球教育治进程更是一个新生的事物和全新的探索。对于制约中国参与全球教育治理进一步深入和持久发展的很多制度性、机制性和学理性问题仍需要做更多的反思、研究、分析和破解。科学理解全球教育治理的内涵，认清全球教育治理存在的危机，厘清中国在全球教育治理变革中的角色，以及寻求全球治理与国家治理的有效互动，对当代中国及当代中国的教育发展具有重大意义，也显得十分迫切和必要。

虽然全球教育治理在中国的提出，无论从决策层还是学术界都相对滞后，但却拥有更多的认知基础和"后发优势"。"全球治理与教育变革丛书"正是为适应理论、政策与实践的发展与需求而推出的。本丛书依托教育部国别和区域研究备案中心——浙江大学联合国教科文组织研究中心的系列研究成果，特别是中心所承担的教育部哲学社会科学研究重大课题攻关项目"我国在开放科学领域有效参与全球治理研究"（项目批准号：22JZD043）、国家社科基金教育学重点课题"自贸港（自贸区）建设背景下的教育对外开放研究"（课题批准号：AFA210013）、浙江省哲学社会科学规划重大项目"中国有效参与全球教育治理的路径及战略研究"（课题编号：22QNYC01ZD）、中国联合国教科文组织全国委员会委托项目"联合国教科文组织全

[①] 刘宝存、臧玲玲："全球化时代的比较教育：机遇、挑战与使命"，《教育研究》2020 年第 3 期。

球教育治理机制以及我国的有效参与"等项目的研究成果，中心以"国际组织与全球教育治理"为主要方向培养博士研究生和硕士研究生的学业成果，以及本领域相关研究者的重要成果。我们期待这些研究成果能够为更深入认识和理解全球治理与教育变革问题，以及更有效参与和贡献全球教育治理实践，提供相关的信息和可能的参考。

在开展全球治理与教育变革研究的过程中，我们也深感知识的匮乏和能力的有限，这套丛书所呈现的仍只是非常初步的探索成果，期待学界同仁的批评指正。我们也希望在不断加强自身能力建设的同时，与所有热心于全球治理与教育变革的人士一道为更好开展研究和更好服务实践而不懈努力。

是为序。

2024 初夏谨识于浙大紫金港

目 录

序一 ………………………………………………… 刘宝存 1
序二 ………………………………………………… 张应强 4

导论 …………………………………………………………… 7
  第一节 全球治理与中国的高层次国际化人才 ………………… 7
  第二节 何为高层次国际化人才 ……………………………… 16
  第三节 国际化人才研究的新推进 …………………………… 26
  第四节 库恩范式理论视角下的国际化人才培养研究 ……… 43

第一章 美国顶尖大学国际化人才培养的前范式时期 ……… 57
  第一节 移植与复制：国际化人才培养的英国导向 ………… 58
  第二节 借鉴与改造：国际化人才培养的德国导向 ………… 60
  第三节 前范式时期美国顶尖大学国际化人才培养的因素 … 69

第二章 美国顶尖大学国际化人才培养范式的形成 ………… 82
  第一节 20世纪初期美国顶尖大学国际化人才培养范式形成
       的动力 ……………………………………………… 84
  第二节 美国顶尖大学国际化人才培养范式的正式确立 …… 102
  第三节 推动美国顶尖大学国际化人才培养范式形成与确立
       的主次因素 ………………………………………… 118

第三章　美国顶尖大学国际化人才培养范式的危机与转换 …… 132
第一节　美国顶尖大学国际化人才培养范式的危机 …… 133
第二节　美国顶尖大学国际化人才培养范式的转换 …… 137
第三节　美国顶尖大学国际化人才培养范式危机与转换的分析 …… 148

第四章　美国顶尖大学国际化人才培养范式案例研究（上）…… 155
第一节　哈佛大学 …… 155
第二节　麻省理工学院 …… 198

第五章　美国顶尖大学国际化人才培养范式案例研究（下）…… 227
第一节　哥伦比亚大学 …… 227
第二节　加州大学伯克利分校 …… 260

第六章　美国顶尖大学国际化人才培养范式及转换分析 …… 293
第一节　美国顶尖大学国际化人才培养范式 …… 293
第二节　美国顶尖大学国际化人才培养的范式转换分析 …… 333

结论 …… 353

参考文献 …… 368
后记 …… 394

序 一

刘宝存（北京师范大学国际与比较教育研究院院长）

　　随着全球化的深入发展，各国对国际化人才的需求日益增加，近年来相继推出吸引人才的种种政策便充分反映出后疫情时代全球人才争夺的激烈程度。在全球化时代，高等教育在国际化人才培养中扮演着关键性角色，为国家培养具有国际理解力与跨文化沟通力的国际化人才成为高等学校的历史使命。从我国国际化人才培养的实践看，从以往的"211""985"工程到现在的"双一流"建设计划，都在重点推进世界一流大学和一流学科建设，同时也把国际化人才培养放在突出位置。毋庸置疑，这些制度建设工程已经取得了显著成就，从诸多世界大学排行榜、ESI论文发表和引用量、跻身ESI前1‰的学科量等指标看，我国不少高校已经接近世界一流大学水平。但在拔尖创新人才培养特别是高层次国际化人才培养方面，我国高等学校起步晚，长期处于模仿、学习和借鉴的阶段，虽然已经有了国际化的基本样态，与发达国家的顶尖大学相比还有很大的改进空间。在很长一段时间中，我国曾经通过出国留学教育培养了大批高层次国际化人才，但在当前地缘政治关系紧张、美西方加强对中国的科技封锁和人才遏制的情况下，如何实现拔尖创新人才的自主培养，加快培养具有国际视野和国际竞争力的国际化人才，是当前我国高等教育改革的重要课题。

北京师范大学王英杰教授曾经指出:"我们的一流大学不能再被拖着被动地进入国际化大潮中去,而应当站在国际化的最前列,为我国构建和引领'人类命运共同体'培养合格人才,提供基础性的服务和支撑。"新的国际形势和建设人类命运共同体的使命,要求我们借鉴发达国家的经验构建中国的国际化人才培养体系,从更广视野、更高格局充分了解发达国家国际化人才培养范式的价值理念,总结其国际化人才培养范式转换中的经验教训,从而制定较为完备的国际化人才培养政策,形成具有全球竞争力的国际化人才培养"中国范式",最终赢得全球人才竞争的战略主动权,引领世界高等教育国际化的发展。正是在这样的大背景下,段世飞博士《国际精英:美国顶尖大学国际化人才培养》的出版,为探讨国际化人才培养做了有益的尝试。该著作运用库恩的范式理论,研究了美国顶尖大学国际化人才培养的前范式时期的特征,分析了美国顶尖大学国际化人才培养范式的形成过程与影响因素,探索了美国顶尖大学国际化人才培养范式的危机与转换,并以哈佛大学、麻省理工学院、哥伦比亚大学和加州大学伯克利分校为例对美国顶尖大学国际化人才培养范式进行了案例研究,总结了美国顶尖大学国际化人才培养范式及其转换逻辑。

近年来关于国外大学人才培养的成果并不鲜见,段世飞博士的这部著作显然在以下几个方面做出了自己的贡献:第一,该著作突破了已有高等教育国际化研究的理论框架,运用库恩的范式理论诠释美国顶尖大学国际化人才培养的发展历程和范式转换,对美国顶尖大学国际化人才培养进行了深刻的理性思考。第二,提出了价值观念、模型框架(制度建设)和实践规范相结合的大学国际化人才培养理论模型,为国际化人才培养的"范式"构建奠定了基础。第三,把大学的国际化人才培养放到国家安全、经济竞争、文化思想、社会组织等宏观背景下进行考察，并把国际化人才培养放到大学的教学、科研、合作、社会服务等大学使命中，全面分析政府、社会和大学在大学国际化人才培养的作用，揭示大学国际化人才培养的本质。

当然，本书也存在一些不足，如所选的四个案例学校是否具有代表性？不同类型的大学国际化人才培养是否具有鲜明的个性特征？个性特征和共性特征背后的影响因素是什么？这些问题都需要进一步论证。不过瑕不掩瑜，本书仍然不失为一部研究大学国际化人才培养的好书。

段世飞博士曾经在北京师范大学国际与比较教育研究院攻读硕士学位，后来进入清华大学教育研究院攻读博士学位，本书就是在他的博士学位论文的基础上修改而成的。作为段世飞博士的硕士生导师，我为他的快速成长和该著作的出版感到欣慰，也期待着他有更多的高水平成果问世。作为一名长期在比较教育特别是比较高等教育领域耕耘的教育工作者，我也衷心希望有更多的中青年学者关注世界主要国家高等学校的国际化人才培养，关注我国拔尖创新人才的自主培养体系构建，共同解决我国高校国际化人才培养的关键问题和瓶颈问题。

2024 年 3 月于北京师范大学

序 二

张应强（浙江大学求是特聘教授）

当今世界，全球化、国际化趋势不可逆转，全球经济、政治、文化、科技等领域的交流与合作日益频繁，国际竞争愈发激烈，高质量国际化人才的重要性凸显。培养具有主动适应新一轮科技革命和产业变革的专业知识和技能，同时兼具人类命运共同体意识、国际视野、跨文化交流能力和全球竞争力的国际化人才，成为世界各国高等教育的重要任务。

党的二十大报告提出"实施科教兴国战略，强化现代化建设人才支撑"，对教育、科技、人才做出了一体化部署。我国高水平大学作为教育、科技、人才的汇聚性载体，在教育强国、科技强国和人才强国建设中具有枢纽作用。建设教育强国，龙头是高等教育，培养高质量国际化人才，是我国高水平大学义不容辞的使命任务。这就需要立足中国国情，直面国际化人才队伍建设中存在的突出问题；需要加大高等教育对外开放和国际合作，学习和借鉴世界各国国际化人才培养的经验。

段世飞博士的专著《国际精英：美国顶尖大学国际化人才培养》的出版可谓恰逢其时。本书对美国顶尖大学国际化人才培养的历史阶段、范式转换、驱动理念和内在逻辑等进行了比较全面和深入的研究。综合来看，该书具有以下三大特色。

首先，将范式理论引入大学国际化人才培养研究领域，具有较强的理论性。本书以库恩的范式理论为基础，通过对范式理论方法论的创新性运用，揭示了美国顶尖大学国际化人才培养的"黑箱"，打开了国际化人才培养研究的新思路，拓展了国际化人才培养研究的边界。同时，本书把握住了美国顶尖大学国际化人才培养范式与科学发展范式的逻辑一致性，指出美国顶尖大学国际化人才培养范式，既包括了国际化人才培养的价值理念，又包括了国际化人才培养的模型框架和实践规范。

其次，对美国顶尖大学国际化人才培养范式发展阶段的研究具有创新性。该书根据美国顶尖大学国际化人才培养的历史逻辑，对国际化人才培养范式的三个发展阶段进行了具体研究。一是把握了前范式时期美国顶尖大学国际化人才培养的英国导向、德国导向以及影响因素，并用"移植与复制""借鉴与改造"概括了该时期国际化人才培养的整体导向；二是阐释了范式形成时期美国顶尖大学国际化人才培养范式形成的动力，认为作为主导力量的政府和社会组织提供的强大支持，是推动美国顶尖大学国际化人才培养范式形成与确立的重要因素；三是着眼于范式危机与转换时期美国顶尖大学国际化人才培养出现的"新变化"，通过对国际化人才培养参与主体转换的分析，揭示了国际化人才培养范式转换的内在机理。

最后，坚持理论与实践相结合，以具体案例佐证理论研究。本书在进行理论分析的同时，还以哈佛大学、麻省理工学院、哥伦比亚大学、加州大学伯克利分校这四所高校为案例，对美国顶尖大学的国际化人才培养进行了案例研究。本书认为，这四所美国顶尖高校虽各有其独特的国际化人才培养战略与举措，但其培养范式也有诸多相似之处，反映了美国顶尖大学国际化人才培养的共同特质。本书还认为，美国顶尖大学国际化人才培养的经验，对于我国高校培养高质量国际化人才，提升高等教育国际话语权，加强与世界高等教育对话具有积极意义。

本书还针对我国高校国际化人才培养难题，提出了具有针对性的优化策略。如借鉴美国国际化人才培养的范式特点、全球理念、协同机制、统一实践，树立我国国际化人才培养理念，构建国际化人才培养范式，建构国际化人才培养框架，建设国际化人才培养规范等。

本书是一本探究美国顶尖大学国际化人才培养的佳作，对于高等教育国际化研究者和大学国际化管理者具有重要启示意义，对政府有关部门优化高等教育国际化政策具有重要参考价值。

当前，拔尖创新人才已成为重要战略资源。对我国高等教育改革发展而言，这一方面要求全面提高人才自主培养质量，聚天下英才而用之；另一方面需要立足中国国情，培养具有国际视野与家国情怀的高质量国际化人才。这就需要我们从走出一条具有中国特色的世界一流大学建设新路和建成教育强国的使命任务出发，不断深化对高质量国际化人才培养重要性和紧迫性的认识，继续研究和总结世界各国国际化人才培养的经验和教训，为我国高校培养拔尖创新人才和高质量国际化人才提供有益借鉴。

2024 年 3 月于浙江大学

导　论

第一节　全球治理与中国的高层次国际化人才

当今时代是全球化的时代，各国间都有着深入的交流与联系，人才更是在全球范围内流动，这使得新时代人才培养的特征之一便是全球人才竞争。① 全球化在影响世界经济、政治和文化的同时，一定程度上改变乃至塑造了世界高等教育的发展模式，高等教育被全球化的浪潮卷入一个全新的开放环境中，高等教育国际化的形成、发展与全球化有着密不可分的关系。菲利普·G.阿特巴赫（Philip G. Altbach）指出，"全球化是21世纪的关键现实，已经深刻影响了高等教育。高等教育国际化是大学和政府为应对全球化而实施各种政策和计划的行动"②。在现有的价值规范和价值体系之中，国际性是高等教育的一项恒常性价值，高等教育在人才培养方面表现出的特点，决定了它的国际性。③ 随着全球化进程的加快，高等教育需要承担起为国家培养

---

① 中国教育新闻网："加快培养具有全球竞争力的国际化人才"，2020年7月6日，http://www.jyb.cn/rmtzcg/xwy/wzxw/202007/t20200706_342560.htm。
② Altbach, Philip G., Reisberg, Liz & Rumbley, Laura E., *Trends in Global Higher Education: Tracking an Academic Revolution*, Dordrecht: Sense Publishers, 2010, pp.6-7.
③ 王英杰、高益民："高等教育的国际化——21世纪中国高等教育发展的重要课题"，《清华大学教育研究》2000年第2期。

国际化人才的艰巨任务，这种人才应具有国际理解的胸怀，并且具有开阔的国际视野，以及一定的国际沟通能力。

全球化使得国与国之间的经济依赖性增强，全球人才竞争进入白热化阶段，各国为了在国际竞争中抢占先机，并掌握绝对的主动权，将培养具有国际交往能力和国际竞争力的人才视为实现国家发展战略的重要保障，同时通过推动国家间的学生流动，来培养尊重各国文化、具有国际视野的高素质国际化人才。如 1945 年，英国《帕西报告》曾指出，要大力推行大学的国际化进程；2009 年，英国官方国家教师网指出："到 2020 年，政府将要求所有学校均采用全球公民的培养模式培养学生。"[①] 无独有偶，在 1987 年，欧洲共同体就已经有所行动，通过制定"伊拉斯谟计划"，鼓励欧洲学生走向世界；到 1999 年，欧洲国家又提出"博洛尼亚进程"，旨在消除欧洲国家之间学生流动的障碍。俄罗斯同样积极加强与亚太地区和欧洲地区的高等教育合作，推动一系列高等教育国际化改革，努力提升其国际化人才的竞争力。非盟则提出"一体化战略"，鼓励高等教育机构间加强合作，推动成员国学生的国际流动。在亚洲地区，印度通过开设区域教育研究中心，利用英语语言优势，促进跨学科跨文化研究，成为南亚地区优质的区域教育中心；泰国与多个具有世界影响力的国际组织建立联系，为泰国高等教育向这些"落户"的国际组织培养和输送国际化人才创造可能；日本自 20 世纪 70 年代以来，已经成为高等教育国际化程度最高的国家之一，并与联合国教科文组织等国际组织建立联系，鼓励学生积极参加国际会议，于 1987 年便提出要进行国际化人才的培养，即培育出具有宽阔胸襟，身体健康，具有丰富创造力，具

---

① 李成明、张磊、王晓阳："对国际化人才培养过程中若干问题的思考"，《中国高等教育》2013 年第 6 期。

有自由、自律以及一定的公共精神，同时能够面向世界发展的日本人；① 而韩国也在向美国等发达地区不断输送国际学生，同时促进国际学生在政治与经济领域内不断发展，在 1995 年提出要培养"引导国际化潮流的人"。② 除了主权国家和欧盟等国际组织，联合国教科文组织也从全球公民教育的角度提出要培养国际化人才，该组织在 2015 年就全球公民教育发布了第一本教学指南《全球公民教育：话题与学习目标》，该指南旨在帮助成员国确保不同年龄层和背景的学习者发展成为有信息获取能力和批判认知能力、能深入社会、具有伦理意识和懂得参与的全球公民。③

高等教育国际化的终极目标是培养高水平、具有独特创造力和国际竞争力的复合型、创新型国际化人才，只有培养和吸引足够多具备跨文化领导力的国际化人才，一个国家才能在国际竞争中占据主动。同样，如果一所大学培养不出具有国际竞争力的国际化人才，那么这所大学也很难成为世界一流大学，"世界一流大学培育出了很多具有国际视野、全球竞争力强、具有高素质的人才，而这些人才的培养也会提高大学的名誉，提高其在国际地位上强有力的竞争地位"④。在全球化的影响下，不同国家和地区的一流大学将培养国际化人才作为首要任务。从"全球顶尖大学计划"开始，日本大学寻求国民教育与全球化国际教育的融合，培养具有国际视野的

---

① 李成明、张磊、王晓阳："对国际化人才培养过程中若干问题的思考"，《中国高等教育》2013 年第 6 期。
② 李军、段世飞、胡科："高等教育国际化的阶段特征与挑战"，《高教发展与评估》2020 年第 1 期。
③ 王英杰："后疫情时代教育国际化三题"，《比较教育研究》2020 年第 9 期。
④ 新华网·教育关注："一流大学国际化人才培养的共性特征"，2020 年 12 月 19 日，http://education.news.cn/2016-12/19/c_129411152.htm。

"世界日本公民";① 德国大学为了培养出国际化人才,加大了教师在国际学术方面的交流力度,仅 1992 年一年,就通过洪堡基金会赞助 2300 名德国学者进行国际交流;② 中国香港的香港科技大学将培养有贡献、有担当、具有企业精神的全球公民作为国际化人才培养目标。③ 培养适应高等教育国际化新变化和新挑战的人才,成为彰显全球化时代高等教育办学成效不可或缺的要素。

以高水平研究型大学为代表的顶尖大学是推动高等教育国际化发展的重要力量。美国高等教育有着近百年的国际化历史,其顶尖大学在国际化人才培养方面积淀了较为成熟的经验。美国依靠其在政治、经济和文化等方面的领先地位,在全球范围内推动其顶尖大学的国际化,并将培养具有全球竞争力的国际化人才作为增强美国全球影响力的重要战略途径。二战后,美国制定了与国际化人才培养密切相关的公共外交法律,如《富布莱特法案》《国防教育法》《富布莱特-海斯法》《国际教育法》等,这些法案一方面为美国培养了大量的区域研究和外语人才,另一方面也提升了美国顶尖大学在外国留学生中的影响力,为美国顶尖大学国际化人才培养的生源国际化创造可能。进入 21 世纪,顶尖研究型大学正变得越来越国际化,出现了新兴全球模式(Emerging Global Model)。④ 特别是为应对全球化时代高等教育国际化的挑战,美国提出了"全面国际化"(Comprehensive Internationalization)的治学理念,从学校层面进行系统考虑,将国际化理念逐渐

---

① 郭伟、崔佳、赵明媚等:"日本世界一流大学建设变迁、特征与启示",《高教研究》2020 年第 9 期。
② 李永强、罗云:"师资队伍国际化:建设世界一流大学的关键",《中国农业教育》2009 年第 3 期。
③ 王英杰:"广义国际化与世界一流大学建设",《比较教育研究》2018 年第 7 期。
④ Mohrman, Kathryn, Ma, Wanhua & Baker, David, "The Research University in Transition: The Emerging Global Model", *Higher Education Policy*, Vol. 21, No. 1, 2008.

融入学校的发展中,将其与学校的价值体系融为一体,使其符合学校发展的定位,进而影响其国际化人才的培养。① 美国顶尖大学通过优化整合国际化资源,全方位、全要素地推动国际化人才的培养,促使美国的顶尖大学在国际化人才培养方面走在世界前列。

美国顶尖大学的国际化人才培养理念鲜明,并凸显于其人才培养成果之中。例如,据1946年以来的数据统计,世界银行的13任行长均毕业于美国最顶尖的研究型大学,而其中有8人均是哈佛大学的高材生(见表0-1)。②

表0-1 世界银行历任行长概况

姓名	在任年份	国籍	教育背景	职业经历
尤金·迈耶 (Eugene Meyer)	1946	美国	加州大学伯克利分校、耶鲁大学	《华盛顿邮报》出版人、美国联邦储备委员会主席
约翰·麦克洛伊 (John Jay McCloy)	1947—1949	美国	阿默斯特学院(Amherst College)、哈佛大学	律师、美国战时副国务卿
尤金·布莱克 (Eugene Robert Black)	1949—1962	美国	佐治亚大学(University of Georgia)	美国大通银行高级主管、美国联邦储备委员会主席、世界银行执行董事
乔治·伍兹 (George David Woods)	1962—1968	美国	哈佛大学	第一波士顿银行高级主管

---

① 马嵘、程晋宽:"美国高校的全面国际化——基于组织变革的视角",《高等教育研究》2019年第4期。

② 张汉、赵寰宇:"中国大学如何培养全球治理人才?——美国研究型大学的经验及其启示",《经济社会体制比较》2019年第1期。

(续表)

姓名	在任年份	国籍	教育背景	职业经历
罗伯特·麦克纳马拉（Robert Strange McNamara）	1968—1981	美国	加州大学伯克利分校、哈佛大学	美国国防部长、福特汽车业务高级主管
奥尔登·克劳森（Alden Winship Clausen）	1981—1986	美国	迦太基学院（Carthage College）、明尼苏达大学双城分校（University of Minnesota-Twin Cities）、哈佛大学	律师、美国银行高级主管
巴伯·科纳布尔（Barber Conable）	1986—1991	美国	康奈尔大学	纽约州参议员、美国国会议员
刘易斯·普雷斯顿（Lewis Preston）	1991—1995	美国	哈佛大学	摩根大通银行高级主管
詹姆斯·沃尔芬森（James D. Wolfensohn）	1995—2005	美国	悉尼大学、哈佛大学	公司律师、银行家
保罗·沃尔福威茨（Paul Wolfowitz）	2005—2007	美国	康奈尔大学、芝加哥大学	美国国防部副部长、约翰斯·霍普金斯大学保罗·H. 尼采高级国际问题研究院主任
罗伯特·佐利克（Robert B. Zoellick）	2007—2012	美国	斯沃斯莫尔学院（Swarthmore College）、哈佛大学	高盛银行高级主管、常务副国务卿、美国贸易代表
金墉（Jim Yong Kim）	2012—2019	美国	布朗大学（Brown University）、哈佛大学	医生、健康伙伴组织（Partnersin Health）联合创始人、达特茅斯学院（Dartmouth College）第17任校长

（续表）

姓名	在任年份	国籍	教育背景	职业经历
戴维·马尔帕斯（David Malpass）	2019—2023	美国	科罗拉多大学、丹佛大学	美国财政部副部长

资料来源：张汉、赵寰宇，"中国大学如何培养全球治理人才？——美国研究型大学的经验及其启示"，《经济社会体制比较》2019年第1期。

如表0-1所示，这些世界银行行长所学专业不一，所毕业的顶尖大学不尽相同，特别是各校国际化的发展战略和路径也有较大差异，但这些顶尖大学在国际化人才培养方面亦有着较多共性特点，主要目标都是培养复合型的国际化人才，且这种国际化人才具有跨文化的学习和交流能力，并能够熟练应用各种国际法则和处事惯例，同时拥有较强的国际化理念。① 哈佛大学最早提出"全球性大学"的教育理念，该校前校长德里克·博克（Derek Bok）将"全球化素养"作为"大学生最重要的八个教育目标"之一；② 耶鲁大学向全体学生提供国际经验机会，为到国外工作、学习或开展科研的本科生提供经费支持；华盛顿大学的人才培养目标增加了"国际理解和交流"；加州大学伯克利分校将"扩大学生的国际参与性"作为其国际化办学理念，让学生能从多元视角分析国际性问题；伊利诺伊大学厄巴纳-香槟分校通过组织学生赴海外学习获得批判性思维，让学生通过感受异域文化拓宽全球视野，从国际视角来体验多元文化；③ 波士顿大学提出培养"世界公民"；宾州州立大学的教育目标也是培养"全球公民"

---

① 季波、刘毓闻、陈龙等："美国高校国际化人才培养模式的特征与启示——以美国五所知名研究型高校为例"，《华南师范大学学报（社会科学版）》2019年第6期。

② 德里克·博克：《回归大学之道：对美国大学本科教育的反思与展望》，侯定凯译，华东师范大学出版社2008年版，第44—45页。

③ 季波、刘毓闻、陈龙等："美国高校国际化人才培养模式的特征与启示——以美国五所知名研究型高校为例"，《华南师范大学学报（社会科学版）》2019年第6期。

"全球领袖"……在高等教育国际化浪潮的推动下，美国出现了一大批享誉全球的国际教育品牌和顶尖大学，这些顶尖大学让美国的高等教育极具国际竞争力，吸引了来自全球各地的国际学生，为美国顶尖大学的国际化人才培养提供了国际化的校园环境。不管是鼓励在校学生积极出国、培养全球化的思维，还是为外来学生营造国际化的环境，在全面国际化的办学理念指引下，美国顶尖大学的国际化人才培养成效显著。

党的十八大以来，以习近平同志为核心的党中央根据现有国内国际形势，提出我国要强化参与全球治理能力，积极推动全球治理体系变革。① 国际化人才是我国参与全球治理体系工作的重要基础——我国高等教育的宗旨是培养高素质人才，而国际化人才的培养需要依靠我国的高等教育，通过提升国际化人才培养的质量，增强我国参与全球性事务及问题解决的能力，加快推动我国由高等教育大国向高等教育强国转变。

面向教育现代化，我国教育改革的主要目标之一就是培养具有全球竞争力和具有国际视野的高层次国际化人才。② 2019 年，中共中央办公厅、国务院办公厅印发的《加快推进教育现代化实施方案（2018—2022 年）》也提出要"围绕共建'一带一路'，大力提升对高层次国际化人才的培养，全面提升教育对外开放水平"③。2020 年，教育部等八部门《关于加快和扩大新时代教育对外开放的意见》强调

---

① 张汉、赵寰宇："中国大学如何培养全球治理人才？——美国研究型大学的经验及其启示"，《经济社会体制比较》2019 年第 1 期。
② 中国教育新闻网："加快培养具有全球竞争力的国际化人才"，2020 年 7 月 6 日，http://www.jyb.cn/rmtzcg/xwy/wzxw/202007/t20200706_342560.htm。
③ 中国政府网："中共中央办公厅、国务院办公厅印发《加快推进教育现代化实施方案(2018—2022 年)》"，2019 年 2 月 23 日，http://www.gov.cn/xinwen/2019-02/23/content_5367988.htm。

"提升我国高等教育人才培养的国际竞争力,加快培养具有全球视野的高层次国际化人才"①。上述目标的提出再次证明:国际化人才的培养已经成为新时代我国扩大教育对外开放,提升教育对外开放水平,积极参与全球治理的重要战略支撑。

然而,目前我国高等教育的国际化人才培养与我国在全球治理中的角色不相称,仍然面临不少挑战。与美国和日本等发达国家相比,我国高等教育的国际化人才培养起步较晚,同时又面临着来自印度和巴西等新兴国家在国际化人才培养方面的竞争压力。此外,我国对于高等教育的国际化人才培养存在整体性和系统性欠缺,对人才的国际化意识和国际化素养的培养有待提升。以在国际组织中工作的国际化人才为例,培养主体多为国际关系学院和外语学院等院系,致使培养的国际化人才既缺乏专门国际组织所需的专业能力,又欠缺国际组织工作所需的国际交往能力,无法满足全球化时代对国际化人才的需求,一定程度上影响了我国在全球治理中的影响力。因此,作为培养国际化人才的主要平台,我国高等教育需要强化对国际化人才的培养,特别是强化对高层次国际化人才的培养,培养学生的全球视野和国际意识,从而提升我国的全球竞争力,增强我国国际化人才在全球范围内的话语能力(如全球理解力、全球表达力、跨文化沟通力)②,助推我国增强国家影响力、提升大国形象、引领全球治理的转型与变革,为我国推动构建人类命运共同体提供人才支撑。

培养高层次、高质量国际化人才是我国当前和未来相当长时间内的急迫需求,而目前我国大学在这方面还存在明显不足,无法满足国

---

① 央广网:"教育部:加快培养具有全球视野的高层次国际化人才",2020年6月18日,http://edu.cnr.cn/list/20200618/t20200618_525133604.shtml。
② 中国教育新闻网:"加快培养具有全球竞争力的国际化人才",2020年7月6日,http://www.jyb.cn/rmtzcg/xwy/wzxw/202007/t20200706_342560.htm。

家和时代的要求,需要借鉴其他国家成功的经验,以改革和提升我国大学的国际化人才培养体系与能力。而美国顶尖大学在国际化人才培养方面积累了较为成熟的经验,取得了巨大的成就。由此引出了本书关注的核心问题:美国顶尖大学为什么能培养出高层次国际化人才?围绕该核心问题,笔者欲对以下三个方面的子问题进行回答:

第一,美国顶尖大学国际化人才培养范式是什么?

第二,美国顶尖大学国际化人才培养的范式转换是什么?

第三,美国顶尖大学国际化人才培养范式转换的推动因素是什么?

第二节 何为高层次国际化人才

高层次国际化人才的概念包括诸多方面,在对其剖析研究时,需要先界定的主要概念有"高等教育国际化""顶尖大学""国际化人才""人才培养范式"。

一、高等教育国际化

20世纪80年代,随着高等教育的国际化特征和趋势变得愈发明显,有关高等教育国际化的研究开始引起国内外学者的关注。在笔者看来,对高等教育国际化进行概念界定以前,首先需要对国际化进行界定。

《牛津高阶英语词典》将"internationalization"定义为"将(某

物)置于国际共管之下,使国际化"。① 由于国际化(internationalization)和全球化(globalization)的概念容易被误用和混淆,因而在对国际化的概念进行界定的过程中,需要对全球化的概念以及全球化与国际化的关系加以辨析。彼得·斯科特(Peter Scott)认为,国际化主要指的是国家之间的相互理解与相互合作,而全球化反映的是国家之间经济的依存与趋同进程。② 罗格·金(Roger King)认为,全球化作为一种新的趋势,超越了国家之间的交流,是对国际化的一种跨越。③ 简·奈特(Jane Knight)认为,全球化指的是世界范围内要素的跨境流动,这些要素包括各国的技术、人员、知识、经济以及价值等;而国际化则是对全球化影响的一种回应。④ 菲利普·G. 阿特巴赫指出,全球化代表着各国之间在学术和经济等各领域的互相渗透与依赖,国际化是国家或大学等主体为应对全球化而采取的举措。⑤ 顾明远教授也持类似的观点,即全球化带来教育的国际化,但教育的国际化不是西方化和趋同化。⑥

基于以上学者的分析,可以看出全球化与国际化两者之间存在背景与举措的因果关系,即国际化受全球化影响而产生,国际化又带来

---

① A. S. 霍恩比:《牛津高阶英语词典》,李北达译,商务印书馆1997年版,第783页。
② Scott, Peter (eds.), *The Globalization of Higher Education*, Buckingham: The Society for Research into Higher Education and Open University Press, 1988, pp. 123-124.
③ King, Roger (eds.), *The University in the Global Age*, New York: Palgrave Macmillan, 2004, p. 48.
④ Knight, Jane, "Internationalisation of Higher Education", in OECD (eds.), *Quality and Interntionalisation in Higher Education*, Paris: OECD Publishing, 1999, p. 16.
⑤ Altbach, Philip G., Reisberg, Liz & Rumbley, Laura E., "Globalization and Internationalization", in Philip G. Altbach, Liz Reisberg & Laura E. Rumbley (eds.), *Trends in Global Higher Education: Tracking an Academic Revolution*, Dordrecht: Sense Publishers, 2010, pp. 23-35.
⑥ 顾明远:"教育的国际化与本土化",《华中师范大学学报(人文社会科学版)》2011年第6期。

全球范围内教育等领域的改革与发展。

20世纪八九十年代以来,不同研究者从不同视角对高等教育国际化的概念和内涵等进行了深入研究,相关学术成果层出不穷。汉斯·德·维特(Hans de Wit)认为,高等教育国际化容易与国际教育、跨国教育造成概念上的混淆。① 目前,学术界对于高等教育国际化的界定有两种不同视角,即活动视角与过程视角。活动视角更加注重高等教育国际化的具体活动内容。如斯蒂芬·阿勒姆(Stephen Arum)等学者认为,高等教育国际化指的是与国际教育有关的各种活动和服务。② 克拉克·科尔(Clark Kerr)指出,知识、教师、学生和课程是高等教育国际化发展的四种活动,意识形态和语言等因素也是限制高等教育国际化发展的重要因素。③ 过程视角认为,高等教育国际化指的是高等教育逐渐向国际化维度过渡的过程。简·奈特则认为,高等教育国际化指的是将跨文化与国际维度共同融合到高等教育的科学研究、教学以及社会服务中的过程。④ 阿萨·诺尔斯(Asa S. Knowles)表示,高等教育国际化是一种持续的过程,包括课程的国际化、学生与教师的国际流动、超越国界的教育援助与合作。⑤ 国际大学协会(Interna-

---

① De Wit, Hans, *Internationalization of Higher Education in the United States of America and Europe: A Historical, Comparative, and Conceptual Analysis*, Westport: Greenwood Press, 2002, p. 103.

② Arum, Stephen & Van de Water, Jack, "The Need for a Definition of International Education in U. S. Universities", in Charles B. Klasek (eds.), *Bridges to the Future: Strategies for Internationalizing Higher Education*, Carbondale: Association of International Education Administrators, 1992, pp. 191-203.

③ Kerr, Clark, *Higher Education Can not Escape History*, Albany: State University of New York Press, 1994, p. 12.

④ Knight, Jane, *Internationalization: Elements and Checkpoints*, Ottawa: Canadian Bureau for International Education Research No. 7, 1994, pp. 37-50.

⑤ Knowles, Asa S. (eds.), *The International Encyclopedia of Higher Education*, San Francisco: Bass Publishers, 1977, pp. 2293-2294.

tional Association of Universities, IAU)将高等教育国际化定义为"有意识地将全球维度和国际维度融合到大学的科研和教学等功能之中,以提高高等教育的质量"①。顾明远表示,高等教育国际化指的是各国的高等教育逐渐面向世界发展的趋势,例如各国都注重外语教学,并开设国际事务和国际关系相关的专业和课程,有针对性地培养从事国际事务的人才,人员之间进行多种国际交流和跨国合作。②

综上,笔者结合国外已有研究对高等教育国际化的界定,并沿用顾明远教授对高等教育国际化的定义,将高等教育国际化界定为:高等教育的教学、科研和社会服务的跨国合作交流与合作,主要表现为培养国际化人才、人员的跨国流动、开设国际化课程等。

二、顶尖大学

顶尖大学(top university)中的"顶尖"(top)即作为某物之顶端;质量、数量或程度最高的。③ 笔者认为顶尖大学应是一流大学中位于顶部,各项办学指标领先,且质量最高的一类大学。可以这样说:顶尖大学一定是一流大学,但一流大学不一定是顶尖大学。菲利普·G. 阿特巴赫认为,美国的顶尖大学数量并不多,如以精英俱乐部著称的美国大学协会有着非常严格的入选标准,它的会员大学有65所,但全美综合性大学有3638所,④ 因而顶尖大学必须在一流大学中处于

---

① International Association of Universities, "Definition of Internationalization", (08 December 2018), https://www.iau-aiu.net/Internationalization?lang=en.
② 顾明远:《教育大辞典(第3卷)》,上海教育出版社1991年版,第12页。
③ A.S. 霍恩比:《牛津高阶英语词典》,李北达译,商务印书馆1997年版,第1609页。
④ 菲利普·G. 阿特巴赫:"世界一流大学的成本与收益",覃文珍译,《北京大学教育评论》2004年第1期。

顶端。研究表明，在公布的各项排行榜中，世界一流大学多位于前100，世界顶尖大学多位于前20。[①] 卢猛将同时进入三大世界大学排行榜前50名的24所美国大学，视为美国的顶尖大学。[②] 崔来廷以美国大学绩效测量中心发布的《美国顶尖研究型大学》报告数据为例，指出美国数以百计的一流大学中只要某个大学有一个评价维度进入该报告九个维度（本科生SAT成绩、教师获奖人数、年度捐款额度、捐赠的资产、供联邦研究的经费、国家院士的人数、研究的总经费、博士后和博士授予人数）的前25名，这所大学就进入了美国顶尖研究型大学的行列。美国大学绩效测量中心所公布的私立顶尖研究型大学最少为35所，最多不过58所。[③] 由此可见，顶尖大学往往是那些处于一流大学顶端的大学。

因此，本书将美国顶尖大学界定为：在美国一流大学中位于顶端，有着一流大学的精神特质、领先的办学理念和先进的办学制度、卓越的校长和强大的国际化师资，能培养出具有全球竞争力的国际化人才，产生引领人类社会发展的原创性思想和重大突破成果的高水平大学。

三、国际化人才

那么"人才"又是什么？《牛津高阶英语词典》将人才（talent）定

[①] 网易教育："网友称：北大清华进世界一流就是个笑话"，2011年8月23日，https://edu.163.com/11/0823/07/7C4HG85I00293L7F.html。
[②] 卢猛："美国顶尖大学学科竞争力研究：结构布局与质量发展"，湖南大学硕士学位论文，2017年，第9页。
[③] 崔来廷："美国私立顶尖研究型大学办学绩效评价分析"，《河南师范大学学报（哲学社会科学版）》2015年第2期。

义为有特殊的能力、有才干、有才能的人。① 对于国际化人才的定义，不同学者有着不同理解。丁进等人认为国际化人才有三种本质属性：一是广泛性，由于人才具有广泛性，因此国际化人才也具有广泛性，从事涉外活动的人都有可能是国际化人才；二是能本性，国际化人才必须具备一定的知识、能力以及技能，确保满足涉外工作的需要；三是价值性，国际化人才应当是在推进经济全球化发展中贡献更多的人才。② 学者们多从素质以及能力等维度对国际化人才进行了界定。例如大卫·史蒂芬斯（David Stephens）认为：国际化人才不仅要具备跨文化知识的能力，还要有将其使用到不同学科和不同职业的能力。③ 张化新等学者表示，国际化人才必须具有国际意识、精通国际规则和国际发展准则、熟知国际惯用的文化礼仪，并能够积极参与到国际事务与国际竞争中。④ 李成明等学者认为国际化人才应该具有以下几个特征：拥有广阔的国际视野、知晓国际规则、能够参与处理国际事务与国际竞争、具备完善的专业知识以及交流能力。⑤ 徐国祥等学者则认为国际化人才要具备更多的能力，共有六方面要求：具有广阔的全球化视野；能够熟练掌握最新、最先进的知识；具有较强的创新能力以及一定的国际竞争力；熟悉并善用国际规则；熟悉多种中外

---

① A. S. 霍恩比：《牛津高阶英语词典》，李北达译，商务印书馆1997年版，第1560页。

② 丁进等："'国际化人才'探析"，《中国人力资源开发》2005年第12期。

③ Stephens, David (eds.), *Higher Education and International Capacity Building: Twenty-five Years of Higher Education Links*, Oxford: Symposium Books, 2009.

④ 张化新、梁瑜霞、高萍："国际化大都市背景下的国际化人才培养"，《西北大学学报（哲学社会科学版）》2012年第6期。

⑤ 李成明、张磊、王晓阳："对国际化人才培养过程中若干问题的思考"，《中国高等教育》2013年第6期。

的文化;一般具有在海外学习的经历。① 学者桑元峰表示,国际化人才需要掌握专业知识,同时对其跨文化的交际能力也有一定要求,需要能适应文化走出去的发展需求,并充分理解全球化内涵,同时积极参与处理国际事务,解决实际问题。② 杨建国、李茂林等学者则认为国际化人才应具备多方面的能力,包括具有坚定的国家意识、开阔的国际视野、深厚的人文情怀以及扎实的专业技能,还要拥有健康的身体和超强的学习能力,以及可持续发展的学习潜力。③ 冯刚则认为,国际化人才应具备"将国家和民族利益放在首位,能够适应和发展国际化的战略目标,促进国际化进程的整体能力提高,具有国际化理念、能力以及专业知识,具有过硬的心理素质,同时还要有特定的思维方式和性格魅力,确保在国际竞争中掌握规律从而实现创新的高层次人才"④ 的条件。庄智象等学者则对国际化人才有如下评判标准:扎实良好的语言能力;完整、健全的专业知识体系;敏捷的创新思维能力以及分析解决问题的能力;具备广阔的国际视野,能够熟知并合理利用国际规则,并参与处理国际事务和国际竞争。⑤ 学者王雪梅则表示,国际化人才要具备知识、能力以及素养等内在要求。具体而言,知识包括专业知识、国际知识以及语言等;能力则指的是对跨文化的学习能力、创新实践能力以及终身学习能力;素养则包括自身的

---

① 徐国祥、马俊玲、于颖:"人才国际化指标体系及其比较研究",《上海财经大学学报》2006年第3期。
② 桑元峰:"从国际化人才培养视角探索外语教学质量监控",《外语界》2014年第5期。
③ 杨建国、李茂林:"提升大学创新能力 培养高端国际化战略人才——北京外国语大学的人才培养之道",《大学(学术版)》2010年第9期。
④ 冯刚:"国际化视野下高校德育的创新发展",《中国高等教育》2011年第1期。
⑤ 庄智象、谢宇、韩天霖等:"国际化创新型外语人才培养的思考——教学大纲、课程体系、教学方法与手段",《外语界》2012年第4期。

人文素养、科学素养以及信息素养等多方面。① 上海外国语大学前校长曹德明表示，国际化人才必须具备如下特征：拥有广阔的全球视野以及先进的国际理念；具有创新精神以及独立的思辨能力；具有参与国际事务所需要的专业知识以及能力；精通两种以上外语；具有跨文化沟通的能力。② 需要指出的是，国外多用"全球公民"或"世界公民"来定义国际舞台上有竞争力的人才，国外学者眼中的"全球公民"强调从世界全局出发，超越国家边界，积极参与世界性事务。全球公民与我国学者所定义的国际化人才有相似之处，但国际化人才更多立足本国立场，是具有国际视野和熟悉国际规则的人才，而全球公民的价值定位超越了国家立场。③

笔者结合以上学者对国际化人才的界定，将国际化人才界定为：精通外语，具有专业知识和专业能力，具备全球视野和跨文化沟通能力，能处理国际事务和适应国际竞争的人才。本书中美国顶尖大学的国际化人才即指有美国顶尖大学就读经历的国际化人才（无论最终是否获得学位），既包括美国籍的国际化人才，还包括到美国留学的外国籍国际化人才。

四、人才培养范式

在对"人才培养范式"进行概念界定以前，需要对"范式"的

---

① 王雪梅："全球化、信息化背景下国际化人才的内涵、类型与培养思路——以外语类院校为例"，《外语电化教学》2014年第1期。
② 曹德明："高等外语院校国际化外语人才培养的若干思考"，《外语教学理论与实践》2011年第3期。
③ 李成明、张磊、王晓阳："对国际化人才培养过程中若干问题的思考"，《中国高等教育》2013年第6期。

概念进行明晰。在《牛津高阶英语词典》中,范式(paradigm)的意思是范例;样式;模范。① 真正让范式名声大震的是美国哲学家托马斯·库恩(Thomas Kuhn),他在《科学革命的结构》(*The Structure of Scientific Revolutions*)一书中解释了什么是范式。根据书中的定义,范式是特定共同体成员的信念、价值和技术等构成的整体;同时,范式还指整体中的一种元素,也就是具体的谜题解答。② 托马斯·库恩还指出一个科学共同体里的成员都是一个科学领域的工作者。其他科学领域的人无法与之相比拟,因为专业性质不同,同一科学共同体里的成员接受了近似的教育,受过相似的培训,在其成长的过程中,也研究过该领域的问题,读过类似的学术报告,因此从中获取的信息也相差不大;在这个共同体中,成员的水平不相上下,因此在判断时不会出现较大的分歧。③

在托马斯·库恩看来,常规科学是站在过去科学成就基础上的深入研究。他将凡具有以下两个特征的科学成就称为"范式":吸引一批新的拥护者,使其开创新的研究方向,形成新的竞争模式;必须是开放性的研究方向,仍存在许多问题,从而吸引新的实践者去研究去解决。④ 以共同范式作为研究基础的人,都曾许下诺言,只使用规定好的标准去实践。范式规定的科学实践范围包括定律、理论、仪器、

---

① A.S. 霍恩比:《牛津高阶英语词典》,李北达译,商务印书馆1997年版,第1063页。
② 托马斯·库恩:《科学革命的结构》,金吾伦、胡新和译,北京大学出版社2012年版,第147页。
③ 托马斯·库恩:《科学革命的结构》,金吾伦、胡新和译,北京大学出版社2012年版,第148页。
④ 托马斯·库恩:《科学革命的结构》,金吾伦、胡新和译,北京大学出版社2012年版,第16页。

方法等,这样都为科学实践提供了研究模型,①但是范式比可能从其中抽象出来的各种概念、定律、理论和观点更优先。

总而言之,托马斯·库恩认为范式就是一种学科基质(disciplinary matrix),主要包括以下内容:(1)符号概括,规定好的公式,并且是公认无异议的;(2)共同信念,共同体的成员有着相同的目标和方向,理想信念也是一致的,如空气是人类生存的必需品;(3)价值,如预言往往比现实更激励人心;(4)范例,指科学教育一开始遇到的具体的问题解答。②柳海民将托马斯·库恩的范式概念总结为:按照一定的理论和标准,在科学实践过程中采用一定的方法和规律进行研究,这是一套完整的信念,也是某一科学领域研究者的价值观,范式决定了一个群体的价值标准、共同信念,代表了这个群体成员的共同想法,他们只会遵循规则,采用一种研究方式和技术路线,绝不违反规则。③刘欣从三个方面分析了范式的定义,即本体论层面,范式展示的是一个科学共同体的价值观,以及这个群体的共同信念;认识论层面,范式是科学实践的框架,是公认的理论模型,是解决问题的基本思路和步骤;方法论层面,范式为科学实践提供了方法论体系和范例。④

本书从人才培养的视角出发,在沿用托马斯·库恩对范式概念界定的基础上,借鉴柳海民和刘欣对"范式"的界定,将人才培养范

---

① 托马斯·库恩:《科学革命的结构》,金吾伦、胡新和译,北京大学出版社2012年版,第11页。
② 托马斯·库恩:《科学革命的结构》,金吾伦、胡新和译,北京大学出版社2012年版,第153—156页。
③ 柳海民、林丹:"困境与突破:论中国教育学的范式",《东北师大学报(哲学社会科学版)》2007年第3期。
④ 刘欣:"范式转换:课程开发走向课程理解的实质与关系辨析",《教育研究与实验》2014年第1期。

式界定为：人才培养共同体的成员所共有的人才培养价值信念、模型框架和实践规范构成的集合。

第三节 国际化人才研究的新推进

一、关于高等教育国际化的理论研究

（一）菲利普·G. 阿特巴赫的"中心—边缘"理论

菲利普·G. 阿特巴赫提出高等教育国际化"中心—边缘"理论[①]，认为发达国家的大学处于中心位置；发展中国家的大学处于边缘位置，成为发达国家大学的追随者。亚洲、非洲、拉丁美洲是国际学生流出的主要区域，学生流出的生源国又以发展中国家为主，这说明发展中国家的大学，目前仍然多是边缘大学。为了培养人才，发展中国家开始注重教育，逐渐学习发达国家的教育模式，纷纷派遣学生出国学习。[②]

（二）威廉·卡明斯为代表的推拉理论

威廉·卡明斯（William K. Cummings）认为，学生国际流动的主要因素除了推力和拉力外，还有许多不确定的因素，如国家的政治立

[①] 菲利普·G. 阿特巴赫：《比较高等教育：知识、大学与发展》，人民教育出版社教育室译，人民教育出版社2001年版，第27页。
[②] 安亚伦、段世飞："全球学生流动的特点、影响因素与趋势"，《复旦教育论坛》2020年第5期。

场、国家政策、国家发展情况、大学国际声誉等。① 1992年，玛丽·麦克马洪(Mary E. McMahon)将推拉理论用于分析学生国际流动因素，她探究了18名来自发展中国家的学生选择到美国留学的社会学原因。② 2002年，苏塔(Geoffrey N. Soutar)和特纳(Julia P. Turner)运用推拉理论对2485名留学澳大利亚的亚洲学生的留学动因进行了分析。③ 此后，西方学者在推拉理论的基础上研究学生国际流动领域，提到最多的"推"的因素包括经济原因、政治原因、高等教育质量差、高等教育机会缺乏等；"拉"的因素包括接收国的大学声望和排名、奖学金、国际化程度等。④

(三) 简·奈特为代表的国际化动因理论

1997年，简·奈特提出了推动高等教育国际化的主要因素有四个：政治因素、经济因素、社会文化因素、学术因素。政治因素包括了国家安全和地区认同；经济因素包括国家经济情况、市场竞争力、劳动力市场；社会文化因素包括国家文化认同；学术因素包括院校实力、院校形象、教学质量、国际学术标准、国际化维度。⑤ 简·奈特认为，尽管高校加强国际化的初衷是加强科学研究和知识生产，但对于美国、英国、澳大利亚等许多发达国家来说，接收国际学生的重要

---

① Cummings, William K., "Going Overseas for Higher Education: The Asian Experience", *Comparative Education Review*, Vol. 28, No. 2, 1984.

② Mcmahon, Mary E., "Higher Education in a World Market", *Higher Education*, Vol. 24, No. 4, 1992.

③ Soutar, Geoffrey N. & Turner, Julia P., "Students' Preferences for University: a Conjoint Analysis", *International Journal of Educational Management*, Vol. 16, No. 1, 2002.

④ 安亚伦、段世飞："推拉理论在学生国际流动研究领域的发展与创新"，《北京师范大学学报(社会科学版)》2020年第4期。

⑤ 简·奈特：《激流中的高等教育——国际化变革与发展》，刘东风、陈巧云译，北京大学出版社2011年版，第31页。

动机就是经济效益。①

汉斯·德·维特也同样提出高等教育国际化的四大推动因素,即政治因素、经济因素、社会因素、学术因素。他提出,这些动因并不是相互排斥的,其主导动因在不同国家或地区也存在差异,且经济因素是目前美国和欧洲高校推动学生国际流动最重要的驱动因素。②

卡洛琳·克莱伯(Carolin Kreber)认为政治方面的动因主要和国家安全、稳定与和平有关;学术方面的动因与教学和研究的国际标准有关;文化/社会方面的动因与尊重各国的文化和社会习俗有关;经济方面的动因与高校扩充教育经费、实现创收有关。克莱伯还指出,前三个动因是建立在合作精神的基础上,而经济方面的动因是建立在竞争精神的基础上。③

20世纪70年代,法国社会学家皮埃尔·布尔迪厄(Pierre Bourdieu)提出了"文化资本"理论。该理论认为,教育不仅是社会分层和流动的工具,还是文化资本的一种重要符号。④ 西蒙·马金森(Simon Marginson)也指出,国际学生为获取高等教育证书这一"位置商品",会在竞争激烈的全球高等教育市场选择更具相对优势的高等教育资源和机会。⑤

---

① Altbach, Philip G. & Knight, Jane, "The Internationalization of Higher Education: Motivations and Realities", *Journal of Studies in International Education*, Vol. 11, No. 3-4, 2007.

② De Wit, Hans, *Internationalization of Higher Education in the United States of America and Europe: A Historical, Comparative, and Conceptual Analysis*. Westport: Greenwood Press, 2002, pp. 83-102.

③ Kreber, Carolin, "Different Perspectives on Internationalization in Higher Education", *New Directions for Teaching and Learning*, Vol. 118, No. 1, 2009.

④ 布迪厄:《文化资本与社会炼金术》,包亚明译,上海人民出版社1997年版,第189页。

⑤ Marginson, Simon, "Dynamics of National and Global Competition in Higher Education", *Higher Education*, Vol. 52, No. 1, 2006.

劳拉·珀纳(Laura Perna)认为美国高等教育国际化的动因主要有三：一是满足在各个历史阶段国家战略的需要；二是满足美国高校自身经费的需求；三是满足国际人才培养与引进的需求。[1]

艾希莉·麦可兰德(Ashley Macrander)认为，金融危机进一步增强了美国与发展中国家之间的中心—边缘动态，因此，经济因素成为金融危机后美国接收国际学生政策变化的最显著动因。[2]

伊丽莎白·巴克纳(Elizabeth Buckner)发现，在美国、加拿大和其他知识密集型经济体中，国际化被视为提升学生全球意识的一种方式。英语国家更有可能从创收的角度来推动高等教育国际化。[3]

二、关于顶尖大学国际化的研究

(一) 关于顶尖大学国际化理念、战略与制度的研究

国际化、全球化的办学理念是大学国际化战略选择的内驱动力。[4] 简·奈特认为制度理性与执行能力是确保国际化可持续发展的基本要素，[5] 大学不仅需要以国际化理念为指导进行规划和发

---

[1] 劳拉·珀纳、卡培·奥罗兹、刘博森："促进学生流动：美国高等教育国际化的发展趋势"，《比较教育研究》2015年第8期。
[2] Macrander, Ashley, "An International Solution to a National Crisis: Trends in Student Mobility to the United States Post 2008", *International Journal of Educational Research*, Vol. 82, No. 2, 2017.
[3] Buckner, Elizabeth, "The Internationalization of Higher Education: National Interpretations of a Global Model", *Comparative Education Review*, Vol. 63, No. 3, 2019.
[4] 姜微、季明、刘丹："百年复旦百年复兴"，《瞭望新闻周刊》2005年第39期。
[5] 简·奈特：《激流中的高等教育——国际化变革与发展》，刘东风、陈巧云译，北京大学出版社2001年版，第31页。

展,① 也需要相应的政策给予支持。

冯倬琳和刘念才选取了7个国家的10所世界一流大学作为研究样本,并依据世界一流大学的国际化战略内容分析其三个特点:第一,开展世界一流的科学研究讨论;第二,培养引领未来的领导者;第三,提供强有力的世界一流的知识转化和咨询服务。② 李昕照以新加坡国立大学作为案例,对其国际化战略的实施路径进行了研究,研究发现,新加坡国立大学一方面坚持开放合作的办学理念,另一方面强化多种组织间的合作,针对组织管理、人才培养以及科学研究和社会服务等多种角度开展国际化办学行动。③

陆根书和康卉指出,我国大学对于国际化定位有比较清晰的判断,重点以实践为主,还包括少部分的理论内容。④ 顾建民和薛媛从新制度主义视角审视和理解大学国际化的深层逻辑,并提出对国际化理念达成共识是推动研究型大学国际化发展的重要环节。不同于外显的管制要素和规范要素,文化认知通常比较隐秘,大学内部不同部门、院系、研究所等内部机构所代表的不同利益相关人员的国际化理论存在很大差异。⑤

---

① 张少刚、王永锋:"我国开放大学国际化战略与政策选择",《现代远程教育研究》2011年第5期。
② 冯倬琳、刘念才:"世界一流大学国际化战略的特征分析",《高等教育研究》2013年第6期。
③ 李昕照:"世界一流大学国际化战略的实施路径及其启示——以新加坡国立大学为例",《高等理科教育》2020年第2期。
④ 陆根书、康卉:"我国'985工程'大学高等教育国际化政策分析",《高等工程教育研究》2015年第1期。
⑤ 顾建民、薛媛:"研究型大学国际化的制度分析",《高等工程教育研究》2017年第6期。

(二) 关于顶尖大学国际化内容与形式的研究

大学国际化的核心是将国际的、全球的、跨文化的理念和要素融入大学的各项职能与活动之中,主要体现在人员流动、课程改革、科技合作三方面。①

希拉·比德尔(Sheila Biddle)指出了美国大学实现国际化的四条路径:外语学习和课程、教师激励和教师研究、专业学院的重要性、行政组织。② 美国学者阿勒姆和沃特(Water)认为,大学国际化主要指的是大学课程、人员间交流以及单方面的国际技术援助与支持。③ 玛丽亚·坎图(Maria P. Cantu)认为美国大学实现国际化共有三种方式,即招收国际学生、促使教师国际化发展以及增设留学生项目。④

我国学者陈学飞将大学国际化分为六部分内容:国际化的教育观念、国际化的培养目标、对应课程、人员间进行的国际交流、科研合作以及相关教育资源的国际共享。⑤ 王颖则认为,大学国际化以老师、学生、科研、教学、对外交流等各式各样的活动为载体,主要包括以下几种形式:学生流动、老师流动、课程国际化、国际合作办学、互信承认协议与高等教育的跨国虚拟传递等。⑥ 也有很多学者提出新的观点,他们认为应当将大学国际化分为四部分:人员流动层

---

① 别敦荣:"论'双一流'建设",《中国高教研究》2017年第11期。
② Biddle, Sheila, *Internationalization: Rhetoric or Reality?* New York: American Council of Learned Societies, 2002.
③ 方红、周鸿敏:"高等教育国际化的发展特点与趋势",《江西社会科学》2007年第2期。
④ Cantu, Maria P., "Three Effective Strategies of Internationalization in U. S. Universities", *Journal of International Education & Leadership*, Vol. 3, No. 3, 2013.
⑤ 陈学飞:《高等教育国际化:跨世纪的大趋势》,福建教育出版社2002年版。
⑥ 王颖:"近十年大学国际化问题研究趋向",《江苏高教》2008年第3期。

次、教学科研与学术活动、大学的制度以及办学理念。[1]

(三) 关于(美国之外)顶尖大学国际化人才培养的研究

江小华对瑞士洛桑联邦理工学院建设世界一流大学的国际化策略进行了研究,具体包括通过国际化增加物质资本资源、通过国际化获取优质人力资本资源(包括国际教师和国际学生)、通过国际化提升组织资本资源。[2] 朱艳对香港科技大学的办学理念和办学实践进行了研究,发现香港科技大学的办学实践包括师资来源的国际化、学科建设的国际化、学术卓越的国际化。[3]

董渊等结合清华大学研究生国际化培养的挑战和研究生国际化培养体系实践进行了分析和讨论,指出理念和制度创新、培养模式改革是提升研究生国际化培养水平的核心要素。[4] 高会军、邱剑彬等人从自身的科研经历与教学经验出发,针对哈尔滨工业大学校内的国际化平台,着重分析了集中构建校内国际化平台的方式,以及借助这一平台培养高学历复合型人才的活动,并指出这也是我国高校改革的重要方式。[5]

文东茅、陆骄、王友航等学者对北京大学进行分析,指出出国学习对于学生国际化相关素质的培养更加高效,但耗费的成本较高、受益的群体较少;相对而言,学生在校内对于丰富的国际化资源的利用

---

[1] 丁玲:"中美大学国际化实践及发展趋势研究",华中科技大学博士学位论文,2012年,第65页。
[2] 江小华、张黄:"洛桑联邦理工学院建设世界一流大学的国际化策略及效果分析",《高等教育评论》2017年第1期。
[3] 朱艳:"香港科技大学的国际化办学理念及启示",《现代教育管理》2012年第5期。
[4] 董渊、刘丽霞、张伟书:"服务'一带一路'建设 提升研究生国际化培养水平",《学位与研究生教育》2017年第7期。
[5] 高会军、邱剑彬:"依托国际化平台提升博士生培养质量的探索与实践",《继续教育研究》2016年第10期。

率很低。① 吕林海、郑钟昊等以南京大学、首尔大学和加州大学伯克利分校为例，对中、美、韩研究型大学本科生全球化能力与经历进行对比分析，发现加州大学伯克利分校学生的全球化能力以及全球化经历都比较丰富，且明显优于中韩两国学生。②

1. 关于国际交流与国际科研合作的研究

20世纪90年代以前，大学国际化主要是以单独的国家或地区向其他国家或地区进行辐射发展，主要表现在留学生的教育以及人员间的流动。③

眭依凡等学者从文化发展的角度对大学国际交流的价值和意义进行了论述，提出中外双方大学的合作交流能够扩大民族文化的对外影响以及提高国际社会的认同度。④ 李昀和王文泽综合运用帕森斯（Talcott Parsons）及默顿（R. K. Merton）的结构功能主义和布尔迪厄的"场域"（field）理论进一步将国际交流的内容划分为学术交流、政治交流和经济交流三个部分。⑤ 黄葵对北京大学国际合作与交流进行分析，发现学科建设交流不够深入、交流学科分布不平衡、公派留学比例下降等问题亟待解决。⑥

---

① 文东茅、陆骄、王友航："出国学习还是校本国际化？——大学生国际化素质培养的战略选择"，《北京大学教育评论》2010年第1期。
② 吕林海、郑钟昊、龚放："中韩研究型大学本科生全球化能力和经历的比较研究——基于南京大学与首尔大学的问卷调查"，《大学教育科学》2013年第6期；吕林海、郑钟昊、龚放："大学生的全球化能力和经历：中国与世界一流大学的比较——基于南京大学、首尔大学和伯克利加州大学的问卷调查"，《清华大学教育研究》2013年第4期。
③ 许传静："我国大学国际化问题研究"，西南大学博士学位论文，2010年。
④ 眭依凡、俞婷婕、李鹏虎："大学文化思想研究——基于改革开放30多年大学文化发展的线路"，《北京大学教育评论》2016年第1期。
⑤ 李昀、王文泽："面向国际合作的大学结构功能的优化路径研究——基于北京大学的案例"，《高等工程教育研究》2016年第1期。
⑥ 黄葵："国际化与世界一流大学的建设——以学科建设为视角看北京大学国际化进程"，《教育与经济》2012年第3期。

彭志军等学者指出国际化建设是学科建设中采取的重要方式和措施。① 刘国福等学者则深入分析我国一流大学国际交流的具体实施过程，发现国际交流存在资源流动不均衡现象。② 王忠民等人对西安交通大学和香港理工大学的合作项目进行分析，总结了该项目所实行的教育资源的引进工作，实现了优势互补。③

陈秀娟和张志强采用文献计量学、社会网络分析以及统计学分析的方法构建了评估指标体系，创建国际科研合作分析模型，对国际科研合作以及科研成果的影响进行深入探索。④

2. 关于国际化课程与教学的研究

约瑟夫·麦斯坦豪塞(Josef Mestenhauser)指出，"若仅凭借灌输的方式进行国际知识的传授是无用的"⑤。在此基础上，米勒(R. L. Miller)指出："对传统课程的修订并不能使课程真正的国际化。"⑥ 刘经南、陈闻晋表示，中国多个研究型大学正在积极探索，用更优质的高等教育资源、深厚的民族文化底蕴以及开放包容的教育创新理念培养有民族意识的世界领袖。⑦ 蒋玉梅发现，在现如今经济全球化发展和国际化背景下，我国大学的国际化课程体系与世界一流

---

① 彭志军、梁莉、成永红："以国际化建设为契机推进优势学科建设与发展——以西安交通大学'985工程'三期建设为例"，《学位与研究生教育》2013年第9期。
② 刘国福："大学国际化探讨"，《太平洋学报》2008年第2期。
③ 王忠民、康卉、陆根书等："西部高校中外合作办学新模式、新机制探索——西安交通大学与香港理工大学合作的通理项目案例研究"，《高等工程教育研究》2013年第1期。
④ 陈秀娟、张志强："国际科研合作对科研绩效的影响研究综述"，《图书情报工作》2019第15期。
⑤ 杨启光：《教育国际化进程与发展模式》，社会科学文献出版社2011年版。
⑥ Leask, Betty, "Internationalizing the Curriculum in the Disciplines-Imagining New Possibilities", *Journal of Studies in International Education*, Vol. 17, No. 2, 2013.
⑦ 刘经南、陈闻晋："论培养'有根'的世界公民——中国研究型大学在高等教育国际化进程中的定位"，《中国高教研究》2008年第1期。

大学之间仍有很大差距。①

胡开宝、邵国松等学者都关注到外语教学对于提升学校国际影响力②、促进大学国际化发展的积极作用③。王秋燕以某大学国际化硕士课程为研究对象，发现师生对国际化课程政策目标和标准认知模糊、资源分配不合理、激励措施流于形式、执行主体之间的沟通欠缺及执行过程中的体制机制不健全等问题。④

（四）关于顶尖大学国际化评价的研究

我国学者李盛兵、王璐、陈昌贵的课题组较早涉足大学国际化评价活动，与美国哥伦比亚大学合作构建"中国研究型大学国际化评估指标"。⑤ 吴玫在此基础上从评价目的、研究方法及指标构建三个方面进行了比较分析，指出对非英语母语发展中国家的院校而言，国际化的实质是融入西方英语世界的学术界，利用西方学术界的标准制定相关目标，评价指标也通过外在形式和数据进行衡量，定量的指标偏多；但对于西方发达国家的高等院校与学术场域，国际化更多强调多样化与包容性。⑥ 牛华勇、金菁华、宋阳、刘文斌等学者将现有教育国际化指标评价体系框架进行了归纳和比较，认为上述指标体系中

---

① 蒋玉梅、孙志凤、张红霞："教师视野中的高校课程国际化——基于对中英大学教师的调查"，《开放教育研究》2013 年第 4 期。
② 邵国松："国际化办学的新思路和新探索——以上海交通大学新媒体全英文项目为例"，《青年记者》2016 年第 19 期。
③ 胡开宝、王琴："国际化视域下的外语学科发展：问题与路径——以上海交通大学外语学科建设为例"，《外语教学》2017 年第 2 期。
④ 王秋燕："H 大学硕士国际化课程政策及其执行研究"，华中科技大学硕士学位论文，2019 年。
⑤ 李盛兵："大学国际化评价指标体系初探"，《华南师范大学学报（社会科学版）》2005 年第 6 期。
⑥ 吴玫："大学国际化水平评价体系的比较研究"，《高教探索》2011 年第 5 期。

存在对国际化本质内涵认识不清晰,缺乏系统性以及对国际化过程关注不足等问题。①

三、关于美国顶尖大学国际化人才培养的研究

(一)关于美国顶尖大学国际化人才培养历史的研究

国内外学者对于美国顶尖大学的国际化人才培养起源尚未形成共识。第一类观点认为,虽然二战前高等教育国际化的概念尚未发展成熟,但在美国高等教育形成之初,就已经出现了学生的国际化活动。豪恩·艾伦(Horn S. Aaron)认为美国顶尖大学国际化人才培养的第一次尝试始于出国留学,不少"漫游学者"从美国赴欧洲求学。二战后,国际化人才培养开始带有鲜明的政治色彩。20世纪80年代以后,培养国际化人才成为提高美国全球竞争力的重要战略需求。② 崔淑卿和钱小龙将美国大学的国际化人才培养分为了五个阶段,即萌芽期—殖民时期过渡到二战前的发展初期—二战后截至20世纪70年代的成长时期—20世纪70年代初截至80年代末的成熟时期—20世纪90年代初发展至今③。

第二类观点认为,具有现代意义的国际化人才培养应始于二战。菲利普·G. 阿特巴赫指出,美国顶尖大学的国际化人才培养主要得

---

① 牛华勇、金菁华、宋阳等:"基于软系统方法论构建教育国际化指标体系",《江苏高教》2018年第5期。
② Horn, Aaron S., Hendel, Darwin D. & Fry Gerald W., "Ranking the International Dimension of Top Research Universities in the United States", Journal of Studies in International Education, Vol. 11, No. 3-4, 2007.
③ 崔淑卿、钱小龙:"美国高等教育国际化的兴起、发展及演进",《现代大学教育》2012年第6期。

益于二战后美国联邦政府对于国际教育的政策管理。① 约瑟夫·麦斯坦豪塞指出，20世纪40年代中期至70年代，是美国顶尖大学国际化人才培养的兴奋期；1966年《国际教育法》（International Education Act of 1966）破产到20世纪70年代末为曲折期；20世纪80年代初进入到了防卫期。② 刘宝存也认为二战前的美国大学的国际化人才培养大都是非官方性质的，组织松弛；二战后，美国成为世界头号强国，方才放弃了二战前的地方孤立主义，着力推行国际化。③

（二）关于美国顶尖大学国际化人才培养推动因素的研究

政治层面。西奥多·维斯特尔（Theodore M. Vestal）梳理了二战后顶尖大学国际化人才培养的相关政策，他指出，自1966年至20世纪90年代初期，由于国家领导及一些社会人士对留学教育存在错误的认识，美国的国际学生流动政策鲜有实质性改变；直到《教育交流促进法案》颁布才标志着美国承担起新的世界领导角色。崔淑卿和钱小龙认为，二战前美国的国家性质和民族构成确保了初始美国高等教育人才培养的国际化取向，二战后国家安全政策成为美国高等教育国际化人才培养兴起的真正推动力。④

经济层面。刘宝存指出，世界经济的发展呈现出国际化的趋势，

---

① Altbach, Philip G. & Balán, Jorge, *World Class Worldwide: Transforming Research Universities in Asia and Latin America*, Baltimore: Johns Hopkins University Press, 2007, p. 28.

② Mestenhauser, Josef A. & Ellingboe, Brenda J., *Reforming the Higher Education Curriculum: Internationalizing the Campus*, Phoenix: American Council on Education, Oryx-Press, 1999, pp. 10-12.

③ 刘宝存："战后美国高等教育的全球性政策剖析"，《比较教育研究》1988年第2期。

④ 崔淑卿、钱小龙："美国高等教育国际化的兴起、发展及演进"，《现代大学教育》2012年第6期。

各国的经济相互联系和相互依存,在这种发展形势下,美国的大学不能继续固守孤立主义,而是应积极应对全球发展,培养国际化人才。① 阚芳指出,不同经济发展与社会形态背景下的劳动力市场会产生不同的技能需求,国际化人才培养同样也遵循这一图示。在二战时期,美国主要注重的是本国经济发展,人才培养主要是为了满足国内社会经济发展的需要。在二战之后,美国与其他国家经济贸易往来愈加频繁,方才加大了对外语人才和区域专家的需求。②

文化层面。石毅指出,"上帝选民"和危机意识是美国顶尖大学国际化人才培养的深层"语法"。③ 安亚伦也指出,美国顶尖大学的国际化人才培养与美国的"天定命运"论的核心价值观、美国例外论、美国梦与自由主义、实用主义的文化传统、对自由市场的推崇和迷信等文化价值观有着密切的联系。④

(三) 关于美国顶尖大学国际化人才培养理念的研究

顾建民和薛媛通过分析 43 所美国研究型大学的国际化战略,发现有 38 份研究样本使用最大篇幅描述学生层面的国际化战略。在学生培养目标中,出现频次最多的是培养具有全球眼光的世界领袖。⑤ 季波分别对哈佛大学、麻省理工学院、加州大学伯克利分校、密歇根大学、伊利诺伊大学厄巴纳-香槟分校五所美国顶尖大学的国

---

① 刘宝存:"战后美国高等教育的全球性政策剖析",《比较教育研究》1988 年第 2 期。
② 阚芳:"美国研究型大学课程国际化发展研究",沈阳师范大学硕士学位论文,2017 年,第 19 页。
③ 石毅:"美国高等教育国际化与国家战略",《教育研究》2020 年第 9 期。
④ 安亚伦:"二战后美国联邦政府国际学生流动政策变迁研究",北京师范大学博士学位论文,2020 年。
⑤ 顾建民、薛媛:"美国研究型大学的国际化战略——基于战略规划的内容分析",《高等教育研究》2017 年第 7 期。

际化人才培养理念进行了系统梳理，指出国际化已经成为这五所顶尖大学人才培养的热门目标。[1] 薛珊从国际化目标的视角对耶鲁大学国际化人才培养理念进行了研究。她指出，耶鲁大学增加了学生与学者间的流动交流，深化和加强了不同国家与文化的交流，而这也吸引了更多的世界各地的人才前来学习。[2]

（四）关于美国顶尖大学国际化人才培养体制机制的研究

国家维度。钟周和张传杰从全球胜任力的角度出发，探析了美国视角的全球胜任力理念及其原因和实施策略。[3] 石毅指出，美国与国际化人才培养密切相关的部门有国务院、教育部、国防部，其中国务院主要通过下属的教育与文化事务局开展工作，最有影响力的便是"富布莱特项目"。[4] 汪霞和钱小龙也指出，与国际化人才培养密切相关的联邦政府部门有美国国际开发署、美国教育部、美国教育信息网络、美国新闻署等。[5]

社会维度。黄帅指出美国教育委员会所提出的全面国际化理念对美国大学的国际化人才培养产生了重要影响，影响的路径主要包括定制大学全面国际化方案、创建引领国际化的学习社区、搭建国际合作平台、开展调查研究。[6] 此外，美国的私立基金组织，如福特基金

---

[1] 季波、刘毓闻、陈龙等："美国高校国际化人才培养模式的特征与启示——以美国五所知名研究型高校为例"，《华南师范大学学报（社会科学版）》2019年第6期。
[2] 薛珊："全球化背景下耶鲁大学与哈佛大学国际化策略评析"，《比较教育研究》2012年第7期。
[3] 钟周、张传杰："立足本地、参与全球：全球胜任力美国国家教育战略探析"，《清华大学教育研究》2018年第2期。
[4] 石毅："美国高等教育国际化与国家战略"，《教育研究》2020年第9期。
[5] 汪霞、钱小龙："美国高等教育国际化的现状、经验及我国的对策"，《全球教育展望》2010年第11期。
[6] 黄帅、杨天平："美国教育委员会参与大学国际化研究"，《比较教育研究》2020第2期。

会、洛克菲勒基金会、卡耐基公司等在培养处理区域事务的国际化人才方面也发挥了重要作用。[①]

大学维度。英国学者马尔科姆·泰特（Malcolm Tight）指出，"尽管许多人将高等教育的日益全球化和国际化解释为新自由主义议程的另一种影响，但不应忽略高等教育机构作为全球化和国际化推动者的作用"[②]。另有学者探究了美国高等教育国际化人才培养所需的支持和资源。[③] 马嵘指出，美国顶尖大学国际化人才培养的体制机制已经发生了结构性变化，形成了由线性管理结构向多部门转化的形式。[④] 邹志钢等以时间为线索，梳理了哈佛大学推动国际化人才培养的机构。[⑤]

（五）关于美国顶尖大学国际化人才实践规范的研究

学生的国际经验层面。凯莉·福特（Karly Ford）和莱安德拉·卡特（Leandra Cate）发现：一方面，国际学生的数量表明了美国大学的全球影响力和学生群体的多元化；另一方面，国际学生被认为比国内学生更容易获得稀缺资源。[⑥] 玛莎·加西亚·穆里略（Martha Garcia

---

[①] 刘宝存："战后美国高等教育的全球性政策剖析"，《比较教育研究》1988年第2期。

[②] Tight, Malcolm, "Globalization and internationalization as frameworks for higher education research", *Research Papers in Education*, Vol. 36, No. 1, 2021.

[③] Gong, Tian, "Beyond Academic Mobility: International Education Professionals' Perspectives on Internationalization in US Higher Education", Ph. D. dissertation, California State Polytechnic University, 2009.

[④] 马嵘、程晋宽："美国高校的全面国际化——基于组织变革的视角"，《高等教育研究》2019年第4期。

[⑤] 邹志钢、黄睿彦："组织与管理视阈下的哈佛大学教育国际化分析"，《江苏经贸职业技术学院学报》2014年第6期。

[⑥] Ford, Karly S. & Cate, Leandra, "The Discursive Construction of International Students in the USA: Prestige, Diversity, and Economic Gain", *Higher Education*, Vol. 80, No. 3, 2020.

Murillo)指出,国际学生能帮助美国大学平衡预算,使校园更加多样化和全球化。① 季波等人认为,美国顶尖大学的国际化人才培养充分体现了"以学生为中心",具体来说,哈佛大学的本科生几乎都有海外研修的经历,这些经历拓宽了学生的国际视野,提高了学生的跨文化理解能力。②

教师的国际经验层面。季波等人研究发现,美国顶尖大学为培养国际化人才,在促进教师的国际经验方面主要采取"请进来""送出去"的方式——"请进来"包括引进具有国际背景的高层次人才,"送出去"包括选送教师出国访学,参加国际科研合作与学术交流。③ 王玉峰和樊蓉研究发现,哈佛大学中,某些专业的老师半数都有留学背景,而比较文学这一专业的老师更是全都具有跨国学习背景。④

课程内容层面。耶尔德勒姆·厄兹古尔(Ozgur Yildirim)对国际学生和美国学生课堂参与方面的差异进行了研究。⑤ 崔军和汪霞指出美国顶尖大学课程设计的国际化主要有以下几种方式:第一,开设专门的国际教育课程;第二,在已有的教学体系中增加国际性的教学内容;第三,增加国际主题的新课程开课;第四,开展地区性以及国别

---

① Ma, Yingyi & Garcia-Murillo, Martha A., *Understanding International Students from Asia in American Universities*, Switzerland: Springer International Publishing, 2018.
② 季波、刘毓闻、陈龙等:"美国高校国际化人才培养模式的特征与启示——以美国五所知名研究型高校为例",《华南师范大学学报(社会科学版)》2019年第6期。
③ 季波、刘毓闻、陈龙等:"美国高校国际化人才培养模式的特征与启示——以美国五所知名研究型高校为例",《华南师范大学学报(社会科学版)》2019年第6期。
④ 王玉峰、樊蓉:"高校国际化人才培养模式:西方名校的经验与启示",《新疆大学学报(哲学人文社会科学版)》2016年第4期。
⑤ Yildirim, Ozgur, "Class Participation of International Students in the USA", *International Journal of Higher Education*, Vol. 6, No. 4, 2017.

性研究的课程；第五，建立相应的国际交换网络相关课程。①

国际研究层面。崔淑卿和钱小龙认为美国的顶尖大学除了外语教育以外，还有大量的多元研究活动。② 另有学者认为，美国不同的顶尖大学都有着各自的国际研究特长，如哈佛大学对于俄罗斯与东亚国家的研究分析、哥伦比亚大学在非洲和拉美国家领域的研究，此外其他顶尖大学也同样具有规模庞大、完善的国际研究计划。③

目前已有研究主要存在四点不足。

第一，已有关于高等教育国际化的理论研究更多聚焦于学生和教师等人员的流动，即通过人员的流动来推动高等教育国际化和培养国际化人才，不管是"中心—边缘"理论、动因理论还是推拉理论皆是如此，未能更深入地探讨国际化人才培养的相关核心要素。第二，已有关于顶尖大学国际化（包括国际化人才培养）的研究更多聚焦于显性指标层面，如国际学生、国际师资、国际项目、国际会议的数量和比例，未能对国际化人才培养的方式、理念、制度和精神等进行深层次研究。第三，已有关于美国顶尖大学国际化人才培养的研究缺乏对专业能力的关注，忽视了专业能力在国际化人才培养中的重要性，没有关注到专业能力与全球素养之间应有的联系。第四，已有关于美国顶尖大学国际化人才培养的研究中，思辨研究较多，实证分析较少；材料介绍的成分较多，深入分析的较少；案例的铺陈较多，内容的提炼较少；实践的经验较多，理论的提升较少。且相关研究多见于

---

① 崔军、汪霞："从创新人才培养的角度谈大学国际化的应对之策"，《全球教育展望》2009 年第 10 期。
② 崔淑卿、钱小龙："美国高等教育国际化的兴起、发展及演进"，《现代大学教育》2012 年第 6 期。
③ 刘宝存："战后美国高等教育的全球性政策剖析"，《比较教育研究》1988 年第 2 期。

期刊论文，还没有形成较为系统和深入的专著性研究。已有研究没有将美国顶尖大学的国际化人才培养作为一个整体和系统，更多是对国际化人才培养模式的研究，只关注到美国顶尖大学国际化人才培养的局部，缺乏宏观层面的把握，停留于"就人才培养谈人才培养"，对国际化人才培养的理念、体制、机制等缺乏宏观层面的把握，尤其是没有将美国顶尖大学国际化人才培养的研究上升到理论层面的规律进行总结。

第四节 库恩范式理论视角下的国际化人才培养研究

一、理论基础

"范式"概念在被库恩取而用之以前有着较为长久的发展历史。它最初被亚里士多德用理论论证过，特别是在《修辞学》中，亚里士多德认为，范式（希腊语为"paradeigma"）的意思和范例十分相似，范例指的是一种最好的、最具有指导性的例子。① 在亚里士多德著作的英文版本中，paradeigma 被翻译成了 exemplum（示例）。在近代，欧洲语言中的范式只用来对被遵循或者模仿的标准模型进行描述。到20世纪30年代，来自剑桥大学的路德维希·维特根斯坦经常在演讲

---

① 托马斯·库恩：《科学革命的结构》，金吾伦、胡新和译，北京大学出版社2012年版，第12页。

中用到范式这一词语，他认为，范式代表着语法的范例。① 虽然通过库恩，范式这一词有了广泛的传播，但库恩自己也承认，对范式这个词的使用已经失控。人们对范式的用法有了很多不同的见解，如玛格丽特·玛斯特曼在库恩的《科学革命的结构》中发现，库恩对范式一共有21种不同的使用方法。②

对此，库恩解释说："被科学共同体认可的科学成就吸引了很大一批意志坚定的拥护者，让他们从科学活动的其他竞争模式中脱离出来。范式是开放性的，它需要解决很多问题。并且希望能组织一批实践者去解决这些问题。"不仅如此，库恩还表示，只要同时拥有这两个特征的成就，都可以被称为范式。③ 库恩利用了两种方法来对范式进行区分：一种是"综合的"用法，聚焦于"科学共同体"，另一种是"局部的"用法，是各种类型的"范例"。库恩认为，范式和科学共同体这两个概念是同时引进的，其中，范式是某一共同体所有成员的信念、价值和技术等的代表。不仅如此，范式还能解答一些谜题，因此可以作为模型和范例，回应一些常见的科学谜题。④ 与此同时，范式中的共同体都有着自己的一组承诺，以及如何从事研究的模型（规则、理论）。⑤

"范式转换"与范式这一概念相伴而生。范式作为常规科学的特

---

① 托马斯·库恩：《科学革命的结构》，金吾伦、胡新和译，北京大学出版社2012年版，第14页。
② 托马斯·库恩：《科学革命的结构》，金吾伦、胡新和译，北京大学出版社2012年版，第11页。
③ 托马斯·库恩：《科学革命的结构》，金吾伦、胡新和译，北京大学出版社2012年版，第16页。
④ 托马斯·库恩：《科学革命的结构》，金吾伦、胡新和译，北京大学出版社2012年版，第147页。
⑤ 托马斯·库恩：《科学革命的结构》，金吾伦、胡新和译，北京大学出版社2012年版，第15页。

征，规定了科学共同体所要研究的问题；科学在范式的指导和影响下，得以不断地发展。在此过程中，反常的现象出现在了科学内部，以致需要对科学进行改革；而随着反常现象的增多，常规科学范式不断爆发危机，旧有的范式难以解释反常现象，后者对原来范式构成的威胁导致旧有的范式难以为继，这时新的科学即将到来，重新指导研究，而这种新的科学就是新时期的范式，就是以科学革命为基础，用新的范式替换旧的范式，开展新的研究。库恩范式理论中的范式转换就是指这种科学发展的过程。库恩认为，科学体系的发展模式主要包含五个部分，分别是前科学、常规科学、危机、科学革命和新常规科学。

所谓前科学是指科学的范式还处于初期阶段，范式还未正式形成。这时期各种各样的方法与原理被科学家们争执、讨论与归纳。直至随着新的范式的产生，科学的发展也趋近成熟。科学共同体基于范式的知识以及规则展开更为深入的研究，致使常规科学得以延续和不断向前发展。库恩认为，常规科学代表着谜题，解答常规的科学问题就是用一种全新的方法去达到预期的目标，而这个过程中，需要处理仪器、概念和数学方面各种各样的难题。[1] 常规科学的目的不在于事实或理论的新颖性，而在于稳定地拓展科学知识的广度和精度。[2] 库恩指出，在常规科学的研究中，不断发现新的和始料未及的现象，非常新奇的理论也一再地为科学家们所发明。新的发现源于意识到有反常的地方，人们对于反常这个领域进行了很多探索和研究，直到反常通过范式理论和预测的情况相同才会停止。对此，库恩解释说："在

---

[1] 托马斯·库恩：《科学革命的结构》，金吾伦、胡新和译，北京大学出版社2012年版，第30页。

[2] 托马斯·库恩：《科学革命的结构》，金吾伦、胡新和译，北京大学出版社2012年版，第44页。

游戏的过程中使用一套规则进行指导，会产生一些新的东西，而为了消化这些新的东西，就得制定另外一套规则。"① 这为反常的意识开启了一个新的时代，在这个时代中，概念的范畴产生了变化，直到反常变为预期的现象。至此，科学的发现就完成了。

但是，发现并不是范式变化的唯一原因，危机同样是引起更大规模范式变化的原因。科学家们发现，反常是长期且令人印象深刻的，导致人们认为被反常所影响的领域处于危机之中。在新的理论出现之前，大多数情况下都会出现一段令人感觉不安全的时期。② 而失败的常规解谜更会加重这种危机感，新的理论所形成的范式就是对这种危机的回应——"现有规则的失效，正是寻找新规则的前奏"③。为了能够成功回应危机，科学共同体以科学革命为基础，在寻找新的范式理论的同时舍去旧的范式理论。新的范式形成之后，就来到了常规科学阶段。此时的范式转换不再是以积累量为目的，而是为了回应常规科学的反常现象和危机，不断开拓新的发现，在旧的范式理论上不断突破。站在库恩的角度来说，范式转换是具有发展性的，在上述的几个环节中循环往复前进。④

范式不仅仅是一种比较详细的研究方法，还是一种以世界观为基础的方法论体系。⑤ 本书将使用库恩范式理论中"范式"的概念和内

---

① 托马斯·库恩：《科学革命的结构》，金吾伦、胡新和译，北京大学出版社2012年版，第44页。
② 托马斯·库恩：《科学革命的结构》，金吾伦、胡新和译，北京大学出版社2012年版，第57页。
③ 托马斯·库恩：《科学革命的结构》，金吾伦、胡新和译，北京大学出版社2012年版，第57页。
④ 孙奥军："库恩范式理论视角下的公共管理转型研究"，湘潭大学硕士学位论文，2018年，第9页。
⑤ 邰蕾蕾、袁文霞、杨玲："研究生'产学研'联合培养'范式'辨析——基于托马斯·库恩范式理论语境下的争论与澄清"，《合肥工业大学学报（社会科学版）》2014年第3期。

涵来对美国顶尖大学国际化人才培养的范式进行研究。笔者认为，美国顶尖大学的国际化人才培养范式既包括了人才培养的价值理念层面，又包括了人才培养的模型框架层面以及实践规范层面，它符合库恩对"范式"的界定，且它背后具有完整的哲学观念和方法论意义——不是具体的方法，其范围和概念外延要比人才培养模式更加宽泛。因而，本书将"范式"的概念和内涵迁移到美国顶尖大学的国际化人才培养，认为美国顶尖大学国际化人才培养具备了范式所应具备的特征，可以将其称为"国际化人才培养的范式"。具体来说，范式概念中的"研究的模型"将用于分析美国顶尖大学国际化人才培养范式的模型框架，笔者在借鉴伯顿·克拉克和李立国教授关于大学治理理论框架的观点基础上，认为美国顶尖大学的国际化人才培养有着共同的模型框架，①即"政府—社会—大学"模型；范式概念中的"共同承诺的信念""价值"将用于分析美国顶尖大学国际化人才培养范式的价值理念；范式概念中的"范例"将用于分析美国顶尖大学国际化人才培养范式的实践规范。综上所述，库恩范式理论中的"范式"对定义美国顶尖大学国际化人才培养之"范式"，以及对深入分析其国际化人才培养范式的详貌，具有一定的适切性。

通过范式转换的理论可以得出，范式的发展分为以下几个阶段，即前范式的阶段、范式形成阶段、革命阶段、新范式阶段，且库恩认为新旧范式之间存在"不可通约性"。本书将采用库恩范式理论中的"范式转换"，分析美国顶尖大学国际化人才培养范式的转换。二战结束以前，受地方性孤立主义的影响，美国的国际化人才培养更多是立足于国内，通过派出学生和学者借鉴学习英国和德国等欧洲国家大

---

① 李立国："大学治理变迁的理论框架：从学术—政府—市场到大学—国家—社会"，《清华大学教育研究》2020年第4期。

学的先进经验,从而培养具有本土意识的国民;政府虽然参与其中,但力度还不是很大。二战结束以后,随着美国成为头号超级强国,其高等教育受到了来自政治等层面的影响。特别是1957年,随着苏联发射了第一颗人造地球卫星,美国的领先地位面临严峻挑战。在此背景下,全国改革高等教育的呼声日益高涨,美国顶尖大学也深受影响。仅在1957—1958年间,国会就收到了超过1500份有关教育改革的议案,通过了80项涉及教育的法案,其中就包括1958年通过的《国防教育法》(National Defense Education Act)。①《国防教育法》的通过标志着美国顶尖大学国际化人才培养的范式的形成。特别是其第六章支持外国语、区域研究和国际研究领域的研究生教育,② 可谓直截了当地表达了国际化人才培养应该从国家利益出发,以应对国际挑战。因而基于对"范式"概念和内涵的定义,二战结束后到20世纪60年代末,美国顶尖大学国际化人才培养的"价值信念""模型框架""实践规范"已经成熟和完善,国际化人才培养的范式确立了,即在美国联邦政府的影响下,培养出面向全球,具有国际性的视野、国际意识、思维、交往能力和多种语言沟通能力,从而在国际上有竞争能力,能维护国家安全利益、帮助美国取得和保持世界霸主地位的国际化人才成为美国顶尖大学国际化人才培养范式的价值理念。库恩认为,"革命是世界观的改变。在革命之后,科学家们所面对的是一个不同的世界"③。20世纪60年代末以后,美国顶尖大学的国际化人才培养陷入低潮,政府和社会组织对美国顶尖大学国际化人才培养的

---

① 陈学飞:《美国高等教育发展史》,四川大学出版社1989年版,第155页。
② 刘宝存:"战后美国高等教育的全球性政策剖析",《比较教育研究》1988年第2期。
③ 托马斯·库恩:《科学革命的结构》,金吾伦、胡新和译,北京大学出版社2012年版,第94页。

重视程度下降，国际化人才培养的范式出现了反常，诱发了危机，进一步导致了国际化人才培养的范式转换。综上所述，由于美国顶尖大学的国际化人才培养范式变化，符合库恩范式理论中对"范式转换"的界定，因而用库恩"范式转换"的理论来分析美国顶尖大学的国际化人才培养范式转换具有一定适切性。笔者基于库恩"范式转换"的理论，将美国顶尖大学的国际化人才培养范式转换分为了前范式时期、范式形成时期、范式危机与转换时期。

需要注意的是，范式的转换并不是与以往的范式完全割裂开来，而是存在对以往范式的继承和发展，正如库恩所说，在范式转换的过程中，旧范式只有一部分或者全部被新的范式所替代，所以旧范式和新范式之间的关系并不是完全相互对立的，没有丝毫联系，而是在继承以往旧范式的基础上进行转换。库恩在他的"范式的不可通约性"遭受质疑以后，也承认自己想法的极端性，于是在20世纪80年代把范式的不可通约性改为范式的部分不可通约性。不仅如此，他从语言学的立意出发，认为部分不可通约性代表着不可翻译的性质。库恩进一步说明道："一个理论中的语言，根本不可能十分彻底地通过语言翻译成另外一个理论的语句，多多少少会存在部分翻译的不成功。"[①] 有学者将"部分不可通约性"总结为："发生在一小部分相互定义的术语之间，而不是发生在'范式'或整个理论之间。"[②] 对应到美国顶尖大学的国际化人才培养方面，虽然20世纪80年代末以后，美国顶尖大学的国际化人才培养范式开始发生转换，但根据库恩"部分不可通约性"的观点，这一阶段的顶尖大学国际化人才培养范

[①] 操睿:"语言学转向：库恩'不可通约性'论题的嬗变"，《西部学刊》2020年第20期。

[②] Albedah, Amani, "A Gadamerian Critique of Kuhn's Linguistic Turn: Incommensurability Revisited", *International Studies in the Philosophy of Science*, Vol. 20, No. 3, 2006.

式与以往的范式"并非完全不可通约",而是存在对以往范式的部分继承和发展。有学者指出:"部分不可通约性"为范式的沟通与比较提供了可能性。[1] 正如库恩所说:"革命就好像是物种的形成,一个分裂为两个或者是一个物种不变,但是变种衍生出另外一个独特的物种,并且随着其本身的轨迹持续下去。"[2]

二、方法与思路

(一) 研究对象

本书在对美国顶尖大学的概念进行明晰的基础上,以国际组织高级官员的毕业院校数量作为依据,确定了 10 所美国顶尖大学作为研究对象。

高校的国际化和国际化人才培养虽有联系,但也有质的区别。前者更多强调国际师生、国际语言(通常是英语)授课和国际合作研究等的比例,后者则更多关注在校学生的国际意识、国际视野和全球思维的培养。尽管高校的国际化一定程度上会影响国际化人才的培养,但其国际化水平不等同于国际化人才培养的水平。因而,本书不以高校国际化的相关排名作为确定研究对象和划定研究范畴的依据和标准。由于国际组织的高级官员是国际化人才的重要表现形式,故可认为一所大学能培养出大量的国际组织高级官员,即彰显了这所大学的国际化人才培养水平。以哈佛大学为例,自 1946 年以来,世界银行

---

[1] 操睿:"语言学转向:库恩'不可通约性'论题的嬗变",《西部学刊》2020 年第 20 期。

[2] 托马斯·库恩:《科学革命的结构》,金吾伦、胡新和译,北京大学出版社 2012 年版,第 25 页。

的13任行长中有8位毕业于哈佛大学,① 这些行长所学专业不尽相同,所在院系也各有差异,但都曾担任世界银行的最高领导人,一定程度上说明了哈佛大学的国际化人才培养水平。

本书以金蕾莅等人的研究《国际组织最高领导人的任职特征及对国际化人才培养的启发》和徐梦杰、张民选的研究《美国大学国际组织高层人才培养的研究——哈佛大学肯尼迪政府学院》作为确定研究对象和划定研究范畴的依据。金蕾莅等人发现在联合国系统内的48个政府间组织中,2000—2017年曾任国际组织最高领导人的最高学位(硕士/博士)就读高校中,美国的顶尖大学占了前9名中的7位,分别是哈佛大学(7人)、哥伦比亚大学(3人)、麻省理工学院(2人)、宾夕法尼亚大学(2人)、芝加哥大学(2人)、约翰斯·霍普金斯大学(2人)、南卡罗来纳大学(2人)。② 徐梦杰和张民选发现在14个著名国际组织的160位高级官员中,有63人(39.4%)拥有美国高校的教育背景,本科、硕士或博士学位多获自美国的顶尖大学,以人次论,分别是哈佛大学(24人)、纽约大学(6人)、普林斯顿大学(5人)、乔治·华盛顿大学(5人)、麻省理工学院(4人)、哥伦比亚大学(4人)、芝加哥大学(4人)、乔治城大学(3人)、宾夕法尼亚大学(3人)、斯坦福大学(3人)、加州大学伯克利分校(3人)、加州大学洛杉矶分校(2人)。③ 本书主要考察美国顶尖大学的国际化人才培养范式,为了保证在研究范畴内的高校均是美国顶尖的大学,同时保证

---

① 张汉、赵寰宇:"中国大学如何培养全球治理人才?——美国研究型大学的经验及其启示",《经济社会体制比较》2019年第1期。
② 金蕾莅等:"国际组织最高领导人的任职特征及对国际化人才培养的启发",《清华大学教育研究》2019年第5期。
③ 徐梦杰、张民选:"美国大学国际组织高层次人才培养研究——以哈佛大学肯尼迪政府学院为例",《比较教育研究》2018年第5期。

所选择高校的国际化人才培养在美国的顶尖大学中具有代表性,笔者基于上述两项研究所统计的国际组织最高领导人或高级官员(本硕博)就读美国顶尖大学的数据,划定了研究范畴,确定了研究对象,即 10 所排名全球前列的美国顶尖大学,分别为哈佛大学(私立)、麻省理工学院(私立)、斯坦福大学(私立)、加州大学伯克利分校(公立)、哥伦比亚大学(私立)、约翰斯·霍普金斯大学(私立)、普林斯顿大学(私立)、加州大学洛杉矶分校(公立)、宾夕法尼亚大学(私立)、芝加哥大学(私立),各校简况及在各类大学排名榜单中的位列如表 0-2 所示。通过对这 10 所高校的分析,本书将探究美国顶尖大学国际化人才培养的范式和范式转换等问题。

表 0-2 研究对象情况

顶尖大学	大学性质	建校时间	USNEWS2021	QS2021	THE2021	ARWU2020
哈佛大学	私立	1636 年	1	3	3	1
麻省理工学院	私立	1861 年	2	1	5	4
斯坦福大学	私立	1891 年	3	2	2	2
加州大学伯克利分校	公立	1868 年	4	30	7	5
哥伦比亚大学	私立	1754 年	6	19	17	7
约翰斯·霍普金斯大学	私立	1876 年	10	25	12	15
普林斯顿大学	私立	1746 年	11	12	9	6
加州大学洛杉矶分校	公立	1919 年	13	36	15	13
宾夕法尼亚大学	私立	1740 年	14	16	13	19
芝加哥大学	私立	1890 年	15	9	10	10

(二) 研究方法

1. 文献研究法

所谓文献研究法是指通过对已有文献的收集、整理和分析，对研究问题进行探索的一种方法，是目前最基本也是应用最广的一种研究方法。文献研究法目前是比较教育研究中最重要，也最为基础的一种研究方法。具体来说，文献研究法即根据论文研究主题的需要，对已有文献进行梳理、分析与归纳整合，提炼相关论点和论据，找到与论文主题相关的资源。本书是对美国顶尖大学培养国际化人才的研究，不但要对已有的相关文献进行分析和探究，还需要对选定的顶尖大学国际化人才培养的理念、体制机制和具体实践方式等进行研究，这些都需要大量最能反映国际化人才培养真实情况的最新文献，才能对本研究中的问题进行系统的研究和探索。

文献研究法贯穿于本书的研究写作始终，不管是前期资料的搜集，还是写作过程中对相关文献资料的补充。文献资料的搜集与整理，可以帮助我们了解美国顶尖大学的国际化人才培养概貌，以及案例顶尖大学国际化人才培养的价值理念与组织机制等，还可以帮我们厘清美国顶尖大学国际化人才培养的历史演进，从而为本论题进行更深一层的探究打下坚实基础。笔者除了对《富布莱特法案》《国防教育法》《高等教育法》《国际教育法》等重要法案进行梳理分析之外，还通过三种不同的渠道收集和整理相关的文献：第一种是中国国家图书馆、知网、万方教育数据库、美国资源信息中心、EBSCO 数据库当中的教育学研究全文数据库、ProQuest Education Journals、SAGE Journals 等；第二种是美国教育部网站、案例顶尖大学的官方网站等；第三种是专门研究机构网站，包括美国教育委员会、美国大学协会等官方网站。资料搜寻的范围依次为研究报告、期刊论文、学位论文、学术专著等。

2. 案例研究法

案例研究法是目前人文和社会科学领域的研究者最常使用的研究方法之一，案例研究法主要包括了个案分析、案例比较、案例调查等不同的研究设计。① 案例研究即通过对单个个体的全面研究，形成普遍经验的认识。在本书中，美国顶尖大学是一个集合概念，它由若干所具体的顶尖大学构成。所以，笔者既对美国顶尖大学进行了个体的研究，也对整体进行了分析。本书基于一定的标准选择了10所美国顶尖大学，以划定研究范畴，确定研究对象。为了对美国顶尖大学的国际化人才培养范式有更深刻更全面的认识，本书又从10所顶尖大学中选出哈佛大学、麻省理工学院、哥伦比亚大学和加州大学伯克利分校这4所顶尖大学作为案例进行重点剖析。在这4所案例大学中，哈佛大学、麻省理工学院和哥伦比亚大学属于私立大学，而加州大学伯克利分校属于公立大学。

之所以选择这4所顶尖大学作为案例，原因如下：哈佛大学和麻省理工学院在上述国际化人才培养的排名中，位列前两名，且世界排名靠前。尽管斯坦福大学的国际化人才培养排名和世界排名都很靠前，但由于其与加州大学伯克利分校同属一州，为了凸显加州政府对加州大学伯克利分校这所公立大学国际化人才培养的影响，笔者未选择斯坦福大学作为案例，而选择了排名在斯坦福大学之后的私立大学——哥伦比亚大学作为案例。

---

① 马嵘:"全面国际化背景下美国研究型大学国际事务治理研究"，南京师范大学博士学位论文，2019年。

3. 比较研究法

所谓比较研究法是指把两个或两个以上的现象或者事物放在一起，通过考察和分析进行对比，得出它们之间的共性和差异性。贝磊等将比较研究法划分为四个步骤：描述、解释、并列、比较。[①] 本书既把比较研究法作为研究的维度和思维方式，又将比较研究法作为具体的研究方法。基于价值观念、模型框架和实践规范三个维度，笔者对遴选出的 10 所美国顶尖大学的国际化人才培养进行比较分析，以提炼出美国顶尖大学国际化人才培养的范式。

（三）研究思路

本书紧紧围绕国际化人才培养范式展开，希望通过对美国顶尖大学国际化人才培养范式的深入研究，回答本研究的核心问题："美国顶尖大学为什么能培养出国际化人才？"笔者提出了国际化人才培养范式的三个方面：范式、范式转换、范式转换的因素。在此基础上，形成了国际化人才培养范式的分析框架，并在此框架下探究美国顶尖大学的国际化人才培养范式，从而为我国"双一流"建设大学的国际化人才培养提供经验借鉴。

具体来说，首先，笔者将围绕研究问题，对有关核心概念进行界定，对有关研究现状进行系统梳理。其次，本书借鉴库恩范式理论中关于"范式转换"的观点，运用文献研究法对美国顶尖大学国际化人才培养的前范式时期、范式形成和范式的危机与转换进行研究。再次，笔者将运用案例研究法和文献研究法，对哈佛大学、麻省理工学院、哥伦比亚大学、加州大学伯克利分校进行美国顶尖大学国际化人

---

① 贝磊等：《比较教育研究：路径与方法》，李梅译，北京大学出版社 2010 年版，第 10 页。

才培养范式的案例研究。而后,笔者再次借鉴库恩范式理论关于"范式"的观点,运用比较研究法和文献研究法,在比较研究 10 所美国顶尖大学国际化人才培养的基础上提炼出美国顶尖大学的国际化人才培养的范式,并对国际化人才培养的范式转换进行了分析。最后,是笔者关于这项研究的结论和启示。

第一章　美国顶尖大学国际化人才培养的前范式时期

库恩认为,科学革命的前科学时期,指的是在这一时期中,科学家们对某一种客观事物还没有特定、具体的认识,处于一种比较混乱的状态,范式尚未形成。笔者将20世纪以前划定为美国顶尖大学国际化人才培养的前范式时期,前范式时期包括了殖民地时期和美国建国以后到20世纪初的这一百多年间。在殖民地时期,哈佛大学等顶尖大学刚成立不久,彼时的顶尖大学国际化人才培养还处于萌芽状态,派遣留学生到英国留学,将英国的高等教育模式移植和复制于美国,成为哈佛大学等少数顶尖大学推进高等教育国际化和进行国际化人才培养的早期雏形。有学者认为:"在整个殖民地时期,美国的历史、传统和发展都是英国式的。"[①] 同理,美国在殖民地时期的高等教育也是英国式的,不管是高等教育思想的产生萌芽还是高等教育机构的设置发展都受到了英国的影响,美国最早的顶尖大学(如哈佛大学等)与英国的大学有着清晰可见的血缘关系。从美国建国以后到20世纪初,顶尖大学开始派遣留学生到德国学习和交流,通过借鉴德国的高等教育模式,建立新的研究型大学或将传统的殖民地学院改造为研究型大学。这一时期,美国顶尖大学通过在英国学院模式的基础上

---

① 高鹏:"美国高等教育国际化的历程研究",吉林大学博士学位论文,2015年,第55页。

借鉴和改造德国的高等教育模式，掀起了真正意义上的学术革命。如果以国际化为出发点来看待这一次学术革命，那其革命的本质就是借助国际化来对美国的大学进行改造，使美国大学的质量大大提高。在学习和借鉴德国高等教育模式过程中，美国顶尖大学完成了学术自由、学术自治、教学与科研结合等的制度构建，为日后美国顶尖大学成为世界一流大学、培养一流国际化人才奠定了制度基础。

第一节 移植与复制：
国际化人才培养的英国导向

在殖民地时期，美国高等教育的发展大多参考和借鉴了欧洲的高等教育模式。在那个时候，欧洲的高等教育模式主要有两种：第一种是行会团体建立的大学；第二种是由教会进行运作，具有宗教色彩的大学。以学院制和导师制为最主要特征的英国古典大学便属于后者。17世纪初，受到英国宗教改革的影响，一批批被英国教会压迫的清教徒移居至北美殖民地。这些移民里，有一部分人毕业于剑桥大学伊曼纽尔学院，而在这部分人的倡导下，1636年10月，马萨诸塞海外殖民地召开会议，同意拨款建立一所英国式的学院，即哈佛学院。哈佛学院沿袭英国剑桥模式，成为美国殖民地学院的起源，也是英属北美的第一所大学。

哈佛学院参照剑桥大学伊曼纽尔学院的课程，传授宗教神学知识，由教会进行管理。人才培养的目标是为宗教培养神职人员、识字读书的教民和为殖民地政府培养公务人员。哈佛学院成立之后，又成立了其他 8 所参照哈佛学院的殖民地学院，分别是威廉与玛丽学院（1693 年）、耶鲁学院（1701 年）、费城学院（1740 年）、新泽西学院（1746 年）、国王学院（1754 年）、罗德岛学院（1764 年）、王后学院（1766 年）、达特茅斯学院（1769 年）。（如表 1-1 所示），这 9 所殖民地学院为美国高等教育的早期发展奠定了基础并构建了初步的体系。

表 1-1　美国殖民地时期的 9 所殖民地学院

成立时间	所在地点	成立名称	现在名称	所属教派
1636 年	马萨诸塞	哈佛学院	哈佛大学	公理会
1693 年	弗吉尼亚	威廉与玛丽学院	威廉与玛丽学院	圣公会
1701 年	康涅狄格	耶鲁学院	耶鲁大学	公理会
1740 年	宾夕法尼亚	费城学院	宾夕法尼亚大学	非教会
1746 年	新泽西	新泽西学院	普林斯顿大学	长老会
1754 年	纽约	国王学院	哥伦比亚大学	圣公会
1764 年	罗德岛	罗德岛学院	布朗大学	浸礼会
1766 年	新泽西	王后学院	罗格斯，新泽西州立大学	荷兰归正会
1769 年	新罕布什尔	达特茅斯学院	达特茅斯学院	公理会

资料来源：Good, H. G., *A History of American Education*, New York: Macmillan, 1962, p. 61。

哈佛学院等早期殖民地学院成立以后，这些殖民地学院派遣本校学生到英国的大学进行访问和学习，这些在英国大学深造的学生学成回到北美殖民地后，不少成为新成立殖民地学院的校长和教师，从而将英国的高等教育模式和高等教育理念带到了北美，跨越大洲的教育交流也让当时殖民地学院的人才培养有了国际化早期特征。如威廉玛丽学院的第一任校长毕业于英国的爱丁堡大学，因而威廉玛丽学院学生的课程教学深受爱丁堡大学的影响，更加重视专业化课程的学习。

费城学院(此后的宾夕法尼亚大学)的首任校长则毕业于英国的阿伯丁大学,受阿伯丁大学的影响,费城学院更注重数学、航海等专业课程,神学等课程的地位相对不是很高。另外,除了内容方面,课程的语言方面也孕育了早期人才培养的国际化基因。殖民地学院的课程语言不再以拉丁语为主,英语的地位逐渐提升,成为殖民地学院的教学语言,这为学生了解英国、到英国留学和访问打下了语言基础。随着英国的影响力在全世界的扩大,英语成为跨国、跨文化沟通和交流的重要媒介,具有较强的英语语言基本功成为殖民地时期乃至美国建国后国际化人才的显著特征和天然优势,同时也让北美殖民地及之后美国的国际化人才得以利用英语这一国际语言,在300多年的历史长河中更好地参与到国际事务中去。

在殖民地时期,受英国高等教育的影响,9所殖民地学院纷纷成立,因而可以这么说:美国的顶尖大学自成立之日起便具有了国际性的特征。早期成立的殖民地学院通过派遣学生到英国留学、让学生学习英式的课程(英语授课)等方式,已经使得那时的人才培养初步具有了国际化的特征。当然,这一时期的国际化人才培养更多停留于个人层面,不过,清教徒的后代不远万里到英国留学,后来不少成为殖民地学院的校长和教师,也同时推动了国际化人才培养中师资国际化的早期萌芽。

第二节 借鉴与改造:
国际化人才培养的德国导向

18世纪末,随着独立战争的胜利,美利坚合众国建立。建国以后，美国的学院数量迎来了爆发性增长，建国20年内新增学院数量是殖民地时期的两倍。[①] 殖民地时期美国顶尖大学国际化人才培养的早期雏形和萌芽助推了美国高等教育的起步和发展，同时，建国以后，时代对当时美国的高等教育，以及美国顶尖大学的国际化人才培养亦提出了新的挑战和要求。一方面，美国建国初期的高等教育发展水平处于停滞状态，缺乏创新的氛围，也未产生创新性成果，宗教导向的殖民地学院无法培养出适应国家发展需求和社会发展需要的人才。另一方面，美国建国初期的顶尖大学国际化人才培养尚存在着向英国学习的思维惯性，但到英国留学和访问的学生、教师规模都不是很大。进入19世纪以后，随着工业化进程不断加快，美国逐渐成为资本主义强国，其高等教育模式已经不能适应当时经济、政治和社会等各方面快速发展的步伐，其发展变得缓慢不前，亟待改变。

具体而言，英国在经历了第一次的工业革命后，社会生产力也发生了巨大的变革，短时间内迅速成为当时全球头号资本主义强国。同时，英国的第一次工业革命也给其他国家，尤其是资本主义国家带来了深远的影响。在英国开始第一次工业革命之后，法国、美国、德国等国家相继开始了第一次工业革命。在美国第一次工业革命开始之前和进行过程中，合众国在很多方面已经为第一次工业革命做好了准备：其一，1812年，美国同英国进行了"第二次独立战争"，并于1815年通过了旨在停战的《根特条约》(Treaty of Ghent)。"第二次独立战争"被称为一场"无所得"的战争，两国边界恢复到战前状态。不过，美国在"第二次独立战争"以后国际威望大幅提升，从心理层面正式脱离英国统治。更为重要的是，战争期间英国对美国港口的

---

① 高鹏："美国高等教育国际化的历程研究"，吉林大学博士学位论文，2015年，第61页。

封锁，对美国独立发展纺织工业起到了催化作用，可以说"第二次独立战争"也让美国扫除了发展工商业的外部障碍。其二，美国于18世纪末期开始了西进运动，通过西进运动，其大规模地拓宽了疆土。到1853年，美国的国土与独立时相比增加了7倍多。从18世纪末到南北战争之前的西进运动以土地问题为核心，属于农业开发期，土地法令规定西部土地归人民所有，这项土地政策吸引了大批移民涌入西部，为国内资本主义发展提供了充足劳动力，扩大了国内市场。其三，美国在交通运输领域的改革，例如汽船的发明、运河的开凿和建筑公路等，也为第一次工业革命打下了坚实基础。在1807年，罗伯特·富尔顿发明了世界第一艘蒸汽轮船——"克莱蒙特"号，极大提升了运输效率，也促进了美国贸易的发展；1825年通航的伊利运河成为第一条沟通美国东海岸和西部内陆地区的交通航线，推动了中西部人口的快速增长。1837年修成的坎伯兰公路是美国的第一条国家公路，这条公路加强了东部与中西部的贸易往来。一般认为，1790年塞缪尔·斯莱特把纺织机引进到了美国，从而引发了美国的第一次工业革命，因此他也被称为"美国制造业之父"和"美国工业革命的奠基者"。1793年，依莱·惠特妮发明了轧棉机，极大提升了南方棉花的生产力。1813年，波士顿商人弗朗西斯·卡伯特·洛维尔"盗取"了英国的卡特赖特动力织布机技术，到美国后成功复制了这项技术，建立了综合纺织厂。另外，美国不仅注重发明创造和引进技术，还开始进行体制革新，将分散的制造商品进行合并，集中在统一管理的工厂之中，新的工厂制度由此在美国诞生。总体来说，以纺织机作为开端，美国第一次工业革命在各个领域取得了突飞猛进的发展。美国的第一次工业革命亦在物质上为美国的顶尖大学提供了很多支持，一些个人、州政府和联邦政府也有了能力和资本对高等教育事业进行投资。

相应地,第一次工业革命的发展也对美国顶尖大学培养国际化人才提出了新的要求。在殖民地时期,英国不准北美殖民地发展制造业,早期的殖民地学院也保留着"英国血统",移植英国高等教育模式,培养宗教神职人员和殖民地公职人员。在美国建国以后,特别是美国开始第一次工业革命以后,随着社会生产力的发展,以往殖民地学院沿袭下来的"英国古典大学学院模式"及其所培养出的宗教导向人才难以适应社会发展的需要。在此背景下,美国顶尖大学的学生纷纷前往德国留学,将德国的高等教育模式借鉴到美国,推动美国早期的学院向研究型大学转型。留学德国的学生既是前范式时期美国顶尖大学的国际化人才雏形——不少学生在留学回国以后成为顶尖大学校长,又为顶尖大学培养大批国际化人才。总体来说,18世纪末以后,美国第一次工业革命迅猛发展,加速了美国由农业化社会向工业化社会加速的进程,美国的综合国力得到大幅提升,逐渐成为新兴的资本主义强国,而社会生产力的提升则客观上推动了美国顶尖大学国际化人才培养的发展和转型。

当时,不管是在学术界还是思想界,德国的高等教育模式都占据着领导地位,特别是1810年柏林大学的成立,让美国在"剑桥大学模式"和"巴黎大学模式"之外,有了第三种选择,即"柏林大学模式",以柏林大学为代表,追求"教学与科研统一""寂寞与自由"的德国大学制度开始成为美国大学学习的"范本"。研究发现,从1815年到一战结束,到德国留学过的美国学生总人数超过一万,[①] 不仅如此,这些留学生中有几乎一半进入了柏林大学学习。留学德国成

---

① 王俊烽:"美国高等教育国际化探析",天津师范大学硕士学位论文,2012年,第17页。

为当时美国顶尖大学学生出国的主流,正如约翰·布鲁贝克所认为的,"19世纪,德国大学对美国的冲击,成为高等教育史上重要的论题之一"①。1815年,第一批到德国留学的4名青年后来都成为哈佛大学的教师。在他们之后,一批又一批留学德国的美国大学生回国任教,成为早期美国顶尖大学的学术精英和科研骨干。这些具有德国留学经验的教师,将德国的大学思想带到美国校园,让美国的学生能足不出国就感受到当时全世界最新的高等教育理念。这些教师中,更有不少成为美国顶尖研究型大学的校长,比如说哈佛大学校长查尔斯·艾略特、约翰斯·霍普金斯大学校长丹尼尔·吉尔曼、康奈尔大学校长安德鲁·迪克森·怀特、密歇根大学校长亨利·塔潘,这些重要人物直接对美国早期创办研究型大学产生了深远的影响。1876年,在德国留学的美国教育家仿照柏林大学建立了美国第一所研究型大学——约翰斯·霍普金斯大学,这所大学的出现代表着美国现代大学即将迎来一个新时代,也代表着美国大学逐渐迈向世界一流大学的历史进程。在约翰斯·霍普金斯大学的创建过程中,首任校长丹尼尔·吉尔曼做出了巨大贡献。他所聘任的教师几乎都在德国留学过,并借鉴德国的授课法,将高深学问和研讨课模式(seminar)引入美国,他也为约翰斯·霍普金斯大学在未来培养国际化人才打下了厚实基础,如提供国际师资和授课国际化等。在约翰斯·霍普金斯大学的影响下,一批新型大学相继成立。有学者发现,"在目前存在的美国研究型大学中,有54所大学是这一时期内依据德国大学的模式建立或改造而成的"②。

---

① 转引自於荣:《冷战中的美国大学学术研究》,北京师范大学出版社2008年版,第17页。
② 丁玲:"中美大学国际化实践及发展趋势研究",华中科技大学博士学位论文,2012年,第65页。

从美国建国以后到 20 世纪初,美国顶尖大学的国际化人才培养有以下显著特征:一是学生的国际交流明显增强,到德国留学的人数明显增多。二是师资的国际经验显著提升,顶尖大学的教师大多有留学德国的经历。三是校长和管理者的国际视野也得到拓宽,留学德国的不少学生后来成为美国现代大学的创办人和领导人。四是这一时期的国际化人才有了服务本国和社会的意识和自觉,结合本土实际,对德国的高等教育模式加以改造,而不是像殖民地时期那样一味地移植与复制英国的高等教育模式。五是国际化人才与美国的现代大学的产生发展密切相关,国际化人才成为传播德国大学理念和制度的"信使",催生了美国现代大学的创立,也让以往殖民地学院改革成为现代大学。现代大学成立后,美国继续加大对国际化人才培养的支持力度,大力资助本土学生到德国留学,正是在这种正向循环下,美国顶尖大学及其国际化人才培养迈开了蓬勃发展的步伐。

值得注意的是,在 19 世纪,美国顶尖大学的国际化人才培养开始有了来自内部的动力,政府开始通过判决和法案间接地为国际化人才培养提供支持,其中影响最为深远的便是"达特茅斯学院案"和《莫雷尔法案》(Morrill Land-Grant Law)。

"达特茅斯学院案"是美国建国后发生的第一桩高等教育诉讼案。1817 年 2 月,达特茅斯学院原董事会上诉至州地方法院,围绕达特茅斯学院姓"私"还是姓"公",与州议会对簿公堂。1817 年 9 月,州地方法院下达判决,宣布达特茅斯学院原董事会败诉。但是学院原董事会不服,于是便上诉到美国联邦最高法院。1818 年 3 月,联邦最高法院开始受理此案,并且在 1819 年 2 月宣判达特茅斯学院原董事会胜诉。此后,地位得到明确的美国私立大学飞速发展:根据数据可以得出,在 19 世纪初,美国只有 12 所私立大学,但到了 1860

年，美国共有 182 所大学，其中私立大学就有 116 所。① 该案判决的间接结果是让各州清醒地认识到，应该独立发展州立大学，而不是违背私立院校意志，将其强制改为州立大学。到了 19 世纪 60 年代，美国的州立大学一共有 67 所，州立大学和私立大学之间的竞争愈发强烈。不得不提的是，"达特茅斯学院案"进一步确立了美国大学特有的社会性：大学和社会、政治有了更为密切的关系，不管是私立大学还是公立大学，都是社会的机构，都要为社会服务。因而，"达特茅斯学院案"对美国高等教育的格局定型、社会性的确立有着重要影响。对于国际化人才培养来说，"达特茅斯学院案"的长远意义在于，美国大学的私有权和自主发展权得到保护，大学可以自主地选择国际化人才培养的理念、方向和路径，而不被政府干预。

1862 年颁布的《莫雷尔法案》则让 19 世纪下半叶的美国大学国际化人才培养产生了新的变化。除了大学通过鼓励学生到德国留学、学习德国高等教育模式，政府层面也开始间接地为美国顶尖大学国际化人才培养提供高等教育发展环境支持。具体而言，《莫雷尔法案》的颁布让美国出现了一大批赠地学院（农工学院），美国高等教育的人才培养理念开始由"精英型"向"实用化""大众化"转变。赠地学院的出现，让美国高等教育内部的竞争变得愈发激烈，美国的不同高校开始改革人才培养理念和模式，向"平民化"转变。另外，在《莫雷尔法案》的影响下，从 19 世纪下半叶到 20 世纪初，美国高校的数量和在校学生人数都迎来快速增长。据统计，19 世纪美国的人口较以往增长了 6 倍，但是与此同时，在同一时间内美国的高校数量增长了 20 倍、大学生的数量增长了 7 倍。到 1900 年时，美国每一万人当

---

① 杨捷："19 世纪美国达特茅斯学院案及其影响"，《河南大学学报（社会科学版）》2000 年第 5 期。

中就有大约31.4人接受过高等教育。①《莫雷尔法案》颁布后高等教育的飞速发展,为顶尖大学培养大量国际化人才奠定了"人口基数";且这一时期的顶尖大学通过改革,在培养国际化人才方面有了明确的导向,即所学知识应为美国本土的发展实际服务,学以致用。国际化人才除了国际交往和国际视野等要素之外,最重要、最基本的应该是专业知识和专业技能。《莫雷尔法案》的出现,让美国大学在借鉴德国大学模式的基础上,即在教学与科学结合的基础上,实现了技术推广服务与教学、科学研究的结合。在美国顶尖大学办学功能完善的背景下,其培养的国际化人才既有深厚的理论知识,也能适应美国社会发展的需要。更为重要的是,《莫雷尔法案》是美国建国以后美国联邦政府第一次通过法案(和拨款)的形式间接干预各州高等教育,为二战结束以后美国联邦政府通过立法干预各州的高等教育国际化、各州顶尖大学的国际化人才培养做好了铺垫。值得一提的是,《莫雷尔法案》的创立者贾斯汀·莫雷尔(Justin Smith Morrill)在这个时期也提出了关于国际化人才培养的观点:"为抵御强大对手的竞争,我们的国民需要建立在最优秀、最广泛人类经验基础上的基本指导。"② 由此可以看出莫雷尔对国际化人才培养和教育国际交流的高度重视。在当时,美国由农业社会向工业社会转变,与国际社会开始密切接触,在此背景下莫雷尔已经看到了学习掌握人类最优秀经验的国际化人才对美国农业和其他产业的重要性。因而,《莫雷尔法案》对美国顶尖大学的国际化人才培养有着里程碑式的意义。

---

① 郭庆霞:"《莫雷尔法案》的颁布对内战后美国高等教育的影响",《黑龙江高教研究》2011年第3期。
② Vestal, Theodore M., *International Education: It's History and Promise for Today*, Santa Barbara:Praeger Publisher, 1994, p.21.

总体而言，在前范式时期，美国顶尖大学的国际化人才培养虽有发展，但还未形成成熟和完善的体系。这一时期的突出特征是向欧洲派遣留学生，学习欧洲高等教育经验。既有前期通过留学生对英国高等教育模式的移植与复制，又有后期通过留学生对德国高等教育模式的学习和本土化改造。在前范式时期，美国顶尖大学的国际化人才培养过程中，个人因素发挥了主导性的作用，美国与欧洲的高等教育国际交流主要依靠个人来实现，顶尖大学的学生到欧洲留学或游学更多是自发的，不是国家和社会组织的要求和使命。正是一大批留学生和教师通过到欧洲交流学习，将欧洲先进的高等教育经验带到美国，使得美国顶尖大学从成立之初便具备了"国际性"特质，被打上了"国际性"的烙印。另外，这一时期美国顶尖大学并没有明确提出"国际化"培养的目标或要求，不管是政府还是高校均没有出台与国际化人才培养直接相关的规定、法案和规范。当时的国际化人才培养受到通信与交通技术条件的限制，更多是单向性和地区性的，规模上比较小，未能实现普遍意义上的国际化人才培养。在库恩看来，科学发展的前科学时期，科学工作者没有形成统一的基本理论、观点和方法，即"范式"。[1] 在前范式时期，由于美国顶尖大学处于兴建发展的初步阶段，国际化人才培养主要依靠个人，还未出现直接提供支持的相关政策和法规，美国顶尖大学尚未形成国际化人才培养的范式。

---

[1] 张谨："库恩的科学观"，《江汉论坛》2006 第 3 期。

第三节　前范式时期美国顶尖大学
　　　　国际化人才培养的因素

在前范式时期，美国顶尖大学的国际化人才培养还处于萌芽状态，国际化人才培养的范式尚未形成。这一时期，政府等机构为国际化人才培养提供政治环境支持，促进了美国顶尖大学现代大学制度的建立，为 20 世纪美国顶尖大学国际化人才培养范式的形成奠定了制度基础。

一、为国际化人才培养提供支持的政治环境

在美国顶尖大学国际化人才培养的前范式时期，政治因素并不明显，且美国主要将发展的重心放在国内而非国际，因而这一时期的政治环境主要表现为政府在政策方针层面为美国顶尖大学培养国际化人才提供发展环境的支持和保护，其中，以美国民主共和政体的建立作为政治环境支持的源头，以 1819 年的"达特茅斯学院案"判决为政治环境支持的里程碑，以 1862 年颁布的《莫雷尔法案》为政治环境支持的高潮。

（一）美国民主共和政体的建立和早期政党的产生

1783 年，英美签署《巴黎条约》，英国正式承认了美国的主权地

位，北美人民就此摆脱殖民枷锁，建立了崭新的国家。1787年，美国颁布了《1787年宪法》(Constitution of the United States)，使得民主共和政体在美国正式确立，《宪法》明确规定，美国的国家权力分为三个板块，立法权由国会管理，司法权由最高法院行使，行政权由总统掌控。三权分立所体现的"分权和制衡"使得立法、司法和行政背后的权力机构相互制约，实现了权力的平衡，既可以让行使权力的各部门更好地为公众服务，又可以有效地控制权力，还有利于保持公共权力和公民权利保障之间的平衡。《1787年宪法》为美国的政治制度奠定了法律基础。1791年国会通过的《人权法案》(The Bill of Rights，又译作《权利法案》)以及之后相继通过的宪法修正案则进一步确立了美国民主共和的基本原则，在联邦分权和个人自由权利等方面做出了规定。其中，《人权法案》第一条便是"国会不能制定'确立国教或禁止信仰自由'的法律"①，其背后的"政教分离"原则对当时美国顶尖大学的影响颇大，各宗教教派以此为法律依据与政府展开竞争，加大了对顶尖大学的控制和影响力度。《人权法案》第十条又规定"《宪法》没有赋予美国的权力，也没有禁止对州赋予的权力，属于各个州和人民"②，这条法律为"教育权利属于各州及人民"提供了法律依据，使得联邦政府对教育没有直接管辖权，只能施加间接影响，并保证了各州教育的自主权。总体来说，美国民主共和政体的确立为前范式时期的美国顶尖大学国际化人才培养提供了政治基础和政治保障。《1787年宪法》第一条第九款指出，"不得通过公民权利剥

---

① Legal Information Institute, "Bill of Rights", (25 March 2021), https://www.law.cornell.edu/constitution/billof rights.
② Legal Information Institute, "Bill of Rights", (25 March 2021), https://www.law.cornell.edu/constitution/billof rights.

夺法案或追溯既往的法律"①,这项条款为后来"达特茅斯学院案"中达特茅斯学院所获得的英国王室特许状的合法性提供了法律支撑。

除了民主共和政体之外,美国早期政党的产生也对顶尖大学自身的发展和国际化人才的培养带来政治性的影响。美国建国以后,国内资产阶级在美国未来的发展道路上,例如对待联邦制和州的权力等,产生了较为明显的分歧,并逐渐划分为两派,一派是以托马斯·杰斐逊(Thomas Jefferson)为代表的民主共和党派,一派是亚历山大·汉密尔顿(Alexander Hamilton)为代表的联邦党派。民主共和党派代表的是南方农场主和农民的利益,主张发展农业,反对建立强大的中央政府;联邦党派代表的是北方工商业资产阶级的利益,主张发展工商业,赞成建立强大的中央政府。这一时期形成的党派既没有正式的纲领,也没有成熟的组织,所以还算不上严格意义上的政党。在18世纪末到19世纪初,民主共和党与联邦党在经济、政治、外交等方面的斗争始终未曾中断过。尽管没形成稳固的政党形式,但美国的两党制在建国以后的18世纪末期,便已经初步形成。民主共和党与联邦党的斗争还延伸到了高等教育领域。在"达特茅斯学院案"中,支持学院校长的是民主共和党当政的州政府,支持学院董事会的则是联邦党,且联邦法院首席法官是联邦党的追随者、支持加强中央集权的约翰·马歇尔(John Marshall)。在最后的判决中,约翰·马歇尔做出了与州法院截然相反的判决,维护了学院董事会的利益,保护了私立大学的合法地位——校长与董事会的斗争和冲突演变成了党派之争,也让早期美国顶尖大学的发展具有了政治性的色彩。1828年和1854年,民主党和共和党的正式创立使得两党制的政党制度在美国得以确

---

① Constitution Annotated, "ArtI. S9. C3. 2 Ex Post Facto Laws", (25 March 2021), https://constitution.congress.gov/browse/essay/.

立，自 1854 年以后，美国的政治基本由这两个党控制，两党轮流执政成为主流。南北战争以后，随着美国大学在美国社会事务中的作用愈发凸显，民主党和共和党在其政治纲领中也都会提出关于美国大学发展的主张。由此，一方面，政党之间利益和主张的不同为顶尖大学培养国际化营造了宽松自由的环境；另一方面，政党对高等教育的重视为顶尖大学培养国际化人才提供了良好的政治环境。

（二）1819 年"达特茅斯学院案"判决

1819 年，原董事会在"达特茅斯学院案"中的胜诉使得私立大学迅猛发展。在这个案件出现之前，美国并没有和私立大学相关的法律，私立大学经常陷入经济困难的境况，不得不接受政府的经济资助和行政干预，这就造成了私立大学的权益很难得到国家法律的保护：1780 年，州政府对哈佛大学的宪章修改进行干预，在学校监委会中，政府的人数超过了教师人数；耶鲁学院为了渡过财政危机，被迫吸收 8 名政府官员到学校董事会。私立大学与政府的这种关系使得州政府认为通过经费支持干预私立大学的发展是应当的，而私立大学则不愿放弃对学校自主权的控制。直到"达特茅斯学院案"判决时，联邦最高法院从法律层面指出了美国私立大学存在的法理性，从客观的角度给私立大学的地位提供了法律保护。美国的殖民地学院有着英国高等教育的基因，但又与英国的大学不同，殖民地学院的最高管理权掌握在校外的董事会中，而不是学校内的学者团体；但与英国大学相同的一点是，州政府没有权力过问学校事务。通过"达特茅斯学院案"，我们可以明确两个基本原则：（1）私人团体或者宗教团体建立的大学要根据自身需要的办学传统，进行自治管理；（2）从法律层面上确定了私立大学办学的自主权力，私立大学和政府之间的关系分明，政府不再有资助私立大学的责任，私立大学在经济、人事、规章制度和学校性质等方面都可以自己做决定，因此大大激发了私立大学的办学热情。"达特茅斯学院案"判决后的40年(1820—1860年)也成了美国私立大学最鼎盛的时期，其数量从1820年的12所增加到了1860年的116所。"达特茅斯学院案"的判决也鼓舞了私人捐赠办大学的欲望，一大批由财团和慈善家捐建的私立大学纷纷成立。如1865年，纽约企业家和农场主埃兹拉·康奈尔(Ezra Cornell)和参议员安德鲁·迪克森·怀特(Andrew Dickson White)一起建立的康奈尔大学；1873年，美国史上第二大富豪、铁路大亨科尼利尔斯·范德比尔特(Cornelius Vanderbilt)捐资创建的范德彪大学(Vanderbilt University)；1876年，遵照约翰斯·霍普金斯(Johns Hopkins)遗嘱创办的约翰斯·霍普金斯大学；等等。这些私立大学后来都成为美国办学实力雄厚、在全球有较大影响力的顶尖大学。如果"达特茅斯学院案"判决没有明确私立大学的合法地位和保障大学的办学自主权，私立大学很可能因为缺少社会捐赠举步维艰，也就不能再出现后来的顶尖大学。正如学者阎光才在《大学的自治传统》一文中指出的，"如果1819年的达特茅斯学院案件不存在或者没有胜诉，就不会有现在的达特茅斯学院，甚至现在的常春藤联盟都有可能不复存在"①。可以说，这项裁决鼓舞了社会力量办大学，增加对私立大学的捐助，为顶尖大学培养国际化人才提供了足够的经费保障和学术自由环境。

1819年的"达特茅斯学院案"判决同样推动了公立大学的发展。在"达特茅斯学院案"之前，美国各州政府为了培养社会经济发展所需要的人才，就开始创办公立性质的州立大学，如1789年创建的

---

① 阎光才：“大学的自治传统”，《读书》2000年第10期。

美国最早的公立大学北卡罗来纳大学。但此时的公立大学还不算是完全意义的公立大学，只有部分经费来自政府，与私立大学在很多方面有着相似之处，并且沿袭了殖民地学院的办学传统，因而称不上是具有美国特色的公立大学。1819年"达特茅斯学院案"的判决使得各州政府不得不创建属于自己的州立大学，因为私立大学已经在判决中得到了法律的保护，州政府无权加以改造，只能从头自建。并且，为了赢得与私立大学的竞争，州立大学形成了与私立大学截然不同的人才培养模式。以于1819年创建、1825年开始招生的弗吉尼亚大学为例，它在美国公立大学乃至美国高等教育历史上创立了多个"第一"：第一所独立于教会的大学、第一所提供全部选修课程的大学等。弗吉尼亚大学的建立鼓舞了政府对高等教育的扶植，推动了美国高等教育的世俗化发展，在美国高等教育历史上有着标志性意义。在法国集权式教育思想和弗吉尼亚大学的影响下，很多州立大学得以成立，比如1851年成立的佛罗里达州立大学和1855年成立的宾夕法尼亚州大学——统计数据表明，19世纪60年代，美国一共拥有67所州立大学。美国州立大学为国家培养了非常多的实用性人才，为美国大学树立为社会服务的职能奠定了基础。

结合上述公、私立大学的发展，我们可以认为，1819年的"达特茅斯学院案"判决使得美国的高等教育出现了多元化的格局。在"达特茅斯学院案"判决的1819年之前，美国公立大学和私立大学之间没有明显的界限，两者之间的划分也不是绝对的。因为私立大学中如哈佛学院和耶鲁学院也接受公共拨款资助，俄亥俄州等地方州政府还将土地赠与私立大学，而公立大学的办学经费也经常依靠社会捐赠和私人资助来维持，所以很难区分哪个大学是绝对的公立大学或绝对的私立大学。在1819年"达特茅斯学院案"判决之后，公立大学和私立大学之间有了明显的划分，私立大学难以得到政府经费资助的同时也有了更强的办学自治权；州政府无法改造私立大学，只能建立注重培养实用人才的州立大学。更为重要的是，在1819年"达特茅斯学院案"判决之后到南北战争爆发之前的这段时间内，美国高等教育类型开始多样化，除了公立大学和私立大学，还出现了技术学院、女子学院、黑人大学、教派大学（以基督教新教教派为主）等。在"达特茅斯学院案"的影响下，美国高等教育变得更加多样化和多元化。

"达特茅斯学院案"的判决还极大增强了美国大学与社会的联系。在"达特茅斯学院案"之前，美国大学与社会的联系已逐渐增强了。当时美国大学所培养的人才主要是为学校所在的殖民地服务的传教士和医生等。再加上美国的大学不像英国那样远离商业和政治中心，而是处于各殖民地事务核心地区，所以大学的学生可以在空余时间旁听议会的辩论。大学与社会联系的增强导致大学所培养的人才毕业后的就业领域不再具有特定性。数据统计表明，18世纪末期，仅有1/4的美国大学生毕业后从事牧师工作。而在"达特茅斯学院案"判决以后，美国大学与社会的联系更加紧密，国民不再关注大学的公立私立与否，而是关注其是否为社会服务，是否彰显社会意志和体现社会需要，由社会选出董事会进行管理。这成为极具美国特色的高等教育管理模式，也从侧面体现了美国大学和社会的密切联系。

（三）1862年《莫雷尔法案》

1862年起，以《莫雷尔法案》为代表的一系列法案对美国高等教育的发展有着重要意义。《莫雷尔法案》又被称为"赠地法案"，在其影响下，一大批赠地学院纷纷成立，如麻省理工学院、加利福尼亚大学、康奈尔大学等,很多赠地学院在后来发展成为顶尖大学,成为培养国际化人才的中坚力量——在工业革命的冲击之下,加之德国逐渐成为世界高等教育的中心,南北战争以前的旧式学院已经不能适应社会发展的步伐,大批新出现的赠地学院无论在办学形式还是在课程设置层面都更加贴近社会。它们以服务社会作为办学的宗旨,根据州的经济和地理等实际情况开展办学,既开展大量实用型研究,又培养大量急需的实用型人才,这些赠地学院预兆着美国现代高等教育时代的到来——伴随而来的是课程设置的变化和国际化人才培养方式的变化。

赠地学院不再将经典文化和神学作为主要课程,其所设置课程均以所在州的实际需要作为准绳。如加州大学校长曾指出,加州大学立足于加州的资源与环境,适应于加州人们的需求。在《莫雷尔法案》影响下发展壮大的威斯康星大学更是将为社会服务作为其鲜明的办学宗旨,该校校长提出培养有能力、有知识的美国公民,面向美国人民进行知识生产和科学研究。在美国独立战争和南北战争之后,农业和工业薄弱或者落后偏僻的地方都需要大量技术型人才,此时赠地学院课程设置的核心就是为了满足社会需要,将农业和工业知识传授作为课程设置的主要内容和主要教学目标。与此同时,赠地学院并未放弃对其他经典课程和科学课程的传授。南北战争之前,特别是19世纪以前,美国顶尖大学的国际化人才培养更多是学生、教师和学者到英国学习访问,并将英国的高等教育模式移植到美国,国际化人才培养的目的也是培养宗教神职人员和宗教背景下的公共服务人员。南北战争之后,特别是《莫雷尔法案》颁布以后,许多赠地学院的出现,给以往的旧式学院带来了竞争压力,美国顶尖大学的国际化人才培养的方式亦转变为学生和教师到德国进行留学和访问,将德国的高等教育模式引进和借鉴到美国，旨在培养为美国社会发展实际服务的国际化人才。具体而言，《莫雷尔法案》将顶尖大学国际化人才培养的"转向标"放在了社会服务层面，即所培养的国际化人才需要有国际视野，但更重要的是能为美国社会和美国本土服务，特别是要重视对人才专业技能和实践能力的培养。赠地学院让美国顶尖大学的国际化人才培养焕然一新。

不得不提的是，在《莫雷尔法案》的影响下，大量赠地学院通过培养具有国际视野的专业型、实用型人才推动了美国由贫穷落后的传统农业国家向工业化国家转型。在欧洲工业革命浪潮的席卷之下，美国的农业经济发展迅猛，出于对先进农业工具的需求，美国的工业经济亦得到了强足动力，取得了较大程度的发展，同时促进了美国赠地学院、农工类州立大学的建设发展。而赠地学院以实用科学技术为目的、以务实求真为价值取向所培养的人才反哺了美国工业经济的发展，为美国从农业社会向工业社会转型做出了贡献。另外，由于在《莫雷尔法案》影响下出现的赠地学院大多数是公立大学，教育收费低廉，更多中下层的普通民众都有接受高等教育的机会，极大促进了美国高等教育的大众化和民主化，也让更多出身贫寒的中下层阶级获得了成为国际化人才的可能。

研究通常认为《莫雷尔法案》的颁布是美国联邦政府首次干预美国高等教育的标志，它虽未直接涉及美国顶尖大学的国际教育或国际化人才培养，但是通过"赠地"为联邦政府干涉美国顶尖大学的国际教育提供了可能，也为20世纪初以后，特别是二战后美国通过出台法案直接干预、控制和主导美国顶尖大学的国际化人才培养做了铺垫，对推动美国顶尖大学国际化人才培养的范式形成和转换而言具有里程碑式的开创意义。

综上所述，经过"达特茅斯学院案"，美国政府开始对私立大学给予法律层面的保护，这同样推动了美国公立大学（州立大学）的发展，使得美国高等教育多元化的格局初步形成，为美国私立大学培养国际化人才创造了独立的发展环境。政府又通过《莫雷尔法案》发展了大批殖民地学院，以赠地学院为代表的顶尖大学所培养的国际化人才不再是为宗教服务，而是为所在州的经济和社会发展服务。《莫雷尔法案》通过赠予土地的形式为20世纪美国联邦政府通过法案和经费拨款干预美国顶尖大学的国际化人才培养奠定了基础。

二、宗教为国际化人才培养提供原生动力

还应注意到，在美国顶尖大学国际化人才培养的前范式时期，宗教组织积极参与到国际化人才培养的过程中，为美国顶尖大学国际化人才培养范式的萌芽和发展做出了举足轻重的贡献。殖民地时期，美国顶尖大学的前身——殖民地学院大多数是在宗教组织的主导下创建的。比如说在1636年，清教徒创办了哈佛学院；1693年，伦敦基督教会创办了威廉玛丽学院；1701年，公理会创办了耶鲁学院；1746年，长老会创办了新泽西学院；1754年，基督教派创办了国王学院；1764年，浸礼会创办了罗德岛学院；1769年，公理会创办了达特茅斯学院。处于殖民地时期的美国顶尖大学在创建之初都与不同的宗教组织有着或多或少的联系，与欧洲教会联系密切的宗教组织一方面为美国顶尖大学的学生和教师到欧洲学习先进的办学经验提供了便利，另一方面这些宗教组织也影响到了殖民地时期美国顶尖大学国际化人才培养的价值观——培养教会神职人员成为当时顶尖大学国际化人才培养的主要目标。乔治·M. 马斯登（George M. Marsden）也认为"殖

民地学院首先是为教会服务的,然而它又是一个为政府服务的公共机构。在 17 世纪的马萨诸塞州,一所学院可以同时为教会和世俗社会培养领导人"①。建国以后,美国在 1791 年《人权法案》的第一条修正案中提出宗教自由。在该法案的影响下,美国的宗教组织得到了蓬勃发展,纷纷创建了相应的大学。在宗教组织的推动之下,美国大学数量有了较大程度的增长,并且这些新成立的大学都有着浓厚的宗教色彩。19 世纪中期以前,在众多创办高等教育的机构和团体中,宗教是最活跃的团体。1810 年时,由公理会、长老会和圣公会三大宗教创办的学院的招生数量占总入学学生数量的 85% 以上,直到 1860 年时,这个数字才降为 50%。② 宗教组织影响下的美国大学专注于对学生性格和心智的培养,却忽视了对欧洲新兴科学技术的关注。带有宗教色彩的国际化人才培养与工业革命时期国家所需要的实践人才之间形成了矛盾。推动人才培养的世俗化逐渐成为顶尖大学国际化人才培养的一种趋势。1865 年,哈佛大学全面改革,实行自治的管理方式,脱离了宗教的束缚和控制,并且提倡科学的实验和学术研究。不仅如此,学校还减少了宗教类型课程在教学课程中的占比,学生可自愿参加礼拜活动。在哈佛大学的带头作用下,耶鲁大学和哥伦比亚等宗教组织主导的大学纷纷效仿,削弱宗教组织对大学的控制,向世俗化、独立自主、适应社会发展脉搏的研究型大学转型。在此背景下,美国顶尖大学的国际化人才培养也发生了相应的改变。

宗教组织在美国顶尖大学国际化人才培养的前范式时期,其主要的贡献在于推动了美国顶尖大学的初步创建,以及美国顶尖大学国际

---

① 乔治·M.马斯登:《美国大学之魂》,徐弢等译,北京大学出版社 2015 年版,第 40 页。
② 陈利民:《办学理念与大学发展——哈佛大学办学理念的历史探析》,中国海洋大学出版社 2006 年版,第 27 页。

化人才培养范式的萌芽，通过与欧洲教会的密切联系，使得早期顶尖大学的教师和学生可以到欧洲学习英国等国家的高等教育模式。随着美国工业革命的深入开展，宗教组织控制的教会大学已经难以适应社会发展的需求，学生和教师到德国学习其高等教育模式，将教会大学改革为世俗化的大学，培养为社会发展服务的人才成为19世纪末美国顶尖大学国际化人才培养的发展趋势。

三、个人为国际化人才培养提供主导力量

在美国顶尖大学国际化人才培养的前范式时期，个人发挥了主导性的作用。学者陈学飞指出："为了接受更好的高等教育，去英国留学的清教徒的移民子弟不绝于途，但因为路途遥远，并且费用很高，所以留学的人数并不多。"[①] 去英国留学的清教徒对早期美国高等教育的形成与发展做出了不可磨灭的贡献。在学习英国高等教育经验的基础上，殖民地时期的美国高等教育体系得到了初步建立，早期的殖民地学院也相继成立。在前范式时期，美国顶尖大学培养国际化人才的方式主要依靠个人来实现，个人在美国顶尖大学与欧洲大学交流中发挥了主要作用。美国的顶尖大学通过派遣教师和学生到欧洲的大学进行学习和访问，对欧洲的高等教育模式进行考察，并以考察得到的经验作为基础，推动美国顶尖大学的发展。很多美国顶尖大学的校长都有留学欧洲的经验，这些校长为美国顶尖大学培养人才带去了来自欧洲大学的国际化理念，对美国顶尖大学的国际化人才培养也同样产生了影响。在前范式时期，欧洲大学的发展经验，更多是通过个人层

---

① 陈学飞：《高等教育国际化：跨世界的大趋势》，福建人民出版社2002年版，第30页。

面的交流，在美国顶尖大学中产生影响。处于前范式时期的美国顶尖大学，正是通过一大批留学生、教师、学者和教育家到欧洲学习和交流，带回了欧洲大学的先进发展经验，才使得美国顶尖大学在初创的较短时间内就能获得迅猛的发展。此外，后来成为美国顶尖大学校长的教育家也对国际化人才培养的改革方向进行思考，针对欧洲高等教育模式可能存在的问题和弊端，修正美国顶尖大学国际化人才培养的内容和发展方向，有利于助推美国顶尖大学不断向前发展。总体而言，美国顶尖大学中学生和教师个人对学术的追求，是前范式时期美国顶尖大学国际化人才培养发展的最重要推动力。

第二章　美国顶尖大学国际化人才培养范式的形成

库恩认为，当科学基本的思想实现统一之后，常规的科学时期便会到来——常规科学指的是以一种或多种科学成就为基础的研究，在某一段时期内，这些科学成就会被科学共同体作为进一步实践的基础。从科学实践过程中产生的，用一样的规则和标准从事科学实践的承诺，是常规科学的前提。在常规科学时期，科学共同体有着一致的范式，并且在范式的指引下解决各种各样的问题。各种概念性、理论性和工具性的承诺和方法论，形成了一种十分牢固的网络体系，而正是这个网络体系，把常规科学和谜题联系起来。[1] 同时，常规科学时期又被称为范式阶段或范式形成阶段，笔者将 20 世纪初至 60 年代末划定为美国顶尖大学国际化人才培养的范式形成阶段。

在经过前范式时期以后，社会组织和国家在 20 世纪初都提出了较为明确的国际化人才培养的使命与目标。一方面，相关社会组织（如教育社会组织、基金会）在国际化人才培养中所发挥的作用开始增强。另一方面，在 20 世纪初，第二次工业革命的发源地——美国，一跃成为世界第一工业大国，开始将国家战略发展的目光投向世界：

---

[1] 托马斯·库恩：《科学革命的结构》，金吾伦、胡新和译，北京大学出版社 2012 年版，第 35 页。

从 1904 年开始，美国第 26 任总统西奥多·罗斯福把"罗斯福推论"①补入至门罗主义中，到 1918 年美国第 28 任总统托马斯·伍德罗·威尔逊于 1918 年抛出号称"世界和平纲领"的"十四点"计划，提出建立国际联盟，意在通过国联让美国成为世界霸主，称霸世界。"美国在外交政策方面从比较保守的门罗主义慢慢转化为主动参与国际事务的扩张主义。美国的影响力逐渐走出了美洲，面向世界。"②在此背景下，20 世纪初美国顶尖大学的国际化人才培养已经有了政治性倾向，如 1908 年对中国的教育援助——庚款兴学；以及 20 世纪 30 年代对拉美的教育援助和交流活动。国际化人才培养的范围和方式不再局限于美国与欧洲之间学生的单向交流，而是扩大到了美洲和全球，通过培养本土和全球（主要是拉美）的国际化人才，实现美国称霸世界的梦想。这一时期，美国顶尖大学国际化人才培养目标被明确提出，国际化人才培养体系渐趋成熟和完善，国际化人才培养的范式初步形成。

二战结束以后，政治性成为美国顶尖大学国际化人才培养的主导因素。为赢得与苏联的冷战对抗，美国联邦政府通过出台《富布莱特法案》《国防教育法》《高等教育法》《国际教育法》等法案，将国际化人才培养上升到国家战略层面，联邦政府成为美国顶尖大学国际化人才培养的最重要的主导力量，为美国称霸全球而培养国际化人才成为美国顶尖大学国际化人才培养的基本价值追求，其人才培养的模型框

---

① "罗斯福推论"是西奥多·罗斯福于 1904 年和 1905 年在致国会的两次国情咨文中所宣称的观点，又称"罗斯福引申"。它对门罗主义的内涵进行了拓展，声称美国将在必要时行使"国际警察"的权力。这意味着美国可以根据自己的逻辑任意干涉美洲各国事务，使"美洲是美洲人的美洲"转变为"美洲是美国人的美洲"。

② 高鹏：《美国高等教育国际化的历程研究》，吉林大学博士学位论文，2015 年，第 90 页。

架和实践规范已经成熟和完善,至 20 世纪 60 年代末,美国顶尖大学国际化人才培养的范式最终形成和确立。

第一节 20 世纪初期美国顶尖大学国际化人才培养范式形成的动力

进入 20 世纪以后,美国将发展重心逐渐从国内转到国外,向世界扩张成为美国外交政策的新趋向,美国也逐渐走近世界舞台的中心。为适应这种趋向,美国顶尖大学国际化人才培养的国际性和政治性不断增强,其价值理念、模型框架和实践规范均开始发展成熟,在教育社会组织和基金会等的推动下,美国顶尖大学国际化人才培养范式进一步向前发展。

一、教育社会组织的参与

在 20 世纪初期,美国出现了大量和国际教育相关的社会组织,这些组织的出现大大推进了美国顶尖大学国际化人才培养的发展进程,而其出现有着深刻的历史背景。

南北战争对美国的第二次工业革命有着长远且深刻的影响。1865 年,美国北方取得胜利,战争的结果是南方邦联所推崇的奴隶制度被废除。南北战争第一次统一了美国的市场,让北方和南方都成为美国资本主义市场的组成部分。一方面,南北战争为美国第二次工业革命的工业生产扫清了障碍；另一方面，南北战争为农业资本主义在美国的发展廓清了前进道路。更为重要的是，南北战争中获得解放的奴隶弥补了第二次工业革命中工业生产劳动力的不足。南北战争结束到20世纪初是西进运动的工业开发期：其一，美国政府大力吸引外资加强运河、铁路等基础设施建设，为其提供补贴和铁路沿线的土地所有权；到20世纪初，美国的铁路运营总里程已经相当于全世界的半数。其二，政府成立专门的移民局和土地管理局吸引国外优秀劳动力到西部。其三，政府还大力发展西部的工矿业，在此基础上发展钢铁工业和石油工业等。西进运动对美国的第二次工业革命起到了补充和促进的作用。一方面，这一时期的西进运动使得美国的领土得到进一步扩张，为19世纪末期的美国经济发展提供了广阔市场；另一方面，西进运动所开发的西部资源为美国第二次工业革命提供了生产资料。综上所述，在西进运动的影响下，美国的交通和运输业得到了突飞猛进的发展，源源不断的巨额资金也涌向西部，从而推动了铁路业、畜牧业、采矿业和其他产业的迅猛发展。

到了19世纪70年代，美国成为第二次工业革命的主要发源国和作用地，电的普遍使用宣示着人类进入电气时代，不仅如此，在第二次工业革命中，还出现了全新的内燃机、汽车、飞机和通讯方式等。这些新兴的科学技术被美国各个生产部门广泛应用，使之成为第二次工业革命中名副其实的领跑者。在第二次工业革命的影响下，美国的资本主义经济取得了十足的发展。数据统计显示（见表2-1），美国的工业产值在1879—1884年的5年间，首次超过了农业产值，工业比重上升到53.4%，农业比重下降到46.4%——美国完成了从农业社会到工业社会的转型。横向比较，美国在1860年的工业生产总值还没有英国的一半，但是到了1894年，其工业生产总值已遥遥领先，成为世界第一,是英国和法国的数倍。甚至在1914年,美国工业生产总值比英国、法国、日本和德国工业生产总值的总和还多。

表2-1 19世纪下半叶到20世纪初主要资本主义国家工业生产的变化(1913年=100)

	德国	英国	法国	俄国	意大利	美国
1860年	14	34	26	8	—	8
1870年	18	44	34	13	17	11
1880年	25	53	43	17	23	17
1890年	40	62	56	27	40	39
1900年	65	79	66	61	56	54
1910年	89	85	89	84	99	89
1913年	100	100	100	100	100	100

资料来源:斯塔夫里阿诺斯,《全球通史:从史前史到21世纪》,董书慧等译,北京大学出版社2005年版,第498页。

尽管美国在19世纪末20世纪初的工业生产总值已经成为世界第一,但与美国经济地位不匹配的是美国在国际上的地位。19世纪末期,英国、法国和德国等国家在亚非地区掀起了瓜分狂潮。在第二次工业革命的促进下,美国为了争夺和开辟新的原料产地和新的市场,意图重新瓜分殖民地,以及追求与美国经济地位相匹配的国际地位——通过1898年在美西战争中的胜利,美国吹响了大规模海外扩张的号角。自美西战争以后到20世纪初,美国的外交政策出现了扩张主义的趋势,开始成为加勒比海地区和太平洋地区的世界强国。特别是第一次世界大战以后,美国开始积极参与国际事务。美国综合国力的提升对其顶尖大学的国际化人才培养提出新的战略使命和要求,为了适应美国第二次工业革命之后的经济发展势头,让美国成为世界霸主，特别是巩固美国在拉美地区和亚太地区的影响力，范式形成期的美国顶尖大学国际化人才培养出现了国际化的趋势和政治性的趋向。

在这些因素的作用下，美国在20世纪初新成立的相关社会组织，如教育协会和教育基金会，积极与国外的政府、社会和大学相互交流和沟通，通过输出美国的教育方式来增强美国的国际影响力。社会组织一方面引导美国顶尖大学国际化人才培养的方向，另一方面为美国顶尖大学国际化人才培养提供资金。可以说，社会组织成为这一时期推动美国顶尖大学国际化人才培养的主体力量。

20世纪初，美国成立了两个后来影响深远的教育协会：1900年的美国大学协会（Association of U. S. Universities，AAU），共有会员大学65所，是公认的世界一流大学组织。1918年的美国教育理事会（American Council Education，ACE），是美国各大高校的主要协调机构，拥有1700多所会员高校，在塑造美国高等教育方面扮演了重要角色。美国大学协会在第一次世界大战期间便已经在伦敦、巴黎和罗马设立了办事处，以满足美国大学生和欧洲盟友在军事或其他方面的需要，但这一时期美国大学协会的活动也只限于法国、英国和意大利。至于美国教育理事会，虽然提出"绝不忽视外国利益"，但这一时期仍主要致力于解决国内教育问题。在这两个社会组织成立后，国际教育协会（Institute of International Education，IIE）于1919年成立。在推动美国顶尖大学的国际化人才培养的教育协会中，国际教育协会最具代表性，并与美国大学协会、美国教育理事会实现了合作，避免了在国际教育工作上的重复。第一次世界大战的爆发是国际教育协会成立的契机，当时的美国把重心放在发展自己国家上，对外交事务一直奉行漠不关心的孤立主义政策。对此，国际教育协会主席斯蒂芬·

达根(Stephen Duggan)认为,"国际思维"对于理解其他民族的问题和困难至关重要,孤立主义政策与"国际思维"背道而驰。而战争的爆发引发了美国人民对外国和国际事务的极大兴趣,在此背景下,斯蒂芬·达根、哥伦比亚大学的尼古拉斯·默里·巴特勒(Nicholas Murray Butler)、卡内基国际和平基金会主席伊莱休·鲁特(Elihu Root)三位创始人倡议建立非营利组织,这个组织可以"帮助美国人民更好地了解外国,以及让外国能准确地了解美国,了解美国的制度和文化"①;同时,这个组织可以成为"在全球学生、学者和机构之间进行政治、经济和文化等领域合作的'中央协调中心'(a central coordinating hub)"②。在各方努力下,1919年,国际教育协会正式成立,这个协会对美国高等教育的国际化,以及顶尖大学的国际化人才培养做出了巨大贡献。正如其官网对国际教育协会的介绍:"国际教育协会是最早倡导国际交流的机构之一,开创了美国和世界各国之间学者和学生交流的先河。"③

国际教育协会主要从以下几个方面来推动美国顶尖大学的国际化人才培养。

一是整合美国大学师生国际交流信息,管理基金会等组织的奖学金。在国际教育协会出现之前的很多年里,美国大学和国外大学之间没有开展有组织、系统性的师生国际交流。为了收集整合美国大学师生国际交流的相关信息,斯蒂芬·达根向美国的250所高校发放了调查问卷,问卷主要包括两个方面:本校教授出国任教和外国教授到本

---

① Duggan, Stephen P., *First Annual Report of the Director: Institute of International Education*, New York: Institute of International Education, 1920, p. 1.
② Institute of International Education, "Commemorating a Century", (10 December 2020), https://www.iie.org/Why-IIE/History.
③ Institute of International Education, "Commemorating a Century", (10 December 2020), https://www.iie.org/Why-IIE/History.

校任教的条件；本校学生到国外高校就读和外国学生到本校就读的条件。在此基础上，国际教育协会还整合了美国各大学的招生信息和奖学金等信息，以此可以面向其他国家提供相关留学信息咨询和建议。① 另外，国际教育协会还及时公布与更新美国各大学的各类奖学金信息。同时，受卡内基国际和平基金会等其他组织的委托，美国国际教育协会管理着各种各样的奖学金。从创办伊始到 1929 年，美国国际教育协会管理的奖学金金额超过了 25 万美元，奖学金的数量超过了 250 份，并且，奖学金不仅面向美国的学生，外国的学生也有机会获得奖学金。②

二是促进美国大学教师的国际交流。具体来说，既让美国大学教师"走出去"，也将国外大学教师"请进来"到美国大学任教。国际教育协会认为，"没有比学者型教授更能促进美国和其他国家互相理解的'代理机构'（agency）了"③，由此可见国际教育协会对教师进行国际交流的高度重视。1920 年 2 月，国际教育协会董事会向卡内基国际和平基金会申请拨款 1.25 万美元，款项由国际教育协会负责管理，以资助休假期间的教授到国外上课。通过这项措施，让美国顶尖大学的教师向国外传播美国大学影响力的同时，也可以使他们具备更丰富的国际教育经验，对于培养国际化人才大有裨益。同时，国际教育协会还邀请外国教授来美国的大学授课，这些外国教授的大学既有欧洲的，如英国剑桥大学历史学教授霍兰德·罗斯（Holland Rose），也有南美洲的，如智利大学西班牙美洲历史教授拉乌尔·拉

---

① Duggan, Stephen P., *First Annual Report of the Director: Institute of International Education*, New York: Institute of International Education, 1920, p. 3.
② 高鹏：" 美国高等教育国际化的历程研究 "，吉林大学博士学位论文，2015 年，第 77 页。
③ Duggan, Stephen P., *Second Annual Report of the Director: Institute of International Education*, New York: Institute of International Education, 1921, p. 1.

米（Raoul Ramirez）。但总的来说，到美国大学任教的教授以欧洲学者为主。另外，国际教育协会还紧急援助来自法国、意大利、德国、比利时等欧洲国家、受到纳粹迫害的犹太学者，帮助他们进入美国的大学任教。数据表明，截至1944年，有300多名欧洲的学者在美国基金会的资助下获得美国大学的教职。

三是改变以往单向的国际交流模式，构建对等与平等的国际交流新模式。在20世纪以前，美国顶尖大学培养国际化人才，更多是单向地向欧洲学习，通过向英国和德国派遣留学生和教师，学习英国和德国的高等教育模式，以此推动美国高等教育体系的建立和完善，国际化人才培养范式也开始慢慢在这种单向交流的过程生根发芽。进入20世纪以后，国际教育协会意图让欧洲重新认识美国，因而改变以往"单向"的交流模式为双向的交流模式，既要引进欧洲的模式，也要输出美国的模式。美国顶尖大学的国际化人才培养开始具有初步框架，教育协会等社会组织在国际化人才培养中的地位与日俱增，再也不是以往没有体系的、个人的、单向的交流模式。

二、基金会的资助

20世纪初，除了教育社会组织之外，美国还涌现出来很多基金会，这些基金会对美国顶尖大学特别是顶尖研究型大学的崛起做出了不可磨灭的贡献，在美国顶尖大学的国际化人才培养中扮演着极为关键的角色。罗杰·盖格（Roger L. Geiger）认为："20世纪20年代到30年代的这十年间，基金会是影响研究型大学发展的最重要因素。"[①] 这

---

① Geiger, Roger L., *To Advance Knowledge, the Growth of American Research Universities, 1900-1940*, New York: Oxford University Press, 1986, p. 171.

些基金会中最具代表性的便是卡内基基金会和洛克菲勒基金会。1902年1月，安德鲁·卡内基（Andrew Carnegie）拿出5%的股份以建立华盛顿卡内基协会，在1911年时于纽约正式注册了卡内基基金会。1904年，作为公共教育基金的洛克菲勒基金会成立，通过长期经营，洛克菲勒基金会于1913年正式注册成立，基金会的首任会长是小约翰·戴维森·洛克菲勒（John Davison Rockefeller, Jr.）。在这两个基金会的影响和引领之下，20世纪初，越来越多的私人基金会在美国纷纷成立。

基金会为顶尖大学培养国际化人才提供资金援助，顶尖研究型大学所获基金会的资助占基金会高等教育捐赠总额的89%。1915—1940年，基金会对美国顶尖大学的资助额超过了2.42亿美元，甚至超过了政府对顶尖大学的资助（见表2-2）。

表2-2 1915—1940年基金会支持研究型大学统计

基金会名称	主要资助时间	金额（美元）
洛克菲勒基金会	1915—1940	90,838,000
卡内基纽约基金会	1915—1933	15,544,000
（洛克菲勒）国际教育委员会	1923—1928	17,008,000
（洛克菲勒）普通教育委员会	1923—1931	64,198,000
劳拉·斯皮尔曼基金会	1919—1928	39,268,000
国家研究委员会	1916—1939	15,712,000
合计		242,568,000

资料来源：孙贵平、商丽浩，《基金会资助：美国研究型大学崛起的推动力》，《现代大学教育》2020年第5期。

美国历史最悠久的顶尖大学——哈佛大学，其办学经费大多来自社会捐赠，在1921—1922年，仅洛克菲勒旗下的洛克菲勒基金会和普通教育委员会对哈佛大学的捐赠就占到了哈佛大学当年获捐总额的39.76%。① 在基金会的支持下，美国顶尖大学的国际化人才培养有了较为充实的资金保障。在基金会的资助之下，美国顶尖大学的学生和教师走向世界，可以到其他国家留学和访问交流；同时，其他国家的学生和教师也可以到美国交流学习，在学生的国际交流层面和教师的国际经验层面都促进了美国顶尖大学国际化人才培养的进一步深化。

基金会对顶尖大学国际化人才培养进行监督。除了对美国顶尖大学的国际化人才培养提供资金支持以外，基金会还对美国顶尖大学培养国际化人才的过程和结果进行监督。有的基金会关注美国顶尖大学国际化人才培养的效果评价；有的则关注美国顶尖大学国际化人才的培养方式是否与国外接轨。以"卡内基教学促进基金会"为例，该基金会对美国顶尖大学的国际化人才培养进行了专门研究，既肯定了美国顶尖大学国际化人才培养的成果，又通过与外国的对比，指出美国顶尖大学国际化人才培养存在的问题。

以卡内基基金会和洛克菲勒基金会为代表的基金会成为20世纪初美国顶尖大学国际化人才培养的主要推动力，基金会通过整合社会的多方力量和相关资源，积极支持美国顶尖大学国际化人才的培养。由于"基金会可能是对美国高等教育影响最大的机构，从大学发展和大学路径等方面决定了美国高等教育发展趋势"②，捐赠数额巨大的基金会不可避免地在一定程度上决定了那个时期美国顶尖大学国际化人才培养的发展方向。也正是在这段时期，基金会对美国顶尖大学的资助让美国顶尖大学走出象牙塔，走向社会。基金会通过协调政府、大

---

① Lowell, Abbott Lawrence, *Report of the President and the Treasurer of Harvard College, 1921-1922*, Cambridge: Harvard Archive Center, 1922, p. 32.
② Hollis, Ernest Victor, *Philanthropic Foundations and Higher Education*, New York: Columbia University Press, 1938.

学与社会的关系，为美国顶尖大学培养国际化人才营建良好氛围。

三、联邦政府的推动

20世纪初，美国政府开始意识到国际化人才培养对于扩大美国影响力的重要意义，特别是可以借助培养外籍国际化人才影响其他国家国民的世界观和价值观，进而展现国家良好形象，维护国家政治外交利益。与以往时期不同的是，这一时期的国际化人才培养不再停留于学术层面的师生国际交流，而是开始将培养国际化人才作为发展外交的突破口，国际化人才培养越来越超出"人才培养"本身之范畴，开始被赋予外交政策的使命与意涵。这其中具有代表性的，就是1908年美国国会通过的"庚款兴学"政策，以及同样出于政治性目的的拉美教育援助。

19世纪末到20世纪初，美国国内有着明显的排华政策倾向，相继颁布《排华法案》（Chinese Exclusion Act，1882年），并由国会决议永久驱除中国移民（1904年）。美国排华带来的结果是中国爆发了强烈的反美运动，运动揭开了美国自由与民主的虚伪面纱，也让美国失去了中国的民心。美国不仅在华经济利益受到损失，更重要的是美国在中国人心中的国家形象被彻底颠覆，这无疑对美国的国家利益造成极大打击。特别地，这些参与反美运动的中国人更多以中国学生作为主力，他们宁可选择日本和其他欧洲国家留学，也不选择美国。数据表明，1905年，只有50个中国学生去美国留学，而前往欧洲国家的达到了500名，前往日本的更是达到了3000名。[①] 由此可见，中国留

---

① Mckee, Delber L., *Chinese Exclusion Versus the Open Door Policy, 1900–1906: Clashes over China Policy in the Roosevelt Era*, Detroit: Wayne State University Press, 1977, p. 194.

学生对美国的排斥态度，带来的深层次影响是美国将失去通过教育影响中国年轻一代的机会。时任美国总统西奥多·罗斯福创立了所谓的"太平洋帝国论"，认为美国应主导中国事务，控制中国的市场，但现实的局面与创立"太平洋帝国论"的愿景形成强烈反差，这让西奥多·罗斯福感受到了危机。与此同时，美国各界都向西奥多·罗斯福表达了对中国青年反美的担忧。在华美国传教士提出"失去这一代，不管是短期还是长期，结果都是灾难性的"，"我们应该培养一批可以成为新中国缔造者的学生，并对他们进行更加深入的了解和研究"。[1] 伊利诺伊大学校长爱德蒙·詹姆士（Edmund J. James）在给西奥多·罗斯福的备忘录中也提到"我们目前一定有一种合适的方式可以对中国的发展进行控制，换句话说，就是从知识层面和精神层面上对中国的领袖进行支配"，"商业和精神上追随比追随军旗的支配作用更靠谱"。[2] 只有利用教育来对中国年轻人产生影响，才能获得商业和精神上的最大收获。在此情况下，美国驻华公使柔克义（William W. Rockhill）主张退还部分庚子赔款，用于鼓励中国学生到美国留学，这可以培养一大批影响中国未来走向的人才，符合美国长远的国家利益。[3]

1908 年，美国的国会两院通过了向中国返还庚子赔款的议案，使中国政府利用这些赔款资助中国学生到美国留学。同一天，西奥多·罗斯福签署了这项议案，随后清政府设立了游美学务处和留美预备学校（清华学堂），以更好地向美派遣留学生，并仿照美国教育模式提前对留学生进行培养。在美国政府庚款兴学的影响下，1909—

---

[1] 张乐天："美国退还庚子赔款余额的决策过程"，《史林》1987 年第 2 期。
[2] 唐纪明："美国退还庚子赔款与清华学校"，《清华大学教育研究》1989 第 2 期。
[3] Hunt, Michael H., *Frontier Defense and the Open Door. Manchuria in Chinese-American Relations, 1895–1911*, New Haven: Yale University Press, 1973, p. 171.

1929年，清华共培养、选送留美学生1280人。并且这些中国留学生大多进入到美国的顶尖大学就读。如表2-3所示，庚款留学生到达美国以后，分别进入美国32个州的128所高校就读，大多数学生在东部和中部的著名大学就读，其中，接受庚款留学生人数超过20人的大学有17所，就读人数最多的前九所大学分别为哥伦比亚大学、哈佛大学、麻省理工学院、威斯康星大学、芝加哥大学、康奈尔大学、密歇根大学、斯坦福大学、普渡大学——均是美国的顶尖大学。

表2-3 1909—1929年清华庚款留学生就读学校统计

学校	人数	排名
哥伦比亚大学	179	1
哈佛大学	113	2
麻省理工学院	112	3
威斯康星大学	95	4
芝加哥大学	92	5
康奈尔大学	71	6
密歇根大学	62	7
斯坦福大学	58	8
普渡大学	44	9

资料来源：清华大学清华学堂档案馆。

美国政府的庚子兴学政策改善了美国在中国人眼中的形象，赢得了中国青年的好感。美国驻京公使夫人萨拉·康格（Sarah P. Conger）称之为"是美国国家理念中善意和友爱、美国自由和民主的最好体现，也体现了五月花的精神"[①]。不仅如此，到美国留学的中国学生

---

① Conger, Sarah Pike, *Letters from China*, Chicago: A. C McClurg, 1910, p. 372.

在出国之前就已经接受了清华学堂的美式教育，出国后继续接受着美国教育、思想、理念和文化等方面的熏陶，从刚开始对美国抱有敌意转化为对美国充满好感。更值得一提的是，通过庚款兴学政策到美国留学的中国学生，回国后大多都成为后来中国各界的重要精英，以及教育、科学、文化的开拓者，是中国现代化的重要奠基人。如表 2-4 所示，其中成为大学校长的有清华大学校长梅贻琦、北京大学校长胡适、浙江大学校长竺可桢；成为物理学家的有周培源、吴有训等；成为数学家的有胡明复、姜立夫；成为建筑学家的有茅以升、梁思成；等等。这些精英能取得如此大的成就，离不开他们的聪慧和用功，但同样离不开美国顶尖大学对他们的培养，顶尖大学的教师希望中国学生在心理上认同他们的理论，并能在回国后发展他们的学派。① 这些精英既是美国顶尖大学国际化人才培养的客体，同时又是推动美国顶尖大学国际化水平提升的重要主体。他们站在中美文化的交汇点，一开始就被赋予了国际化的基因，加之美国顶尖大学国际化的师资和国际化的氛围，让他们能在就读期间学习到全球最领先的知识，使他们获得扎实的专业本领，同时又有通晓中西理念和文化的国际视野。美国政府通过庚款兴学援助中国学生，未尝不是美国顶尖大学培养外籍国际化人才的一次伟大尝试，只不过这场国际化人才培养的运动从诞生之日起，便立足于政治性的目的，为中国培养国际化人才不仅是出于人道主义，更是为了宣扬美国的国家形象，传播美国的文化和理念，拓展美国在中国的影响力，培养亲美的未来中国精英和领袖。因而有学者认为美国庚款兴学是一场"文化侵略"也就不足为奇了。也正是由此开始，美国对外国的教育援助、培养外籍的国际化人才，

---

① 高鹏：《美国高等教育国际化的历程研究》，吉林大学博士学位论文，2015 年，第 84 页。

开始越发具有了政治性的倾向。

表 2-4　美国庚款留学归国精英统计（部分）

姓名	就读美国学校	庚款留美时间	成就领域
梅贻琦	伍斯特理工学院	1909 年	物理、清华大学校长
胡明复	康奈尔大学、哈佛大学	1910 年	数学
姜立夫	加州大学伯克利分校、哈佛大学	1910 年	数学
竺可桢	伊利诺伊大学、哈佛大学	1910 年	气象学、地理学、浙江大学校长
胡适	康奈尔大学、哥伦比亚大学	1910 年	文学、哲学、北京大学校长
赵元任	康奈尔大学、哈佛大学	1910 年	语言学
吴宪	麻省理工学院、哈佛大学	1912 年	生物化学
侯德榜	麻省理工学院	1913 年	化学
金岳霖	宾夕法尼亚大学、哥伦比亚大学	1914 年	哲学
茅以升	康奈尔大学、卡耐基梅隆大学	1916 年	建筑学
叶企孙	芝加哥大学、哈佛大学	1918 年	物理学
吴有训	芝加哥大学	1921 年	物理学
周培源	芝加哥大学、加州理工学院	1924 年	物理学
梁思成	宾夕法尼亚大学、哈佛大学	1924 年	建筑学
江泽涵	哈佛大学	1927 年	数学
钱学森	麻省理工学院、加州理工学院	1935 年	空气动力学、固体力学
邓稼先	普渡大学	1948 年	核物理学

资料来源：笔者自行整理。

20世纪初,美国的外交政策从孤立主义走向了对外扩张,西奥多·罗斯福还推出"胡萝卜加大棒"的对外政策。在此影响下,美国顶尖大学的国际化人才培养被纳入美国政府的外交政策之中,具有了政治性的倾向。尽管美国长期坚持孤立主义,但对美洲的控制从未放松过,特别是进入20世纪以后,美国总统西奥多·罗斯福将罗斯福推论补充至门罗主义中,公开喊出"美洲是美国人的美洲",美国可以根据自己的逻辑干涉美洲事务。特别是1918年,托马斯·伍德罗·威尔逊总统提出建设国联的倡议,毫不掩饰美国染指世界、主导世界秩序的梦想和企图,也正式标志着美国顶尖大学国际化人才培养中"国际目标"的确立,即国际化人才培养不再是为了美国本土服务,而是为了美国主导国际秩序服务。在此背景下,美国对纳粹德国在20世纪30年代于拉美地区的文化扩张感到极为不满,并采取了针锋相对的举措。1936年,美国倡导签署《促进美洲国家之间文化联系公约》;1938年,设立文化关系处(Division of Cultural Relations, DCR),负责推广美国的思想与文化。基于此,美国的顶尖大学对拉美国家开展了教育援助活动,吸引拉美国家的学生到美国留学和访问。据统计,有超过1000名拉丁美洲地区学生在1941—1943年间获得奖学金前往美国留学。美国的这一教育援助活动增进了拉美国家对美国的认可,维护了美国的国家形象,巩固和加强了美国在拉美地区的势力范围。与1908年的庚款兴学相似,美国顶尖大学培养拉美地区国际化人才的行动已经远远超越了国际教育交流的场域,越来越具有政治性的意味。

除了庚款兴学和拉美教育援助,美国顶尖大学人才培养的课程国际化也有政治化趋势。随着远东局势重要性的提升,美国顶尖大学设立了有关东亚的研究中心,如1901年设立的哥伦比亚大学中国研究教席(哥伦比亚大学东亚研究系的前身)、1924 年设立的哈佛大学燕京学社等。古典东方学成为当时美国顶尖大学和相关研究中心课程中必不可少的一部分,毋庸置疑的是,相关研究中心的成立除了出于学术层面的因素之外,不可避免地要为当时美国的政治利益所服务。

四、救助德国流亡学者

1933 年希特勒上台以后,开始对德国国内的犹太人进行驱逐、迫害,犹太裔学者亦不能幸免。仅 1934 年,被驱逐的犹太教师就占到了 16.09%。[①] 起初,被驱逐的犹太教师都会前往邻近的英国和法国避难,但随着 1939 年二战爆发后法国等德国邻国沦陷,犹太教师不得不将美国作为新的流亡目的国,尽管这次犹太学者的跨洲流动是战争影响下的被迫行为,但由大量优秀学者组成的犹太教师队伍却完成了一场规模宏大的"知识大迁移"。[②] 20 世纪初,美国的高等教育发展迅猛,特别是研究生教育增速较快,在 20 世纪上半叶的 50 年里,美国研究生的数量增长了约 100 倍,[③] 迅猛发展的高等教育对优秀师资提出了需求,这为美国接收流亡的优秀犹太学者提供了契机。美国的社会组织和政府都为援助德国流亡学者成立了具体的项目和委员会:美国的洛克菲勒基金会设立了"欧洲学者计划",救助在比利时和法国等欧洲国家的犹太学者,并且给予了大量经济上的帮助。美

---

① Hartshorne, Edward Yarnall, *The German Universities and National Socialism*, Cambridge: Harvard University Press, 1937, p. 92.

② Ash, Mitchell G. & Söllner, Alfons (eds.), *Forced Migration and Scientific Change: Emigré German-Speaking Scientists and Scholars after 1933*, New York: Cambridge University Press, 1996, p. 1.

③ Brumbaugh, Aaron John, *American Colleges and Universities*, Washington: American Council on Education, 1948, p. 50.

国政府成立了"救助德国流亡学者的紧急委员会",这个委员会在救助行动中负责进行协调,并发动私人基金会向委员会捐赠资金,委员会具体的举措包括:将自由选取流亡学者的主动权交给大学;不增加大学接收流亡学者的明显开支;所选取的学者都是一流的,且工资低于美国一流学者;将逃亡学者分散安置在不同大学;等等。

通过德国流亡学者的救助运动,美国顶尖大学的师资国际化水平有了质的飞跃,流亡学者充实了美国顶尖大学的教师队伍。数据统计表明,在1933—1941年间,美国接收了约77%的流亡科学家。[①] 这些来自德国、英国、法国、比利时等国家的犹太学者有不少是社会科学、自然科学、医学等领域的专家教授和文化精英(最具代表性的当属1921年获得诺贝尔奖的爱因斯坦),他们既有着扎实的专业本领,同时又有着美国之外其他国家(以德国为主)的专业背景和教育背景。他们的到来是美国顶尖大学国际化办学的结果,顶尖大学对流亡的犹太学者持欢迎态度,提供自由和宽松的教学科研环境,让他们从知识难民变为美国公民。他们的到来也促进了美国顶尖大学知识的国际化,世界顶尖的犹太学者让美国在相关学科领域的知识生产水平遥遥领先于其他国家,美国顶尖大学也在这个时期真正地由国内一流走向世界顶尖。

五、国际田野调查的勃兴

20世纪初,美国顶尖大学国际化人才培养在学生"国际经验"层面发生了新的变化。在20世纪以前,学生的国际经验更多停留于

---

① Kent, Donald Peterson, *The Refugee Intellectual: The Americanization of the Immigrants of 1933-1941*, New York: Columbia University Press, 1953, p.15.

美国学生到欧洲国家如英国和德国的短期访问交流和留学。进入20世纪以后，以哥伦比亚大学为代表的人类学田野调查开始勃兴，以哥伦比亚大学为代表的顶尖大学开始鼓励学生远离本土，到海外比较有特色或典型的地区和乡村进行调查。哥伦比亚大学的弗朗茨·博厄斯（Franz Boas）被誉为美国人类学之父，他认为要研究一个地区的历史文化，需要深入到这个地区认真地收集资料。他主张与另外一种文化的民族同吃同住，学习当地的语言，参加他们的活动，建立起社会关系，并进行观察和记录。弗朗茨·博厄斯入职哥伦比亚大学以后，曾于1897年率领考察队对太平洋西北海岸土著进行了为期五年的田野研究。在他的影响下，海外田野调查成为20世纪初哥伦比亚大学人类学人才培养的常规研究方法。博厄斯培养出了一批杰出的学生，如玛格丽特·米德（Margaret Mead），她从哥伦比亚大学毕业后，在导师弗朗茨·博厄斯的指导下于1925年前往萨摩亚，开展艰苦异常的田野调查，并基于田野调查，于1928年完成人类学著作《萨摩亚的成年》（Coming of Age in Samoa）。只身前往相关部落或民族聚居地等田野点进行民族志考察，成为20世纪初哥伦比亚大学人类学学生获取资料的最主要途径，同时也是哥伦比亚大学培养不同于以往国际化人才的大胆尝试。

从20世纪初到二战结束以前，美国顶尖大学国际化人才培养的范式初步形成。一方面，在社会组织中，国际教育协会和（卡内基等）基金会的出现，让顶尖大学国际化人才培养日趋体系化、规模化和组织化；在大学中，哈佛大学等美国顶尖大学在20世纪初与欧洲国家（特别是德国）建立了校际交换项目，学生可以到彼此国家学习。顶尖大学的系所和研究机构设置呈现出更为多元化和国际化的特点。另外，哥伦比亚大学东亚汉学系（1902年成立）、普林斯顿大学东方语言与文学系（1927年成立）、哈佛大学燕京学社（1928年成立）、芝加哥大学东方语言文学系（1936年成立）等研究机构的成立，使得区域研究和国际问题研究开始成为美国顶尖大学国际化发展研究的核心内容。① 概言之，这一时期美国顶尖大学的国际化人才培养有了渐趋完善的人才培养框架。另一方面，以哥伦比亚大学为代表的顶尖大学国际化人才培养发生了新变化，海外田野调查成为学生"国际经验"中短期交流访问之外的重要组成部分。尽管托马斯·伍德罗·威尔逊提出建设国联的想法，培养的人才应是为美国称霸世界服务，注重人才培养的"国际性"，但美国长期受孤立主义政策的影响，主要将重点放在拉美和中国等少数区域，国际化人才培养的重心也置于拉美等少数区域，培养的人才主要为本国政治稳定和社会经济发展服务。不能否认的是，美国顶尖大学的国际化人才培养开始超越欧美洲际交流互通，"走向国际"，国际化人才培养的理念日趋成熟。这也从侧面反映了这一时期的国际化人才培养开始有了政治性的趋向，国际化人才培养渐有成为美国外交政策工具的趋势。

第二节　美国顶尖大学国际化人才培养范式的正式确立

二战结束以后，受当时美苏关系恶化和美国国家利益适时所需的影响，特别是苏联第一颗人造卫星发射带来的震撼，美国政府开始意

---

① 石毅："美国高等教育国际化与国家战略"，《教育研究》2020年第9期。

识到高等教育领域存在的问题,并着手加以改革。这一时期,以《富布莱特法案》等法案作为范式的雏形,以《国防教育法》作为范式形成的节点,以《国际教育法》等法案作为范式正式确立的标志,美国顶尖大学国际化人才培养的范式最终形成,在国际化人才培养的价值理念、模型框架和实践规范三个方面都具备了"范式"概念所蕴含的特征。

一、范式的雏形

二战结束以后,美国仍然有大量的物资设备留在同盟国,约为400万件,总价值1.05亿美元。[①] 1945年,美国参议员詹姆斯·W.富布莱特(James W. Fulbright)提出修正《剩余物资法案》(*Surplus Property Act of 1944*),主张向同盟国出售战后剩余战备物资,并将出售所得款项用于资助美国与这些国家的教育交流活动。1946年,富布莱特的提案获得美国国会的通过,由时任总统哈里·S.杜鲁门签署,即《富布莱特法案》。法案规定的主要项目有:从经济上资助美国学者出国留学;同时资助外国的学者到美国留学;资助美国学生出国进行学术交流;资助外国学者到美国来进行学术交流;资助外国的教授对美国进行研究。为了更好地遴选参加富布莱特项目的教育机构与学生,《富布莱特法案》授权总统成立"富布莱特外国奖学金委员会"(Fulbright Foreign Scholarship Board),该委员会由来自全国教育机构、退伍军人管理局、教育署、私人教育机构的代表组成。[②] 1947年,中国第一个与美国签署富布莱特协议。继中国之后,新西兰和法

---

① Sussman, Leonard R., *The Culture of Freedom: The Small World of Fulbright Scholars*, Maryland: Rowman & Littlefield Publishers, 1992, p. 184.

② Ward, Isabel Avila, "The Fulbright Act", *Far Eastern Survey*, Vol. 16, No. 17, 1947.

国等国家通过签署富布莱特协议派遣学生到美国学习。截至 1955 年，共有 8068 名国际学生受到富布莱特项目的资助到美国学习。① 如表 2-5 所示，1947—1955 年富布莱特项目所资助的国际学生人数，基本上呈现上升趋势。

表 2-5　1947—1955 年富布莱特项目所资助的国际学生人数

年份	人数
1947—1948	35
1948—1949	336
1949—1950	660
1950—1951	1194
1951—1952	1435
1952—1953	1477
1953—1954	1498
1954—1955	1435

资料来源：FFSB Grants Under The Fulbright Program。

因为富布莱特项目最初限定资助对象为二战结束以后拥有美国剩余战略物资的国家，项目所能资助的对象比较有限；并且，由于申请富布莱特项目的学者和学生越来越多，即便仅提供交通费，原来所剩的物资也难以为继。为解决这个问题，1948 年，美国国会通过了《美国信息与教育交流法》，作为《富布莱特法案》的补充，该法案又被称为《史密斯-蒙特法》（Smith-Mundt Act），由杜鲁门总统于 1950 年正式签署。《史密斯-蒙特法》破解了项目资金不足的难题，将项目资助

---

① 安亚伦："二战后美国联邦政府国际学生流动政策变迁研究"，北京师范大学博士学位论文，2020 年。

范围扩大到非物资租赁国。《史密斯-蒙特法》旨在通过促进美国与其他国家师生的国际教育交流来塑造美国的正面形象，"向世界展现真实的美国"成为它的目的。① 尽管该法作为《富布莱特法案》的补充，但其服务范围更为宽泛，其中的政治性特征也更为突出。同时，在《富布莱特法案》中，学者和教师是主体；而在《史密斯-蒙特法》中，学者和学生都成为主体。②

在《富布莱特法案》《史密斯-蒙特法》两个法案通过以后，杜鲁门总统提出了"第四点计划"战略，美国国会又逐步通过了《国际开发法》《国家科学基金会法案》《农业贸易开发与援助法》《交换学者与移民地位法》。这些法案一方面资助美国的学者和学生到第三世界国家或社会主义阵营国家学习交流，或对这些国家进行教育援助，与这些国家的师生互动，传播美国的文化价值观，输出美国的意识形态。另一方面资助外国的学者和学生到美国顶尖大学交流和学习，培养认可美国宗教文化和意识形态的国际化人才，消除他们对美国的偏见与误解，最终培养亲美的"未来领袖"。另外，二战结束后的十年左右（1946—1957年），美国联邦政府还成立和完善了与国际化人才培养密切相关的政府机构，如负责教育交流活动的"公共外交咨询委员会"，负责推动教育文化交流的美国新闻署（U. S. Information Agency，USIA）。从通过法案和机构设置来看，不管是培养美国本土的国际化人才，还是培养外国籍的国际化人才，这一时期政府对顶尖大学国际化人才培养的主导性增强，顶尖大学国际化人才培养的驱动

---

① U. S. Congress, *United State Information and Educational Exchange Act of 1948*, In United State Code, Congressional Services, 80th Congress, 2nd Session, Vol. 1, St. Paul, MINI: West Publishing Co. 1948, p. 45.
② 梁茂信：《美国人才吸引战略与政策史研究》，中国社会科学出版社2015年版，第122—123页。

力主要是为满足美国国家文化外交利益的需求,以及维护美国的国家安全利益。富布莱特项目资助的学科多为政治学、美国文学等与美国文化价值观密切相关的学科,富布莱特项目服务美国国家利益的目的不言而喻。① 具体来说,美国为赢得与苏联的冷战对抗,加强对国际教育交流的渗透,鼓励本土学生走出去的同时,也欢迎外国学生到美国留学交流,培养适应美国国家战略发展所需的国际化人才。美国利用其顶尖大学在世界高等教育领域中的领先地位,将国际化人才培养作为输出文化和价值观的工具和手段,最终提升美国在世界范围内的国际影响力,捍卫美国的国家安全。

二、范式形成的标志——《国防教育法》

《富布莱特法案》开启了美国联邦政府资助顶尖大学国际化人才培养的先河,旨在实现意识形态的渗透,扩大美国的国际影响力。如果说《富布莱特法案》相对含蓄地透露出国际化人才培养应为国家利益服务的目的和企图,那么《国防教育法》则可谓"赤裸裸"地表达出国际化人才培养应服务于美国的国家安全和国家利益,帮助美国有效应对当时的国际挑战这一观念。《国防教育法》成为美国顶尖大学国际化人才培养范式形成的重要里程碑,标志着美国顶尖大学的国际化人才培养范式的形成。

(一)《国防教育法》出台原因

二战结束前夕,富兰克林·罗斯福总统签署通过了《退伍军人权

---

① McWhirter, Paula T. & McWhirter, J. Jeffries., "Historical Antecedents: Counseling Psychology and the Fulbright Program", *The Counseling Psychologist*, Vol. 38, No. 1, 2010.

利法案》,规定退伍军人可受政府资助到大学进行学习。战争结束后,退伍军人每月回国人数达百万之多,加上"婴儿潮"的影响,美国大学入学人数暴增,从战后初期的 207 万涨到了 1957 年的 332 万。面对数以百万计的退伍军人,美国高校在师资力量、教学设施和校区面积等方面存在着严重不足,[①] 而对这些退伍军人学生的入学尚无严格标准,进一步加剧了高校的困境。同时,大学教师的待遇比较低,在大学工作的学者教授也未得到足够重视,约 50% 的大学生因为经济缘故没能正常毕业,导致了教师的大罢工。可以说,二战后美国高等教育迅猛发展的背后是高等教育发展的低质量,以及高等教育硬件与软件设施的不足。并且美国一直推崇的高等教育自由市场并未有效调节当时高等教育的发展,出现了"市场失灵"。美国联邦政府发现教育领域自由市场的失灵将威胁到国家安全和国家利益,决定干预和支持美国高等教育的发展。

教育观念的转变同样在其中发挥了作用。从 19 世纪末到 20 世纪初期,美国为反对传统学校的欧洲形式主义教育,而掀起了进步主义教育的热潮。在 19 世纪 70 年代,被称为进步主义教育之父的帕克尔(Francis W. Parker)提出,"教育要让学校适应儿童"。进步主义教育提倡"教育即生活""教育即生长",其特点是:学生本位,改革教学方法,对学生宽容训导,激发学生的积极性,不重视学生的考试,等等。进步主义教育对于 20 世纪初的美国教育是有一定积极意义的,让师生的关系更加民主化,也活跃了上课的课堂气氛。但二战结束以后,人们发现了进步主义教育存在的如下弊端:进步主义教育否定了教师的主导作用,并不能提高学生的知识水平,学生忽视了对相关基

---

① Olson, Keith W., "The G. I. Bill and High Education: Success and Surprise", *American Quarterly*, Vol. 25, No. 5. 1973.

本理论的学习，这使得学生的学术能力严重弱化，高等教育质量的下降难以适应当时国内外世界局势的发展。在此情况下，进步主义教育受到了阿瑟·贝斯特（Arthur Bestor）等要素主义①者的批判，要素主义者主张加强基础知识的教学。针对进步主义教育"重个人日常生活和学生兴趣，轻自然科学课程和人文科学课程"所导致的反智主义，阿瑟·贝斯特提出了批评："进步主义教育混淆了本质教育活动与偶然教育活动的区别。"② 要素主义者认为"要将高校从进步主义教育者的手中'拯救出来'"③。

同时，从国际局势角度看，二战结束之后，以苏联为首的社会主义阵营和以美国为首的资本主义阵营之间的关系日益紧张，两大阵营间的冷战对峙由此开始。在军事上，美国实行战略威慑，在核武器方面有着绝对的优势；在经济上，美国实施贸易管制的战略；在政治上，美国实施和平演变政策。苏联为了打破美国的核垄断，与美国进行全面对抗，积极发展核武器和卫星。到 1949 年，苏联第一颗原子弹试爆成功；1951 年，美国第一颗氢弹也试爆成功；1953 年，苏联继美国之后拥有了氢弹；1956 年，苏联在短程火箭与原子武器方面已经追上了美国；1957 年 10 月，世界第一颗人造卫星在苏联成功发射，11 月，苏联又成功发射了第二颗人造卫星；在苏联的刺激下，美国也于 1957 年 12 月发射了卫星，但惨遭失败。这一系列竞赛及其结果预示着美国再也不能全面压制苏联，至少在核武器和空间技术领域已失去优势。苏联卫星的成功发射让美国朝野为之震惊，美国参议

---

① 要素主义教育又被称为保守主义教育或传统主义教育，与进步主义教育对立。
② Bestor, Arthur E., *Educational Wastelands: The Retreat from Learning in Our Public School*, Urbana: University of Illinois Press, 1953, pp. 18-19.
③ 曹晓飞：《国防教育法》对美国高等教育发展的影响及启示"，《当代教育理论与实践》2014 年第 2 期。

员约翰逊将苏联卫星发射称为"第二次珍珠港事件"①。朝野将美国在空间技术领域的落后归咎于美国教育的落后,特别是高等教育没能培养出维护国家安全的高水平人才,并进一步认为与美国超级大国地位不匹配的是美国的高等教育,在美苏冷战中,美国高等教育已经有落后于苏联的颓势。斯隆·威尔逊(Sloan Wilson)认为,"军备竞赛能否胜利关键在于学校的教育质量"②。被称为核动力海军之父的海曼·里科弗(Hyman G. Rickover)表示,"美国教育正在伤害学生,并损害整个国家"③。海曼·里科弗针对学校出现的反智主义,指出"学校教育是第一道防线,但目前来看,是防御战略中最弱的一环"④。长期来看,战后大量的退伍军人并未给大学提供人才支持与智力保障,加之受进步主义教育运动的影响,美国各界早已对质量低下的教育表达了担忧,苏联卫星升空不过是引发人们对高等教育诘难的导火索。

正如前文所说,顶尖大学的国际化人才培养最基本、最重要的是专业能力的培养。受退役军人增多,以及进步主义教育盛行的影响,二战结束初期美国顶尖大学培养的国际化人才在自然科学等关键学科的知识和能力明显存在着不足。与此同时,外语人才和区域研究人才等国际化人才的缺乏,使得美国对苏联等社会主义阵营国家缺乏足够多的了解与研究,尤其是无法通过俄语获得与苏联发展相关的第一手

---

① 张维平、马立武:《美国教育法研究》,中国法制出版社2005年版。
② Butos, William N., "The Doomsday Lobby: Hype and Panic from Sputniks, Martians, and Marauding Meteors. Independent Review", *The Independent Review*, Vol. 16, No. 22, 2011.
③ Rickover, Hyman George, *Education and Freedom*, New York: E. P. Dutton & Co, 1959, pp. 150-151.
④ Spring, Joel H., *The American school, 1642-2000*, Boston: McGraw-Hill Companies, 2001, pp. 368-369.

情报,还沉浸在美国科技各领域遥遥领先的"美梦"之中。苏联的第一颗世界人造卫星的成功发射让美国从自我沉醉的状态中醒来。

(二)《国防教育法》的出台及内容

1957—1958年间,美国国会议员在一年内提出了超过1500个和教育相关的法案。为解决高等教育所面临的问题,美国政府以最快速度通过了《国防教育法》。总统德怀特·艾森豪威尔表示,"这项法令将满足国家安全对教育制度所提出的要求"[①]。具体来说,退伍军人的增多,使得美国大学入学率增长,大学硬件和软件难以配套,办学质量下降;进步主义教育对科学教育和科学研究的不重视,导致美国在自然科学领域没有培养出拔尖创新人才;美苏冷战背后,特别是苏联卫星发射成功以后,透射的是美国高等教育的一时落后;为了提升高等教育质量,让高等教育能为国家安全服务,特别是能培养出服务美国全球战略、赢得美苏冷战的国际化人才,美国联邦政府于1958年通过了《国防教育法》。

《国防教育法》共分为十章:第一章为总则;第二章的内容和学生贷款相关;第三章提出要加强科学、数学和外国语的教学;第四章是和奖学金相关的内容;第五章涉及教育指导和测验方面;第六章是如何发展语言;第七章是如何发展传递媒介;第八章是如何训练技术员;第九章是和科学情报工作相关的内容;第十章是对各个州工作内容的统计。在总则中,《国防教育法》多次提到了"国家安全""国防""防卫",由此可见,美国联邦政府已经将教育的地位上升到服务国家安全的高度,并且《国防教育法》还在总则中提到"联邦政府有责任对国家安全的教育给予帮助""必须向着联邦政府的标准努

---

① 王英杰:《美国高等教育的改革与发展》,人民教育出版社1993年版。

力"。其中，与美国顶尖大学国际化人才培养最密切相关的是《国防教育法》的第六章"发展语言"，这章具体内容包括：（1）对改进的语言教学给予经济资助，对区域中心的研究和调查工作给予资助；（2）拨款培训中小学的外语教师；（3）在美国的各个大学设立现代外国语教学的教学中心；（4）设立为深入了解相关语种区域和国家的学科，比如人类学、社会学、文学、经济学、政治学等，并对这些学科进行经济资助；（5）培养的外国语人才必须满足联邦政府、教育事业和工商业的急切需要；（6）发展大学目前还没有开设的外语，尤其是联邦政府最需要的七门外语，包括西班牙语、俄语、葡萄牙语、日语、印地-乌尔都语、汉语、阿拉伯语。从《国防教育法》第六章的内容可以看出，除了第二条以外，其他五条均与美国顶尖大学为联邦政府培养国际化人才有关，其目的都是培养为美国国家安全和国防服务的外语类人才和区域研究人才。因此可以说，《国防教育法》通过以后，美国有了第一部明确大学要为联邦政府，特别是为国家安全培养国际化人才的法案。

（三）《国防教育法》的影响

《国防教育法》标志着美国联邦政府首次将高等教育以及国际化人才培养上升到法案的战略高度，也标志着美国联邦政府大规模参与各级教育（包括高等教育）发展的开始。该法案具有里程碑式的意义，对美国顶尖大学国际化人才培养有着深远影响，具体表现在五个方面。

其一，《国防教育法》标志着培养国际化人才不再只是各州政府和各个大学权责范围内的事务，美国联邦政府正式通过法律的形式将国际化人才培养上升到国家安全的高度。《国防教育法》第六章直接提出"培养联邦政府迫切需要的外国语人才""开设最迫切需要的七种外国语"——在二战结束以前,这些语言都从未被如此重视过。外国语人才作为国际化人才的重要组成部分和重要表现形式,被第一次提升到国家安全的战略高度,这在以前也是从未有过的。

其二,《国防教育法》标志着美国联邦政府对顶尖大学国际化人才培养控制权、话语权和参与权的全面加强。如果说《富布莱特法案》仅仅是联邦政府对顶尖大学国际化人才培养的"初步"介入和干预,那么《国防教育法》则意味着联邦政府对顶尖大学国际化人才培养的全面控制,表现在"资助外语学习优异者""资助区域研究"等方面,从此顶尖大学培养区域研究人才、外语类人才等国际化人才有了正式的法律基础。

其三,《国防教育法》要求"高校需要设立外国语教学中心,以及资助为了解该语言而设立的学科",这使得美国顶尖大学成为外语类人才等国际化人才培养的重要阵地。虽然《国防教育法》中外语教学的项目也涉及中小学,但大学获得了最多的拨款——法案规定每年都要拨款资助1500名研究生,并加强外国语的教学。该法案更多侧重资助对顶尖大学中外语类研究生的培养,根本目的在于尽可能地集中资源培养研究生,使得培养外语类等国际化人才成为当时美国顶尖大学的主要任务。

其四,在《国防教育法》第六章"发展语言"的影响下,一方面,美国顶尖大学通过开设日语和印地语等80个语种,增强了学生对国际世界的理解,推动了顶尖大学的课程国际化;另一方面,《国防教育法》第六章扩大了区域研究的范围,不再把研究范围局限于欧美,而是面向全世界,特别是增强了对非洲、中东和亚洲等区域的研究。数据统计表明,仅1959—1960年,美国联邦政府就在顶尖大学中成立了 19 个区域研究中心,并在随后的十年中发展到 106 个。①

其五,《国防教育法》极大提高了对顶尖大学的科研投入,提升了顶尖大学的科研水平和科研能力,成为培养高水平国际化人才的重要基础,也是吸引并培养外籍国际化人才的重要筹码,美国也逐渐成了世界科学技术的中心。顶尖大学科研水平的提高间接提升了美国顶尖大学国际化人才培养的声誉和实力,《国防教育法》的颁布与实施也成为美国顶尖大学的国际化人才培养的范式形成的标志,在美国顶尖大学国际化人才培养范式之中,国际化人才主要为保障国家安全和应对国际挑战服务。《国防教育法》的第六章,更是提出资助外语学习优异者和加强外语教学,还提出资助区域研究,目的是培养联邦政府迫切需要语种的语言专家、关键区域的国际问题专家,最终赢得与苏联的全面对抗。

三、范式的确立

在《国防教育法》通过以后,随着美国联邦政府对顶尖大学国际化人才培养的影响力和控制力的逐渐增强,美国顶尖大学国际化人才培养的范式逐渐得到确立和巩固。在范式最终确立的阶段,约翰·肯尼迪政府在 1961 年通过了《和平队法案》,在大学里选拔志愿者派往亚非拉国家和地区,对当地的学校和学生进行教育援助,以提升美国的国家形象。同年,美国联邦政府通过了《1961 年对外援助法案》,还创建了国际开发署(U. S. Agency for International Development, US-AID),这一机构与美国顶尖大学相互合作,为开展对外教育施予援

---

① Burn, Barbara B, *Expending the International Dimension of Higher Education*, San Francisco:Jossey-Bass Publishers, 1980, pp. 109-119.

助之手，一方面派遣大学的教师去发展中国家支教，另一方面吸引亚非拉国家的留学生到美国顶尖大学留学和培训，在培养外籍国际化人才的过程中，输出美国的文化意识形态。为了解决《富布莱特法案》在国际化人才培养中面临的资金问题，肯尼迪总统于1961年9月签署通过了《共同教育与文化交流法》(Mutual Educational and Cultural Exchange Act，又称《富布莱特-海斯法》[Fulbright-Hays Act])。在该法案中，联邦政府在美国新闻署下设教育与文化事务局，强化了对美国顶尖大学国际化人才培养和教育文化交流项目的管理。另外，该法案拓宽了国际化人才国际交流项目的资金渠道和范围。在《共同教育与文化交流法》的影响下，美国顶尖大学非常重视促进学生国际交流的重要性，当时美国顶尖大学的国际教育项目和海外交流项目达到了前所未有的规模——数据显示，美国超过一半的大学都实行了海外学习的计划，每年大约有1%的大学教师出国留学或者进行科研。

在范式确立的阶段，最具影响力的事件应属1966年林登·约翰逊政府通过《国际教育法》，这个法案对美国顶尖大学规划国际化人才培养的方向带来了深刻影响。《国际教育法》明晰了联邦政府在顶尖大学国际化人才培养中的责任与作用，指出联邦政府应对顶尖大学国际化人才培养的相关活动给予支持。具体包括：资助顶尖大学的国际问题、国际事务等国际研究，资助顶尖大学的学生和教师、学者到国外访问交流，同时资助国外的学生和教师来美国学习。《国际教育法》对美国高等教育国际化以及顶尖大学国际化人才培养的内容与方向进行了统一的规划管理，使得顶尖大学的国际化人才培养符合国家层面的战略规划。在《国际教育法》出台以后，美国顶尖大学不断加强对国际化人才培养的重视，推动师生的国际交流，增强师生的国际经验成为当时许多顶尖大学所承担的重要使命。政府对美国顶尖大学国际化人才培养的引导和重视，一方面使得美国顶尖大学在学生培养方面重视国际视野的塑造，在课程设置方面注重国际要素的增强；另一方面美国顶尖大学鼓励学生和教师到其他国家进行访问学习与调研考察，引导顶尖大学师生对国际局势、国际事务和国际问题的关注。美国顶尖大学高度重视培养学生的外语能力，推进顶尖大学在国际政治和国际关系等领域的研究。同时，顶尖大学也高度重视培养外籍国际化人才，通过提供奖学金吸引各国留学生到美国留学。

总的来说，《国际教育法》从资助本科国际教育和高级国际研究、建立教育援助的研究制度、明确联邦政府在国际教育当中应尽的责任、积极倡导私立和公立机构参加国际教育活动、对国际教育进行长期的经济资助这五个方面，为美国的国际教育，以及美国顶尖大学的国际化人才培养指明了方向。《国际教育法》是美国历史上第一部以"国际教育"命名的法案，对美国的国际教育和美国顶尖大学的国际化人才培养都有着重要意义。该法案一定程度上是对《国防教育法》的继承与发展，都是为了服务美国领导世界的国家利益，将国际教育和国际化人才培养上升到国家战略的高度。可以看到，在《国际教育法》通过以后，美国顶尖大学国际化人才培养的范式得以最终形成并确立。

除了《国际教育法》之外，在20世纪60年代中期，对美国顶尖大学国际化人才培养影响深远的还有1965年美国政府颁布的《高等教育法》(Higher Education Act of 1965)，《高等教育法》是美国的第一部高等教育法律，它拓展了联邦政府在高等教育中的角色，促进美国高等教育更加国家化和政治化。《高等教育法》共有八编，第六编是国际教育项目。[①]《高等教育法》促进了联邦政府提高对高等教育的投入，

---

① 殷超："试析1965年《美国高等教育法》"，《沧桑》2012年第3期。

包括对国际化人才培养的投入,这缓解了国际化人才培养的危机,改善了国际化人才培养的教育条件,极大促进了顶尖大学国际化人才培养在20世纪中期以后的跨越式发展。

在《富布莱特法案》《国防教育法》《高等教育法》《国际教育法》等法案的影响下,美国顶尖大学国际化人才培养的范式最终确立,范式的最终确立是当时经济、政治和科技等领域发展的产物,也是内因与外因双重作用的结果。内因中,退伍军人就读大学人数的增多、进步主义教育运动的推广和兴盛让美国顶尖大学难以培养出适应当时国际局势和国内发展所需的人才,特别是自然科学领域的技术型人才。外因中,顶尖大学培养国际化人才是为美国联邦政府称霸世界的全球性战略而服务,国际化人才成为赢得美苏冷战的政治工具。

从范式的概念出发,可以明显地发现美国顶尖大学国际化人才培养的范式已经成熟和完善,在价值理念、模型框架和实践规范三个方面都具备了国际化人才培养范式的特征,也说明了美国顶尖大学国际化人才培养范式的形成。具体来说,继20世纪初国际化人才培养政治性的倾向加强之后,二战结束以来,政府在顶尖大学国际化人才培养中的作用进一步加强,联邦政府正式参与其中,并成为美国顶尖大学国际化人才培养的最主要推动力量,还将国际化人才培养上升到联邦政府法案的高度。在价值理念方面,20世纪初以后,特别是二战结束以来,随着自身国际地位的提升,美国逐渐成为世界上唯一的超级强国,其顶尖大学培养的是帮助美国维护国家安全、称霸全球,具有国际态度、国际思维、国际意识、国际视野和国际活动能力的国际化人才。美国联邦政府通过加大对顶尖大学国际化人才培养的介入力度,将其纳入美国对外扩张和发展的框架,其重要性也上升到了国家安全高度,政治性(政治因素)成为美国顶尖大学国际化人才培养范式的显著特征和主流趋势。在模型框架方面,美国顶尖大学的国际化人才培养形成了政府、社会和大学三者协同合作的机制,三者扮演不同的角色共同推动国际化人才的培养。在实践规范方面,除了短期访问和出国留学之外,还有课程的国际化、研究的国际化、学校氛围的国际化等等,实践规范的内容变得丰富、多元和成熟。

因而,以《富布莱特法案》《国防教育法》《高等教育法》《国际教育法》等法案的颁布作为标志,美国顶尖大学的国际化人才培养从模型框架、价值理念和实践规范等层面最终确立了国际化人才培养的范式。

还应指出的是,美国顶尖大学国际化人才培养范式的最终确立,与当时的美国乃至世界的经济形势是分不开的。

二战结束以后,世界经济的发展日趋国际化,特别是20世纪四五十年代发源于美国,以原子能、电子计算机和空间技术等为主要标志的第三次工业革命(又称为第三次科技革命)让劳动生产率得到了极大程度的提高,生产社会化的程度也得到了大幅提升,并拓展到全球经济领域的各个角落。在此影响下,各国之间的经济依赖性越来越强,随着交通工具和信息工具的发展,世界范围内的经济整体慢慢形成。精神生产之国际性是由物质生产之国际性而决定,经济发展的国际化趋势决定了美国顶尖大学的国际化人才培养必然要面向全球。在此趋势下,如果美国顶尖大学坚持二战结束以前美国长久以来的孤立主义传统,自闭于世界,就培养不出能与苏联进行全面对抗,具有国际视野、国际思维、国际经验、国际知识和全球竞争力的国际化人才,势必会对美国的国家利益造成消极的影响。二战之后,"孤立主义"被"国际主义"所取代,美国和其他国家的经济往来日益密切。正是通过这种密切的交流,美国顶尖大学对外语人才和区域专家的需求大大增加。

另外,美国顶尖大学国际化人才培养范式的转型直接得益于第三次工业革命中出现的科学技术。尽管第三次工业革命的发源地是美国,但苏联紧随其后,在原子武器和空间技术等领域也取得了骄人成绩。尤其是苏联发射成功了世界第一颗人造卫星,更是让美国朝野为之震惊。美国意识到在第三次工业革命的竞争中,美国并不是"一家独大",未能始终处于遥遥领先的位置,也并未垄断科学技术的发展。苏联的卫星发射击碎了美国长久以来在科技领域的自我陶醉感,加深了美国对高等教育的危机意识。在此背景下,美国通过了《国防教育法》,支持和资助包括顶尖大学在内的美国大学,加强对非西方文明的研究,增进对国外新动态、新思想和新技术的研究和了解。于是,在第三次工业革命的背景下,美国顶尖大学的国际化人才培养范式最终确立,国际化人才培养的重心从为国内社会经济服务转向了为美国走向世界、与苏联进行全面对抗、成为世界霸主地位服务。全方位的国际化人才培养成为美国输出文化价值观、扩大美国国际影响力、提升美国国际形象,维护美国国家安全的手段和工具。

第三节 推动美国顶尖大学国际化人才培养范式形成与确立的主次因素

在范式形成时期,美国顶尖大学国际化人才培养的国际性和政治性不断增强,尤其是在二战以后,政府成为国际化人才培养最重要的主导力量,顶尖大学的国际化人才培养成为美国维护国家安全、称霸世界的手段和工具。

一、政府渐变为主导力量

在美国顶尖大学国际化人才培养的前范式时期，国际化人才培养的方式和内容主要是学生、学者和教师到英国和德国等欧洲国家交流，学习这些国家的高等教育经验，从而推动美国高等教育的改革和进步。这一时期顶尖大学的国际化人才主要在学术层面扮演了传播教育经验和促进教育发展的作用，到英国和德国交流学习的学生既是国际化人才的"生力军"，同时这些学生和教师在从欧洲回到美国以后，提高了美国大学的国际化水平，帮助美国培养出更多具有国际视野、掌握国际知识的国际化人才。在美国的外交战略从大陆扩张走向海洋扩张的背景下，20世纪初以前的孤立主义有演进为向世界扩张的趋势，在这一外交政策发展趋势下，美国顶尖大学的国际化人才培养渐趋超越学术层面的教育经验借鉴与交流，开始被视为美国政治外交战略的重要组成部分，萌生出国际性的同时，更有了政治性的趋向。

虽然美国一直将孤立主义作为自身的外交传统，但是受到清教主义和"天定命运""美国例外论"等宗教文化的影响，美国在20世纪初以前便开始了对外扩张的步伐。1823年，美国总统詹姆斯·门罗在国情咨文中表达了"门罗主义"的观点，主张欧洲列强不应干涉美洲国家的主权，美国也不介入欧洲各国的争端，"美洲是美洲人的美洲"，这看似是命运共同体的口号，实质是美国将美洲纳入自己势力范围的企图，门罗主义也成为美国对外政策扩张的重要标志。数据统计，1846年起，美国有47次间接介入拉丁美洲事务，30次军事介入，由此可见"门罗主义"背后美国所行使的霸权和外交政策的扩张性。1853 年，在"黑船事件"中，美国的舰队司令马修·佩里（Matthew Perry）强行用武力打开了日本的国门；1867 年，美国从俄罗斯手里购得阿拉斯加，使其成为美国的第 49 个州。在建国以来的 80 多年中，美国领土从阿巴拉契亚山脉扩张到白令海峡，全国人口也翻了十倍，这种扩张心态一直持续到 19 世纪末。① 1898 年，美国和西班牙之间爆发了美西战争，引起这场战争的原因是美国为了争夺西班牙在亚洲的殖民地菲律宾和在美洲的殖民地古巴、波多黎各。美西战争让美国开始成为太平洋地区和加勒比地区的殖民帝国和区域强国，也标志着美国的孤立主义外交政策有向对外扩张主义转变的趋势。20 世纪初，美国成为经济强国之后，便开始思考和探索自身在世界上的国际地位——要不要成为国际秩序的领导者与建构者？在传统政治文化的影响下，美国对国际地位的探索充满曲折，还出现了间歇性反复。1901 年，美国总统西奥多·罗斯福在参观明尼苏达州博览会时，提出"胡萝卜加大棒"的外交战略，即"温言在口，大棒在手，故而致远"（speak softly and carry a big stick, and you will go far）。1904 年，西奥多·罗斯福对门罗主义进行了最大范围的补充，确保美国随时有权介入拉美事务。他在 1904 年和 1905 年分别将"罗斯福推论"补入到门罗主义当中，提出"为了恪守门罗主义，不得不施行国际警察力量"②，"没有任何政策如同门罗主义一样有效地促进西半球的和平"③。需要指出的是，直到二战结束以前，美国仍然

---

① 亚瑟·科恩：《美国高等教育通史》，李子江译，北京大学出版社 2010 年版。
② 詹姆斯·纽比尔等：《美国历史注释本》，刘绪贻、杨生茂译，《美国通史：第四卷》，人民出版社 2002 年版。
③ 约翰·格拉蒂、罗伯特·戴维尼：《20 世纪美国：当代文件和观点》，刘绪贻、杨生茂译，《美国通史：第四卷》，人民出版社 2002 年版。

保持着只顾自己利益，不管其他国家利益的孤立外交政策和宗旨，不与其他国家结盟，也不介入欧洲事务，具体到实施的角度来看，美国所实施的是单边主义的外交战略。但不可否认的是，自从建国以来，特别自19世纪末以来，美国的外交政策越发具有扩张性、进攻性和进取性，这种扩张在1918年达到一次高潮：时任美国总统伍德罗·威尔逊提出了"十四点原则"和建立国际联盟的倡议。虽然建设国际联盟的旗号是维持国际秩序和实现世界和平，但伍德罗·威尔逊的真正目的是将关于自由贸易、公开协议、民主和自决等进步主义国内政策扩大到国际领域，实质是推进美国的全球扩张。由于孤立主义外交政策的根深蒂固，伍德罗·威尔逊带有"国际主义"色彩的外交政策并未得到美国政治精英和美国公众的认同——1919年11月，美国的参议院拒绝接受《凡尔赛条约》，并否决加入国联——但伍德罗·威尔逊的外交主张仍然反映出了美国在20世纪初积极参与国际事务，加大全球扩张的战略意图。在伍德罗·威尔逊总统的国联梦想破灭之后，美国又重新回到了保守主义和孤立主义。

美国虽然参加了第一次世界大战，但是其本土并没有遭受战火的袭扰，美国又通过战争贷款和战争物资获得巨额的经济利益。不管是在经济贸易层面还是资金资源层面，第一次世界大战后的美国都处于世界经济的领先位置。第一次世界大战以后，"凡尔赛—华盛顿体系"构成了由美国、英国、法国等国家建立的帝国主义国际关系新制度和新格局，也确立了美国的政治大国和军事大国地位。经济实力、政治实力和军事实力的大幅提升极大地扩展了美国在全球的国际影响力，使之愈发成为世界的领导者，美国对参与国际事务的兴趣也越来越浓厚。在美国外交政策日趋走向扩张性、进攻性、进取性的背景下，美国顶尖大学的国际化人才培养开始担负起高等教育知识生产、人才培养、社会服务之外的额外职能和使命，变为服务美国外交政策的工具。

美国顶尖大学的国际化人才培养成为美国巩固其国际地位、扩大其国际影响力的重要手段。在社会组织和机构层面，国际教育协会全力推动美国和苏联两个大国之间的高等教育交流，吸引苏联学者、教师等人员到美国考察访问的同时，又派出美国的学者和教师到苏联进行交流访问。洛克菲勒基金会也出资资助苏联的学者和教师到美国学习和访问。美国积极利用社会组织和机构，以教育国际交流作为渠道，通过推动两国人员互派交流和访问，可以帮助美国培养既熟悉美国国情，又了解苏联历史文化的国际化人才，在消除苏联民众对美国的偏见和误解的同时，还可以将美国的文化价值观输送到苏联，最终实现其政治目的。1920 年，美国在比利时的救济委员会主席胡佛和比利时政府达成协议，成立了比利时美国教育基金会，该基金会是对比利时救济委员会的继承和延续——比利时救济委员会在第一次世界大战的四年期间承担了保障被占领的比利时和法国的部分人口生活的任务。比利时美国教育基金会通过交流奖学金计划，为杰出的比利时人和美国人提供高等教育交流机会。自创立以来，比利时美国教育基金会为 1101 名前往比利时的美国人和 3930 名前往美国的比利时人提供攻读研究生学位和开展研究的机会。[①] 比利时美国教育基金会在促进美国和比利时两个国家民众相互了解的同时，美国政府意图通过该基金会的奖学金向赴美留学的比利时学生宣传美国的文化、历史和政治，增强他们对美国的好感，引导他们认同美国文化的价值观。

美国顶尖大学的国际化人才培养也成为美国维护自身势力范围、

---

① The Belgian American Educational Foundation, "History of the BAEF", (30 January 2020), https://baef.be/.

削弱其他国家影响力不可或缺的方式。1933—1945 年，纳粹德国对拉丁美洲进行了"疯狂"的文化扩张，一方面资助拉丁美洲的学生和教师到德国留学和访问交流；另一方面在拉丁美洲建立学校培养"亲德"的拉美青年，向拉美的青年大力宣传德国的历史文化、国家理念和政治制度。纳粹德国通过培养对德国文化有好感的拉美籍国际化人才作为其实现文化扩张和文化入侵的手段，引起了美国各界的高度重视，美国政府认为这是对"门罗主义"中"美洲是美洲人的美洲"原则的越界。为更好地发挥国际化人才培养的政治性作用，美国国务院内部于 1938 年 7 月 28 日设立了推广美国文化和思想的文化关系处，其早期的活动主要集中于拉美地区，这标志着美国在 20 世纪 30 年代末到 40 年代初，开始慢慢从国家层面确认了"成为未来世界领袖责任"的国家使命。自文化关系处成立之后，美国确立了系统、长期和实质性的文化关系活动。[①] 在"门罗主义"被侵犯的思潮影响下，美国的社会组织、高等教育机构和政府积极参与对拉丁美洲的教育援助，其措施包括：资助拉丁美洲的学生到美国学习，感受美国的文化和国家制度，增加拉丁美洲学生对美国的好感；在拉丁美洲援建学校，采用美国的教育模式培养拉美青年，增进拉美民众对美国文化的认同。总的来说，美国企图通过培养"亲美"的国际化人才消除拉美青年对美国的误解，营造美国在拉美民众中的良好国家形象，最终使得美国在拉美的势力范围得以巩固。

  总体而言，在美国顶尖大学国际化人才培养范式的初步形成时期（20 世纪初到二战结束以前），政府在顶尖大学国际化人才培养中的作用愈发增强，顶尖大学的国际化人才培养越来越多地被赋予

---

① 张扬：《文化冷战：美国的青年领袖项目》，中国社会科学出版社 2020 年版。

超越教育交流和人才培养的内容，具有了政策性和政治性的趋向和意味。

在美国顶尖大学国际化人才培养范式的确立时期（二战结束到20世纪60年代末），范式确立的主要动力来自政治因素，政府逐渐成为顶尖大学国际化人才培养的主导力量。政府在美国顶尖大学国际化人才培养范式形成中发挥着决策、支持、引导和控制的重要作用，成为美国顶尖大学国际化人才培养范式确立的核心推动力。政府的主导地位体现在以下几个方面。

其一，政策和法案上的推动。二战结束以后，美国就非常重视顶尖大学的国际化人才培养，连续出台了国际化人才培养的相关法案，对美国顶尖大学国际化人才的培养制定了方案，比如说《退役军人权利法案》《富布莱特法案》《国防教育法》《和平队法》《对外援助法案》《国际教育法》等法案。通过一系列关于顶尖大学国际化人才培养的相关法案，美国联邦政府对顶尖大学的国际化人才培养进行了统筹规划和全盘布局，从政策上为美国顶尖大学培养国际化人才提供保障，助推美国顶尖大学国际化人才培养范式的形成。

其二，国家和机构部门上的管理。美国联邦政府为了更好地推动美国顶尖大学的国际化人才培养，建立了相关的机构和部门对此加以管理：美国国会在1948年成立了公共外交咨询委员会；1953年联邦政府成立美国新闻署，负责宣传美国的意识形态和对外政策；1961年成立美国国际开发署，承担对发展中国家的非军事援助；1966年成立《国际教育法》"特别工作组"。这些机构与美国的经济、政治、文化、军事和国家安全等方面有着十分紧密的联系，对美国联邦政府通过交流和协商来调动国家一切资源有着很大的帮助，推进美国顶尖大学国际化人才培养的展开。美国联邦政府通过这些机构和部门，控制和引导着美国顶尖大学国际化人才培养的方向与具体内容。联邦政府基于国家政治利益的考量，对美国顶尖大学的国际化人才培养加以塑造和影响，使得顶尖大学的国际化人才培养能始终为国家的战略意图服务，对外输出美国的意识形态与价值观，与苏联进行全方位对抗，削弱共产主义在全球的影响力。

美国顶尖大学的国际化人才培养在范式确立时期得到了快速发展，这一时期称得上是美国顶尖大学国际化人才培养的"黄金期"。政府作为国际化人才培养的最主要推动力量，使这一时期国际化人才培养的政治性成为主导。政治性的主导使得美国顶尖大学国际化人才获得了大量政府资源特别是经费拨款的支持，进而促进其快速发展。也正是由于政治性的主导，美国顶尖大学国际化人才的培养更多是从美苏冷战背景下的战略和政治层面来进行考量，使得美国顶尖大学的国际化人才培养深受二战后"雅尔塔体系"国际格局和联邦政府战略的影响，从而脱离了国际化人才培养的"初衷"和自身逻辑，成为美国对抗苏联和维护国家安全、推行霸权主义外交的政策工具和战略手段。政治性的主导对美国顶尖大学国际化人才的培养也会造成一定消极影响，对顶尖大学"学术性"的侵蚀让国际化人才偏离自身发展逻辑。具体而言，由于美国顶尖大学国际化人才培养涉及的要素和主体较多，且顶尖大学国际化人才培养是一项庞大且复杂的系统工程，让多数非教育背景出身的政府官员加以引导和控制，会让顶尖大学国际化人才培养的政策与计划超出实际，违背教育规律，即便有宏远的初衷，却很难实施。政治性的主导还让美国顶尖大学的国际化人才培养过多重视美国文化价值观的输出，可能忽略了美国顶尖大学自身人才培养体系的构建和完善，不利于美国顶尖大学国际化人才培养的长久发展。

二、社会组织提供强大支持

美国的社会组织是推动 20 世纪初美国顶尖大学国际化人才培养范式由前范式时期向范式形成期发展的关键因素,正是在这些社会组织的支持下,美国顶尖大学的国际化人才培养开始提出了较为明确的目标,相比以往,开始有了一定的系统性和组织性。这些社会组织既包括国际性的教育组织,又包括了私人基金会,还包括了大学院校的协会组织等等。这些具有国际教育职能的社会组织充分发挥看不见的非政府隐秘力量,在进入 20 世纪以后,积极参与到顶尖大学的国际化人才培养中来,极大提升了美国顶尖大学国际化人才培养的影响力。

进入 20 世纪初以后,推动顶尖大学国际化人才培养的教育社会组织至少包括了 1900 年成立的美国大学协会、1918 年成立的美国教育理事会、1919 年成立的美国国际教育协会、1919 年的美国赠地学院协会(American Association of Land-Grant Colleges and Universities)等。例如,1900 年成立的美国大学协会是在美国高等教育向德国学习的背景下产生的。自 1876 年约翰斯·霍普金斯大学成立以后,美国的高等教育开始借鉴德国大学模式进行自我转型,该模式强调"高级研究"和"实验室研究"。也就是说,自从约翰斯·霍普金斯大学建校开始,美国的大学就将德国大学的结构借鉴到了美国的大学模式之中,即在同一所大学中既提供本科教育,又提供研究生教育。在约翰斯·霍普金斯大学的影响下,美国出现了一大批研究型大学。虽然有了自己的研究型大学,但是当时美国的大学很难得到欧洲主要大学的认可,特别是当美国学生"蜂拥而至",涌向欧洲大学攻读研究生学位时，欧洲大学对美国大学的学术学位的评价趋向负面。美国大学的学位得不到欧洲大学认可的原因在于，当时美国的高等教育有着极高的自主权，是"去中心化"的，基本上不受州政府和联邦政府的监管。这导致的后果是美国高等教育出现了很多"文凭工厂"，一些办学资质不全的机构也可以将自己"包装"为大学并授予博士学位，例如某些机构允许学生可以在不露面的情况下上课，并在家中参加考试，最后获得博士学位。这种缺乏统一标准和一致性的做法严重损害了美国大学的声誉。有鉴于此，美国五所顶尖大学——哈佛大学、芝加哥大学、哥伦比亚大学、约翰斯·霍普金斯大学和加利福尼亚大学的校长共同在美国大学协会的创建会议邀请信中指出了美国大学协会的创建目标："让学生在美国不同大学获得更高学位时的条件更加一致；指出国外对美国博士学位的观点；提高美国大学的标准。"美国大学协会的创始成员几乎都是实力雄厚的顶尖大学，它所倡导成立的美国大学协会有助于美国顶尖大学培养具有国际竞争力的人才，提升了美国顶尖大学学生到欧洲国家留学时的被认可度，国际可比的标准对培养全球公认的国际化人才有着重要意义。自 1914 年后的很多年，该协会在很大程度上都起着认证机构的作用，在美国大学协会成立之后不久，德国大学就开始使用美国大学协会的会员资格作为衡量研究型入学质量的标准。美国大学协会认识到这对未加入协会的优秀大学不公平，但又不希望大幅度增加成员大学数量，因此承担了认证美国大学的任务，国外大学可以将美国大学协会的认证列表（AAU Accepted List）作为是否录取美国学生的标准。依据美国大学协会的标准，更多的美国学生因为得到认证得以到更多的国外大学留学。一方面，美国大学为满足标准，需要提升人才培养质量；另一方面，大批美国大学在统一标准的认定下得以到国外大学留学，有助于为美国培养具有国际经验和国际视野的国际化人才。正如历史学家罗杰·盖格所说:"美国大学协会的建立是美国大学针对欧洲大学走向独立性和平等性的宣言,同时也是针对国内外'廉价竞争',保证美国大学质量的所做的努力。"① 美国大学协会在成立初期主要关注高等教育内部事务,从 20 世纪 30 年代开始,受富兰克林·罗斯福新政和欧洲战争乌云的影响,协会越来越关注高等教育与联邦政府之间的关系,联邦政府也逐渐开始重视大学在政策层面和技术层面的专长。

1918 年成立的美国教育理事会是一个会员组织,它动员高等教育制定有效的公共政策,并促进高等教育的创新实践。作为美国各大高校的主要协调机构,美国教育理事会的优势在于它的成员包括了 1700 多所高校、相关协会以及国内外的其他组织。美国教育理事会是唯一一家覆盖所有类型美国认可学位授权机构的高等教育协会。理事会成员中,既有两年制大学,又有四年制大学;既有公立大学,又有私立大学。美国教育理事会定期对美国顶尖大学的国际化进行调查和评估,对顶尖大学的国际化战略提供咨询意见和建议。②

1919 年成立的美国国际教育协会则是美国最早倡导国际交流的机构之一,开创了美国与世界各国之间学者和学生最早进行交流的先河。美国国际教育协会有着与基金会、政府和企业合作开发和管理世界最负盛名的教育和文化交流计划的悠久历史,包括了二战之后美国国务院的"富布莱特项目"和美国国防部的"语言旗舰计划"。这也说明了二战之后,尽管社会组织并不是顶尖大学国际化人才培养范式

---

① Association of U. S. universities, "The Association of U. S. universities: A Century of Service to Higher Education 1900-2000", (14 February 2021), https://www.aau.edu/association-american-universities-century-service-higher-education-1900-2000.

② 丁玲:"中美大学国际化实践及发展趋势研究",华中科技大学博士学位论文,2012 年,第 143 页。

确立的主要推动者，但在国际化人才培养中也发挥着不可或缺的作用。

范式形成期美国顶尖大学国际化人才培养的推动机构还包括了美国的基金会，例如1911年成立的卡内基基金会、1913年成立的洛克菲勒基金会、1930年成立的凯洛格基金会、1936年成立的福特基金会、1940年成立的洛克菲勒兄弟基金会等等。在美国的基金会中，卡内基基金会和洛克菲勒基金会的影响力相对来说是比较大的。

卡内基基金会旨在推进"知识的理解和传播"，它是美国最古老、最具影响力的慈善基金会之一，由其指定的慈善信托公司——纽约卡内基公司对慈善捐款进行管理。创始人安德鲁·卡内基在1889年发表的文章《财富的福音》(The Gospel of Wealth)，概述了奉献的哲学：富人是金钱的受托人，富人在道德上有义务以促进福利和幸福的方式进行再投资。到1919年安德鲁·卡内基去世，他捐出了大约3.5亿美元(几乎是他的全部财产)用于资助和促进教育、科学、文化和国际和平。① 在二战结束以前，卡内基基金会的资助重点放在教育领域，卡内基对教育的资助旨在确保美国的公共教育能培养所有学生充分参与民主的习惯，以及全球经济蓬勃发展所需要的知识、技能和性格。早在1913年，卡内基基金会便向中国教育委员会提供了20万美元的赠款，用以资助在美国顶尖大学学习的中国学生。② 1918年，卡内基基金会进行了"美国化"研究(Americanization Studies)，以避免移民的被同化，该研究被作为美国政府制定国家移民政策的基础和参考，被提交给了联邦规划局和教育局。1926年，卡内基基金会资

---

① Carnegie Corporation of New York, "Other Carnegie Organizations", (14 February 2021), https://www.carnegie.org/about/our-history/other-carnegie-organizations/.

② Carnegie Corporation of New York, "accomplishments", (14 February 2021), https://www.carnegie.org/about/our-history/accomplishments/.

助成立了美国成人教育协会（American Association for Adult Education），培养美国人终身学习的理念。1927 年，卡内基基金会资助成立了布鲁金斯学会（Brookings Institution），对广泛的公共政策问题进行研究和分析。与美国顶尖大学国际化人才培养最紧密相关的是 1928 年卡内基基金会设立的"旅行补助金"（Travel Grants）。卡内基基金会的负责人雷德里克·吉宝（Frederick Keppel）为了加强世界各地人们的联系，制定了一项旅行补助计划，资助英国自治领地和殖民地的大学教师、学者、图书馆馆员和行政人员等能够前往美国和加拿大，甚至前往英国和其他欧洲国家。与此同时，卡内基基金会的旅行补助金还为美国人的出行提供了支持，特别是到非洲开展学习和研究。例如，1934 年，从哥伦比亚大学退休的美国著名教育家约翰·杜威（John Dewey）获得了旅行补助金，他在补助金的支持下得以与非洲的教育家会面，共同探讨和研究不同环境中的教育问题。旅行补助金资助期限为六个星期到六个月，接受旅行补助金的人不必以书或者文章作为总结，但必须证明接受旅行补助金资助的旅行有助于他们在本国的研究工作。旅行补助金极大地扩大了美国顶尖大学教师和学生的国际视野。[①] 除了卡内基基金会之外，纽约卡内基公司旗下还有 1902 年成立的华盛顿卡内基研究所（Carnegie Institution of Washington）、1904 年成立的卡内基英雄基金会（Carnegie Hero Fund Commission）、1905 年成立的卡内基教学促进基金会（Carnegie Foundation for the Advancement of Teaching）、1910 年成立的卡内基国际和平基金会（Carnegie Endowment for International Peace）等。其中，卡内基教学促进基金会为当时的美国大学教师提供了养老金制度，并为美国的大学

---

① Carnegie Corporation of New York, "accomplishments", (14 February 2021), https：//www.carnegie.org/about/our-history/accomplishments/.

创建了第一个广泛的教育标准。卡内基国际和平基金会由安德鲁·卡内基出资1000万美元成立，是美国历史最悠久的国际事务智囊团，也是全球首个智囊团。卡内基国际和平基金会除了关注国际事务和地缘政治，还关注对未来领导人的培养，特别是培养学生在跨文化环境中的领导能力。

二战结束以后，尽管社会组织在顶尖大学国际化人才培养范式的确立时期不是主导力量，但并未退出历史舞台，它仍然在推动顶尖大学国际化人才培养的范式形成中发挥着重要作用。例如二战后到20世纪60年代，联邦政府加大了对高等教育的资助力度，特别是在1957年苏联成功发射人造卫星之后，联邦政府将资助重点放在了科学研究和教育上。1957—1968年，美国大学的学术研究和应用支出增加了两倍多，高等教育的入学人数从300万增加到了700万。联邦政府启动了一系列新的计划加大对本科生和研究生教育的支持，以及加大对研究经费和设施建设的支出力度。为协调和平衡高等教育和美国联邦政府之间的复杂关系，这一时期的美国大学协会发挥了重要的中介作用。这表现在1962年美国大学协会在华盛顿成立了第一家办事处；1969年美国大学协会成立了联邦关系委员会，标志着美国大学协会越来越重视联邦政府事务。[1] 1948年卡内基基金会在哈佛大学资助下成立了俄罗斯研究中心，该研究中心促进了美国对苏联和俄罗斯的全面了解和多学科研究。在中央情报局成立之前，该中心为美国提供了了解苏联作为世界新大国作用的视角。

---

[1] Association of U. S. Universities, "The Association of U. S. universities: A Century of Service to Higher Education 1900-2000", (14 February 2021), https://www.aau.edu/association-american-universities-century-service-higher-education-1900-2000.

第三章 美国顶尖大学国际化人才培养范式的危机与转换

库恩认为，在常规科学后期，科学研究不断地发现新的和始料未及的现象，这些发现具有一种有规则地反复出现的结构。发现源于意识到反常，人们目前对反常这个领域已经进行了一些拓展性的探索，范式理论对这种探索进行调整，直到反常变为与预测相符。从另一个角度来说，反常的意识开辟了一个全新的时代，在这个时代里，概念范畴被不断调整，直到最开始的反常现象变为预期现象才停止。到了这个时候，科学的发现便结束了。库恩总结说，科学的发现不仅是由范式变化而引起的，同时也是范式变化造成的必然结果，这些发现中所隐藏的变化，兼具建设性和破坏性。但是，发现并不是引起范式变化的唯一原因。科学家们发现，意识到反常是一个长期且深入的过程，这就导致人们把反常所涉及的领域视为处于危机状态之中。而危机是新理论突现的前奏，一个新范式往往是在危机发生或明确认识到之前就出现，至少是萌发了。[1] 当科学家面临反常或者危机的时候，都要对目前的范式采取另外一种态度，所研究的性质也会随之变化。常规科学转化为非常规科学（革命）的征兆有很多种，比如说竞争方案的增加、对任何事物都愿意尝试、明确地表达不满、求助于哲学和

---

[1] 托马斯·库恩：《科学革命的结构》，金吾伦、胡新和译，北京大学出版社2012年版，第74页。

对基础的争论等。旧范式完全或部分被与之不能并立的新范式所取代，这种范式转换的过程就是科学革命。革命代表着世界观的改变，经历了革命之后，科学家们会面临一个不一样的世界，对他们研究所及的世界的看法也随之变化。① 笔者将 20 世纪 60 年代末至今划分为美国顶尖大学国际化人才培养的范式危机与转换时期，其中，60 年代至 80 年代末主要为范式危机时期，80 年代末至今主要为范式转换时期。

第一节　美国顶尖大学国际化人才培养范式的危机

库恩认为，科学的突现具有一些共同的特点：最开始先意识到反常，在观察和概念认知的过程中同时出现，范式的范畴和程序随之发生改变，而在改变的过程中还存在着阻力。"引起范式改变的反常必须对现存知识体系的核心提出挑战。"② 20 世纪 60 年代末至 80 年代末，美国顶尖大学国际化人才培养不再像以往受到联邦政府和社会组织的足够重视，出现了国际化人才培养范式的"反常"，而长时期的"反常"，又让美国顶尖大学的国际化人才培养范式陷入危机之中。

1966 年《国际教育法》通过以后，教育决策者和教育工作者都对

---

① 托马斯·库恩：《科学革命的结构》，金吾伦、胡新和译，北京大学出版社 2012 年版，第 94 页。
② 托马斯·库恩：《科学革命的结构》，金吾伦、胡新和译，北京大学出版社 2012 年版，第 55 页。

《国际教育法》的美好前景寄予厚望。在他们看来,《国际教育法》能帮助学生、学者更深入地了解外国历史文化,从而有助于推动美国外交政策的实施和执行。然而,由于未能获得美国国会的拨款授权,《国际教育法》没有顺利实施,成为一纸空文。《国际教育法》的拨款失败,使得联邦政府减少了对美国顶尖大学培养国际化人才的资金援助,美国顶尖大学国际化人才培养陷入停滞与徘徊。在约翰逊总统之后,理查德·尼克松和杰拉尔德·福特两位总统对培养国际化人才的重视程度不如从前,且联邦政府收紧了学生国际交流的资助经费。而从大环境上看,这一时期越南战争的失利、水门事件和国内经济困境使得美国的外交政策有回归孤立主义的趋势,美国联邦政府对国际事务缺乏足够兴趣,也没有出台相关的积极举措来推进顶尖大学的国际化人才培养。虽然詹姆斯·卡特总统尝试建立外国语言和国际研究委员会,以及提高《国防教育法》第六章的预算,来推进国际化人才的培养,但最后还是以失败而告终。不得不提的是,在《国际教育法》破产以后,福特基金会退出了对国际研究的资助,尽管20世纪90年代初基金会恢复了对顶尖大学国际化人才培养的资助,但资助规模已远不及五六十年代的水平。

20世纪60年代,约翰逊政府直接参与越南战争,后来陷入战争泥淖,因而引发美国民众对美国介入国际事务的厌恶和反感。另外,美国经济在60年代陷入通货膨胀状态,失业率不断攀升,经济的凋敝加之种族歧视等问题让美国国内爆发了一场场社会运动,其中便包括一直持续到70年代初的校园反叛运动,其主题包括了反对联邦政府将大学作为国家实现目的的工具,争取言论自由权;反对越南战争;反对种族歧视和种族隔离。这使得联邦政府将关注的焦点集中于国内,无力顾及高等教育国际化的发展和国际化人才的培养,对其重视程度也有所下降。美国学者罗伯特·M. 罗森兹威格(Robert M. Rosenzweig)在其著作中也指出"越南战争、校园对战争的反应以及公众和政治上的逆动,使得二十年来联邦政府对大学的资助戛然而止。联邦对大学研究资助的顶峰是1968年,然后一直下降,直到1977年再也没有回到相应的水平"。[1] 这一时期顶尖大学的国际化人才培养仍然以五六十年代通过的《富布莱特法案》《国防教育法》作为行动纲领和规划指引,直到1975年,联邦政府才出台修正案,对1961年《对外援助法案》进行了补充与完善。无论是尼克松政府时期,还是福特政府时期,联邦政府对顶尖大学国际化人才培养的重视程度都不如五六十年代,因为联邦政府支持的减弱,美国顶尖大学对国际化人才的培养受阻:在美国的大学中,20世纪60年中期,有17%的学生学习外语课程,到了1977年,学习外语课程的学生仅占到了8%;1966年,有89%的美国大学要求必修外语课程,至1974年,要求学生必修外语课程的大学仅占50%;20世纪70年代初,区域研究中心资助数量是107个,至1978年只有80个;60年代中期,每年有至少800名学生可以获得国际交流的资助,到70年代中期,仅有350名学生。[2] 总体来说,这一时期顶尖大学的国际化人才培养与以往相比陷入停滞状态。具体表现在财政方面,联邦政府与基金会将对国际化人才的培养转移到了国内的现实需要;政治方面,联邦政府未将国际教育和国际化人才培养置于政治言论的焦点地位;制度方面,国际化人才培养面临生存问题和组织挑战问题。

卡特政府时期,美国顶尖大学的国际化人才培养遭遇了较为严重

---

[1] 罗伯特·M. 罗森兹威格:《大学与政治——美国研究型大学的政策、政治和校长领导》,王晨译,林薇校,河北大学出版社2008年版,第8页。

[2] Burn, Barbara B., *Expanding the international Dimension of Higher Education*, San Francisco: Jossey-Bass Publishers, 1980, p. xxiv.

的挫折，国际化人才培养的水平继续停留在五六十年代。富布莱特项目的职员减少了 30%，资助的费用不及 1960 年的 50%。① 在此情况下，卡特从国家层面对顶尖大学的国际化人才培养进行了结构化调整，以努力提升国际化人才培养的管理水平。1977 年，卡特政府将新闻署与教育文化事务局合并重组为国际交流署。一方面，国际交流署要向社会主义阵营国家和其他发展中国家宣传美国的文化与意识形态；另一方面，国际交流署需要推动美国与其他国家的双向交流，在让其他国家了解美国的同时，也要让美国民众了解其他国家的历史和文化。具体到顶尖大学的国际化人才培养层面，国际署鼓励和推动美国的顶尖大学与社会主义国家和发展中国家进行教育交流、教育援助。鼓励顶尖大学增设与其他国家历史、文化、种族、民族等相关的课程，增进顶尖大学学生对国际事务的关注和兴趣。同时鼓励顶尖大学接收国外的留学生和教师。然而，美国联邦政府对顶尖大学国际化人才培养的全面主导使得这一时期顶尖大学的国际化人才培养有很多局限：国际署针对顶尖大学国际化人才培养制定的政策针对性不强；在双向交流的过程中，仍然是"以我为主"，更多的是通过国际化人才培养输出美国的文化意识形态，一定程度影响和阻碍了美国对其他国家的学习和了解。

罗纳德·里根政府时期，对外，美国重新加强了与苏联的对抗，财政经费被投入到了冷战对抗的军备竞赛之中，削减了对高等教育国际化以及国际化人才培养的经费投入——里根政府时期，与顶尖大学国际化人才培养有关的仅剩富布莱特项目等为数不多的规划和法案。对内，美国的失业率问题突出，其他社会问题也不断发生，国内局势

---

① Malone, Gifford D., *Political Advocacy and Cultural Communication: Organizing the Nation's Public Diplomacy*, New York: University Press of America, 1988, p. 58.

同样不利于国际化人才的培养。更为严重的是，这一时期社会组织对顶尖大学国际化人才培养的支持热情也没有以往那样高涨，不少私人基金会减少了对国际化人才培养的资助。

总的来说，20世纪60年代末至80年代末，美国顶尖大学国际化人才培养的范式在形成以后，便陷入长久的"反常"之中，即政府和社会组织对顶尖大学的国际化人才培养的兴趣大幅减弱，顶尖大学的国际化人才培养的政治性也受到削弱。究其原因，当处于战略收缩期的美国在冷战战略中将军事对抗作为重心时，以文化交流为重要形式的顶尖大学国际化人才培养便自然陷入"反常"与"危机"之中。

第二节　美国顶尖大学国际化人才培养范式的转换

进入20世纪80年代末期以后，美国顶尖大学的国际化人才培养范式发生了一些新变化。一方面，政府不再对美国顶尖大学的国际化人才培养进行较为直接的政治干预，而是将国际化人才培养作为公共外交或教育外交的手段和工具，尤其是将国际化人才培养作为展现和发挥软实力的重要组成部分。另一方面，80年代末期以后，尤其是90年代初期以来，随着苏联的解体，美苏冷战结束，全球经济发展的政治障碍被扫除，世界经济进入全球化时代。在此背景下，美国顶尖大学国际化人才培养的价值理念发生了变化，不再是以往那般单纯为了维护国家的安全，而是被赋予帮助美国赢得全球经济竞争，保持美国的全球竞争力，维护美国的经济霸主地位的作用——当然，尽管国家安全的重要性有所下降，其仍然是国际化人才培养重要的驱动因素。除此之外，美国顶尖大学国际化人才培养的模型框架和实践规范也在发生着细微变化。模型框架中，政府在美国国际化人才培养中的作用逐渐被顶尖大学所替代。顶尖的大学慢慢地脱离国际援助项目的附属地位，开始参加全球高等教育领域的竞争，不仅如此，它们把培养国际化的人才作为大学的发展战略目标。伴随着全球高等教育领域的竞争越来越激烈，获得一流的声誉和资源也逐渐成了美国顶尖大学培养国际化人才范式转换的重要动因。① 20 世纪 80 年代以后，美国高校主要是独立地处理国际化人才培养的相关问题，而很少依靠联邦政府和基金会等传统的外部促进力量。②

具体而言，至 20 世纪 80 年代末，美国联邦政府重新认识到国际化人才的重要性，通过国际化人才培养可以更好地推动美国针对苏联和其他社会主义阵营国家的和平演变计划。美国联邦政府向外输送传播美国意识形态的本土国际化人才，向内吸引并培养亲美的外籍国际化人才，通过输出美国的文化和价值观，使得这些国家消除对美国的心理隔阂，并增强对美国文化与民主自由体制的认同，通过笼络人心和软实力吸引实现"不战而屈人之兵"。1989 年，美国国会批准了美苏的"交流教育计划"，该计划鼓励与支持美苏两国本科生与研究生的国际交流与沟通。1990 年，美国国会通过了《教育交流促进法案》，该法案指出，需要不断扩大高等教育国际化的范围，重点面向苏联和东欧地区的社会主义国家，吸引这些国家的留学生到美国留学，通过美国顶尖大学高水平的科研实力培养亲美的国际化人才。1991 年，

---

① 金帷、马万华："20 世纪美国高等教育国际化历程——以动因—策略为脉络的历史分析"，《教育学术月刊》2012 年第 1 期。

② 郝艳萍：《美国联邦政府干预高等教育机制的确立》，浙江教育出版社 2015 年版，第 264 页。

美国国会通过了《国家安全教育法》，由乔治·赫伯特·沃克·布什总统签署并于1992年生效。该法案指出，包括美国顶尖大学在内的高等教育机构应培养具有宽厚知识基础、丰富国际经验、了解熟悉美国之外其他国家历史文化的国际化人才，以此服务美国的国家安全战略。此外，该法案鼓励顶尖大学在内的高等教育机构增进对国际事务的研究，特别是引导学生和教师加强对国际问题和外国历史文化的研究，拓宽学生和教师的国际化视野。正如《国家安全教育法》中"国家安全教育计划"所提到的：资助本科生到关键地区完成海外学习；资助研究生学习关键语言文化，从事国际问题研究；对美国顶尖大学在内的大学加强汉语和阿拉伯语等关键语言教学，以及对地区和国际问题进行研究给予资助。同时政府还资助了美国顶尖大学加入语言旗舰计划，所谓语言旗舰计划指的是一项国家的倡议，旨在资助大学等教育机构的学生开创性的语言教育，改变美国人学习语言的方式。通过遍布全美23个高等教育机构的31个旗舰计划网络，培养"下一代全球专业人士"（the next generation of global professionals），从而保障美国的国家安全和经济竞争力。旗舰语言包括阿拉伯语、汉语、韩语、波斯语、葡萄牙语、俄语。[①] 另外，为了更好地实施《国家安全教育法》，美国联邦政府决定建立"国家安全教育委员会"和"国家安全教育信托基金"。《国家安全教育法》中的"国家安全教育计划"表达了对美国联邦政府培养国际化人才的高度重视，美国顶尖大学对地区的研究和国际问题研究再次获得了联邦政府的大力支持。美国顶尖大学不仅培养了能提升美国国家形象和扩张美国世界

---

① The Language Flagship, "About Us", (30 May 2021), https://thelanguageflagship.org/content/about-us.

影响力的国际化人才,也对世界和平稳定有重要意义①。总的来说,联邦政府通过一系列法案,将美国顶尖大学的国际化人才培养在冷战末期推向了新的高潮,这时期的国际化人才培养成为美国输出和传播文化意识形态,对苏联和其他社会主义国家进行和平演变的重要手段。

1991年,随着苏联的解体,美国顶尖大学的国际化人才培养进入"后冷战"时代,国际化人才培养所面临的国际环境相比冷战时期发生了巨大变化。经济全球化时代逐渐到来,政治对抗不断弱化,经济、科技和文化软实力的较量开始取代以往的政治军事对抗,特别是"经济安全在美国国家安全战略中的地位日益突出,经济繁荣被视为美国以实力谋求霸权地位的基础"。经济全球化经历了一个漫长的过程,但经济全球化在形成之初,并不具有真正的全球性,到了大约20世纪90年代,世界经济才真正意义上进入了全球化阶段。在这个时期中,信息技术飞速发展,世界各地区和国家之间的关系逐渐密切起来。冷战的结束也为经济全球化扫清了政治障碍,国际组织与跨国企业成为推动经济全球化发展的重要组织和机构。以上这一切,都成为推动世界经济向全球化发展的重要因素。经济全球化是美国顶尖大学国际化人才培养的物质基础和现实背景,也是目前美国顶尖大学国际化人才培养动机客观存在的重要外部条件。由于经济全球化将世界各国纳入相互依存和相互联系的国际分工体系之中,美国同世界其他国家的经济竞争进一步加剧,而这种经济竞争,实质上就是高水平科学技术人才的竞争。可以说,经济全球化时代,全球人才竞争已经成为主流趋势。此外,经济全球化让各国和各地区的经济成为世界大

---

① Vestal, Theodoer M., *International Education: Its History and Promise for Today*, Westport: Praeger Publishers, 1994, p. 155.

市场的重要组成部分，推动经济全球化发展的跨国企业和国际组织需要在全球范围内招聘人才，这就导致了全球人才流动的必然性，对人才的标准和需求也趋向于统一化。这就要求美国顶尖大学能培养出经济全球化时代所需的，能够参与国际经济竞争，帮助美国稳住全球经济霸主地位，保证美国经济全球竞争力的国际化人才。美国的就业市场中每六个工作岗位就有一个是与国际贸易相关的供应，① 一定程度上，经济全球化从市场需求的层面推动了美国顶尖大学的国际化人才培养，跨国企业和国际组织既是美国顶尖大学国际化人才培养的推动力量，同时跨国企业和国际组织也成为美国顶尖大学国际化人才实习和就业的重要平台，对扩大美国的全球影响力有着重要意义。

美国顶尖大学培养的国际化人才需要适应全球化时代国家间紧密联系的国际形势，并为美国经济、科技等领先世界的国家利益服务。有学者指出，在后冷战时代，美国与其他国家不再是简单的对抗关系，而是需要相互了解与合作，国际化人才变得愈发重要。而美国大学的国际教育可以增强学生的国际活动能力，开拓学生的视野。1992年，美国国会对《高等教育法》进行修正并加大了对国际化人才培养的支持力度，顶尖大学的学生可以通过联邦的资助资金进行海外学习活动。美国某教育机构的报告指出，美国的大学需要对自己进行重新定位，对大学来说，培养学生的国际能力和拓宽视野是极其重要的，以使学生更好地适应全球化的时代。1999年，美国颁布了《新世纪的国家安全战略》，该战略表明向世界传播自由理念是其天赋的历史使命，而培养国际化人才正是美国传播和输出文化、理念和价值观的重

---

① 杨启光:《教育国际化进程与发展模式》，社会科学文献出版社2011年版，第214页。

要方式。另外，美国还通过"伊拉斯谟计划"加强与欧盟在国际化人才培养方面的合作，既向欧盟派遣美国顶尖大学的留学生，又吸引欧盟学生到美国顶尖大学学习。

20 世纪 80 年代末以后，在经历范式反常和危机之后，美国顶尖大学国际化人才培养迎来了范式转换，且范式转换的过程持续至今。因为范式转换并未彻底完成，新范式尚未到来，这一时期的美国顶尖大学国际化人才培养范式既有范式危机与转换之前的一些特征，又有范式转换过程中的一些特征。

20 世纪 90 年代，国际化人才逐渐成为美国传播民主自由制度和理念的媒介，美国顶尖大学的国际化人才成为美国扩大全球影响力，尤其是全球经济影响力的有效工具。在 21 世纪到来之际，顶尖大学国际化人才培养的范围和力度在不断加大。进入 21 世纪以后，2001 年的"9·11"事件对美国顶尖大学的国际化人才培养一度产生了重大影响。而随着国家安全局势的缓和，美国顶尖大学的国际化人才培养又进入新发展阶段，对顶尖大学国际化人才培养大力扶持，特别是将国际化人才与公共外交结合起来，向中东地区输出美国文化和价值观。同时，美国顶尖大学国际化人才培养还面临着来自英国、加拿大、澳大利亚、日本等国家顶尖大学的竞争，为应对其他国家的竞争，美国顶尖大学国际化人才培养开始实施全面国际化的战略。

2000 年，威廉·克林顿政府颁布《国际教育政策备忘录》，指出"美国政府和大学需要支持美国公民增强自身的国际化能力，以维护美国作为世界领袖的地位。具体包括增强美国公民的国际交往意识与能力，推动美国学生到国外进行实地考察与研究；资助其他国家留学生和教师到美国学习和研究，用美国的教育模式培养其他国家的青年群体"①。2001年,美国联邦政府设立了"本杰明·吉尔曼国际奖学金项目",以资助包括顶尖大学在内的美国大学学生出国留学,通过发展中国家的实地考察与亲身体会获得更为可靠的国际经验。但2001年9月11日发生的"9·11"恐怖袭击事件让美国开始重新审视国际形势,美国联邦政府自冷战以后再次提升对国家安全的重视,乔治·沃克·布什总统的政策也开始走向保守主义和单边主义,这也影响到了美国顶尖大学的国际化人才培养。这一时期顶尖大学国际化人才培养优先以维护国家安全和反对恐怖主义为导向,联邦政府对顶尖大学国际化人才培养的监管和控制全面加强。

2001年10月,布什总统签署了《爱国者法案》,该法案详细规定了国际学生签证的流程,加强了对赴美留学国际学生的监控,《爱国者法案》重启 SEVIS 系统,对外国学生进行电子监控,并细化国际学生签证信息和监控流程。一方面,《爱国者法案》重启 SEVIS 系统有助于及时发现不符合条件的赴美留学生,能有效维护美国的国土安全;另一方面,《爱国者法案》较为武断地将国家安全政策置于美国高校国际化人才培养的正常发展需求之上,牢牢控制着国际学生赴美留学的资格和权力,破坏了联邦政府与高校在国际化人才培养上的合作关系,使其合作关系变得愈发脆弱。国际学生赴美留学的受限不利于美国顶尖大学培养亲美的外籍国际化人才,削弱了美国顶尖大学国际化人才培养在全球的竞争力与领导力。

2003年以后,美国顶尖大学国际化人才培养面临着来自英国、澳大利亚、日本等发达国家的竞争。英国通过设立"英国高等教育

---

① The American Presidency Project,"Memorandum International Education Policy",(19 April 2000),https://www.presidency.ucsb.edu/documents/memorandum-international-education-policy.

国际联合会"等机构、推动"博洛尼亚进程"和参与"伊拉斯谟计划"等举措来推动国际化人才的培养;澳大利亚以市场化为导向,将国际化人才培养与经济利益相结合;日本通过实施2008年的"30万留学生计划"(30万人の留学生プログラム)和2009年的"全球30计划"(グローバル30プラン),培养理解和支持日本的"亲日"国际化人才。美国顶尖大学的国际化人才培养面临前所未有的竞争。约翰·塞林(John Thelin)在《美国高等教育史》(*A History of American Higher Education*)中指出:"美国大学的学位是曾经的掉队者,如今的掉队者。美国教育如同政治和经济一样进入了'后美国时代'(Post American Era)。21世纪的显著特点不是美国影响力在世界范围的衰退,而是'其他力量的崛起'。"[1] 日本学者金子元久认为:"面对这一现状,一方面再次强化大学研究与产业间的合作,另一方面积极培养能在国际活动中占据核心地位的人才就成为紧迫的社会需求。"[2]

为了不在国际化人才培养竞争中掉队,美国联邦政府对顶尖大学国际化人才培养的相关政策进行了调整。2003年《美国的利益:欢迎国际学生》报告指出,"高等教育是美国的软实力,让国际学生接受美国顶尖大学的教育,可以让外国精英消除对美国的错误认识并认可美国的理念和价值观"。2005年美国的教育组织提交建议书,希望联邦政府能对"9·11"事件之后的签证政策加以调整。在2006年,布什总统提出了"国家安全语言行动计划",耗费1.14亿美元用来资助美国大学培养汉语、阿拉伯语、俄语、韩语等满足国家战略安全所需的关键语言人才。2006年耶鲁大学前校长理查德·莱文(Richard

---

[1] 约翰·塞林:《美国高等教育史》,孙益等译,北京大学出版社2014年版。
[2] 金子元久:《大学教育力》,徐国兴等译,华东师范大学出版社2009年版。

C. Levin)在《大学拓展空间——大学从学生到科研日益全球化》一文中指出,国际精英的培养和塑造对于增强美国的国际影响力有着十分重要的作用。2007年,《美国国际教育政策:领导力、竞争力与安全》报告指出,"'9·11'事件对国际学生的限制会影响美国在全球高等教育的领导力和竞争力,美国需要通过教育交流和培养国际化人才来消除其他国家民众的仇美情绪"。在欧洲和澳大利亚国际化人才培养的竞争之下,美国的学者和大学提出了全面国际化的理念。2011年,美国国际教育工作者协会发布了《全面国际化:从概念到行动》报告,该报告对全面国际化发展的概念进行了详细的解释和论述,即将国际和比较的观点深切融入高校的国际化人才培养之中。2012年,贝拉克·奥巴马总统发表了报告《全球性成功:通过国际教育与参与》,将国际教育和国际化人才培养上升到国家战略的高度。2015年,奥巴马政府任内的第二份国家安全战略报告指出,"我们必须培养适应全球经济不断变化的人才,大力支持外语项目和跨文化项目;同时欢迎外国留学生到美国学习并增进对美国社会的了解"。

从21世纪初到2017年初奥巴马总统任期结束,美国顶尖大学的国际化人才培养经历了"9·11"事件以后的调整,在全球国际化人才激烈竞争的背景下,美国顶尖大学实施"全面国际化"的理念,推动教学和科研等各个方面的国际化来培养国际化人才,取得了快速的发展。

2017年1月20日唐纳德·特朗普总统上台以后,在经济、外交、文化和教育等各领域实施"美国优先"(America First)的逆全球化政策,美国顶尖大学国际化人才培养范式有转换为新范式的趋势。特朗普在上任的第一个月就规定禁止某些中东国家公民到美国留学;在2017年9月,特朗普将朝鲜和委内瑞拉这两个国家也加入禁令国家中。除此之外，特朗普还下令停止之前的免面签政策，2017年的《阻止外国恐怖主义分子进入美国的国家保护计划》行政令要求非移民签证必须进行面签。特朗普在2017年还签署《高技能职业移民诚信与公平法案》，取消了硕士学位的豁免权，要求美国公司优先招聘本土求职者，限制H1-B签证的发放。2018年，特朗普政府在财政预算报告《美国优先：让美国再次伟大的预算蓝图》中，增加国防部预算的同时大幅削减教育预算，这对"富布莱特项目"等国际化人才培养项目带来严重的负面影响。2020年7月，特朗普政府发布新规，提出"留学生只上网课将被遣返"，但该规定遭到了哈佛大学、麻省理工学院等美国顶尖大学的诉讼，最终被撤销。特朗普政府时期提出的"美国优先"国家战略凸显民族主义，公开挑战了美国顶尖大学国际化人才培养奉行的"全球公民"理念，缩紧对国际化人才培养的财政支持，保持轻国际重国内的政策导向。

受特朗普保守的国际学生政策影响，2018—2019学年，赴美留学的国际学生中本科人数同比下降2.4%，研究生人数下降1.3%。[①] 美国的高等教育系统因其一流的教育质量长期以来得到世界认可，各国学子都选择赴美求学；近年来，美国大学收入也越来越依赖国际学生的学费。但在特朗普政府时期出台了一系列阻碍境外学生留学美国的政策，使得国际生入学人数有所减少，美国高校的国际生入学人数增长速度远低于奥巴马时代——2014—2015学年，美国院校的外国学生人数增长了10%，但2018—2019学年，国际学生人数

---

① Institute of International Education, "Academic Level", (13 November 2019), https://www.iie.org/Research-and-Insights/Open-Doors/Data/International-Students/Academic-Level.

仅增长了0.05%。①"美国优先"成为特朗普政府一切政策的最高指导原则，对于顶尖大学外籍国际化人才的培养亦不例外，他担忧外籍国际化人才会抢走本土人才的就业岗位，这严重影响了顶尖大学国际化人才培养的生源数量和声誉质量，不利于美国顶尖大学全球影响力的扩大和美国国家形象的提升。

2021年1月20日，约瑟夫·拜登正式宣誓就任美国第46任总统。拜登面临着一项艰巨的任务，即新的政府和国会亟须开启新的外交复兴局面，实施开放的移民政策，吸引更多的国际学生来美留学从而缓解美国高等教育机构经费紧张的问题。拜登希望修复特朗普政府对美国国际声誉造成的损害，消除"特朗普主义"的负面影响，但要让美国重回过去维护"自由、和平、稳定的国际秩序"道路并非易事。刚刚上任的拜登政府可能不会很快直接迎来新的"拜登时代"，而是要应付"后特朗普时代"的混乱延续，"没有特朗普的特朗普主义"会继续对美国外交政策以及顶尖大学的国际化人才培养产生重要影响，在短时间内恐难以快速扭转对美国顶尖大学国际化人才培养的政策导向。

尽管特朗普政府时期的逆全球化政策让美国顶尖大学的国际化人才培养相较以往发生了巨大的变化，价值理念、模型框架和实践规范都受到了逆全球化政策的影响，国际化人才培养的价值理念既不是维护国家安全，也不是赢得全球经济竞争，而是满足国内利益；国际化人才培养模型框架中政府对国际化人才培养持消极态度，在签证和移民等政策方面设立重重关卡；国际化人才培养实践规范中外籍国际化

---

① Institute of International Education, "Number of International Students in the United States Hits All-Time High", (18 November 2019), https://witreader.com/articles/913366427472/.

人才对 STEM 课程的学习受到了重挫。菲利普·G. 阿特巴赫和汉斯·德·维特在《特朗普与高等教育国际化的即将来临的革命》一文中表达了这种担忧："也许最重要的是，高等教育的国际化精神可能会改变。"① 但这是否意味着美国顶尖大学国际化人才范式完成了转换，国际化人才培养的新范式即将到来？这尚待观察。

第三节　美国顶尖大学国际化人才培养范式危机与转换的分析

在范式的危机与转换时期，维护国家安全仍然是美国顶尖大学国际化人才培养的目的，但其地位逐渐被经济因素和学术因素所取代。联邦政府对国际化人才培养的支持更多是将国际化人才作为开展公共外交或教育外交的重要手段。特别是在 20 世纪 90 年代以后，适应全球经济竞争，提升美国的全球竞争力成为顶尖大学国际化人才培养新的价值取向，美国顶尖大学也逐渐成为国际化人才培养的最重要主体，国际化人才培养开始回归教育本身。

一、公共外交与国际化人才培养

20 世纪 60 年代末以后，美国顶尖大学的国际化人才培养范式面

---

① Altbach, Philip G. & De Wit, Hans, "Trump and the coming revolution in higher education internationalization", *International Higher Education*, Vol. 89, 2017.

临着危机与转换。相比范式形成期的直接政治干预,范式危机与转换期的国际化人才培养突出表现为政治意识形态在文化教育层面的渗透。在 60 年代后的冷战时期里,特别是在 20 世纪 80 年代末到 90 年代初,美国联邦政府非常重视文化的政治性应用。来自美国的学者约瑟夫·奈(Joseph Nye)在 1990 年阐述了"软实力"的概念,他认为软实力主要包含以下部分:制定国际规则和决定政治议题的能力、政治价值观的吸引力和文化的影响力。软实力实际上是一种同化式实力,能让其他国家认同自己,更多强调的是吸引力而不是强制力。美国在范式的危机与转换期,尤其是冷战末期以后,更多地使用软实力手段而不是军事对抗的方式来"争夺民心",从而维护和巩固美国的霸权地位。

高水平的美国顶尖大学是美国软实力不可或缺的构成要素,鉴于美国顶尖大学在学术界各领域的强大影响力,美国之外的国家和大学都将美国的顶尖大学作为模仿和学校的榜样,潜移默化地受到美国的影响。美国的顶尖大学通过其产生的强大影响力极大增强了美国的软实力,而美国通过软实力的展现和发挥,成功实现了美国的战略利益和战略目的。中国台湾学者侯雅雯和詹盛如也认为,"美国通过强调国际活动来促进教育外交,这种教育交流的软外交(soft diplomacy)有助于美国推进建设世界级的教育,同时有助于促进全球稳定,更有助于美国实现'美国优先'的目标"[①]。

美国将顶尖大学的国际化人才培养作为展现和发挥美国软实力的有效方式和战略工具,相比于硬实力的较量,美国将顶尖大学的国际化人才培养纳入软实力比拼的战略轨道之上,最终实现"文化输出"

---

① Hou, Y. W. & Chan, S. J., "Investigating into the International Education Strategies in the UK and USA", *Journal of Education Research*, Vol. 312, 2020.

和进行"文化冷战",虽披着文化的"外衣",但实质仍然是霸权主义。其中,比较有代表性的当数"富布莱特项目",以及"富布莱特项目"等国际教育交流框架下的"青年领袖项目"(Youth Leadership Program)。富布莱特项目和"青年领袖项目"虽然在冷战初期便已提出,但是它们在冷战后期的作用变得愈发明显。

富布莱特项目吸引了世界各地的学生和学者到包括顶尖大学在内的美国大学学习和研究,也推动了美国的学者和学生到世界各地的大学研究和学习。毋庸置疑的是,富布莱特项目是至今为止世界上最具影响力的文化交流项目。尽管富布莱特项目以教育援助和交流作为其宗旨和"旗号",但其实质却是美国外交政策的重要组成部分。富布莱特项目作为美国顶尖大学培养国际化人才的旗舰型项目,其本质是以维护美国的霸权主义作为服务的核心和目的。与世界其他国家相比,美国有着世界上数量最多的一流大学和顶尖大学,通过顶尖大学吸引并培养国际化人才,可以通过教育来影响其他国家的青年学生和学者,从而增强他们对美国的亲近度。美国顶尖大学具有专业化的特点,富布莱特项目所资助的专业基本上都是顶尖大学中最能反映美国价值和美国文化的学科,例如美国的历史、政治、公共政策等学科。富布莱特项目希望国外学者通过在顶尖大学的学习能站在美国的角度思考世界问题,从而认同美国的霸权主义。该项目通过两个维度实现"文化扩张":一是吸引国外学者到美国顶尖大学学习,让他们通过耳濡目染地接受美国的高等教育,潜移默化地认同甚至接受美国的文化价值观,成为美国价值观的"传声筒""代言人";二是资助顶尖大学的美国学生和学者到社会主义阵营国家学习和研究,将美国的文化和理念融入目标国家的教育模式之中,让目标国家的学生对美国心生向往。

在冷战时期和冷战之后,美国的历届政府为了对抗苏联和维护美国的霸主地位,实施了诸多"文化冷战""争夺人心之战"的活动。"青年领袖项目"是文化冷战的核心内容,也是在文化冷战中持续时间最长的项目之一。它并不特指联邦政府所实施的某一具体行动计划和国际项目,而是主要指向知识分子、官僚阶层、青年学生和其他社会领域的潜在领导者,并试图通过目标群体的直接影响,让目标群体成为其他广大民众的榜样,从而对其他的广大民众产生间接影响,最后让他们对"自由世界"的体制和原则有更深层次的理解,并拒绝其他意识形态(比如说共产主义)产生的影响。20世纪60年代中期是"青年领袖项目"的转折点,在这之前的50年代,是"青年领袖项目"的机构完善与初步实践阶段,"部际青年委员会"(Inter-Agency Youth Committee)让"青年领袖项目"走向组织化和制度化。20世纪60年代中期以后,受到越南战争受挫的影响,美国的国际威信有所下降,"青年领袖项目"更多地采用隐蔽的方式,侧重扩大与社会主义国家青年精英群体的交流,通过文化援助输出美式"民主自由"观念,而不像50年代更多地与"青年组织""青年会议"等政治活动相联系。20世纪70年代以后,为了吸引二战后出生的"继承者一代",美国政府通过"青年领袖项目"影响青年群体重塑美国的国际形象,重新确立美国的全球领导责任。在冷战后期的1982年,美国对社会主义阵营国家恢复了全面的意识形态进攻,而"青年领袖项目"便是其重要的组成部分。里根政府在"青年领袖项目"的实施中,针对亚洲的青年精英,鼓励顶尖大学推出了影响青年人的"英语教学项目"和"海外留学项目"。数据表明,与"青年领袖项目"密切相关的"国际访问项目"的预算从20世纪80年代初的1770万美元飙升到了1986年的4050万美元,可见里根政府对此的重视。同时,此时的"青年领袖项目"已经开始为后冷战时代积蓄力量,它所资助的青年人,有不少"正居于政治、公众生活、媒体与信息领域的高层位置",甚至成为国家的决策者。数据统计,有 38 位政府首脑曾在性格形成时期参与过美国的交流项目;英国当年的内阁中,有 11 位曾参加过美国的国际访问者领袖项目。①

不同于范式形成期的政治直接干预,范式危机与转换期的富布莱特项目及富布莱特等国际教育交流框架下的"青年领袖项目"所实施的文化外交活动更具穿透力和影响力。尽管冷战已经结束,但是"富布莱特"项目和"青年领袖项目"等文化冷战策略延续到了后冷战时期,体现其在公共外交中的巨大意义和价值。

"9·11"事件引发了美国联邦政府对公共外交的高度关注,国际化人才培养在 21 世纪初又被赋予了"赢得人心"的战略职能。美国将顶尖大学作为美国软实力的代表,将国际化人才培养作为重要的公共外交手段,通过对中东等地区的阿拉伯国家开展教育援助和交流,试图赢得阿拉伯国家青年对美国的好感,消除他们对美国的心理隔阂和仇视,资助他们到美国顶尖大学在内的大学留学,传播美国文化与意识形态,赢得民心,通过培养外籍国际化人才保障美国的国际安全。具体而言,小布什政府加大了对富布莱特项目的重视,大力度地面向阿拉伯国家推行,建设专门面向阿拉伯国家的交流项目、外语助教项目和学习伙伴计划。除了富布莱特项目,美国顶尖大学还在阿拉伯国家设立分校,与阿拉伯国家联合建立大学,通过联合办学的方式将美国的教育模式对外移植,增进学生对美国文化、历史、制度等相关内容的认识和理解,同时还对阿拉伯国家的青年学生进行英语培

---

① 张扬:《文化冷战:美国的青年领袖项目》,中国社会科学出版社 2020 年版,第 20 页。

训，最终目的是在阿拉伯国家中培养亲美的国际化人才。公共外交成为美国顶尖大学国际化人才培养在范式危机与转换期政治性的具体彰显。

二、顶尖大学愈发成为国际化人才培养的主体

在国际化人才培养范式的危机与转换期，尤其是进入 21 世纪以来，美国顶尖大学在国际化人才培养进程中发挥着重要的作用，愈发成为国际化人才培养的主体。因为在国际化人才培养的范式之中，其核心正是顶尖大学本身，价值理念、模型框架和实践规范等范式的具体要素都是围绕顶尖大学展开。美国顶尖大学以统一的范式作为国际化人才培养的整体系统规划，并根据不同学校的各自特点，实施个性化的国际化人才培养方式和策略，从而增强美国顶尖大学在全球高等教育市场中的竞争力与吸引力。此外，在高等教育市场越来越发达、竞争越来越激烈的经济全球化时代，国际化人才培养质量的高低直接关系到了顶尖大学自身的声誉、质量和吸引力，关系到是否能从全球录取到大量且优质的国际学生，进而对顶尖大学的收入造成影响。因此，20 世纪 90 年代以来，在全球高等教育市场竞争日趋激烈的背景下，美国的顶尖大学不再单纯地只为政府服务，也有实施高等教育国际化、培养国际化人才的内在需求。在外部因素和内部因素的共同影响之下，美国顶尖大学逐渐成为国际化人才培养的重要实施主体和主要推动力。

美国有着数量众多的顶尖大学，这些顶尖大学国际化水平各不相同，国际化人才培养的方式也各有差异。有的顶尖大学如哥伦比亚大学，将通识教育与国际化教育的融合作为国际化人才培养的重点；有

的顶尖大学如哈佛大学，将外语教育课程、国际和区域研究、国别研究、国际事务研究作为国际化人才培养的重要组成部分；有的顶尖大学如宾夕法尼亚大学，将增进学生的国际经验，鼓励学生到海外留学和实习，作为国际化人才培养的特色；还有的顶尖大学如麻省理工学院，将校训"手脑并用"与国际化人才培养相结合，旨在培养实践能力较强的国际化人才。总体而言，不同顶尖大学在统一的国际化人才培养范式的支撑之下，根据自身的优势和特色构建起了种类繁多的国际化人才培养道路。

范式危机与转换期的美国顶尖大学国际化人才培养开始回归到教育本身，国际化人才培养愈发侧重教育的未来发展，学术因素在国际化人才培养中的地位逐渐上升。美国顶尖大学作为国际化人才培养的实施者，在国际化人才培养的进程中，地位不断得到提升，渐渐成为国际化人才培养的重要主体。与此同时，不同顶尖大学根据自身特色和优势，选择了不同的国际化人才培养道路，推动美国顶尖大学的国际化人才形成了"百花齐放"的多元化格局，提升了美国顶尖大学在全球高等教育市场中的竞争力与吸引力。

第四章　美国顶尖大学国际化人才培养范式案例研究（上）

美国顶尖大学国际化人才培养的水平无疑与美国顶尖大学较高的高等教育质量有着密切相关的联系，高质量的高等教育是培养高水平国际化人才的基础。同时，对于美国顶尖大学来说，国际化人才培养是提高美国顶尖大学教育质量和国际竞争力的重要手段。与此相应，尽管美国顶尖大学有着较为一致的国际化人才培养的范式，这些范式是对其国际化人才培养共同性质的提炼、总结和升华；但作为国际化人才培养的个体，不同顶尖大学也有着各自独特的国际化人才培养战略和措施。限于篇幅，本章与下一章将在研究对象（十所美国顶尖大学）中选取四所作为案例，对其国际化人才培养进行案例研究。这四所大学包括三所私立顶尖大学（哈佛大学、麻省理工学院、哥伦比亚大学）和一所公立顶尖大学（加州大学伯克利分校）。

第一节　哈佛大学

大学可以看作为人类最永久的机构之一，其存在要比其他政治机构、法律机构、工业机构更加持久。哈佛大学已经证明，在历史的尺度中，大学具有十分卓越的生命力。① 作为美国历史最长的大学，哈佛大学历史悠久，在美国高等教育史上，没有哪一所大学能与哈佛大学并驾齐驱。哈佛大学有着辉煌的办学成就，它是世界大学排行"第一"次数最多的大学、是世界上最富有的大学，也是世界上拥有诺贝尔奖获得者最多的大学。哈佛大学的卓越体现在它的影响力——"先有哈佛，再有美利坚"，哈佛大学的历史就是美国历史的缩影，在二百多年的建国历史中，美国的经济、政治和文化中随处都可以见到哈佛的身影；也体现在哈佛大学为美国建立了自己的大学传统，它在借鉴德国高等教育模式的基础上，建立起了立足于本土的现代国家模式；还体现在哈佛大学对美国高等教育改革与发展的贡献，为美国大学发展指出前进的方向和道路；以及体现在哈佛大学是美国文化发展的风向标和美利坚民族精神的缩影；最后体现在哈佛大学是世界高等学问和知识的宝库。哈佛大学作为学术研究的世界中心，在各个学科都能执学术界之牛耳，以强大的实力培养出了众多学科领域的拔尖人才。

哈佛大学前校长内森·玛什·普西（Nathan Marsh Pusey）曾指出："哈佛大学在其影响力可达到的范围之内，是不受任何限制的，进入这所大学你就成为这座象牙塔之城的公民。现在，哈佛大学、我们国家的所有部门和全国各个地区互相联系在一起，就相当于和整个世界相联系。"② 哈佛大学凭借其悠久的历史、辉煌的成就、广泛的影响力，在培养出不同学科领域的拔尖人才同时，也培养出了一大批国际化人才，极大提升了哈佛大学的办学实力和国际影响力。

---

① 理查德·诺顿·史密斯：《哈佛世纪——锻造一所国家大学》，程方平等译，贵州教育出版社2004版，第49页。

② 理查德·诺顿·史密斯：《哈佛世纪——锻造一所国家大学》，程方平等译，贵州教育出版社2004版，第49页。

一、哈佛大学国际化人才培养的历史和现状

同哈佛大学的历史一样,哈佛大学的国际化人才培养历史同样悠久,最早可追溯至殖民地时期。一定程度上来说,哈佛大学在成立之初便具有了国际性,这也为它培养国际化人才提供了肥沃的土壤。如果说哈佛大学是美国高等教育王冠上最璀璨的明珠,那么它所培养的国际化人才就是这颗明珠所折射出的耀眼光辉。

哈佛大学设有 14 个学术部门,分别是 13 个可以提供课程并授予学位的学院和 1 个拉德克利夫高等研究院(Radcliffe Institute for Advanced Study)。这 13 个学院是哈佛学院(Harvard College)、商学院(Harvard Business School)、继续教育学院(Continuing Education)、哈佛牙科医学院(Harvard School of Dental Medicine)、哈佛大学设计研究生院(Harvard University Graduate School of Design)、哈佛神学院(Harvard Divinity School)、哈佛教育研究生院(Harvard Graduate School of Education)、哈佛大学约翰·保尔森工程与应用科学学院(Harvard John A. Paulson School of Engineering & Applied Sciences)、哈佛肯尼迪政治学院(Harvard Kennedy School of Government)、哈佛文理研究生院(The Graduate School of Arts & Sciences)、哈佛法学院(Harvard Law School)、哈佛医学院(Harvard Medical School)、哈佛大学陈曾熙公共卫生学院(Harvard T. H. Chan School of Public Health)。[①] 其中,哈佛学院、哈佛文理研究生院、工程与应用科学学院、继续教育学院又构成了哈佛文理学院(Faculty of Arts & Sci-

---

① Harvard University, "Academics: Schools", (06 March 2021), https://www.harvard.edu/academics/schools/.

ences)。同时，哈佛大学还建立了多个全球研究中心，如哈佛燕京学社、印度研究中心、日本研究中心、费正清中国研究中心和非洲研究中心等。2020 年的《哈佛大学全球参与概述：同一个哈佛，同一个世界》报告指出："从法学院到教育研究生院，再到牙科医学院，哈佛大学的任何一个学术部门都极具全球影响力。哈佛大学近 1/4 的学生来自美国以外的地区，哈佛大学的国际学者人数一直领先于美国任何一所大学。"①

自建校以来，哈佛大学的国际化人才培养经历了四个阶段。第一阶段是办学英国化：培养宗教化的国际化人才。从 1636 年到 19 世纪中期，哈佛大学总体上承袭英国剑桥大学办学传统，国际化人才培养的方式是通过个人到英国留学，学习英国的高等教育模式。哈佛大学基本沿袭欧洲古典高等教育办学传统，为宗教培养神职人员是彼时哈佛大学国际化人才培养的主要目标和宗旨。

第二阶段是回应工业化：培养本土化的国际化人才。进入 19 世纪中期以后，特别是美国南北战争结束以后，北方资本主义的发展打破长期以来大学与社会相互隔离的状态，为国家利益服务成为哈佛大学国际化人才培养发展方向的转折点。时任哈佛校长查尔斯·艾略特（Charles Eliot）为应对美国对工业化的迫切需求，对哈佛大学的国际化人才培养进行了"本土化"改革。这一时期哈佛大学的学生、学者和教师转向德国留学，学习德国的高等教育模式特别是德国柏林大学的办学经验。这种学习不再是以往的简单移植，而是选择性借鉴、创造性超越，对德国高等教育模式进行了美国本土化的改造。国际化人才培养的目标也变为了培养为国家政治稳定和社会经济发展的人才。

---

① Harvard University, *Harvard University Global Engagement: An Overview*, Massachusetts: Office of the Vice Provost for International Affairs Harvard University, 2020, p. 2.

第三阶段是适应战略化：培养国家化的国际化人才。二战结束以后，美国和苏联展开全面战略对抗，如何适应美国在冷战战略竞争中的需要，成为这时期哈佛大学面临的最大难题。时任校长内森·玛什·普西在1953—1971年间进行了以适应美国战略竞争需要为导向的改革，其中就包括国际化人才培养。普西校长指出："哈佛希望为国家和世界培养具有高素质的人，这些人可以通过自己的信仰和行动促进世界的生活品质不断提升。"① 从普西校长此言可以看出，这是哈佛大学国际化人才培养的理念和目标，即国际化人才培养是为了适应冷战背景下美国的战略需求，帮助美国稳住世界霸主地位，目标是培养影响美国，更能影响世界的国际化人才。

第四阶段是顺应全球化：培养面向全球的国际化人才。20世纪90年代初，美苏冷战结束，国际形势发生了变化，哈佛大学的国际化人才培养目标变为培养能参与国际事务和国际竞争的人才。"哈佛大学在最近几十年的世俗化过程中，也许最突出的特点是：哈佛大学成为一所国际化大学的程度。尼尔·陆登庭（Neil Rudenstine）认为哈佛在'日益国际化的、竞争激烈的、要求苛刻的新世界中'，创造着一个'思想的王国'。在最初的几十年里，获得全球领导地位成为哈佛大学的目标，它与获得国内领导地位一样充满诱惑。"② 时任哈佛校长尼尔·陆登庭采取一系列举措，如跨学科的国际合作研究、设立国际研究中心、面向全球招聘一流教授，以推进哈佛大学的国际化人才培养。进入21世纪以后，哈佛大学的国际化人才培养已经超越国家和地区的界限，成为面向全球的国际化大学。国际化人才培养的理

---

① 白强："危机·转机·生机：哈佛大学改革轨迹探究（1869—2001）"，南京大学博士学位论文，2016年，第90页。
② 莫顿·凯勒、菲利斯：《哈佛走向现代：美国大学的崛起》，史静寰等译，清华大学出版社2007年版，第513—514页。

念是为美国称霸世界培养"改变世界的领袖",哈佛大学国际化人才培养的目标是更好地服务世界,影响全球,实现"哈佛不仅是美国的哈佛,更是世界的哈佛"的雄心壮志。①

二、价值理念

20世纪是美国的世纪,同样是哈佛的世纪。作为一所大学,哈佛旨在培养和造就国家和民族的精英。20世纪初以来,为适应国家走向世界的政治利益,哈佛大学从"全球的视角"出发,培养为复杂多变的全球化世界做好准备的国际化人才。

(一) 全球视野

哈佛大学的每所学院都将全球视野整合到其课程教学和研究议程之中。前任校长德鲁·福斯特(Drew Faust)认为:"我们将加强哈佛的全球影响力,并将全球视角融入哈佛的研究和教学之中。"② 哈佛学院为本科生提供了覆盖众多学科的广泛教育,并为本科生提供机会追求全球视角下的研究和教育兴趣。在哈佛大学校园内,有50多个国际研究中心和研究计划,涉及多个领域和区域。哈佛大学还提供至少80多种教学语言的课程,包括使用人数较少的古拉语和林加拉语等语种。《哈佛大学全球参与概述:同一个哈佛,同一个世界》报告指出,"哈佛大学的许多学术部门都有固有的国际使命,例如哈佛大

---

① 白强:"危机·转机·生机:哈佛大学改革轨迹探究(1869—2001)",南京大学博士学位论文,2016年,第140页。
② Strong, Ned, "Internationalization at Harvard", *Higher Learning Research Communications*, Vol. 3, No. 2, 2013.

学公共卫生学院的全球卫生与人口、文理学院的东亚语言与文明"①。哈佛大学的全球视野不仅体现在课程教学和研究议程中，还体现在哈佛大学的国际化氛围之中。哈佛大学将自身定位为"国际化的社区"，据统计，24%的哈佛大学学生是国际学生；哈佛大学的学生、学者和校友来自180多个国家；至少5000名国际学者在哈佛大学任教，比美国其他任何大学都要多；来自193个国家和地区的600多万学习者可以通过哈佛大学的在线学习平台HarvardX学习哈佛课程；至少69,000名哈佛校友遍布全球。② 哈佛大学的全球视野一定程度体现出哈佛大学在学术知识、研究和领导力等方面对世界各地的影响。通过将全球视野与学校的课程教学、学术研究和校园氛围等因素进行融合，哈佛成功地培养出具有全球视野的国际化人才，实现了其提出的"哈佛中的世界"（the World at Harvard）的目标。③

（二）全球影响力和全球竞争力

哈佛大学遍布全球的专家学者、研究人员和领导者所做的贡献，不管是解决公共卫生问题还是冲突问题，都已经超越了国界，让哈佛大学与世界各地联系起来。哈佛大学继续教育学院将大学的教学扩展到世界每个角落、每种类型的成人学习者。哈佛大学设计研究生院旨在培养能创造美好、互相联通世界的学生；哈佛神学院的目标是建立一个可以让人们跨越宗教和文化鸿沟的世界；哈佛教育学院的学位课

---

① Harvard University, *Harvard University Global Engagement: An Overview*, Massachusetts: Office of the Vice Provost for International Affairs Harvard University, 2020, p. 2.
② Harvard University, "Global Engagement", (06 March 2021), https://www.harvard.edu/about-harvard/harvard-in-the-world/.
③ Harvard University, "Harvard Worldwide", (06 March 2021), https://worldwide.harvard.edu/world-harvard.

程为希望了解全球教育面临的主要挑战和解决方案的学生和学者提供了机会；哈佛大学工程与应用科学学院为学生提供应对21世纪全球工程挑战所需要的手段和经验；哈佛肯尼迪政治学院旨在培养改进世界发展方式的公职人员，培养学生解决世界棘手问题的能力。

哈佛大学在全球（美国之外）有超过20个办事处和中心，这些办事处和中心是哈佛大学实现全球使命的重要推动力。它们将哈佛大学的教师和学生与所在地的学术机构、政府组织、企业和社区联系起来。[1] 理查德·布瑞德利（Richard Bradley）在其专著《哈佛，谁说了算》中也指出："时任校长劳伦斯·萨默斯（Lawrence Summers）将领导一个或许是全球最伟大的智力集团，而且这个智力集团的背后有着一个全球最强大的品牌在支持着他们。就像一个拥有许多国外子公司的企业一样，哈佛大学的基地遍布全球——它在亚洲、欧洲和南美以及中东都有办事机构并与这些地区的大学联合办学。"[2] 以哈佛大学中东研究中心突尼斯办事处为例，该办事处的任务是为哈佛大学的学生在中东开展研究提供实践基地，并建立和加强他们与突尼斯、北非和中东学术界的联系和合作机会。[3] 哈佛大学的学生在该办事处期间可以通过亲身体验当地的文化、社会、政治和语言，加深学生对当地的深入了解，从而获得研究的第一手资料，有助于拓宽学生的视野并强化他们跨文化交流的能力，丰富跨文化的社交情感体验。该办事处只是哈佛大学实现全球使命和展现全球影响力的一个缩影，哈佛大学通过让学生走向世界，亲身经历真正了解世界，在这过程中增强对多元文化的理解包容、增加

---

[1] Harvard University, "Locations Abroad", (06 March 2021), http://worldwide.harvard.edu/harvard-world.

[2] 理查德·布瑞德利：《哈佛，谁说了算》，梁志坚译，北京大学出版社2014年版，第131页。

[3] CMES Tunisia Office, "About", (06 March 2021), https://cmestunisia.fas.harvard.edu/about.

跨文化的沟通交流、提高所在地语言的学习和使用等能力,将哈佛大学的学生培养成具有全球影响力和全球竞争力的国际化人才,实现哈佛大学所提出的"世界中的哈佛"(Harvard in the World)的愿景。①

(三) 未来全球领导者

哈佛大学前校长劳伦斯·巴考(Lawrence Bacow)指出:"哈佛致力于教学、学习和研究方面的卓越成就,并致力于培养能够在世界上产生积极影响的各个学科的领导者。"② 哈佛大学的本科生院——哈佛学院的人才培养使命是培养社会的公民和公民领袖,"学生应了解自己的天赋和才能,评估自己的兴趣和价值,并学习如何为世界服务"③。哈佛大学也将培养全球领导者作为国际化人才培养的目标:哈佛学院将培养未来领导者的使命贯穿于整个哈佛校园的教学科研等体系之中,激励着哈佛学院的师生为建立一个更加公正、公平和有希望的世界而努力。④ 对此,哈佛宣称:"自1636年成立以来,哈佛学院在过去几个世纪发生了翻天覆地的变化,但一直是世界上最雄心勃勃学者和领导者的'避风港'。"⑤ 哈佛商学院提出了人才培养的使命——"我们培养在世界上有所作为的领导者",该学院认为世界上许多最具挑战性的问题需要人才具有全球视野,世界迫切需要更多的

---

① Harvard University, "Harvard in the World", (06 March 2021), https://worldwide.harvard.edu/harvard-world.
② Harvard University, "Office of the President", (02 March 2021), https://www.harvard.edu/president/.
③ Harvard College, "About: Mission, Vision & History", (06 March 2021), https://college.harvard.edu/about/mission-vision-history.
④ Harvard College, "The Transformative Power of a Liberal Arts and Sciences Education", (06 March 2021), https://college.harvard.edu/about/mission-vision-history.
⑤ Harvard College, "About: Mission, Vision & History", (06 March 2021), https://college.harvard.edu/about/mission-vision-history.

领导者来解决这些最紧迫和最具挑战性的问题。① 哈佛教育研究生院也提出"通过硕士学位、博士学位和专业教育计划,培养创新型领导者。在将近100年的时间里,哈佛教育研究生院已经将许多才华横溢、充满激情的人培养成具有变革性的教育领导者"②。事实上,哈佛大学所有学院在人才培养目标和人才培养使命中均提到了将学生培养成各领域的未来全球领导者,类似的案例不胜枚举。国际化人才培养作为哈佛大学人才培养的重要组成部分,理应与哈佛大学培养未来全球领导者的人才培养目标保持一致。因而,哈佛大学将培养未来全球领导者作为国际化人才培养的理念和目标。

综上所述,哈佛大学国际化人才培养的价值观和理念是:培养具有全球视野、全球影响力、全球竞争力和成为未来全球领导者的国际化人才。哈佛大学在国际化人才培养的进程中,推进知识生产前进的步伐,从而更好地为人类服务,通过"让哈佛走向世界,让世界走向哈佛"(bringing Harvard to the World, and bring the World to Harvard)实现哈佛大学所提出的"同一个哈佛,同一个世界"(One Harvard, One World)的宏伟目标③。

三、模型框架

在哈佛大学的国际化人才培养过程中,政府和社会发挥了不容忽

---

① Harvard Business School, "About", (06 March 2021), https://www.hbs.edu/about/Pages/mission.aspx.
② Harvard Graduate School of Education, "Overview", (06 March 2021), https://www.gse.harvard.edu/about.
③ Harvard Worldwide, "One Harvard, One World", (06 March 2021), http://worldwide.harvard.edu/.

视的作用，政府、社会、哈佛大学（内部机构）构成了哈佛大学国际化人才培养的模型框架。哈佛大学在国际化人才培养中离不开政府的资源支持；国际化人才的培养过程中，也能随时见到社会组织的身影。哈佛大学的内部机构则为其培养国际化人才提供了核心支撑。

（一）政府与哈佛

哈佛大学自创建以来，其发展始终与国家的命运紧密相连。1837年，哈佛毕业生爱默生发表的著作《美国学者》(*The American Scholar*)提倡美国学者研究美国问题，在确立美国国家主体意识的同时，也成了美国本土文化兴起的开端。① 进入20世纪特别是二战结束以后，哈佛大学与国家的这种联系变得愈发紧密。二战改变了德国甚至整个欧洲，却成就了美国，也造就了一个面向世界、服务社会、"精英化"的新哈佛。哈佛的这种变化最集中体现为：哈佛办学的理念、使命与目标，前所未有地与同时期美国整个国家的需要、利益和发展战略更加紧密地联系在一起。② 二战结束以后，哈佛大学与联邦政府的"联姻"，让哈佛大学走向了国家权力的中心，有人将哈佛大学视为肯尼迪政府的"第四部门"，哈佛的校长（President）也似乎越来越等同于美国的总统（President）。与联邦政府的亲密联盟，也让哈佛大学获得了国际化人才培养所需要的资源和支持。为响应联邦政府的号召，一批区域研究中心在哈佛大学成立，如1954年成立的中东研究中心、1955年成立的东亚研究中心、1958年成立的国际事务中心等。在联邦政府的巨额资金支持下，哈佛大学的这些研究中心对全球热点

---

① 林玉体：《哈佛大学史》，高等教育文化事业有限公司2002年版，第137—140页。
② 张伟：《卓越的背后：美国大学研究》，当代中国出版社2013年版，第44页。

地区进行了富有价值的研究,俨然成为政府部门的延伸。在联邦政府的支持下,哈佛大学发展成了一所最具盛名的世界性大学。

(二) 社会与哈佛

哈佛大学在300多年的发展历程中,自始至终都孕育着社会的基因。殖民地时期的哈佛大学是由宗教组织成立的,哈佛大学的前身——哈佛学院成立及其早期发展时期被公理会所控制,具有浓厚的宗教色彩。哈佛大学培养国际化人才的最终目的主要是培养教会神职人员,1642—1689年,哈佛大学的毕业生有接近一半担任教会职务。19世纪初至20世纪初,哈佛大学在美国建立之后将自身打造成为"美国国家大学",国际化人才培养的视野从以往殖民地的小区域上升到整个美国的国家层面。与美国国家实力和国际影响力发展同步,哈佛大学从20世纪初到21世纪初,从"美国国家大学"成为"世界一流大学",影响力从全国扩大到全世界,国际化人才的培养成为哈佛大学在20世纪初以来建设世界一流大学的重要组成部分。

20世纪初以来,以美国大学协会为代表的社会组织为哈佛大学培养国际化人才提供了国际合作交流的平台和框架,同时,美国大学协会、美国教育理事会等社会组织也为哈佛大学培养国际化人才提供理念参考与借鉴,例如全球胜任力(global competence)的理念。[①] 此外,在哈佛大学的发展过程中,私人基金会等社会组织对哈佛大学的捐赠展现出了其重要作用,从这种渠道得到的大量社会捐赠收入已经成为哈佛大学最重要的营业收入——截至2020年6月30日,哈佛大

---

① AAU. U. S. ,"Global Competence Briefing: Program and Bullet Points",(25 March 2021),https://www.aau.edu/us-global-competence-briefing-program-and-bullet-points.

学的社会捐赠收入为 20 亿美元，占该年哈佛总营业收入的 1/3 以上。① 基金会组织所提供的社会捐赠对哈佛大学的发展有着重要意义，这些社会捐赠可以用于支持哈佛大学的教学和研究使命，也包括哈佛大学的国际化人才培养。二战后，在基金会等慈善法人团体的大力资助下，哈佛大学创办了数量众多的区域和国际研究中心，如在卡内基基金会的支持下，哈佛大学于 1948 年创建了跨学科的俄罗斯研究中心；20 世纪 90 年代，俄罗斯研究中心在戴维斯家族的支持下改名为戴维斯俄罗斯与欧亚研究中心。同时，基金会也为哈佛大学国际化的科学研究提供经费，资助金额较多的基金会有福特基金会等。此外，哈佛大学还与外国公司开展积极的国际合作，丰富了哈佛大学经费的国际化来源。②

（三）哈佛内部的机构

哈佛大学在学校层面的国际化人才培养支持机构主要有哈佛国际办公室、国际事务副教务长办公室、全球支持服务中心。

哈佛国际办公室是哈佛大学内部为国际学生和国际学者提供服务的管理中心，以解决他们到哈佛之时和在哈佛期间所遇到的困难。这些服务包括财务问题、签证问题、文化差异、社区资源共享。与此同时，还为国际学生提供了"哈佛大学国际学生寄宿计划"，自 1962 年以来，该计划为从未在美国居住过的国际学生与波士顿地区的居民提

---

① Harvard University, "Financial Administration", (25 March 2021), https://finance.harvard.edu/endowment%20.
② 张伟：《卓越的背后：美国大学研究》，当代中国出版社 2013 年版，第 149—150 页。

供建立友谊的机会。① 哈佛国际办公室成立于 1944 年，旨在满足欧洲和亚洲大学因为二战关闭而导致的国际学生赴美留学的日益增长需求，最初 250 名来自海外的学生到哈佛大学以后，哈佛国际办公室为他们能更好地遵守美国政府的相关规定提供协助和建议。自成立以来，尽管哈佛大学的国际学生和国际学者已经超过了 10,000 名，但哈佛国际办公室的使命从未改变过，始终扮演着国际学生、国际学者与美国政府机构之间"联络人"的角色。多年以来，哈佛国际办公室在政府机构与立法者就国际学生和国际学者宣传方面发挥了越来越重要的作用。②

国际事务副教务长办公室的任务是支持和鼓励哈佛大学学生和教职员工的工作，让哈佛走向世界，让世界融入哈佛。国际事务副教务长办公室通过以下举措促进哈佛的全球参与：（1）与国际合作伙伴签订谈判协议，为哈佛师生提供新的教学和研究机会，让更多国际学生、教职员工和博士后研究员到哈佛大学学习和工作；（2）支持哈佛大学全球研究中心和海外办事处的工作；（3）管理跨越多个哈佛学院的国际活动；（4）举办与哈佛全球工作相关的活动，例如"哈佛全球周"和"哈佛海外留学"，并出版有关哈佛国际活动的材料；（5）公开介绍哈佛的全球工作；（6）与哈佛全球校友会晤，接待来访代表团。与此同时，国际事务副教务长办公室通过以下举措来监督哈佛大学的全球参与：第一，确保哈佛大学的全球活动与大学的教学、研究使命和大学政策相一致；第二，管理大学的国际项目和站点委员会；

---

① Harvard International Office, "About Us: Mission", (06 March 2021), https://hio.harvard.edu/about-us.

② Harvard International Office, "About Us: History", (06 March 2021), https://hio.harvard.edu/about-us.

第三,通过副教务长的评论审查国际研究建议;第四,与其他哈佛行政办公室合作,审查国际中心。①

哈佛全球支持服务中心(Harvard Global Support Services)是支持和帮助学生和教师完成国际项目和进行国际旅行的机构。国际旅行应与在哈佛所从事的学术工作或专业工作活动相关,包括出国留学、参加会议、学术研究、志愿者工作或实习等。哈佛全球支持服务中心对学生和教师国际旅行、国际学习、国际研究和海外管理项目的各种事项(例如安全性、雇佣关系、预算、海关入境审查)进行审查、支持和指导(见表4-1)。具体而言:第一,哈佛全球支持服务中心根据最新国际形势和其他国家的风俗习惯等为学生的国际旅行提供了具体的建议。第二,哈佛全球支持服务中心为学生的国际旅行提供了资源清单,包括旅行资源清单和项目管理资源清单。第三,哈佛全球支持服务中心为学生的国际旅行和国际活动提供咨询服务。第四,哈佛全球支持服务中心为学生的国际旅行提供了"旅行工具"服务。全球支持服务中心为学生和教职员工出国进行国际旅行,开展国际学习和国际研究所提供的服务全面、深入且细致,体现了以人为本,且照顾到了女性群体和性少数群体,极大保障了学生和教职员工的国际学习和国际研究工作。正如哈佛在其官网所说,"对他人尊严的尊重(respect for the dignity of others)是哈佛的核心价值观"②。

---

① Harvard Worldwide, "Office of the Vice Provost for International Affairs", (06 March 2021), https://worldwide. harvard. edu/administrative-support.

② Harvard Global Support Services, "Graduate Student Travel Policy", (02 February 2021), https://www. globalsupport. harvard. edu/travel-tools/forms-policies/graduate-professional-student.

表 4-1　哈佛大学全球支持服务中心的支持方式和支持内容

支持方式	支持内容和范围
提供具体建议	全球运营：英国脱欧对哈佛旅行者和项目的影响； 健康：新冠疫情期间禁止所有与大学学术有关的国际旅行； 安全保障：带药旅行提示，旅途中常见骗局，保守国家应该穿的衣服，内乱国家的旅行建议和计划，国外的货币和银行选择，等等 数据和设备：国际旅行使用的移动应用，电子设备被要求访问，保护数据隐私，等等 签证与移民：不同国家的签证与护照要求
提供资源清单	旅游资源清单：包括不同国家特定信息、伤残服务、使馆和领事馆、紧急信息、女性旅行者、健康、健康保险、天气、世界标准等 项目管理资源：腐败、文化礼节、就业机会、出口，进口和制裁、金融、安全指数等
提供咨询服务	国际活动审查、项目审批流程、预算编制、合约与协议、就业机会、保险、信息技术和数据安全、付款和银行、出境等
提供"旅行工具"	（疫情）风险等级、注册国际旅行、国际 SOS 紧急应变计划、出发前说明和咨询、性少数群体指导、性侵犯支持、签证和护照服务、学生出发前要求、学生旅行政策

资料来源：Harvard Global Support Services, "Home",（02 February 2021），https://www. globalsupport. harvard. edu/about。

哈佛大学在院系层面的国际化人才培养支持机构主要有国际教育办公室和哈佛大学文理学院国际事务办公室等。

国际教育办公室为哈佛学院的本科生提供了变革性的国际经验。针对国际学生，国际教育办公室在哈佛学院为国际学生的学术、联课活动（课外活动）提供建议和支持。通过与哈佛大学校园内的其他办公室合作，国际教育办公室推进各部门的联系让国际学生可以使用哈佛大学提供的各种资源。针对在校学生，国际教育办公室为有兴趣出国留学一个学年、一个学期或一个暑假的学生提供建议和支持，并且出国留学已经成为哈佛学习经历的重要补充课程。通过提出具有针对性的建议，国际教育办公室帮助学生完成了课程选择、学术计划、学分评估和学术转移。在出国留学之前和在国外留学期间，国际教育办公室全力关注学生的健康、安全等需求，以确保学生有成功的国际体验。①

哈佛大学文理学院国际事务办公室代表着文理学院的国际利益。国际事务办公室的核心使命包括资助本科生和研究生增强其国际经验；扩大非美国机构的教师或职员与哈佛大学的现有合作关系；鼓励哈佛校友支持在校生的国际经验。②

四、实践规范

哈佛大学国际化人才培养的实践规范包括了以下方面：一、专业能力为国际化人才培养打下扎实基础；二、学生和教师的国际经验为培养具有国际视野的国际化人才提供了可能；三、国际性的知识增强了国际化人才的国际能力；四、国际化的氛围为国际化人才培养营造了良好环境。

(一) 专业能力

为了培养学生的专业能力，哈佛大学主要从课程和教学等方面采取了相应的举措。课程方面，为了培养有教养的人，哈佛大学于1979年进行了注重通识教育的课程改革发展，囊括三种课程的体系，

---

① Harvard University, "Office of International Education", (07 March 2021), https://oie.fas.harvard.edu/.
② Harvard University, "Faculty of Arts and Sciences Office of International Affairs", (07 March 2021), https://international.fas.harvard.edu/.

一是选修课程，二是专业课程，三是核心课程。① 2009年，该校基于通识教育课程再次实施了改革，改革发展目标放在提高学生自身独立的判断鉴别能力，根本动因和最终目标是让他们不仅可以全方位地认识美国社会，同时也可以感知世界价值的多元化，为其今后融入多元文明奠定基础。② 为实现这一目标，哈佛大学将批判性思维和能力的培养贯穿于所有课程之中。教学方面，哈佛大学将案例教学法（case study）和研讨课（seminar）作为主要的教学方法，并运用于学校不同学院的专业课程教学之中。哈佛大学认为，案例教学法除了可以培养学生扎实的专业功底之外，还可以培养学生的强大心理素质、敏锐的洞察能力、严谨的逻辑思维能力；在研讨课上，学生可以与资深教授进行密切沟通，从而培养批判性思维。培养制度方面，哈佛大学实行住宿制和导师制。学校将住宿制作为必修课程、选修课程之外的第三课程，从而更彻底全面落实培养"完人"的目标。③ 在导师制中，导师在为学生提供专业指导的同时，还将对学生的价值观念和学习态度等很多方面形成潜移默化的影响。综合来看，哈佛大学对学生专业能力的培养采用了"完人"的教育思路，不仅注重对学生专业知识的培养，还注重对学生解决问题能力和批判思考能力的培养。

（二）学生的国际经验

哈佛大学为学生提供了海外留学的机会。哈佛大学商学院的

---

① 刘宝存："哈佛大学办学理念探析"，《外国教育研究》2003年第1期。
② 程永林、刘毅强："哈佛大学的人才培养战略研究：经验与借鉴"，《广东外语外贸大学学报》2013年第24期。
③ 旋天颖、杨程："美国顶尖大学本科人才培养：理念、制度及借鉴"，《大学教育科学》2014年第4期。

"领导力发展领域浸入式体验"(Field Immersion Experiences for Leadership Development, FIELD)课程在第一学年结束的时候,会将所有企业管理硕士(MBA)学生带到新兴市场国家,以提供身临其境的体验,该课程要求学生必须为全球合作伙伴公司开发新产品或提供新的服务概念。该课程实施后的第一年,有超过900名MBA学生前往10个国家和地区的公司所在地进行为期一周的沉浸式学习。① 哈佛牙科医学院为学生提供波士顿和全球各地的各种公共卫生机会——从与马萨诸塞州剑桥市的剑桥牙医协会合作,为全球生活水平低下的人群提供牙医保健,再到在国际社会中追求国际卫生机会。哈佛大学设计研究生院将"全球学习"和"全球实践"作为人才培养的核心,在学生进行常规学习的同时,该院系的"国外工作室"计划为学生提供了与美国以外设计公司的从业者进行合作的机会。哈佛神学院则利用其在全球宗教研究中的主要资源来扩展学生对世界宗教的理解。

  哈佛学院的暑期学校(Summer School)最能体现哈佛将海外学习纳入学校的课程体系之中。暑期学校每年在海外提供20多种课程,课程为期五周到九周,为学生提供了一系列的学术经验和机会,让学生能到美国之外的特定国家和地区对人类学、考古学、外语、文化、人文与社会科学、自然科学等学科的课程进行"沉浸式"学习。如表4-2所示,哈佛学院的暑期学校课程针对学科特点,在不同的国家和地区设置了不同的课程。②

---

① Harvard Business School, "The Field Method Bridging the Knowing-Doing Gap", (04 February 2021), https://www.hbs.edu/mba/academic-experience/Pages/the-field-method.aspx.
② Harvard Summer School, "Find a Program", (05 February 2021), https://www.summer.harvard.edu/study-abroad-programs.

表4-2 哈佛学院暑期学校的"沉浸式"学习课程

学科名称	"沉浸式"课程学习的地点
人类学/考古学	斯堪的纳维亚半岛
外语和文化	法国普罗旺斯地区艾克斯、中国北京、德国柏林和奥地利维也纳、阿根廷布宜诺斯艾利斯、坦桑尼亚达累斯萨拉姆、西班牙马德里、法国巴黎、捷克布拉格、智利圣地亚哥、韩国首尔、格鲁吉亚第比利斯
人文与社会科学	塞内加尔达喀尔、中国香港、日本京都、意大利米兰和锡耶纳、希腊纳夫普利翁和萨诺妮卡、斯堪的纳维亚半岛、韩国首尔、意大利威尼斯
自然科学	英国牛津、法国巴黎

资料来源：Harvard Summer School, "Study Abroad Programs", (25 March 2021), https://summer.harvard.edu/study-abroad-programs/。

　　以在日本京都的人文与社会科学课程为例，该课程把京都作为学生追求文化参与和历史探究的教室，学生可以在八周时间内在京都进行探索。通过对包括京都在内的关西地区主要历史文化遗址的实地考察，可以促进学生与课程内容进行文化性和批判性的互动。在京都的暑期学校课程又被分成两个学期的学位学分课程。第一个学期的课程主题是"东亚宗教：传统与变革"，该课程旨在介绍东亚宗教，涵盖跨文化背景下佛教、道教、儒教、神道教和其他各种宗教的发展和历史。由于暑期学校的所在地就是京都，所以该课程将授课内容与关西地区的特定寺庙、神社和其他文化遗址联系起来，从而为学生提供历史感和对当代日本宗教信仰的亲身体验。第二个学期的课程主题是"东亚和欧洲的医学与身体"，该课程利用在日本的授课优势，对东亚和西方医学中传统身体观念之间的相似性展开比较和历史探索。①

---

① Harvard Summer School, "Harvard Summer Program in Kyoto, Japan", (05 February 2021), https://www.summer.harvard.edu/study-abroad/kyoto-japan.

除课程外，哈佛大学也为学生提供了海外实习的机会，学生可以在海外实习的过程中获得国际经验，拓宽国际视野。目前，哈佛大学的实习计划一共有 14 个，如表 4-3 所示。

表 4-3　哈佛大学实习国家、地区、组织和实习项目

实习国家、地区、组织	实习项目
南非、瑞士	全球卫生，主任实习计划（IPO）
日本	哈佛大学日本暑期实习计划
中国	哈佛中国学生实习计划
韩国	韩国大学暑期实习计划（哈佛大学韩国暑期实习计划）
俄罗斯、东欧、中亚	俄罗斯和欧亚研究戴维斯中心在俄罗斯、东欧或中亚的暑期实习
欧洲	欧洲研究中心在欧洲的夏季实习
希腊	希腊研究中心在希腊的实习
英国	在剑桥大学的暑期实习
任何海外的专业组织（包括营利和非营利部门）	魏斯曼国际实习计划
—	哈佛大学法学院冬季国际旅行
国际组织	国际组织的暑期人权实习
—	卡尔人权政策中心的人权暑期实习
—	主任的国际实习计划（IOP）
实习国家、地区、组织	实习项目
阿根廷、巴西、智利、墨西哥	暑期实习计划（DRCLAS）

资料来源：Harvard Worldwide,"Search Worldwide Activities",（25 March 2021），http://worldwide.harvard.edu/search/all。

哈佛大学还为学生提供了在海外进行研究的机会。学校在全球各地有超过 20 个海外研究中心和办事处（如表 4-5 所示），这些海外研

究中心和办事处为哈佛大学的学生在海外开展研究提供了全方位的支持。具体来说,非洲研究中心非洲办事处支持学生的跨学科研究,以扩大对非洲的了解;希腊研究中心将哈佛的学术资源带到希腊,为学生从事希腊及其文明的研究提供支持;中东研究中心突尼斯办事处接待并支持哈佛大学的学生对中东地区进行研究;大卫·洛克菲勒研究中心巴西办事处采取各种举措推进哈佛大学学生的研究工作;上海哈佛中心为学生提供了各种各样的活动;拉克什米·米塔尔南亚研究所印度办事处在德里为学生的研究计划提供支持;等等。在这些海外研究中心的支持下,哈佛大学的学生可以结合自己的研究旨趣,到相应的国家,通过亲身体验获得原汁原味的第一手研究资料。

哈佛大学有着丰富多元的资金渠道,用以支持学生的国际经验(如表4-4所示)。哈佛大学为研究生的国际研究和语言学习提供了暑期奖学金。以哈佛大学文理研究生院为例,该院为博士研究生提供了"研究生会夏季学位论文奖学金"和"暑期学校学费奖学金"。其中,"研究生会夏季学位论文奖学金"面向人文社科领域优秀的博士研究生,资助他们进行语言学习、学位论文的初步研究和田野调查。"暑期学校学费奖学金"资助博士研究生在哈佛暑期学校的语言学习,旨在让博士研究生更好地应对学院的外语考试,以及满足学位论文所需的语言要求。除了哈佛大学文理研究生院,其他研究中心为了支持研究生的国际研究和语言学习,也提供了暑期奖学金。

表4-4 哈佛大学对学生国际经验的经费资助

资助奖学金	资助主题和内容
亚洲中心研究生暑期研究资助	比较研究东亚、南亚、东南亚的国家和地区,探讨亚洲国家之间的关系

(续表)

资助奖学金	资助主题和内容
亚洲中心研究生暑期语言助学金	东亚、南亚、东南亚的语言学习；优先考虑为完成学位论文所需的语言学习
亚洲中心学生会议出勤补助	比较研究东亚、南亚、东南亚的国家和地区，探讨亚洲国家之间的关系
非洲研究中心夏季研究生奖学金	非洲研究、非洲语言
犹太研究中心夏季研究生奖学金	犹太研究
查尔斯·沃伦美国历史研究中心夏季旅行补助金	美国历史的研究
大卫·洛克菲勒拉丁美洲研究中心夏季旅行补助金	拉丁美洲的研究、实习和教育机会
戴维斯俄罗斯和欧亚研究中心研究生研究和旅行补助金	俄罗斯和东欧的研究
费正清中心夏季汉语研究生奖学金	汉语学习
费正清中心暑期研究生研究补助金	中国大陆和中国台湾的研究
韩国大学研究生暑期研究补助金	韩国研究
韩国大学夏季语言学习补助金	韩国研究、韩语学习
埃德温·赖肖尔日本研究所暑期语言学习研究生奖学金	日语学习
埃德温·赖肖尔日本研究所暑期研究生奖学金	日语学习、日本研究
南亚研究所夏季研究资助	进行南亚的研究、语言学习或田野调查
韦瑟黑德国际事务中心加拿大项目论文研究与写作奖学金	加拿大研究
韦瑟黑德国际事务中心论文研究和语言研究补助金	美国之外特定国家和区域的研究，包括重要的国际问题、跨国问题、全球问题的政策分析
詹森·奥布里·韦斯滕加德基金	欧洲、英国、南美的研究

资料来源：Harvard Worldwide, "Search Worldwide Activities", (25 March 2021), http://worldwide.harvard.edu/search/all。

由上表可以发现，哈佛大学对研究生国际研究的资助更多集中在区域研究领域或国别研究领域，对外语的资助主要集中在东亚和南亚语种，体现出东亚和南亚在哈佛大学推动学生国际经验中的重要地位。另外，哈佛大学对研究生国际研究和外语学习的资助基本上是由下属的研究中心和基金会来提供，针对特定区域、国别和语言，均有与之相对应的奖学金。不得不提的是，哈佛大学资助外语的目的除了所学专业是小语种的研究生到对应国家获得更多的学习机会之外，更重要的一个目的是研究生能将外语学习与学位论文研究结合起来，通过外语的学习深入了解自己所研究的国家和区域，从而更好地完成学位论文的写作。也正是在哈佛大学对国际研究和语言学习的资助之下，越来越多的哈佛学生可以到世界各地，真正实现"身临其境"，通过田野调查等研究方法，在对相关区域和国别的研究中获得具有变革意义的国际经验（transformative international experience）。例如，大卫·洛克菲勒拉丁美洲研究中心便资助研究生对巴西面临的主要城市挑战，以及拉丁美洲的社会或环境发展领域进行研究。

（三）教师的国际经验

哈佛大学在全球各大洲不同国家的主要城市，设立了诸多的海外研究中心，以及海外研究中心的办事处和海外项目。哈佛大学在海外的研究中心和办事处是哈佛大学履行全球使命的主要推动力，尽管它们之间的范围和规模相差很大，但相同的是都加强了哈佛大学的教师与当地的学术机构、政府组织、企业和社区的联系，也加强了这些国家和地区与哈佛大学的联系。

表 4-5　哈佛大学的海外研究中心(办事处、项目)

海外研究中心所在地	海外研究中心(办事处、项目)
阿根廷·布宜诺斯艾利斯	哈佛商学院拉丁美洲研究中心
巴西·圣保罗	大卫·洛克菲勒拉丁美洲研究中心墨西哥办事处
巴西·圣保罗	哈佛商学院拉丁美洲研究中心圣保罗办事处
博茨瓦纳·哈博罗内	博茨瓦纳哈佛艾滋病研究所
法国·巴黎	哈佛商学院欧洲研究中心
南非·约翰内斯堡	非洲研究中心非洲办事处
南非·约翰内斯堡	哈佛商学院非洲研究中心
日本·东京	哈佛商学院日本研究中心
坦桑尼亚·达累斯萨拉姆	非洲公共卫生学院
突尼斯·突尼斯市	中东研究中心突尼斯办事处
土耳其·萨蒂斯	萨蒂斯的考古探索
土耳其·伊斯坦布尔	哈佛商学院中东和北非研究中心
希腊·纳夫普利翁	希腊研究中心希腊办事处
意大利·佛罗伦萨	哈佛大学意大利文艺复兴研究中心
印度·德里	拉克希米·米塔尔南亚研究所印度办事处
印度·孟买	哈佛陈曾熙公共卫生学院孟买办事处
印度·孟买	哈佛商学院印度研究中心
英国·温布尔登	理查德·罗杰斯之家
智利·圣地亚哥	大卫·洛克菲勒拉丁美洲研究中心区域办事处
中国·上海	上海哈佛中心
中国·香港	哈佛商学院香港亚太研究中心

资料来源：Harvard Worldwide, "Harvard-World：Locations Abroad", (25 March 2021), http://worldwide.harvard.edu/harvard-world。

哈佛大学的海外研究中心和办事处为哈佛大学教师在美国之外的其他国家开展国际研究提供了平台和条件。以哈佛商学院为例，学院教师所撰写的案例研究中有50%以上集中于全球公司或全球主题，这意味着哈佛商学院的教师有更多的机会开展案例研究。与此同时，哈佛商学院在全球有9个研究中心：硅谷的加州研究中心（1997年成立）、香港的亚太研究中心（1999年成立）、布宜诺斯艾利斯的拉丁美洲研究中心（2000年成立）、孟买的印度研究中心（2006年成立）、哈佛大学上海中心（2010年成立）、伊斯坦布尔的中东和北非研究中心（2013年成立）、约翰内斯堡的非洲研究中心（2017年成立）和5个区域办事处——墨西哥城办事处、拉各斯办事处、特拉维夫办事处、迪拜办事处、新加坡办事处，这些研究中心和办事处均支持教师进行全球视野下的研究和案例写作，以及支持学生的国际体验和高管教育。哈佛商学院的国际研究有着悠久的历史，1910年，首批讲师之一的塞尔登·O. 马丁（Selden O. Martin）前往拉丁美洲进行研究。1983年，哈佛商学院的75周年研究座谈会涵盖了一系列全球主题，包括美国在世界经济中的竞争力、世界粮食政策问题以及全球产业竞争。1996年，通过支持和鼓励全球视角下的研究、学习和实践，哈佛商学院在继承全球参与的传统基础上形成了全球倡议。①

（四）国际性的知识：国际化课程和国际化研究

其一，国际化课程的教学语言。哈佛大学的课程教学语言达到了100多种，比世界任何其他大学都要多。学校在其官网中指出语言的重要性："在当今世界，无论是在国内还是在国外，我们都居住在一

---

① Harvard Business School, "Global: About", (02 March 2021), https://www.hbs.edu/global/about/Pages/default.aspx.

个语言多样化的社区，语言多样化让我们步履维艰。我们总想知道口音是哪个地方的，说话的人在说什么。"[1] 为应对这种局面，哈佛大学致力于为课程教学提供多语言的环境。学校认为，当今世界要求的跨文化能力包括了除英语能力之外，掌握其他语言的能力和文化理解的能力，哈佛大学致力于帮助学生掌握这种能力。如表4-6所示，哈佛大学仅在2020—2021学年所开设的语言课程中，课程教学的语言种类就达了90多种，且覆盖了世界主要的地区和主要的语系。哈佛大学的语言课程最突出特点在于，即便是使用人数不多的语言，如非洲的林加拉语等，和距今时间过久的语言课程，如亚兰语等，也均有开设相关课程。另外，哈佛大学的语言课程由不同的院系来开设，学生在学习语言的同时，还可以增进对区域历史和文化的了解。多语种的课程能让哈佛毕业生与几乎任何国家的人交流，较强的语言能力增强了哈佛毕业生在跨国企业和国际组织等多边组织中的影响力，通过语言的桥梁作用极大地扩大了美国在全球的影响力。

表4-6 哈佛大学2020—2021学年所提供的语言课程

授课的系所	所授的语言课程
非洲和非裔美国人研究系（非洲语言计划）	基库尤语、斯瓦希里语、阿坎语、约鲁巴语、非洲语言教程（南非、阿姆哈拉语、班巴拉语、本巴语、佛得角克里奥尔语、齐切瓦语、丁卡语、古拉语、海地克里奥尔语、哈桑尼亚语、豪萨语、伊比比奥语、伊博语、帕托阿语、刚果语、卢旺达语、克里奥尔语、林加拉语、乌干达语、马达加斯加语、奥罗莫语、塞斯瓦纳语、绍纳语、索马里语、苏丹阿拉伯语、提格里尼亚语、奇卢伯语、沃洛夫语、科萨语、祖鲁语）

---

[1] Harvard University, "Arts & Humanities Division", (02 February 2021), https://artsandhumanities.fas.harvard.edu/languages.

（续表）

授课的系所	所授的语言课程
凯尔特语言和文学系	现代爱尔兰语、旧爱尔兰语、现代威尔士语、中威尔士语、苏格兰盖尔语
古典文学系	拉丁语、古希腊语、现代希腊语
东亚语言和文明系	中文、日文、韩文、满文、蒙古文、维吾尔文、越南文
英语系	古英语
日耳曼语言和文学系	德语、瑞典语、丹麦语、芬兰语、挪威语
语言学系	美国手语、赫梯语、印欧语、旧教会斯拉夫语
近东语言和文明系	阿卡德语、阿拉伯语、亚兰语、亚美尼亚语、埃及语、希伯来语（古典和现代）、波斯语、苏美尔语、土耳其语、意第绪语
拉丁语言和文学系	加泰罗尼亚语、法语、意大利语、葡萄牙语、西班牙语
斯拉夫语言和文学系	捷克语、波兰语、俄语、乌克兰语课程；波斯尼亚语、克罗地亚语、塞尔维亚语语言教程
南亚研究系	印地语-乌尔都语、尼泊尔语、梵语、泰米尔语、泰语课程；印度尼西亚语、孟加拉语、缅甸语言教程

资料来源：Harvard University, "Arts & Humanities Division", (25 March 2021), https://artsandhumanities.fas.harvard.edu/languages。

其二，全球视野下的国际化课程。哈佛大学在学生学习和教师开展教学和研究的不同院系，实现对"国际主义"（internationalism）的承诺和追求。基于教职员工和学生的兴趣和目标，哈佛大学的下属学院以及拉德克利夫高等研究院（Radcliffe Institute for Advanced Study, RIAS）[①]采用各自的方式将"全球视野"（global perspective）整合到学

[①] 1999年，拉德克利夫学院全面整合进入哈佛大学，正式成为哈佛大学的拉德克利夫高等研究院。

院(研究院)的课程和研究议程之中。哈佛大学国际化课程的内容主要表现在以下几个方面。

一是哈佛大学将"国际视野"和"国际理念"融入所有课程之中,通过国际化的课程培养国际化人才。例如哈佛商学院将全球视野下的领导力研究融入该学院的教学和研究之中;哈佛大学工程与应用科学学院认为,它们的学位课程就其本质而言都是全球性的,为学生和学者提供了许多在国外从事学术工作的机会;哈佛肯尼迪政治学院将"全球视野"深深融入学院课程和各种学位课程之中。

二是哈佛大学专门开设了与国际化人才培养密切相关的学位课程和非学位课程。例如哈佛学院不仅开设让学生在关键研究领域拥有扎实基础的课程,还开设了其他国际化课程,如东亚语言和文明课程、斯拉夫语言和文学等课程;哈佛大学公共卫生学院的大多数学位课程都是全球性的,该学院提供了许多面向国际的学位课程和非学位课程,包括"全球健康和人口科学硕士课程""人道主义、伦理学、人权、营养和全球卫生的跨学科课程""全球卫生服务和全球传染病非学位课程";哈佛大学继续教育学院为学生提供了国际关系文科硕士学位课程,通过该课程可以让学生对全球问题提出批判性见解,并对影响民族国家和超国家组织之间的因素有深入的了解,该学位课程的主要学习目标包括:(1)了解诸如贫困、种族灭绝、武装冲突、恐怖主义、人权和环境等全球问题的观点和影响;(2)对政府、组织、企业、团体和个人之间进行国际互动的起源、过程和结果提出关键性的见解和分析;(3)掌握与区域型、全球与贸易型、经济和国际法相关的政府组织和非政府组织演变、运作和复杂性的知识。此外,哈佛大学继续教育学院还提供国际关系、国际安全、核威慑和世界宗教方面的研究生证书课程。

三是为了培养复合型、跨学科的国际化人才,哈佛大学内部不同学院之间,以及国外其他高等教育研究机构与哈佛大学共同开设联合学位(双学位)课程。以哈佛肯尼迪政治学院为例,哈佛商学院和肯尼迪政治学院联合开设了工商管理硕士学位课程或是其他的公共政策硕士课程,该学位课程旨在培养具有管理能力和创新公共政策制定能力的领导者,联合学位课程的毕业生将在企业、政府和非营利组织中发挥影响力,从而为社会福祉做出重大贡献。学生在完成联合学位课程之后,将能胜任政策专业知识领域和跨学科管理领域的工作。学生同时也能应对和处理公共部门、非营利部门和私营部门在合作时可能存在的复杂问题。哈佛法学院和肯尼迪政治学院联合开设了法学博士(Juris Doctor)学位课程和公共政策硕士(Master in Public Policy)或国际发展公共管理硕士学位课程。该联合学位课程支持对学生进行政府、公共政策和法律等领域的跨学科培养,为他们在公共服务领域担任领导职位做好准备。哈佛肯尼迪政治学院与瑞士日内瓦高级国际关系学院(The Graduate Institute of International and Development Studies)开设了职业中期公共管理硕士(Mid-Career Master in Public Administration, MC/MPA)学位课程和国际事务(Master in International Affairs)硕士或发展研究(Master in Development Studies)硕士学位课程。该类课程学生需要具有多年的工作经验,第一年在日内瓦高级国际关系学院就读,第二年在哈佛肯尼迪政治学院就读,课程结束的时候获得两个机构的硕士学位。

其三,国际化研究。哈佛大学在校园内设立研究中心促进对世界各个地区以及全球重要主题的跨学科研究和教育,其国际化研究主要分为五类:国际和区域研究,国别研究,全球(国际)主要问题研究,宗教、种族和族裔研究,专业学科领域的国际化研究。

一是国际和区域研究。哈佛大学的国际和区域研究主要由数目众多的国际和区域研究中心负责,这些研究中心包括了哈佛亚洲中心、非洲研究中心、中东研究中心、大卫·洛克菲勒拉丁美洲研究中心、欧洲研究中心、戴维斯俄罗斯和欧亚研究中心、拉克希米·米塔尔南亚研究所等等。

二是国别研究。哈佛大学的国别研究主要由国别研究所负责,如乌克兰研究所、赖肖尔日本研究所、韩国研究所、哈佛燕京学社、费正清中国研究中心、哈佛中国项目、哈佛中国基金、哈佛澳大利亚研究委员会、加拿大计划。

三是全球(国际)主要问题研究。哈佛大学全球主要问题研究由国际问题和国际事务为主题的研究中心和研究所负责,这些研究中心和研究所包括了韦瑟黑德国际事务中心、全球法律与政策研究所、哈佛全球健康研究所、哈佛人道主义倡议、哈佛陈曾熙艾滋病倡议、哈佛大学人口与发展研究中心、哈佛全球倡议组织、国际发展中心、卫生与全球环境中心、健康与人权中心、卡尔人权政策中心、贝尔弗科学与国际事务中心、哈佛大学全球研究所。

四是宗教、种族和族裔研究。这些研究主要由阿尔瓦利德伊斯兰研究计划、犹太研究中心、哈钦斯非裔和非裔美国人研究中心等中心负责。

五是专业学科领域的国际化研究。包括法学院的彼得里弗洛姆卫生法政策、生物技术和生物伦理学中心、法学院的东亚法律研究、哈佛大学环境中心、法学院的法律职业中心、肯尼迪政治学院的公共领导中心、发展中儿童中心、陈曾熙公共卫生学院的传染病动态中心、绿色建筑和城市中心、伯克曼·克莱因互联网与社会中心、工程学院的哈佛大学巴斯夫高级研究计划、肯尼迪政治学院的阿什民主治理与创新中心等等。

除了以上五类国际化研究,哈佛大学研究的国际化特征还表现在国际合作研究方面。如表4-7所示,哈佛大学国际研究合著的比例逐年上升,且一直高于美国的平均比例。

表4-7 哈佛大学国际研究合著的所占比例

学年	哈佛大学的比例(%)	美国的平均比例(%)
2000	23.7	18.0
2003	28.2	21.5
2006	29.7	22.8
2009	33.4	25.2
2012	38.2	27.5
2015	42.1	31.7
2018	46.0	35.4

资料来源:Harvard Worldwide,"Publications with International co-authors",(25 March 2021),https://oneworld.worldwide.harvard.edu/publications-with-international-co-authors/。

(五)国际化氛围

哈佛大学的国际化氛围体现在两个方面:一方面,多元文化背景和数量众多的国际学生和国际教师让哈佛大学成为"全球社区",另一方面,国际化的活动、组织和部门增强了哈佛大学的国际化氛围。

哈佛大学的国际教师占比38%,国际学生占比超过了23.8%。具体到不同院系,国际学生的占比各不相同(如表4-8所示)。高比例的国际学生和国际教师让哈佛大学的校园成为世界多元文化的大熔炉,在文化和思想的碰撞中,学生的跨文化沟通能力和对不同文化的包容与理解能力得到增强。

表 4-8　哈佛大学不同院系的国际学生比例

院系	国际学生比例
哈佛商学院	33%
哈佛学院	12%
哈佛继续教育学院	13%
哈佛大学设计研究生院	53%
哈佛神学院	14%
哈佛教育研究生院	20%
哈佛大学肯尼迪政治学院	45%
哈佛大学文理研究生院	33%
哈佛法学院	25%
哈佛医学院	19%
哈佛公共卫生学院	37%

资料来源：Harvard Worldwide, "International Students at Harvard", (25 March 2021), https://oneworld.worldwide.harvard.edu/international-students-at-harvard/。

哈佛大学的国际化活动和部门包括了"哈佛全球周"和"哈佛24小时"、国际性的讲座与对话、国际性的博物馆。

"哈佛全球周"展示了哈佛"全球参与"的广度和深度。在全球周期间，哈佛的学院、研究中心、系所和学生举办具有全球或国际主题的学术和文化活动。例如，2020年"哈佛全球周"于10月2日至9日举办，活动主题为"社会正义与人权""大流行与全球卫生""治理与民主领导"。如表4-9所示，通过活动内容可以看出哈佛大学通过融入"全球参与"增强学校的国际化氛围。

表 4-9　2020 年"哈佛全球周"的活动内容

日期	活动名称	活动形式	活动内容
10月2日（周五）	参与世界：哈佛"国际机会"博览会	信息会议/网络	展示哈佛国际中心和办事处提供的学习、实习、研究和服务机会
10月5日（周一）	发现智利：沙漠植物如何捕获大气中的水	讲座/小组	讨论如何为人类面临的日益严重的水危机提供可持续解决方案
10月5日（周一）	小组讨论："当代东亚的民间社会与政策倡导"	讲座/小组	有效的倡导：东亚环保主义者的经验
10月5日（周一）	亚马孙的未来、过去的教训	讲座/小组，信息会议/网络	探讨亚马孙的未来和历史
10月6日（周二）	发展实验室对新冠疫情的响应	讲座/小组	围绕新冠疫情及其潜在影响进行经济研究
10月6日（周二）	初等教育综合课程的准备	讲座/小组	讨论初等教育综合课程
10月6日（周二）	欧盟研讨会：欧洲的合法性危机	讲座/小组，信息会议/网络	—
薇薇安·施密特讨论新书《欧洲的合法性危机：欧元区的规则统治和数字统治》	"人权＝公共卫生"	讲座/小组讨论会	—
哈佛公共卫生学院院长米歇尔·威廉姆斯和联合国人权事务高级专员米歇尔·巴切莱特共同探讨人权和公共卫生	通过新冠疫情领导教育：维护受教育权	讲座/小组	哈佛教育研究生院费尔南多·雷默斯将介绍他对新冠疫情与教育的研究

(续表)

日期	活动名称	活动形式	活动内容
10月6日（周二）	国际喜剧之夜	表演	多语言、多文化背景的诺姆·舒斯特表演喜剧节目
10月7日（周三）	全球对新冠疫情的看法	讲座/小组	讨论世界各地为应对新冠疫情影响而采取的应对方式，包括各国正在进行的努力和全球社会所获得的经验教训
10月7日（周三）	穆斯林妇女创造新的未来：穆斯林家庭法中的正义运动	讲座/小组	重点介绍为穆斯林家庭法的平等改革而运动的穆斯林妇女激进主义者的声音，在政治和历史背景下讨论歧视性法律
10月7日（周三）	在困难时期重新思考政治歧视：新冠疫情期间的同性恋跨国团结	讲座/小组	在许多政府对新冠疫情下的同性恋"妖魔化"的背景下，致力于同性恋等性少数群体权利和社会运动的学者就"动荡时期"的行动主义、抵抗运动和跨国团结问题进行思考
10月8日（周四）	十年来：海地霍乱流行的教训	讲座/小组	讨论联合国应从霍乱流行中汲取什么教训，确保联合国对所服务的人民负责
10月8日（周四）	德国统一30年	讲座/小组	对国际关系史专家玛丽·埃里斯·萨罗特（Mary Elise Sarotte）的访谈

(续表)

日期	活动名称	活动形式	活动内容
10月8日（周四）	3804航班坠毁：失落的间谍、女儿的追求和石油游戏的致命政治	讲座/小组	对美国在中东唯一的间谍丹尼尔·丹尼特死因的探讨
10月8日（周四）	抵制美洲的警察暴力：第一线的母亲	讲座/小组	与来自美洲各地的母亲进行对话，这些母亲在警察暴力和国家暴力中失去了孩子，她们已经成为为正义和国家改革而斗争的活动家
10月8日（周四）	北方奴隶制和种族主义的持久遗产	讲座/小组	研究北方奴隶制的作用和影响，讨论路易斯·阿加西兹人类起源理论的影响，以及黑人废奴主义者如何回应科学种族主义
10月8日（周四）	多元化、包容性与归属感：亲和团体的社区空间	研讨会，社交，信息会议/网络	为亲和团体提供社区空间
10月8日（周四）	网络音乐：全球范围内的新兴音乐产业	讲座/小组表演	探讨音乐界对全球封锁的反应，讨论如何改变音乐产业，例如扩大在线普通用户在音乐中的作用
10月9日（周五）	与国际事务副教务长马克·埃利奥特交谈	讲座/小组，社交	讨论文理学院的历史

(续表)

日期	活动名称	活动形式	活动内容
10月9日（周五）	（电影讨论）封锁之后：关于经受全球疫情大流行的故事	讲座/小组，表演	通过《封锁之后》(After Lock Down)动画电影，展示2020年世界不同地方在新冠疫情流行中的个人故事
10月9日（周五）	教育的未来：全球之声——创建热情的社区	讲座/小组	在政治和疫情大流行所带来的孤立主义背景下，讨论教育青年人时个人归属与集体责任相互联系的挑战
10月9日（周五）	跨越文化鸿沟：美国和法国的素食主义比较	社交，信息会议/网络	探讨早期社会如何在主流人士之间"跨越文化鸿沟"，以及在全球文化融入当地社会环境中文化企业家精神的角色

资料来源：Harvard Worldwide, "Week Harvard 2020", (08 October 2020), https://worldwide.harvard.edu/worldwide-week-harvard-2020。

"哈佛全球周"有着最为显著的六个特点：一是活动主题所涉及的国家和地区广泛，范围涉及亚洲、欧洲以及美洲。二是活动主题所涉及的领域丰富，既有人文社科领域，如国际关系学、社会学、历史学、政治学、教育学、公共卫生等，又有艺术领域，如喜剧表演、音乐、电影等。三是活动主题所涉及的机构较多，既有校内的不同学院和研究中心等，往往一个讲座需要校内两个以上的不同机构合作来完成，又有校外美国和其他国家的机构。四是活动主题紧贴国际社会、国际政治形势，以及国内社会运动，如新冠疫情的全球大流行、美洲警察对黑人的暴力。五是活动主题所涉及的群体广泛，如穆斯林家庭的妇女、疫情流行下的少数群体、警察和国家暴力下的黑人。六是活动主题所邀请的嘉宾都是与主题密切相关的知名学者或者被研究的对象,且嘉宾大多来自不同院系、不同国家和地区。以10月7日"全球对新冠疫情的看法"活动为例,该活动除了邀请哈佛大学医学院院长乔治·Q.戴利(George Q. Daley)和哈佛大学公共卫生学院的梅根·默里(Megan Murray)之外,还邀请了来自中国广州医科大学的钟南山教授,和来自南非艾滋病研究计划中心的萨利姆·阿卜杜尔·卡利姆(Salim Abdool Karim),以及意大利圣拉斐尔科学研究所主任的法比奥·奇切里(Fabio Ciceri)。多元主题、多元文化、多元学科的讲座让哈佛大学的学生在学校内就能拓宽国际视野,训练国际思维和培养国际意识。

哈佛大学国际事务副教务长办公室还提出在2020年"哈佛全球周"期间举办独一无二、史无前例的活动——"哈佛24小时",即在10月7日和8日,通过广播连续24小时播放哈佛节目。"哈佛24小时"最大的特征是,无论白天还是黑夜,世界各地都在举办哈佛的教学、研究、学习和推广活动。活动时间囊括24小时全天候,活动范围涉及世界各地,活动内容也是"全球性"的,如表4-10所示。

表4-10 "哈佛24小时"的活动内容

活动时间 (美国剑桥 当地时间)	活动地点	活动主办机构	活动主题
9:00—9:30	美国·剑桥;加纳·阿克拉	国际事务副教务长办公室	世界哈佛:与劳伦斯·巴科校长的对话

(续表)

活动时间 (美国剑桥 当地时间)	活动地点	活动主办机构	活动主题
9:30—11:00	南非·约翰内斯堡;坦桑尼亚·达累斯萨拉姆	非洲研究中心非洲办事处、非洲公共卫生学院	"哈佛校友对南非的影响"和"哈佛对创立非洲公共卫生学院的贡献"
11:00—12:00	希腊·纳夫普利翁;美国·剑桥	希腊研究中心、欧洲研究与社会研究中心	21世纪的公民身份:跨时空的见解
12:00—13:00	突尼斯·突尼斯城	中东研究中心突尼斯办事处	在全球大流行中维持民主过渡:突尼斯的挑战和成就
13:00—14:00	希腊·纳夫普利翁;巴西·圣保罗	希腊研究中心希腊办事处、拉丁美洲研究中心巴西办事处	变革时期的表达渠道:遍布各大洲的音乐和舞蹈
14:00—14:15	博茨瓦纳·哈博罗内	博茨瓦纳哈佛合作组织	博茨瓦纳-哈佛艾滋病研究与教育伙伴关系
14:15—16:00	日本·东京	哈佛亚洲中心、非洲研究中心、中东研究中心等	目的地:世界—来自校园舒适区之外的学生故事
16:00—17:00	巴西·圣保罗	大卫·洛克菲勒拉丁美洲研究中心巴西办事处	亚马孙4.0:为亚马孙定义第三种方式
17:00—17:30	全球	哈佛大学	世界哈佛:与劳伦斯·巴科校长的对话
17:30—18:30	墨西哥·墨西哥城	大卫·洛克菲勒拉丁美洲研究中心墨西哥城办公室	改变游戏规则:墨西哥与21世纪的全球农业创新

（续表）

活动时间（美国剑桥当地时间）	活动地点	活动主办机构	活动主题
18:30—19:30	智利·圣地亚哥	大卫·洛克菲勒拉丁美洲研究中心智利办公室	我们一个人在宇宙吗？智利的巨型麦哲伦望远镜
19:30—20:30	意大利·佛罗伦萨	哈佛大学意大利文艺复兴研究中心	一次虚拟之旅
20:30—21:30	突尼斯·突尼斯城	中东研究中心突尼斯办事处、希腊研究中心	封锁后：关于遭受全球疫情大流行的简短故事
21:30—22:30	土耳其·伊斯坦布尔	哈佛商学院中东和北非研究中心	疫情大流行期间的哈佛商学院：学生和校友的故事
22:30—23:30	美国·剑桥	费正清中国研究中心、哈佛大学中国健康合作组织	新冠疫情和远程医疗：中国、印度和美国的经验
23:00—00:30	土耳其·萨蒂斯	萨蒂斯/哈佛美术馆	土耳其萨蒂斯考古探索的遗迹
0:30—1:00	全球	哈佛大学	世界哈佛：与劳伦斯·巴科校长的对话
1:00—2:00	印度·孟买	哈佛商学院印度研究中心、哈佛公共卫生学院印度中心、哈佛商业出版社、南亚研究所	南亚叙事者
2:00—3:00	南非·约翰内斯堡	哈佛商学院非洲研究中心	非洲研究中心介绍和新冠疫情网络研讨会：反思、挑战和展望

(续表)

活动时间 (美国剑桥 当地时间)	活动地点	活动主办机构	活动主题
3:00—4:00	土耳其·伊斯坦布尔	哈佛商学院中东和北非研究中心	疫情大流行期间的管理对话
4:00—5:00	法国·巴黎	哈佛商学院欧洲研究中心	60分钟：最新研究趋势和其他活动的高峰
5:00—5:30	美国·剑桥	哈佛大学牙科医学全球和社区卫生办公室	微笑遍及全球：哈佛大学牙科医学院整合研究与教育，打造更健康的世界
5:30—6:00	日本·东京	哈佛商学院日本研究中心	通过哈佛商学院受欢迎的课程介绍日本
6:00—7:00	阿根廷·布宜诺斯艾利斯	哈佛商学院拉丁美洲研究中心	哈佛商学院拉丁美洲研究中心：探索充满活力的地区20年
7:00—7:30	全球	哈佛大学	世界哈佛：与劳伦斯·巴科校长的对话
7:30—9:00	美国·剑桥	南亚研究所	赫鲁索的爱情河：世界主义与南亚传统的融合
9:00—10:30	美国·剑桥	戴维斯俄罗斯与欧亚研究中心谈判工作组	戴维斯俄罗斯和欧亚研究中心谈判工作队直播
10:30—11:30	中国·上海	上海哈佛中心	上海哈佛中心：第一个十年

资料来源：Harvard Worldwide, "24 Hours of Harvard", (08 October 2020), https://worldwide.harvard.edu/24hh-24-hours-harvard。

在国际性的学生组织方面,哈佛大学的学生已经建立和管理了数百个组织,为国际学生提供支持,或从事与全球重点关注主题相关的工作。这些国际性的学生组织既有学校层面的,如哈佛阿根廷学生会、哈佛阿拉伯学生会、哈佛墨西哥学生协会等,又有学院层面的,如哈佛文理研究生院韩国学会、哈佛商学院犹太学生协会、哈佛学院非洲学生协会等。[1]

至于国际性的讲座与对话,哈佛大学发动和鼓励学校的学者和学生,在校园内举办了以"国家与世界事务"为主题的对话、讲座和线上线下会议等,为学生和教师营造国际化的氛围。这些对话和讲座紧贴国际形势和美国的政治近况,让学生通过对话和讲座等形式能参与到国际事务和国家事务中去。哈佛大学在其官网中指出:"哈佛的教学和研究在世界上产生了影响,世界各地的学生和学者到哈佛以后对哈佛也产生了影响。对话和交流能体现出哈佛对世界的影响以及世界对哈佛的影响。"[2] 以 2020 年 11 月至 2021 年 1 月的对话主题为例,"国家主题"有"哈佛学者反思拜登总统面临的挑战""哈佛院长回顾疫情时代的教育转型""如何与孩子谈论国会暴动""国会暴动后如何保持公共场所开放且安全"等;"世界主题"有"拜登将为气候变化带来哪些改变""大流行后的新常态将是什么样"。[3]

国际性的博物馆同样具有重要意义——一座博物馆就是一所大学校。北大考古文博学院博物馆学教授宋向光说:"我赞成美国人说的一句话:伟大的大学有伟大的博物馆(the great university has its great

---

[1] Harvard University, "Student Organizations", (11 April 2021), https://worldwide.harvard.edu/world-harvard#student-organizations.

[2] Harvard University, "Stories", (11 April 2021), https://worldwide.harvard.edu/stories.

[3] Harvard University, "Stories", (11 April 2021), https://worldwide.harvard.edu/stories.

museum)。"① 不同于部分学校忽视了博物馆对国际化人才培养的重要性，哈佛大学充分发挥博物馆的媒介作用，通过收藏不同文明和不同时代的艺术品和文物，让学生与不同文明对话、与历史对话，在深化学生对全球不同文明认识的同时，致力于开阔学生的国际视野，培养学生的多元意识。哈佛大学的博物馆收藏了许多艺术品和文物，"这些艺术品和文物展示了跨越时空、穿越人类文明的才华、历史和遗产"。哈佛大学在校内一共有20个博物馆，如表4-11所示，共分为三类：文化类、科学类、数字馆藏类。哈佛大学通过博物馆传播多元文化，从而培养具有国际理解能力的国际化人才。以哈佛科学文化博物馆为例，该博物馆的使命是"支持和鼓励各种文化和观点，让学生认识到我们作为地球上的人和居民建立联系的多种方式。我们在各个方面相互约束和相互负责，共同为我们在社会上的行动承担起责任"②。

表4-11 哈佛大学的博物馆

类别	博物馆名称
文化类	哈佛美术馆、木匠视觉艺术中心、皮博迪考古与民族性博物馆、设计研究生院(展览馆)、哈佛大学古代近东博物馆
科学类	阿诺德植物园、历史科学仪器收藏、哈佛费舍尔森林博物馆(校外)、哈佛自然历史博物馆、哈佛科学文化博物馆、哈佛赫伯里亚博物馆、矿物地质博物馆、比较动物学博物馆、沃伦解剖博物馆
数字馆藏类	哈佛美术馆在线收藏、历史科学仪器收藏、动物学数据库、哈佛大学赫伯里亚博物馆、哈佛 metaLAB、皮博迪博物馆在线

资料来源：Harvard University,"Museums",(25 March 2021), https://www.harvard.edu/campus/museums/。

---

① 中国青年报："伟大的大学要有伟大的博物馆"，2014年5月20日，https://zqb.cyol.com/html/2014-05/20/nw.D110000zgqnb_20140520_1-09.htm。
② Harvard University,"Harvard Museums of Science & Culture",(11 April 2021), https://hmsc.harvard.edu/.

第二节　麻省理工学院

麻省理工学院历来都非常重视对国际化人才的培养，尤其在二战结束以后，更是将国际化教育和国际化人才培养作为麻省理工学院教育的重要组成部分。麻省理工学院的第 15 任校长查尔斯·维斯特（Charles M. Vest）在其专著《一流大学　卓越校长：麻省理工学院与研究型大学的作用》(*Pursuing the Endless Frontier: Essays on MIT and the Role of Research Universities*)中指出，麻省理工学院是一所国家大学，更是一所世界性大学。作为国家大学，麻省理工学院一直是美国工业创造和改进的推动力量，并在很大程度上得到了美国民众的资助，使得麻省理工学院从属并服务于美国。而作为国际大学，麻省理工学院为了更好地为美国服务，在更广泛的全球区域内积极参与活动，基础科学成为国际合作的典范。查尔斯·维斯特认为："在我看来，麻省理工学院应关注的是建立一系列项目来保证我们的学生受到教育，以便为他们作为整个世界的公民所需的充分负责的生活做好准备。现在是把国际背景与机会看作构成麻省理工学院教育必要组成部分的时候了。"①

---

① 查尔斯·维斯特：《一流大学　卓越校长：麻省理工学院与研究型大学的作用》，蓝劲松主译，北京大学出版社 2008 年版，第 7 页。

一、麻省理工学院国际化人才培养的历史和现状

麻省理工学院创建于1861年,同哈佛大学一样位于美国马萨诸塞州剑桥市。该校的校训是拉丁语"手脑并用"(Mens et manus),意为理论知识要与实践目的相结合,体现麻省理工学院将非凡想法变为现实的传统。① 在经过160年发展以后,麻省理工学院已成为全球极具影响力的顶尖大学之一,并得到"世界理工大学之最"的赞誉。②

麻省理工学院总共包括六大学院,分别为工程学院,理学院,斯隆管理学院,建筑与规划学院,人文、艺术与社会科学学院,施瓦茨曼计算机学院。③ 除此之外,麻省理工学院还有数十个研究中心、跨学科实验室和研究计划。麻省理工学院非常注重国际化活动的推进和国际化人才的培养,将自身打造为"全球化"大学,提出了"全球的麻省理工学院"(Global MIT of the World)、"在世界上,为了世界"(In the World, For the World)等口号和目标,为了实现这一目标,麻省理工学院将全球参与作为学校的重要使命,从全球教育(Global Education)、国际研究(International Research)、服务世界(Serving the World)、全球合作(Global Collaborations)和全球校园(Global on Campus)五个维度出发,让麻省理工学院的国际化人才培养的地理范围超越其所在的剑桥市而延伸到全世界,被赋予了鲜明的

---

① Global MIT, "About", (06 March 2021), https://global.mit.edu/about.
② 别敦荣、李晓婷:"麻省理工学院的发展历程、教育理念及其启示",《高等理科教育》2011年第2期。
③ Global MIT, "Serving the World", (06 March 2021), https://global.mit.edu/serving-world.

全球视野。①《麻省理工学院的全球战略》(A Global Strategy for MIT)报告深刻地指出:"在国际上开展工作并取得国际影响力对于麻省理工学院实现为国家和世界服务的使命至关重要。如果麻省理工学院要在21世纪继续走在教育、研究和创新的最前沿,那么我们(所涉及)的地理范围和理想抱负必须是全球性的。"②

麻省理工学院国际化人才培养的发展阶段基本上可以主要分为两个时期:二战结束以前的萌芽期;二战结束以后的发展成熟期。麻省理工学院自成立以来,就将服务美国的国家利益作为首要宗旨,二战结束以前,麻省理工学院人才培养的主要目的是为美国国内社会提供专业技术人员和工程技术人才,但这一时期其已经开始有国际化人才培养的萌芽——一战期间,麻省理工学院为帮助美国打赢这场战争,在校内开展与战争有关的一系列科研,并且不少于2300名麻省理工学院师生在政府部门担任文职官员。二战结束以后,麻省理工学院的国际化人才培养被正式提上日程,同样是为美国在冷战时期的国家安全利益服务。冷战期间,美国联邦政府针对对外宣传工作,曾委托麻省理工学院在20世纪50年代实施专门的"特洛伊"研究发展计划。在这一计划作用下,1951年,该校创建了国际研究中心,随后在1965年构建了政治学系。该校通过建立区域和国际研究机构,以及国际关系相关的机构,以服务于美国的外交政策和履行它的国家使命。进入21世纪以后,麻省理工学院继续加强对国际化人才的培养,慢慢成为"世界的麻省理工学院",从全球教育、国际研究、服务世界、全球合作、全球校园五个方面推进国际化人才的培养。

---

① Global MIT, "About", (06 March 2021), https://global.mit.edu/about.
② Lester, Richard K., *A Global Strategy for MIT*, Massachusetts: MIT Office of the Associate Provost for International Activities, 2017, p.20.

二、价值理念

麻省理工学院国际化人才培养的价值理念既有着美国顶尖大学国际化人才培养理念的普遍性,如培养卓越的全球领导者和世界领袖,培养具有人类使命、世界担当、应对全球挑战的国际化人才,培养尊重包容多元文化,具有跨文化交流能力的国际化人才;也有其本校国际化人才培养的独特性,特别表现为培养"手脑并用"的实践型国际化人才。

(一) 卓越的全球领导者和世界领袖

麻省理工学院不止一次提到要培养卓越的全球领导者和世界领袖。国际研究中心的"麻省理工学院国际科学与技术计划"(MIT International Science and Technology Initiatives, MISTI)认为,对于当今的麻省理工学院学生来说,与不同国家的人群进行交流联系、学习和合作的能力至关重要。MISTI 通过学生与国际同事合作的实践经验,帮助麻省理工学院的学生掌握跨文化的技能。其开拓性实习计划可以让麻省理工学院学生的兴趣和全球不同公司和实验室的项目相匹配。通过教学实践计划,麻省理工学院的学生将可以在国外高中和大学教授"STEM"课程①和创业精神,学习如何与国际同行交流。为了丰富他们在国外的经历,MISTI 的学生必须学习关于所在国语言、文化、历史和政治等方面的课程,最终目的是将麻省理工学院的学生打造成未来的全球领导者。另外,MISTI 帮助麻省理工学院的学生与全

---

① 即科学(Science)、技术(Technology)、工程(Enginneering)、数学(Mathematics)四个领域的知识整合课程。

球合作的国家和大学建立牢固的跨文化联系，推进具有全球影响力的重要研究，帮助麻省理工学院的学生发展成为能够塑造未来的真正世界领袖。[①]"国际研究机会计划"（International Research Opportunities Program，IROP）让本科生通过到国外开展研究，感受他国的文化，学会在不同的学术环境和研究环境中进行研究，该计划能帮助麻省理工学院的学生掌握成为全球经济中的领导者角色所需的技能。[②] 麻省理工学院的"和平科技倡议"（MIT PeaceTech Initiative）也提出要将学生培养成全球领导者，让学生通过创业、科学和技术具备在世界范围内支持和发起和平活动的能力，将企业家精神和科学技术教育带到冲突地区，开发出减少冲突和促进和解的工具。[③]

（二）应对全球挑战

麻省理工学院的历史使命如下："在科学，技术和各种学术领域方面加大人才培养力度，目的是能为新世纪的美国与全球服务，以应对未来世界的巨大挑战。麻省理工学院通过多元的校园文化支持，为学生提供严格的学术研究指导，激发学生探索的欲望，培养并激发学生为了推动人类进步，明智、创新、高效工作的能力和热情。"[④] 从麻省理工学院的使命可以看出，麻省理工学院一直将服务国家和服务世界作为其办学的宗旨，特别是其为世界服务的宗旨更是体现出麻省理工学院的世界情怀，从世界大格局思考问题的宏伟气魄。这从麻省

---

① MISTI, "What We Do", (06 March 2021), https://misti.mit.edu/about-misti/what-we-do.
② MIT News, "IROP Students Around the World", (06 March 2021), https://news.mit.edu/2011/irop-around-the-world.
③ MISTI, "MIT PeaceTech Initiative", (06 March 2021), https://misti.mit.edu/mit-peacetech-initiative..
④ MIT, "About MIT", (06 March 2021), https://www.mit.edu/about/#mission.

理工学院的社会服务可见一斑,麻省理工学院的社会服务已经超越了国家层面的界限,将服务世界作为其社会服务的最高目标。事实上,除了社会服务,麻省理工学院的人才培养和学术研究都将目标放在了全球层面:解决全球问题、应对全球挑战成为麻省理工学院各个学术部门人才培养的共同特征和共同目标。这些全球问题包括了气候变化、清洁能源、智慧城市、数字化发展、艾滋病和阿尔茨海默症医治。麻省理工学院将应对人类面临的紧迫全球挑战作为一切行动的重要动力,以社会服务和学术研究为例。学校支持和资助学生与全球的教育工作者、政府和行业进行创新性合作,旨在改善全球人类的生活、学习和工作方式。例如阿卜杜勒·拉蒂夫·贾米尔贫困行动实验室(J-PAL)和塔塔技术与设计中心的研究人员和学生努力致力于消除贫困,并为全球资源受限的地方所面临的挑战制定解决方案。麻省理工学院所提出的这些举措都深深根植于社会责任感,旨在改变人类的生活,让世界变得更美好。① 学校将学生作为研究人员的一部分,通过支持学生与全球领先的研究机构进行合作,从而增进学生的基础知识并为世界各地的问题提供解决方案,以应对世界上艰巨的挑战。总的来说,麻省理工学院国际化人才培养的理念是培养有人类使命、世界担当、应对全球挑战的国际化人才。正如麻省理工学院校长拉斐尔·莱夫(Rafael Reif)所说,"麻省理工学院最大的'发明'可能就是它本身——非常规人才的异常集中,不懈地重塑自己,以创造一个更美好的世界为己任"②。

---

① Global MIT, "Serving the World", (06 March 2021), https://global.mit.edu/serving-world.
② The MIT Campaign for a Better World, "About the Campaign", (06 March 2021), https://betterworld.mit.edu/about-the-campaign/.

（三）多元文化与跨文化交流

麻省理工学院非常注重对多元文化的尊重和包容，在校园内外都倡导多样性和社会正义，麻省理工学院的特色之一便是多样性：麻省理工学院有超过10%的本科生、超过40%的研究生和超过65%的博士后研究人员来自国外，这些群体增强了麻省理工学院的规模，丰富了麻省理工学院的多样性。麻省理工学院校长拉斐尔·莱夫也认为："麻省理工学院蓬勃发展，因为它吸引了世界上最优秀的人才，这是一个全球实验室，来自各个文化和背景的人们相互启发，共同创造未来。"[①] 学校为了培养对多元文化尊重和包容的国际化人才，设立了"多元文化项目办公室""社会正义与跨文化交流中心"等部门，为不同国籍、不同族裔、不同文化背景、不同信仰的学生提供跨文化交流的平台，从而营造具有包容性和公平性的校园氛围。除了学校层面的这些部门之外，麻省理工学院还支持成立了以国别和区域为主题的学生协会，例如新加坡学生协会、阿拉伯学生组织等等。这些学生组织一方面可以分享某个国家和区域的历史和文化，同时还可以促进不同文化背景学生之间的跨文化交流和理解，正是在多样性、包容性的学校氛围之中，麻省理工学院的学生拥有了跨文化交流的能力。

（四）"手脑并用"

如前所述，麻省理工学院的校训"手脑并用"即注重理论学习与实践能力的结合。自建校以来，学校非常注重对学生实践能力的培养，国际化人才培养也不例外。在麻省理工学院的国际化人才培养项

---

① Institute Community & Equity Office, "Diversity",（06 March 2021），https://diversity.mit.edu/diversity/mit-diversity-equity-and-inclusion-data.

目中，几乎所有项目都有对实践能力的要求。可以这么说，麻省理工学院将"手脑并用"的办学理念贯穿于国际化人才培养的整个过程之中。为了增强学生在海外交流中的实践能力，学校设立了"国际研究机会计划"，该计划是"本科生研究机会计划"（Undergraduate Research Opportunities Program，UROP）的国际版，该计划可以让本科生到国外在国外导师的指导下进行研究，从而增强和拓宽国际经验，获得丰富的文化体验。除此之外，麻省理工学院还创立了"独立活动期"（Independent Activities Period，IAP）项目，时间是每年的一月初到一月底，通过这个项目，学生可以选择自己感兴趣的研究选题，进行独立研究。麻省理工学院的学生可以到意大利、西班牙和法国等国家开展"独立活动期"项目，通过海外的独立研究实践，学生在拓宽视野的同时，还能培养实践技能。《麻省理工学院的全球战略》报告指出："麻省理工学院的'全球教室'使学生能够边做边学，就像在麻省理工学院的校园里一样。这意味着提供强调实践学习和解决实际问题的国际经验。麻省理工学院将国际体验式学习纳入本科教育计划的程度方面可能是独特的。"[①]

三、模型框架

麻省理工学院的发展离不开联邦政府对它的大力扶持，因为在为政府研发武器中的巨大贡献，麻省理工学院又被冠以"战争学府"的名号。在国际化人才培养的过程中，同样离不开政府的控制和影响，麻省理工学院也将联邦政府的需求作为国际化人才培养的首要目

---

① Lester, Richard K., *A Global Strategy for MIT*, Massachusetts：MIT Office of the Associate Provost for International Activities, 2017, p. 20.

标。除此之外，社会层面也对麻省理工学院的国际化人才培养产生了积极的影响。总的来说，政府、社会和麻省理工学院（内部机构）构成了麻省理工学院国际化人才培养的模型框架。

（一）政府与麻省理工学院

麻省理工学院的国际化人才培养离不开政府的支持。麻省理工学院的成立旨在发展马萨诸塞州的工业，自成立后，麻省理工学院在美国催生了许多新行业，帮助创造了数百万个工作机会。麻省理工学院为联邦政府运营林肯实验室，目的是开发用于维护国家安全的新技术。尽管该实验室的国际业务有所增长，它至今仍然依靠美国政府的大量研究经费和财政支持向前发展。与此同时，麻省理工学院是美国政府所提供的法律法规和其他公共产品（安全和保障）的受益者。简而言之，麻省理工学院是一家美国机构，具有美国机构所有的权益、责任和义务。尽管麻省理工学院已经发展成了"世界的麻省理工学院"，但毋庸置疑的是，麻省理工学院更是一所美国的大学。麻省理工学院科研经费的80%来自美国政府，这就决定了麻省理工学院的教学、科学研究等必须为美国的国家利益所服务，需要与美国政府开展合作，共同解决美国面临的棘手难题。作为美国的大学的麻省理工学院，其国际化人才培养同样要为美国政府服务，麻省理工学院在国际舞台当中承担的角色应适应美国定位，国际化办学战略则需要维护美国核心国家利益。[①]

---

① Lester, Richard K., *A Global Strategy for MIT*, Massachusetts: MIT Office of the Associate Provost for International Activities, 2017, p.20.

(二) 社会与麻省理工学院

美国社会组织一直有资助麻省理工学院发展的传统。作为美国大学协会成员的麻省理工学院，在其发展过程中得到了美国大学协会和私人基金会的支持。2017年2月14日，美国大学协会宣布，将在美国大学协会STEM教育网络中选择12所高校，提供赠款资助，旨在推动STEM领域的本科教育改革，这12所高校中就包括麻省理工学院。赠款总额为100万美元，由诺斯罗普·格鲁曼基金会提供。[①] 麻省理工学院的国际研究中心（MIT Center for International Studies，CIS）致力于"决策者在政府和私人生活中面临的长期的国际政策问题"的研究，尽管国际研究中心是为适应联邦政府的知识需求而建立起来的，但它在发展过程中也得到了私人基金会的资助。在国际研究中心成立之初，中央情报局（Central Intelligence Agency，CIA）是该中心的唯一"赞助人"，1963年开始，国际研究中心对中央情报局资助的依赖逐渐减少，到1965年已经完全终止，在此过程中，从福特基金会获得的800万美元资助便是转折点——福特基金会的资助让其成为国际研究中心"最慷慨"的捐赠者。[②] 基金会与麻省理工学院在国际化人才培养层面合作的案例还有很多：勒曼创意学习计划由麻省理工学院实验室和勒曼基金会合作，旨在促进巴西公共教育中的创意学习；麻省理工学院与斯科尔科沃基金会合作，在俄罗斯创办了斯科尔科沃科学技术学院。除了美国大学协会和基金会等社会组织之外，美国企业也是麻省理工学院的国际化人才培养的支持者之一。麻省理工学院将国

[①] MIT News, "MIT Receives Grant from Association of U. S. Universities", （25 March 2021）, https://news.mit.edu/2017/mit-receives-american-association-universities-grant-for-undergraduate-stem-education-0214.

[②] 罗杰·L. 盖格：《研究与相关知识——第二次世界大战依赖的美国研究型大学》，张斌贤等译，河北大学出版社2008年版，第74—76页。

际化视为联通高等教育和企业的桥梁。① 时任校长理查德·麦克劳伦（Richard Maclaurin）赞同"麻省理工直接服务于企业"的观点——按企业的要求开展研究项目，向资助人开放学校图书馆以及与企业雇主共享校友录——这也为学校获得了企业的大量资助。②

（三）麻省理工学院的内部结构

国际咨询委员会（International Advisory Committee）的职责是针对不同学院的国际参与，向麻省理工学院的高级管理人员传达教师的声音。另外，审查和评估潜在、计划、持续和已完成的国际活动，以确保国际参与的相关事务有效推进麻省理工学院的核心使命。③

国际协调委员会（International Coordinating Committee）由多个麻省理工学院的办公室和部门的工作人员组成，负责协助麻省理工学院开展相关国际活动，并加强对麻省理工学院相关行政办公室和职能部门的支持。具体来说，国际协调委员会的使命是对学生、教师、教职员工参加国际活动可能面临的风险、安全保障、法律、税收和财务、文化适应等问题提供支持和帮助④。

本科生招生办公室（Admissions Office）负责麻省理工学院本科生的招生和录取，包括对国际学生的入学申请和奖学金申请等事务提供支持和帮助。这些本科生将学习如何利用科学、技术和其他领域知识

---

① 陈昌贵、曾满超、文东茅：《研究型大学国际化研究》，中国出版集团2014年版，第218页。
② 戴维·凯泽：《麻省理工学院的成长历程：决策时刻》，王孙禺等译，清华大学出版社2015年版，第11页。
③ Global MIT, "International Advisory Committee", (06 March 2021), https://global.mit.edu/about/international-advisory-committee.
④ MIT International Coordinating Committee, "About", (06 March 2021), https://icc.mit.edu/about.

为21世纪的国家和世界服务。①

专业教育办公室（Professional Education Office）通过线上和线下的方式为全球的专业人员提供终身学习的机会。所提供的课程涵盖12个主题类别，数量达到50多个，课程面向全球的工程和技术专业人员。专业教育办公室所负责的课程和计划包括短期课程、"数字+"计划、高级学习计划、定制课程、国际课程、证书课程。②

全球教育办公室（Global Education Office）帮助学生探索所有类型的全球教育计划，包括实习、国际研究机会计划，并指导正在考虑或准备出国留学的学生。目前，全球教育办公室的主要职能由MISTI行使，包括管理海外留学资源和提供全球教育项目的资源。③

国际学生办公室（International Students Office）为麻省理工学院的拟录取和在校的国际学生提供支持，保障他们的合法权益，为他们的家属提供支持，促进他们融入麻省理工学院社区。数据统计，国际学生办公室为3800名就读麻省理工学院的国际学生，1100名新入学的麻省理工学院学生，550多名家属和1300多名校友完成了就业授权（post-completion employment authorization）。④

国际学者办公室（International Scholars Office）的任务是方便国际访客的到达和任命，后者被邀请至麻省理工学院进行教学和研究。国际学者办公室鼓励和支持学者交流，并努力简化国际学者到访麻省理工学院的程序，同时为国际学者提供家庭、工作、文化交流、签证和

---

① MIT, "Admissions", (06 March 2021), https://mitadmissions.org/.
② MIT Professional Education, "Programs", (06 March 2021), https://professional.mit.edu/programs.
③ Global MIT, "Global Education", (06 March 2021), https://global.mit.edu/education.
④ MIT International Students Office, "About ISO", (06 March 2021), https://iso.mit.edu/about-iso/.

旅行等主题的资源和信息。①

职业咨询与职业发展办公室(Career Advising & Professional Development)负责协调学校的若干出国留学计划。包括"麻省理工学院-马德里"项目的西班牙学期留学，伦敦帝国学院的学期交流，在法国、意大利、西班牙和英国的"独立活动期"项目。除此之外，职业咨询和职业发展办公室还为学生选择留学的国外大学提供咨询。②

除了以上部门之外，麻省理工学院支持国际化人才培养的管理部门还有支持学生在世界各地开展服务工作的"麻省理工学院公共服务中心"(MIT Public Service Center)，促进国际化校园氛围、推动建设国际化校区的社区服务办公室(Community Services Office, CSO)等等。麻省理工学院国际化人才培养校内管理部门结构如图 4-1 所示。

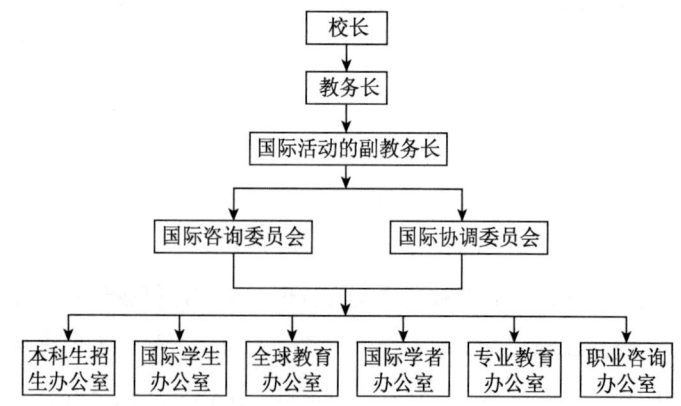

图 4-1 麻省理工学院国际化人才培养校内管理部门结构图

资料来源：根据麻省理工学院国际化人才培养管理部门相关资料整理而成。

---

① MIT International Scholars Office, "ISchO Home", (01 January 2021), https://web.mit.edu/scholars/.
② MIT Admission, "The MIT education: Global education", (22 February 2021), https://mitadmissions.org/discover/the-mit-education/global-education/.

四、实践规范

麻省理工学院国际化人才培养的实践规范主要包括了对学生专业能力的培养、增进学生和教师的国际经验、向学生传授国际性的知识，学校将自身打造成国际化的社区，为学生营造国际化的氛围。

(一) 专业能力

专业能力是国际化人才培养的重要组成部分，麻省理工学院主要通过以下两个方面来加强对国际化人才专业能力的培养：一是创新教育模式，注重对学生综合能力的培养。以工程教育为例，为培养出能力为导向的工程人才，在 2004 年，麻省理工学院和瑞典林雪平大学建立"CDIO"工程教育模式，其中"C"代表了 Conceive(构思)、"D"代表了 Design(设计)、"I"代表了 Implement(实施)、"O"代表了 Operate(运行)。通过这四个方面，麻省理工学院的 CDIO 教育模式让工程教育的理念与实际需要相匹配，既能让学生学习到学科知识基础，同时又能强化学生的实践能力。麻省理工学院的《CDIO 大纲：本科工程教育的目标声明》(*The CDIO Syllabus: A Statement of Goals for Undergraduate Engineering Education*)明确了麻省理工学院工程教育的两大发展目标：学生在了解和掌握各种工程技术以后，需要注重自身系统化才能的培养和发展。[①] 从麻省理工学院的工程教育人才培养模式可以看出，学校的人才培养目标已经从基于学科知识的

---

① Crawley, Edward F., *The CDIO Syllabus: A Statement of Goals for Undergraduate Engineering Education*, Massachusetts: MIT Department of Aeronautics and Astronautics, 2001.

人才培养模式转向了基于能力尤其是基于创造力的培养，而这种基于创造力的培养，正好是新世纪学生培养的"高级能力"，"高级能力"表示学生自身创新水平，还有批判性思维、协作意识。① 二是加强学生教育经历、特别是所学课程的整合，丰富学生的学习体验。为了促进学生综合能力的培养，该校实现了课程重新组合，除了传统学科，还实现了自然科学课程和人文社科课程的结合。理工科的学生在学习专业课程的同时，必须修一定学分的社会科学、艺术、人文等课程，加强不同学科之间的内在联系，实现专业教育与通识教育的并重。有鉴于此，麻省理工学院设置了六十余个跨学科的研究中心和教育中心，不同学院之间合作开设跨学科课程，在传授学科知识的基础上培养学生发现问题并解决问题的能力。

（二）学生的国际经验

麻省理工学院的第 15 任校长查尔斯·维斯特在其就职演说《麻省理工学院：塑造未来》中指出："所有 MIT 招收的学生必须能够参与到我们的教育和研究项目，而不必顾及他们的国籍。"② 为了将学生培养成未来的全球领导者，麻省理工学院非常重视对学生国际经验的塑造和培养。数据统计，超过 50% 的麻省理工学院学生在毕业之前都有过国际经验。③ "麻省理工学院国际科学与技术计划"（MISTI）是麻省理工学院具有开创意义的国际教育计划，该计划成为增进麻省理工学院学生国际经验的重要推动力量，每年有将近 1250 名麻省理工

---

① 史静寰：《当代美国教育》，社会科学出版社 2012 年版，第 160—161 页。
② 查尔斯·维斯特：《麻省理工学院如何追求卓越》，蓝劲松主译，北京大学出版社 2013 年版，第 7 页。
③ MISTI, "MISTI student overview", (21 February 2021), https://misti.mit.edu/MISTI101.

学院学生参加 MISTI。① MISTI 基于麻省理工学院"理论与实践并重"的历史传统,为麻省理工学院学生在海外提供有针对性的实习、研究和课程学习。MISTI 认为,国外的实践工作或研究经验是麻省理工学院世界一流科学技术教育的组成部分。在 MISTI 看来,学生如果能了解他们所处国家的语言和文化,他们就能充分利用在国外的时间,更好地为所在组织做出贡献。MISTI 为学生准备的海外课程、实习和研究可以确保麻省理工学院的学生在国外拥有丰富的国际经验,在增进他们学术专业的同时,还可以拓宽他们国际视野,从而为将麻省理工学院学生培养成全球领导者做好准备。MISTI 为学生提供了海外实习、海外留学、海外服务、海外研究、海外教学实践、海外创业实践等项目来增进学生的国际经验。

其一,海外实习方面,MISTI 的国际实习计划为麻省理工学院的学生提供了独一无二的世界级体验,麻省理工学院的学生可以在全球领先的公司和实验室获得工作实践经验,学校为学生支付机票等一切费用。截至目前,MISTI 在全球超过 25 个国家和地区为学生提供实习服务,如非洲的南非、东亚的中国、南亚的印度、中亚的哈萨克斯坦、大洋洲的澳大利亚和新西兰、欧洲的德国和法国、美洲的墨西哥和秘鲁。② 以在印度的实习为例,学生可以在印度的公司、研究机构、大学、政府机构、国际非政府组织和当地非营利组织带薪实习。③

---

① MISTI, "What We Do", (21 February 2021), https://misti.mit.edu/about-misti/what-we-do.
② MISTI, "Internships", (06 March 2021), https://misti.mit.edu/student-programs/internships.
③ MISTI, "Student Programs: India", (06 March 2021), https://misti.mit.edu/student-programs/location/india.

其二，海外留学方面，MISTI 为麻省理工学院的学生提供了在海外大学短期留学的机会，学生在留学结束以后会获得相应的转移学分。留学的国家包括了澳大利亚、中国、法国、日本、新西兰、新加坡、南非、瑞士和英国等。[1]

其三，海外服务方面，麻省理工学院致力于通过教育、技术和动手开发来为世界服务。麻省理工学院基于阿卜杜勒·拉蒂夫·贾米尔贫困行动实验室和塔塔技术与设计中心学生努力推动消除全球贫困，并为全球资源受限的地区所面临的挑战制定解决方案。麻省理工学院的公共服务中心支持学生在世界各地的服务项目。麻省理工学院-非洲倡议通过教育，研究和创新在麻省理工学院和非洲之间建立联系。莱格塔姆发展与创业中心提供奖学金让学生专门致力于在发展中国家建立和扩展业务。[2]

其四，海外研究方面，麻省理工学院的本科生可以申请国际研究机会计划到国外开展研究，仅 2010—2011 学年，参加国际研究计划的学生就在 18 个不同的国家和地区进行了全球研究。[3]

其五，海外教学实践方面，MISTI 以"全球教学实验室"（Global Teaching Labs, GTL）作为平台为麻省理工学院的学生提供在国外授课的机会，全球教学实验室增强了学生对不同文化的理解，并在国外高中和大学分享麻省理工学院独特的科学和工程教育方法。[4]

---

[1] MISTI, "Study Abroad", (06 March 2021), https://misti.mit.edu/student-programs/study-abroad.
[2] Global MIT, "Serving the World", (06 March 2021), https://global.mit.edu/serving-world.
[3] MIT News, "IROP students around the world", (06 March 2021), https://news.mit.edu/2011/irop-around-the-world.
[4] MISTI, "Global Teaching Labs", (06 March 2021), https://misti.mit.edu/student-programs/area-interest/global-teaching-labs.

其六，海外创业实践方面，自 2000 年以来，MISTI 通过"全球创业实验室"，在 20 多个国家和地区向数千名学生传授创业相关的课程，累计在非洲、欧洲、亚洲和拉丁美洲组织了 85 个项目。通过在"全球创业实验室"的实践经验，学生增加了对企业家精神的兴趣，初步具备了自主创业的能力，掌握了创业的相关理念。数据统计显示，在对参加乔治亚州、巴西和乌拉圭的"全球创业实验室"的学生进行访谈的过程中，有 93% 的受访者表示，该实验室增加了他们对企业家精神的兴趣，使他们有能力追求自主创业。有 78% 的受访者表示正在考虑将来使用该实验室的创业理念。① 除此之外，麻省理工学院基于"和平科技倡议"让学生在外企、非政府组织和实验室学习创业精神和科学技术，从而掌握在世界范围内支持和发起建设和平活动的能力。②

其七，教师带领课程（Faculty-Led Programs）方面，麻省理工学院的学生可以与教师一起出国学习，进行实践研究和实地考察。③ 为了表彰和奖励学生在全球领导力层面的成就和贡献，MISTI 向发扬麻省理工学院国际化理念和精神、履行国际化使命的优秀学生颁发三类 MISTI 卓越奖：第一种是"MISTI 大使奖"，第二种是"MISTI 成就奖"，第三种是"苏珊·伯杰（Susan Berger）未来全球领导者奖"。④

---

① MIT Global Startup Labs，"About us：Overview"，（06 March 2021），https://gsl.mit.edu/overview.
② MISTI，"MIT PeaceTech Initiative"，（06 March 2021），https://misti.mit.edu/mit-peacetech-initiative.
③ MISTI，"Faculty-Led Programs"，（06 March 2021），https://misti.mit.edu/student-programs/faculty-led-programs.
④ MISTI，"MISTI Excellence Awards"，（06 March 2021），https://misti.mit.edu/about-misti/misti-excellence-awards.

（三）教师的国际经验

为寻求科学技术的解决方案和应对世界面临的严峻挑战，麻省理工学院的教师在世界各地开展国际性的研究。学校的斯隆拉丁美洲办事处在整个拉丁美洲开展活动，以支持麻省理工学院在该地区的活动。该办事处为麻省理工学院的教师提供研究、教学和知识共享的机会，所覆盖的主题包括能源、水和可持续性，创新和企业家精神，增长和生产力。麻省理工学院的香港创新中心成立于 2015 年，通过将麻省理工学院的研究领域和香港的学术创新生态相联系，为麻省理工学院的教师提供了教学和研究的机会。MISTI 则为麻省理工学院的教师提供了与国际伙伴开展合作的机会，通过建立跨文化联系，推进国际研究和发展全球思维。同时，MISTI 通过"全球种子基金计划"（Global Seed Funds Program）为麻省理工学院的教师提供赠款资助，以支持他们与国外机构全球同行的合作研究和国际项目。"全球种子基金计划"的赠款可以资助教师出国与世界各地的同行共同合作开发和研究项目。截至目前，大约有 1/4 的麻省理工学院教师通过 MISTI 申请到了"全球种子基金计划"的赠款，并获得了 450 多项赠款。[①]"全球种子基金计划"中的基金既包括面向任何国家研究项目的普通基金，如全球种子基金普通基金（Global Seed Funds General Fund），用于支持麻省理工学院的教师与国外同行之间交流的差旅费用；也包括针对特定国家项目的基金，如麻省理工学院—比利时种子基金（MIT-Belgium Seed Funds）和麻省理工学院大中华创新基金（MIT Greater China Fund for Innovation），前者支持麻省理工学院的

---

① MISTI, "What We Do", (21 February 2021), https://misti.mit.edu/about-misti/what-we-do.

教师与比利时鲁汶天主教大学、鲁汶大学同行之间的合作，后者支持麻省理工学院的教师与中国大陆（内地）、中国香港和中国台湾的同行之间的合作。

（四）国际性的知识：国际化课程和国际化研究

麻省理工学院国际化人才培养的国际性知识主要包括了国际化的课程和国际化研究。

关于多元语言的国际化课程，麻省理工学院全球语言总监邓津华（Emma J. Teng）指出："语言和文化学习是通往国际经验的门户，是发展跨文化理解和敏感性的重要手段。这种理解对于解决影响全球日常生活的技术不断扩展所带来的社会和道德影响至关重要。"[①] 麻省理工学院人文、艺术与社会科学学院下属的全球语言学院（MIT Global Languages）负责开设多元语言的国际化课程。学院的核心使命是对学生进行语言、文化和跨文化交流的教育，旨在促进学生实现自身的学术目标和职业目标。全球语言学院多元语言的国际化课程可以帮助学生在全球化世界中的多元化、多语言环境生活和工作做好准备，学院认为，当今的学生应具备在全球化背景下工作的能力，全球语言学院提供了大量关于国际语言、历史、文化、文学等领域的课程。截至目前，全球语言学院提供超过 10 种世界语言和文化的国际化课程，包括非洲研究（African Studies）、中国研究（Chinese Studies）、英语语言研究（English Language Studies）、法语和法语居民研究（French and Francophone Studies）、德国研究（German Studies）、日本研究（Japa-

---

① MIT News on Campus and around the World, "Computing and artificial intelligence: Humanistic perspectives from MIT", (21 February 2021), https://news.mit.edu/2019/computing-and-ai-humanistic-perspectives-0924.

nese Studies)、韩国研究(Korean Studies)、葡萄牙研究(Portuguese Studies)、俄罗斯研究(Russian Studies)、西班牙研究(Spanish Studies)、国际文学与文化研究(Studies in International Literatures and Cultures)等等。① 通过学习这些课程，学生可以培养跨文化交流能力、跨文化理解能力、批判性思维能力，同时还可以培养对多元文化的理解意识。在全球语言学院的国际化课程中，有的课程专注于语言教学，如英语语言研究，包括听力、口语和写作等；有的课程在兼顾语言教学的同时，还负责传授语言所属国的文化，如中国研究——2021年秋季的课程除了汉语课程之外，还有"发现中国文化和社会"等课程；有的课程则专注于国际文学和全球文化，如国际文学与文化研究。（如表4-12所示）正如邓津华所说："全球语言学院的目标是成为21世纪的语言中心，为跨文化的交流、合作、研究和'全球课堂'提供空间。"②

表4-12 麻省理工学院全球语言学院2020年秋季学期和2021年春季学期课程设置

2020年秋季学期课程设置	1. 双语的语言学研究 2. 现代中国小说和电影 3. 现代欧洲的"制造"（1789年至今） 4. 欧洲的种族与移民 5. 日本文化简介 6. 日本文学和电影 7. 帝国和俄国革命：文化与政治(1700—1917年)

---

① MIT Global Languages, "Academics", (21 February 2021), https://mitgsl.mit.edu/academics.

② MIT News on Campus and around the World, "Computing and artificial intelligence: Humanistic perspectives from MIT", (21 February 2021), https://news.mit.edu/2019/computing-and-ai-humanistic-perspectives-0924.

(续表)

2021年春季学期课程设置	1. 非洲移民 2. 广告和媒体：比较观点 3. 新闻中的中国 4. 通往印度的通道：现代印度文化和社会 5. 法国：启蒙与发展革命 6. 性别、种族和环境正义 7. 俄罗斯文学经典 8. 拉丁美洲研究 9. 苏联和后苏联的政治与社会(1917年至今) 10. 日本和韩国的电影院

资料来源：MIT, "Global Languages", (25 March 2021), http://mitgsl.mit.edu/。

麻省理工学院的国际化研究则主要分为以国别和区域、国际事务为核心的国际化研究以及专业院系的国际化研究。

以国别和区域、国际事务为核心的国际化研究中最具代表性的要数麻省理工学院的国际研究中心所进行的研究。国际研究中心旨在支持和促进麻省理工学院的国际研究和国际教育。该中心在与人文、艺术与社会科学学院的宗旨和使命保持一致的同时，还与麻省理工学院的科学和工程领域的学者进行合作。国际研究中心所开展的研究有助于创造性地解决全球问题。除此之外，国际研究中心所进行的研究可以为公众舆论、政府决策者、国际组织和麻省理工学院师生提供信息参考。该中心有120名教职员工，大多是来自麻省理工学院政治学和城市研究系以及来自世界各地的访问学者，该中心致力于推进学生、教职员工和访问学者的多样性、包容性、公平性和幸福感。[1]

1951年，麻省理工学院国际研究中心成立，它的成立是美国和

---

[1] MIT Center for International Studies, "About CIS", (23 February 2021), https://cis.mit.edu/about/about-cis.

苏联之间冷战斗争的直接结果。该校的经济学家马克斯·F. 米利坎（Max F. Millikan）帮助成立了国际研究中心，并激励国际研究中心成为"社会科学企业"（social science entrepreneurs），利用所提供的奖学金来帮助决策者更好地理解和应对国际事件，同时推动麻省理工学院社会科学的发展。1951—1969 年，在马克斯·F. 米利坎担任国际研究中心主任的任期期间，国际研究中心的社会学家、经济学家、人类学家、政治学家和历史学家研究了共产主义社会和共产主义运动、工业化国家的经济和政治发展、东西方国家的沟通系统，国际研究中心的这些学者围绕以上主题发表和出版了数量众多的论文和专著，为麻省理工学院的社会科学发展做出了巨大贡献，包括 1965 年以国际研究中心为核心成立的政治学系。国际研究中心自成立以来，始终将服务美国的国家利益作为首要目的，其研究的领域包括了"经济和政治发展""安全研究""科学和技术"等。在"经济和政治发展"领域，国际研究中心的创始人认为对新兴发展中国家经济、社会和文化的研究和了解对于美国的外交政策至关重要。除此之外，国际研究中心的研究人员也是美国国会和行政部门对外援助和发展政策的积极参与者。

20 世纪 50 年代，马克斯·F. 米利坎和沃尔特·罗斯托（Walt Rostow）等人与艾森豪威尔政府合作，以发展理论为基础，促进了美国对外援助政策的发展。在肯尼迪总统的"发展十年"期间，马克斯·F. 米利坎撰写了一份有影响力的政策备忘录，他的倡议后来推动形成了美国的"和平队"组织，他自己还担任了总统对外经济援助特别工作组的成员。沃尔特·罗斯托则在国务院担任政策规划负责人；国际研究中心的卡尔·凯森（Carl Kaysen）任总统的国家安全副顾问。此外，马克斯·F. 米利坎和唐纳德·布莱克默（Donald

L. M. Blackmer)还撰写了《新兴国家：它们的增长和美国的政策》（*The Emerging Nations: Their Growth And United States Policy*）一书，在书中他们对美国应采用的现代化政策提出了期望。

在"安全研究"领域，多年以来，国际研究中心一直是美国有关军备控制、国防以及国家和国际安全问题的研究和教育计划的策源地。如1976年的国防与军备控制研究计划（Defense and Arms Control Studies program，DACS），该计划于1996年发展成为麻省理工学院安全研究计划（Security Studies Program，SSP），两个计划的首要目标是将学生培养成为安全战略的分析师，让学生能在科学技术背景下进行国际事务研究，从而为公共政策提供信息。在"科学和技术"领域，国际研究中心致力于在国际问题研究中增加科学和技术的视角，努力实现社会科学问题与自然科学、工程学问题的结合，在社会科学和自然科学之间架起桥梁。[①]

麻省理工学院的国际化研究不只局限于某个学院、某个学科和专业，而是在所有院系和所有学科中都有国际化的研究。除了上述专门以国别和区域、国际事务为研究重心的研究机构外，麻省理工学院的专业学院同样有国际化的研究，真正做到将专业知识的学习与国际化视野的研究相结合。这些国际化研究既涉及理工农医类学院的学科，又涉及人文、艺术和社会科学学院的学科。在理工农医类的学科中，有航空航天领域的"麻省理工学院国际航空运输中心"所进行的研究，农业领域的"卢旺达的农业技术采用研究""印度河流域的气候、水和农业研究"，土木与环境工程领域的"印度黑液废水处理研究""西非的气候变化与疟疾研究"，计算机科学领域的"澳大利亚

---

① MIT Center for International Studies, "About History", (23 February 2021), https://cis.mit.edu/history.

的自动水下航行器"研究。在人文、艺术和社会科学类的学科中，有历史学领域的"不列颠哥伦比亚省的原住民"，艺术学领域的"阿迦汗伊斯兰建筑计划"，经济学领域的"贷款对赞比亚小农户的影响"，政治学领域的"中非共和国的政治秩序与战争"。[①] 这些研究与学科专业知识相结合，或以国外某个地区作为研究对象，或与国外的研究机构进行合作，共同开展国际研究。

（五）国际化的氛围

麻省理工学院向世界开放，开始国际化进程的历史可以追溯至成立之初——在1861年成立后，麻省理工学院于1870年便迎来了第一位来自日本的国际学生红马一朗。截至2016年，麻省理工学院有超过2万名教职员工和学生来自国外。每年都有成千上万的国际学生和学者到麻省理工学院进行短期访问，仅2015年，便有1000多名国际学生以访问学生或交换生等身份到麻省理工学院访问。麻省理工学院有10%的本科生、42%的研究生、65%的博士后学者、43%的教师来自国外。在过去的20年，麻省理工学院的国际化特征和国际化氛围不断得到加深。

麻省理工学院国际研究生的比例从1998年的33%增长到了2016年的42%，且国际研究生占了研究生入学增长人数的很大比例。从1998年到2016年，麻省理工学院的研究生入学人数增长了25%，国际研究生占所增长人数的75%。博士后学者的增长速度更快，从2006年到2016年增长了78%，而国际博士后学者占了所增长人数的80%。数据统计，麻省理工学院的大多数学院的国际学生研究生都呈现增长的趋势。从2006年到2016年，工程学院的国际研究生从41%

[①] Global MIT, "International Research", (23 February 2021), https://global.mit.edu/research.

增长到 43%，建筑与规划学院的国际研究生从 34% 增长到 43%，人文及社会科学学院的国际研究生从 42% 增长到 45%，阿尔佛雷德·斯隆管理学院的国际研究生占比从 37% 增长到 47%，理学院的国际研究生占比从 31% 增长到 35%。对学校研究等活动的国际赞助从 2006 年到 2016 年增长了 3 倍，到 2016 年，国际赞助占麻省理工学院所有赞助的 18%，高于 2006 年的 8%。与此同时，国际公司对麻省理工学院的兴趣日益增长，2016 年，总部位于美国以外的公司提供的资金占校园公司研发资金的一半以上。麻省理工学院学生和教师来源的国际化丰富了麻省理工学院的多样性，这种多样性增强了麻省理工学院的国际化氛围。

在麻省理工学院内，有着大量的国际化背景的学生活动协会，这些协会以国别和区域性质的学生活动协会为主，如新加坡学生协会和非洲学生协会（见表 4-13）。来自不同国家、不同区域的国际学生通过学生活动协会的平台，既让相同文化背景的学生加深了解，推动传播本国和本民族文化，也让不同的文化形成碰撞，在文化的交流中加深对彼此文化的了解。国际化的学生活动协会让麻省理工学院成为多元文化交融汇通的国际化"熔炉"，极大提升了学校的国际化氛围。值得注意的是，这些学生活动协会都有所属的网站，方便所有人加强对他们的了解，也足以可见麻省理工学院对多样性文化背景下国际化校园的重视。除了国别和区域性质的学生活动协会之外，麻省理工学院还有面向全球，以解决全球挑战为宗旨的学生活动协会，如"全球贫困倡议"组织与麻省理工学院进行合作和联系，共同抗击全球贫困。"GlobeMED"与基层卫生组织合作，以解决全球公共卫生中紧迫的问题为目标，并改善贫困人口的生活，这些面向全球的学生活动协会一定程度上是麻省理工学院教育使命中培养全球领导者、推动人类进步的体现。

表 4-13 麻省理工学院国别和区域性质的学生活动协会

国别和区域性质的学生活动协会	协会宗旨和使命
新加坡学生协会	增进新加坡人与麻省理工学院师生和教职工的文化交流
孟加拉国学生协会	在麻省理工学院传播孟加拉国的文化
印度学生协会	保持印度的精神和文化活力
韩国学生协会	增进对韩国人和韩国文化的了解
哈萨克斯坦学生协会	团结来自哈萨克斯坦的学生,分享哈萨克斯坦的文化
土耳其学生协会	面向麻省理工学院介绍土耳其的语言和文化
越南学生协会	通过越南饮食和文化的活动支持越南学生
以色列协会	举办社交活动来联系麻省理工学院的以色列社区
韩国研究生协会	将麻省理工学院的韩国研究生、博士后、研究人员联系起来
韩国留学生协会	促进韩国国际学生之间,以及韩国学生与麻省理工学院社区之间的友谊和支持
意大利学生协会	促进意大利文化社区中所有成员之间的联系
巴基斯坦学生协会	提升人们对巴基斯坦文化的认识,提供麻省理工学院校友与波士顿地区专业人员进行交流的平台
西班牙俱乐部	将西班牙文化(美食、音乐、电影等)带到麻省理工学院
瑞士链接波士顿学生协会	将对瑞士及其文化感兴趣的学生和分支机构联系起来
爱尔兰协会	汇集对爱尔兰文化和传统感兴趣的学生和学者
亚美尼亚协会	加强麻省理工学院亚美尼亚学生之间的互动;推广亚美尼亚的文化、历史和遗产;建立麻省理工学院与亚美尼亚的学术合作

(续表)

国别和区域性质的学生活动协会	协会宗旨和使命
波斯学生协会	支持波斯的社会文化活动,为麻省理工学院的波斯社区提供支持
拉丁美洲学生协会	为认同拉丁裔文化的学生提供文化和学术支持
阿拉伯学生组织	鼓励阿拉伯世界和美国之间进行对话和理解
非洲学生协会	汇集了非洲学生和所有对非洲感兴趣的人
亚洲俱乐部	将麻省理工学院的学生与亚洲的专业和教育机会联系起来
亚洲舞蹈队	专注于东亚舞蹈的多种形式,包括中国、韩国和日本的舞蹈
南亚学生协会	致力于为南亚裔美国人提供一种探究自身背景的一种方式
欧洲俱乐部	欢迎欧洲人参加麻省理工学院的活动
国际学生协会	举办活动以促进校园文化的多样性

资料来源:Global MIT,"Global On Campus",(25 Feburary 2021),https://global.mit.edu/global-campus。

除了国际化的学生活动协会之外,麻省理工学院校内还有:(1)国际化的运动和倡议,例如麻省理工学院的"更美好世界"(Better World Campaign)运动,其宗旨是通过麻省理工学院人们的远见和才华来迎接人类迫切的全球挑战;(2)国际化的学术计划,例如"第一代计划"(First Generation Program)致力于在麻省理工学院的第一代大学生、教职员工、校友之间建立一种社区意识,提高他们对其独特经历的认识。另外,麻省理工学院遍布全球的校友会让全球各地麻省理工的校友走到哪都可以紧密地团结在一起,以建立友谊和开展合作。值得一提的是麻省理工学院的国际化住宿,麻省理工学院将对某一国家语言和文化感兴趣的学生通过"文化宿舍"的形式聚集在一起,麻省理工学院为本科生提供了三个文化宿舍,分别是"德国之家"(German House)、"法国之家"(La MaisonFrançaise)和"西班牙之家"(La Casa),面向对德国、法国、西班牙语言和文化感兴趣的本科生,文化宿舍所提供的环境有助于激发学生学习德国、法国、西班牙的语言和文化的兴趣。除此之外,麻省理工学院的学生如果对共同参与全球服务项目感兴趣,还可以选择入住"国际发展之家"(International Development House, iHouse)。"国际发展之家"的学生背景不同,兴趣也不同,他们聚在一起致力于通过社会正义、可持续发展和国际发展来创造更美好的世界。"国际发展之家"通过举办有关国际发展的研讨会、晚餐讲座,以及充分利用麻省理工学院的各种资源更好地为本地或全球服务。[①]

正如麻省理工学院在其官网所说,"通过让全世界来到麻省理工学院的门口,麻省理工学院确保了校园内的每个计划、倡议、项目或者合作都具有鲜明的全球视野,这些都成为麻省理工学院国际化校园氛围的重要组成部分"[②]。国际化氛围和国际化人才互相促进,国际化氛围有助于培养国际化人才,国际化人才的互相交流对国际化氛围的营建也有着积极的促进作用。

[①] IHOUSE, "Learning", (06 March 2021), https://ihouse.mit.edu/.
[②] Global MIT, "Global on Campus", (06 March 2021), https://global.mit.edu/global-campus.

第五章　美国顶尖大学国际化人才培养范式案例研究（下）

第一节　哥伦比亚大学

哥伦比亚大学有着悠久的历史，是早期的殖民地学院之一。它的国际化人才培养历史同样悠久，早在20世纪初，哥伦比亚大学就鼓励学生到亚洲和拉丁美洲国家开展海外田野调查，并设置了研究中国的汉学系。可以这么说，哥伦比亚大学国际化人才培养的发展历程是美国顶尖大学国际化人才培养范式发展历程的一个缩影。二战结束以后，哥伦比亚大学又通过成立国际和公共事务学院，培养外语类人才和区域研究专家。

一、哥伦比亚大学国际化人才培养的历史和现状

哥伦比亚大学始建于18世纪50年代，最初是英国国王乔治二世基于皇家特许状批准创建的"国王学院"（King's College），坐落于国际化大都市——纽约市，是纽约州历史上最悠久的高等学府。260多年以来，哥伦比亚大学一直是美国乃至全球高等教育的引领者。进

入21世纪,学校继续以卓越的综合学术水平、创新和可持续的全球参与方式,最雄心勃勃的研究,稳居世界一流研究型大学前列。[①] 哥伦比亚大学设有如下21个学术部门。3所本科生院:哥伦比亚学院(Columbia College),哥伦比亚工程本科生院(Columbia Engineering),通识教育学院(School of General Studies)。14所研究生院:商学院(Columbia Business School),牙科医学院(College of Dental Medicine),新闻学院(Columbia Journalism School),法学院(Columbia Law School),建筑、规划与保护学院研究生院(Graduate School of Architecture, Planning and Preservation),文理研究生院(Graduate School of Arts and Sciences),梅尔曼公共卫生学院(Mailman School of Public Health),艺术学院(School of the Arts),国际与公共事务学院(School of International and Public Affairs),护理学院(School of Nursing),专业研究学院(School of Professional Studies),社会工作学院(School of Social Work),医学院(Vagelos College of Physicians and Surgeons),哥伦比亚工程研究生院(Columbia Engineering)。4所附属学院:巴纳德学院(Barnard College),犹太神学院(Jewish Theological Seminary),师范学院(Teachers College),协和神学院(Union Theological Seminary)。同时,哥伦比亚还有超过200个研究中心和研究所,涉及国际与公共事务、法律、护理学、建筑学、商业、公共卫生等学科和领域。[②] 哥伦比亚大学是世界上最重要的高等教育机构之一,为不同学术和专业领域的本科生和研究生提供了独特而卓越的学习环境。哥伦比亚大学充分利用纽约市的优越地理位置,力求将大

---

① Columbia University, "Office of the President", (05 March 2021), https://president.columbia.edu/.

② Columbia University, "Academics", (05 March 2021), https://www.columbia.edu/content/academics.

学的研究和教学与纽约这座国际大都市的广阔资源联系起来。该校的发展宗旨和使命是:"以最高水平促进大学所有领域的知识和学习,并将其成果传达给全世界。"①

哥伦比亚大学国际化人才培养的变迁历程经历了国王学院时期(1754—1784年)、哥伦比亚学院时期(1784—1896年),以及哥伦比亚大学时期(1896年至今),其中哥伦比亚大学时期又被分为了二战前的哥伦比亚大学时期(1896—1945年)和二战后的哥伦比亚大学时期(1945年至今)。18世纪50年代,依据英国国王乔治二世颁布的特许状,作为哥伦比亚大学最初建制的国王学院创建,第一任校长为萨缪尔·约翰逊(Samuel Johnson)。这一时期学院的国际化人才培养有着浓厚的宗教色彩,人才培养的目标是提供教会神职人员和牧师,以及为殖民地政府培养公职人员,学院的运作受到了宗教利益的控制。国王学院作为殖民地学院,它的学生和教师到英国学习,以英国高等教育作为学习榜样,使得国王学院潜移默化地受到了英国高等教育模式的影响,有着较为浓厚的古典色彩。例如,在萨缪尔·约翰逊后继任校长的迈尔斯·库伯(Myles Copper)就在英国牛津大学学习过,他从欧洲引进了英式学院的课程体系。② 尽管殖民地时期的国王学院在古典课程的基础上加入了自然科学的内容,但未改变这一时期国际化人才培养的宗教服务的目的。

国王学院因独立战争被中断后于1784年复校,进入哥伦比亚学院时期。哥伦比亚学院在独立战争以后课程设置发生了变化,不再只有单一的古典课程。到了19世纪中期,学院降低了对以培养牧师和

---

① Columbia University,"University Mission Statement",(25 February 2021),https://www.columbia.edu/content/about-columbia.
② McCaughey, Robert, *Stand Columbia: A History of Columbia University in the City of New York, 1754-2004*, New York: Columbia University, 2003, p.27.

神职人员为目的的宗教教育的重视程度。这一时期,一方面自南北战争以后,国家为了重建对实用性人才有着很大需求;另一方面,实用主义文化开始兴起。学者冯增俊指出:"大量的美国留学生进入德国高校留学,此外,大量的德国人进行了移民,他们将德国的教育理念应用在美国的教育体系之中。"① 这其中就包括哥伦比亚学院,其受学习德国高等教育模式风潮的影响,所培养的国际化人才更多是为美国社会发展服务。

在二战前的哥伦比亚大学时期,哥伦比亚大学逐渐发展成为研究型大学,课程设置更多是以实用主义作为主导。这一时期学校的国际化人才培养主要体现在三个方面:一是学术研究的国际化,"美国人类学之父"弗朗兹·博厄斯在哥伦比亚大学主持并发展了人类学系,虽然从1901—1911年,弗朗兹·博厄斯只培养了七位人类学博士,但这七位人类学博士却对美国人类学的发展做出了不可磨灭的贡献。他鼓励和支持学生到菲律宾、墨西哥和巴西等国家进行海外田野调查工作。此外,哥伦比亚大学于1902年成立了研究中国的汉学系,这也是美国最早和最著名的汉学系之一。汉学系聘请英国和德国翟理思(Herbert A. Giles)与夏德(Friedrich Hirth)两位学者在学校开设讲座和出版专著。在此种氛围下,哥伦比亚大学倡议学生、学者和教师用全球的研究视野将知识与政策相结合,力图解释世界和改变世界。② 二是课程设置的国际化,在第一次世界大战期间,哥伦比亚大学为美军学员开设"战争问题"课程,介绍当代文明冲突及其历史背景。在第一次世界大战结束以后,哥伦比亚大学设立了具有国际化视野的课

---

① 冯增俊:《比较教育学》,江苏教育出版社2001年版,第42页。
② 张纪红:"哥伦比亚大学办学理念发展研究",山东师范大学硕士学位论文,2014年,第28页。

程，如1919年便设立了当代文明课程，专门研究战争与和平问题。三是教师经验的国际化，进入20世纪以后的哥伦比亚大学教师都有着广阔的知识面，特别表现在对国家和世界事务方面的了解，例如哥伦比亚大学哲学系教授约翰·普林斯曾在新泽西州议会中承担重要职务，并曾任美国驻丹麦和南斯拉夫大使。[①]

在二战后的哥伦比亚大学时期，学校于1946年设立了国际和公共事务学院，为响应联邦政府的冷战战略，该学院设立了俄罗斯研究所、欧洲研究所和东亚研究所等区域研究中心，以培养区域研究专家；学校还开设非传统外语课程，培养外语类人才，并推动与国外大学的学生和教师的交流和互动。1947年，哥伦比亚开设了亚洲人文学科课程，并在冷战末期的1990年，将"全球核心要求"课程加入核心课程之中，在历史背景下探索非洲、亚洲和中东的文化。"外语要求"也被加入核心课程之中，以向学生介绍世界文化。进入21世纪以后，哥伦比亚大学将培养有全球使命感的国际化人才作为培养目标。

二、价值理念

在所有的美国顶尖大学中，哥伦比亚大学可谓美国现代大学通识教育的起点。而国际化人才培养作为人才培养的重要组成部分，亦深受通识教育的影响——哥伦比亚大学将通识教育与国际化人才培养结合，在培养有全球使命感、致力于改变世界的国际化人才和全球领导者的同时，还重视对通专融合、一专多能的国际化人才的培养。

[①] 张纪红："哥伦比亚大学办学理念发展研究"，山东师范大学硕士学位论文，2014年，第28页。

（一）解决全球问题，具有全球使命感

哥伦比亚大学前校长李·布林格（Lee C. Bollinger）在其就职演说《哥伦比亚大学的过去、现在和将来》中谈道，"国际化的意思不仅仅指美国以外的学生出现在我们大学，如今我们的学生来自 145 个国家，我们的教师有 1/4 是外国出生的。国际化的含义不止如此，还指我们的学生和教师的视野、意识、兴趣和事业的国际化。我认为哥伦比亚大学的各个领域重点关注的是世界问题。所以，哥伦比亚大学自然而然地具有世界层面的自我认同：我们参与世界不仅仅出于自我利益的考虑，还出于一种责任感"①。

为培养解决全球问题、具有全球使命感的国际化人才，哥伦比亚大学非常注重学生的全球参与，通过本科生全球参与中心与其他部门的合作，为学生提供出国留学、全球实习、全球服务、全球研究的机会，同时让学生参与教师的全球研究和教学之中，从而培养学生的全球意识，增强其全球能力。②"全球哥伦比亚合作实验室"（Global Columbia Collaboratory）帮助学生更多地了解全球挑战，通过全球网络之间的联系与合作来增强他们的全球性人才素养，并使他们有能力以世界公民身份在国际上有所作为。③

除此之外，哥伦比亚的学生和教师与全球各地的组织机构合作，以解决水质、艾滋病预防、可再生能源和难民权利等全球问题。哥伦比亚大学将解决全球问题的使命贯穿于所有学院，包括国际和公共事

---

① 朱易：《常春藤名校校长演说精选》，王建华等译，江西人民出版社 2009 年版，第 181 页。
② Global Engagement, "About Us", (05 March 2021), https://global.undergrad.columbia.edu/about.
③ Global Engagement, "Global Columbia Collaboratory", (06 March 2021), https://global.undergrad.columbia.edu/program/global-columbia-collaboratory.

务学院、梅尔曼公共卫生学院都有自身的全球使命。李·布林格指出:"哥伦比亚大学在解决当今和未来几十年人类面临的重大问题方面处于独特的位置。这不仅是伟大大学的使命,同时也是作为国家和世界的公民责任。"① 哥伦比亚大学全球中心和全球发展执行副总裁萨夫万·马斯里(Safwan M. Masri)也认为,"从气候变化到难民危机,再到民主治理体系的危机,我们的全球社会正面临着前所未有的重大挑战。应跨越国界、文化和学科来解决全球问题"②。综上所述,哥伦比亚的发展愿景已经超出了美国,更多立足于全球问题的解决和全球机遇的探索,哥伦比亚大学通过"哥伦比亚全球中心""哥伦比亚世界项目""全球哥伦比亚合作组织"等机构、中心和项目提出解决全球问题的方案,培养解决全球问题和具有全球使命感的国际化人才。

(二) 改变世界的全球领导者

哥伦比亚大学将培养未来的全球领导者作为国际化人才培养的目标,各个学院将培养世界领导者写入其国际化人才培养的使命之中。如哥伦比亚商学院国际化人才培养的使命是"致力于为利益相关者和整个社会创造价值的企业培养领导者"③。哥伦比亚国际与公共事务学院更是直截了当地指出该院是"世界上最具全球性的公共政策学院。我们的学者,学生和校友专注于全球至关重要的问题。我们为培养未来的领导者做好准备,以应对全球金融、公共卫生、气候变

---

① Giving to Columbia, "Global Solutions", (03 March 2021), https://giving.columbia.edu/commitment/global-solutions.
② Giving to Columbia, "Safwan M. Masri", (03 March 2021,) https://giving.columbia.edu/safwan-m-masri.
③ Columbia Business School, "About Columbia Business School", (03 March 2021), https://www8.gsb.columbia.edu/about-us.

化、能源、发展、可持续性以及其他需要采取集体行动的问题的跨国挑战"①。哥伦比亚大学的梅尔曼公共卫生学院在全球六大洲开展研究和公共卫生项目,并提出全球卫生倡议,重塑全球卫生领域的思想和实践。梅尔曼公共卫生学院的目标是培养下一代公共卫生领导者,提出突破性的发现并提供解决方案,以保护和改善全球各地人民的健康。②此外,哥伦比亚大学还提出了对学生的承诺,即培养可能改变世界的青年学者。学校通过核心课程,培养学生的批判性思维、缜密思考的思维和全球意识,让学生沉浸在多样性文化中,使之能为进入迅速变化的世界做好准备。③

(三)通专融合,一专多能

从哥伦比亚大学的课程设置可以看出,学校将国际化的理念和要求贯穿于核心课程之中,在普通的核心必修课程之外,增加了"全球核心要求""外语要求"等必修的国际化核心课程。在普通的核心课程为学生毕业以后参与国际事务打下扎实基础的同时,国际化核心课程又能培养学生的国际能力和国际思维。普通的核心课程是哥伦比亚大学教育的基石,包括了文学人文课程、当代文明课程、艺术人文课程、音乐人文课程。普通的核心课程的使命是为所有学生提供文学、哲学、历史、音乐、艺术和科学方面的重要思想和广阔的视

---

① School of International and Public Affairs, "Experience SIPA", (05 March 2021), https://www.sipa.columbia.edu/experience-sipa/global-un-connections.
② Mailman School of Public Health, "Mission & History", (05 March 2021), https://www.publichealth.columbia.edu/about/mission-history.
③ Giving to Columbia, "Our Commitment to Students", (05 March 2021), https://giving.columbia.edu/commitment/students.

野。① 哥伦比亚大学认为：普通核心课程的目的是让每个学生有从事更高级别工作的兴趣和经验。普通核心课程不是为某一专业培养和训练专家，并且学生从事的职业不取决于所学习的普通核心课程的内容，但普通核心课程的广度和深度能为学生的职业发展提供必要的知识和技能。② 可以这么说，哥伦比亚大学的通识课程让学生为后面的专业学习做好了铺垫，最终将学生培养成通专融合、一专多能的国际化人才。

三、模型框架

哥伦比亚大学的国际化人才培养所取得的成就是政府、社会和哥伦比亚大学（内部机构）三者合力的结果。联邦政府在国际研究和国际经验等方面向哥伦比亚大学提供支持；社会组织中的基金会始终是哥伦比亚大学国际化人才培养的坚定支持者；哥伦比亚大学也通过内部的机构支持国际化人才培养。

（一）政府与哥伦比亚大学

联邦政府对哥伦比亚大学国际化人才的支持和资助更多是在二战结束以后进行的，哥伦比亚大学国际和公共事务学院的成立和发展最为典型也最具代表性。第二次世界大战后的1946年，哥伦比亚大学国际事务学院（国际和公共事务学院的前身）成立。该学院注重实践

---

① Columbia College, "Core Curriculum", (05 March 2021), https://bulletin.columbia.edu/columbia-college/core-curriculum.
② Columbia College, "Academic Requirements", (05 March 2021), https://bulletin.columbia.edu/columbia-college/requirements-degree-bachelor-arts/.

培训,其任务是增进联邦政府对至关重要地理区域的了解,并为联邦政府培养外交官和其他专业人员,以满足二战后世界冷战格局下的复杂需求。国际事务学院充分利用哥伦比亚大学在历史学、经济学、政治学、语言学和其他领域的资源,通过跨学科的视角进行区域性研究。在20世纪五六十年代,国际事务学院研究的范围和深度不断加大。国际事务学院在区域研究、国防安全和国际关系方面的教育和研究计划赢得了国家和国际声誉。到1967年,国际事务学院已经成为八个区域性研究所的所在地,这八个区域性研究所分别是:欧洲研究所(1948年成立)、非洲研究所(1959年成立)、拉丁美洲研究所(1962年成立)、中东研究所(1954年成立)、南亚研究所(1954年成立)、东中欧中心(1954年成立)、哈里曼研究所(1946年成立)、韦瑟黑德东亚研究所(1949年成立)。这些研究所基本是在二战结束以后的冷战背景下设立的,以回应美国联邦政府的冷战战略和外交政策,并且几乎覆盖了全球的所有区域。1981年,国际事务学院更名为国际和公共事务学院。成立至今,国际和公共事务学院已经有近80年的历史,它致力于为学生提供国际和公共事务相关技能和观点,使其成为公共部门、私营部门和非营利部门的未来领导者,最终目的是通过培养学生的服务意识和领导力,在全球社会面临的公共政策关键挑战中生产和分享新知识,以支持全球公共利益。[①]

联邦政府对哥伦比亚大学国际化人才培养的支持除了表现在外语和区域研究上,还表现为对国际化人才国际经验培养的支持。创建于1946年、以发起人美国参议员富布莱特命名,由美国国务院教育和科研局资助的"富布莱特项目"被认为是世界上最被广泛认可和最

---

① School of International and Public Affairs, "Mission & History", (05 March 2021), https://www.sipa.columbia.edu/experience-sipa/about-sipa/mission-history.

具盛名的国际交流计划。富布莱特项目在全球 160 多个国家和地区开展业务,并通过在教室、田野、家庭和日常生活中的个人直接互动来促进文化交流、改善文化外交关系。该计划从成立以来一直为哥伦比亚大学学生的国际经验培养提供支持。在 2021 年,哥伦比亚大学再次被提名为富布莱特美国学生计划的顶级机构,其在 2020—2021 年间,以 31 名获奖者的数量进入前十名——哥伦比亚大学是过去十年中被评为该计划获奖量最高的几个机构之一。在富布莱特项目的资助下,获奖学生可以从事独立研究、研究生学习或申请英语教学助学金,其地点包括了阿根廷、越南、荷兰等处。[1] "哥伦比亚学生效仿富布莱特的价值观:他们寻求发展全球意识,并与世界各地的社区互动,"学术事务副主任兼本科生研究与奖学金主任阿里埃拉·朗(Ariella Lang)说, "被誉为富布莱特项目最顶尖的实施机构是一种荣幸。"[2]

(二) 社会与哥伦比亚大学

哥伦比亚大学自建校以来,始终与基金会等社会组织保持着密切联系,在国际化人才培养的进程中也总能见到各种基金会的身影,特别是在二战后,基金会为哥伦比亚大学培养外语和区域研究人才做出了巨大贡献。1946 年,在洛克菲勒基金会的资助下,哥伦比亚成立了俄罗斯研究所(哈里曼研究所的前身),正如洛克菲勒基金会所说,"俄罗斯研究所的目标被认为是双重的,首先,通过协调教职员工和学生的研究工作,俄罗斯领域的知识将会得到直接发展;其次,对这

---

[1] Columbia College, "News", (05 March 2021), https://www.college.columbia.edu/news/columbia-named-top-producing-fulbright-institution-0.
[2] Columbia College, "News", (05 March 2021), https://www.college.columbia.edu/news/columbia-named-top-producing-fulbright-institution-0.

些学生进行培训，他们以后作为美国专家将在俄罗斯领域进行权威而有影响力的工作"①。俄罗斯研究所成立之后，其研究的地域范围已经扩大到了苏联所包含的加盟共和国以及东欧社会主义国家。1948年，在卡内基基金会的资助下，哥伦比亚大学成立了欧洲研究所，该研究所是美国致力于欧洲研究历史最为悠久的学术机构。② 1949年，在洛克菲勒基金会和福特基金会的资助下，哥伦比亚大学成立了东亚研究所，该研究所的最初任务是在韩语、日语和其他人文学科的课程基础上，培养社会科学领域的研究生，使其成为区域研究领域的专家。除了洛克菲勒基金会和福特基金会对东亚研究所的资助之外，韦瑟黑德基金会也对东亚研究所提供资助，2003年，东亚研究所为纪念韦瑟黑德基金会的资助和支持，将东亚研究所改名为"韦瑟黑德东亚研究所"（Weatherhead East Asian Institute）。③ 美国的基金会不仅在二战结束以后对哥伦比亚大学的国际化人才培养进行资助，进入21世纪以来，仍未中断对哥伦比亚大学的国际化培养的支持。

2018年，哥伦比亚大学的"哥伦比亚世界项目"与奥巴马基金会合作，创立了"奥巴马基金会学者计划"（The Obama Foundation Scholar's Program），该计划面向全球不同领域的青年领袖，这些青年领袖所从事的领域包括了消除性别暴力、促进妇女权利、增强环境可持续性、加强治理、增加获得高质量医疗的机会。④

---

① Harriman Institute, "About Us: History", (02 March 2021), https://harriman.columbia.edu/about-us/history.
② European Institute, "Mission & History", (03 March 2021), https://europe.columbia.edu/content/mission-history.
③ Weatherhead East Asian Institute, "History", (02 March 2021), https://weai.columbia.edu/timeline.
④ The Obama Foundation Scholar's Program, "Application Information", (02 March 2021), https://worldprojects.columbia.edu/application-information.

(三) 哥伦比亚大学的内部结构

哥伦比亚大学将全球计划办公室(The Office of Global Programs)及更名后的本科生全球参与中心(Columbia University Center for Undergraduate Global Engagement),与学校其他部门进行合作,开发、协调和实施各种国际化项目,以支持学校国际化人才的培养。这些项目包括了出国留学、全球实习、全球服务学习、全球研究、学校内外的全球化课程,旨在为所有本科生提供全球学习和全球参与的机会。本科生全球参与中心与教师在全球研究和全球教学中紧密合作,以确保教师的全球影响力和全球竞争力,帮助教师树立全球意识和实现全球能力。本科生全球参与中心致力于支持本科生获得全球机会,通过建立全球活动中心,为学生和教师提供专门的中心平台,学生在这个平台上可以更好地了解潜在的机会;教师可以分享他们在全球层面和区域层面的专业知识和建议。除此之外,本科生全球参与中心还合作开发、实施和评估以往和现有的本科全球课程,以及在哥伦比亚大学和全球范围内开展全球参与的机会。[1]

国际学生和学者办公部门为哥伦比亚大学所有本科生院系和研究生院系的国际学生和国际学者服务,也为接纳、任命、雇用国际学生和国际学者的大学教职员工服务。国际学生和学者办公室为国际学生和国际学者提供各种形式的服务,如就业服务、旅游、缴纳税收等,从而使所有的国际学生和国际学者在哥伦比亚大学更顺利地实现学术和专业抱负。[2]

---

[1] Columbia University Center for Undergraduate Global Engagement, "About Us", (24 February 2021), https://global.undergrad.columbia.edu/about.

[2] Columbia University International Students & Scholars Office, "About Us", (25 February 2021), https://isso.columbia.edu/content/about-us.

四、实践规范

哥伦比亚大学的国际化人才培养实践规范包括了基于通识教育的专业能力培养；基于九个"哥伦比亚全球中心"等机构和项目的师生的国际经验；以及种类繁多的国际化课程和国际化研究。由于哥伦比亚大学地处纽约这座国际化大都市，因而学校也将纽约城作为其国际化校园的重要元素，致力于成为"纽约城的哥伦比亚大学"（Columbia University in the City of New York）。

（一）专业能力

哥伦比亚大学被公认为美国现代大学实行通识教育的开拓者，它最早推行"当代文明"课程，这在美国高等教育史上是史无前例的，截至目前，该校已经在诸多领域设置了数量众多的核心课程。哥伦比亚大学通过通识教育核心课程，拓宽了学生的专业界限，使得不同学科的学生都能学习一些基础的课程，这对于学生专业能力的培养大有裨益。[①] 另外，哥伦比亚大学从人才培养的目标、过程和评价三个维度加强对国际化人才专业能力的培养。

以哥伦比亚大学的师范学院为例，作为美国历史最悠久、规模最大的教育研究生院，该学院致力于促进卓越教育，缩小美国最弱势群体在教育机会和教育成就上的差距。师范学院通过教育、心理和健康三大学科为全世界各地的学生提供专业知识，以重新构想应对当前国

[①] 李蕙伶："哥伦比亚大学通识课程设置研究及启示"，湖北大学硕士学位论文，2015年，第29页。

际背景下复杂挑战的方案。[①] 哥伦比亚大学师范学院在专业能力的培养目标表现在五个方面：一是专业实践能力，表现为对学科和专业知识、方法的掌握；二是探索和研究的能力，表现为运用批判性思维的探究能力发现知识；三是专业精神和终身学习的能力，表现为对个人和专业的成长负责；四是协作意识、沟通领导意识，同时也可以实现将发展目标或是承诺逐步发展为行动；五是尊重与保持文化多样性、维护社会正义的能力，是指发现不公正的核心本质与形成原因，实时行动构建更美好的世界。[②]

基于专业能力的培养目标，哥伦比亚大学师范学院提出了专业能力培养的具体实施过程，以师范学院教育与经济专业的课程设置为例可以看出：为培养专业实践能力，对应的课程有教育与经济、高等教育经济学等必修课，以及劳动经济学等非必修课；为培养探索和研究的能力，对应的课程有多元回归分析等基本课程；为培养专业精神和终身学习的能力，对应的课程有教育与经济领域的工作坊或课程；为培养沟通、协作和领导能力，对应的课程有教育经济学、高等教育经济学等课程的论文写作和展示；为培养尊重和争取多样性的能力，对应的课程包括国际比较研究、少数民族经济学、国际教育发展研究等。

师范学院针对不同的专业能力培养目标，还提出了各自具有针对性的评价方式。如教育政策和社会分析课程对专业能力的评价是通过

[①] Teachers College Columbia University, "Institutional Plan for the Assessment of Student Learning Outcomes 2016-2020", (31 December 2020), https：//www.tc.columbia.edu/media/administration/accreditation/2016-2020-Learning-Outcomes-Assessment-Plan.pdf.

[②] Teachers College Columbia University, "Institutional Plan for the Assessment of Student Learning Outcomes 2016-2020", (31 December 2020), https：//www.tc.columbia.edu/media/administration/accreditation/2016-2020-Learning-Outcomes-Assessment-Plan.pdf.

政策论文作专门的理论研究；社会研究教育课程侧重于探索和研究能力的评估；人类学课程对专业精神和终身学习能力的评价是实地研究论文；成人学习和领导课程对沟通、协作和领导能力的评价是探究项目；高等教育课程对尊重和争取多样性能力的评价是小组研究项目。正如哥伦比亚大学师范学院在其官网所说，"师范学院的教育、健康、心理学和领导力方面的研究生课程将为您提供世界一流的学者，前沿研究，最先进的设施和实验室，以及以社会公正为重点的知识，这将使你准备好改变世界。我们的系所都有跨学科的工作经验，让你提出方案并将其应用于应对本土和全球挑战"[1]。

（二）学生的国际经验

哥伦比亚大学为学生准备了150多个短期留学项目，学生可以选择与自身研究兴趣匹配的项目。这些短期留学项目有以下特点：一是短期留学的教学语言较多，除了英语授课之外，还包括特定国家的教学语言，学生在留学期间需要学习所选择国家的语言，如印尼语、日语、阿拉伯语、汉语、法语、德语、希伯来语、印地语、葡萄牙语等。这些语言中既有使用人数较多的汉语和法语等，也有使用人数较少的祖鲁语和斯瓦希里语等。二是短期留学所覆盖的地区和国家广泛，既有欧洲地区（54个项目），也有撒哈拉以南非洲地区（8个项目），涉及的国家有40余个，真正做到了遍布全球。三是短期留学的主题所覆盖的学科广泛，包括艺术与建筑、外语学习、人文、社会科学、STEM。四是短期留学的时间自由，春季学期和秋季学期均有出国留学的机会。五是强调学生的亲身体验，哥伦比亚大学鼓励学生选

---

[1] Teachers College Columbia University, "Explore Academic Programs", (05 March 2021), https://www.tc.columbia.edu/academics/.

择住在留学国家的寄宿家庭,通过文化浸入的方式融入当地的语言环境和文化环境,通过实地考察和短途旅行的方式亲身体会当地的风土人情和历史宗教。①

"哥伦比亚海外经验计划"(Columbia Experience Overseas,CEO)通过与校友和雇主的合作伙伴关系,为哥伦比亚大学的学生在安曼、香港、伦敦、孟买、首尔和新加坡等不同城市提供高质量的实习经验。② 学生通过哥伦比亚海外经验计划将获得丰富的国际工作经验,培养跨文化沟通的能力,在国际环境中与专业人员和哥伦比亚大学校友建立起联系。以在伦敦的实习为例,伦敦作为全球性的大都市,为哥伦比亚大学的学生提供了在商业中心实习的机会,伦敦的校友网络也为实习的大学生提供了额外的支持。③ 伦敦的历史文化、多样化的实习机会还为哥伦比亚大学的学生提供了丰富的国际经验。

为了支持和发展学生的国际经验,哥伦比亚大学建立了专门针对"哥伦比亚全球中心"的网络体系,这一体系包括了九大哥伦比亚全球中心。④ "所谓哥伦比亚全球中心,是为各个学科的教职员工和学生设计的、旨在与海外大学,政府机构和其他海外组织合作开展国际项目的全球网络。"⑤ 全球中心网络发展为该校全球战略的核心,旨

---

① Columbia University Center for Undergraduate Global Engagement, "Study Abroad", (24 February 2021), https://global.undergrad.columbia.edu/studyabroad/search.

② Columbia University Center for Career Educations, "Columbia Experience Overseas", (24 February 2021), https://www.careereducation.columbia.edu/programs/columbia-experience-overseas.

③ Columbia University Center for Career Education, "CEO London", (24 February 2021), https://www.careereducation.columbia.edu/programs/columbia-experience-overseas.

④ Columbia University, "Columbia Global Centers", (24 February 2021), https://globalcenters.columbia.edu/content/about-cgc.

⑤ The Chronicle of Higher Education, "Columbia University to Open Network of International Collaborative-Research Centers", (3 April 2009), https://www.chronicle.com/article/columbia-u-to-open-network-of-international-collaborative-research-centers/.

在通过推进有关全球面临的最重要问题的研究知识来扩大哥伦比亚大学为世界做出积极贡献的能力。基本上这九个全球中心都有面向学生国际经验的教育计划或学术课程。以位于孟买的哥伦比亚全球中心为例,该中心除了承担"哥伦比亚海外经验计划"之外,还与哥伦比亚梅尔曼公共卫生学院一起举办暑期实习课程,保障哥伦比亚大学学生在印度的实习。另外,该中心还与位于北京的哥伦比亚全球中心合作承办了为期六周的夏季媒体实践强化课程。① 位于伊斯坦布尔的哥伦比亚全球中心则让哥伦比亚大学商学院的近 40 名学生参加了查森国际商业研究中心(The Chazen Institute of International Business)的"全球浸入计划"(Global Immersion Program),以探索近年来土耳其的创业领域如何发展和演变。②

哥伦比亚大学学生的国际经验既包括上述的线下活动,还包括线上的国际交流活动,如"全球哥伦比亚合作实验室"。哥伦比亚大学认为,在当今全球互联的世界中,需要培养学生的领导力,以应对复杂多变的全球挑战。哥伦比亚大学的本科生通过"全球哥伦比亚合作实验室"网络互动,可以参加哥伦比亚大学全球中心网络定期组织的全球研讨会,与世界各地的专家和同行交流关于全球挑战的思考,了解有关全球主题的重要信息,增强全球学习的能力,如跨文化协作的能力、批判性反思的能力等。在每次全球研讨会之后,哥伦比亚大学会鼓励学生提出应对全球挑战的,且具有社会影响力的项目,并为他们提供资金支持。③ 正如李·布林格所说:"我们正处于全球合

---

① Columbia University, "Mumbai Columbia Global Centers", (24 February 2021), https://cu-global-centers. site. drupaldisttest. cc. columbia. edu/content/mumbai-education.

② Columbia University, "Istanbul Columbia Global Centers", (24 February 2021), https://cu-global-centers. site. drupaldisttest. cc. columbia. edu/content/istanbul-education.

③ Global Engagement, "Global Columbia Collaboratory", (06 March 2021), https://global. undergrad. columbia. edu/program/global-columbia-collaboratory.

作对于解决人类面临问题如此重要的时刻,'全球哥伦比亚合作实验室'让学生有机会了解这些复杂的挑战,与专家及其同伴合作,并提出可以转化为行动的有意义的解决方案。"①

(三) 教师的国际经验

除了促进学生的国际经验积累之外,位于全球九座城市的哥伦比亚全球中心也通过相关项目与哥伦比亚大学的教师进行合作研究,增进哥伦比亚大学教师的国际经验。位于伊斯坦布尔的哥伦比亚全球中心为哥伦比亚大学的教师制定了四个主题研究计划,分别是人权、政策与自由;人文、历史、文化遗产和艺术;可持续发展、城市化与公共卫生;妇女与性别研究。位于孟买的哥伦比亚全球中心与哥伦比亚大学的教师以及地区专家机构合作制定和支持传播创新的跨学科研究计划。该中心致力于实现李·布林格所提出的"利用学术界的力量深化应对重大全球挑战的能力的愿景"。中心目前的研究活动集中在五个具有深远意义和全球区域意义的主题领域,包括取水与管理,可持续城市化,教育、文化和知识,卫生与医学,经济赋权和创业精神。②

为了支持教师在哥伦比亚全球中心的教学活动和研究活动,哥伦比亚大学前校长李·布林格于 2013 年 3 月创建了专门的"校长全球创新基金"(President's Global Innovation Fund, PGIF),并使哥伦比亚大学教师获得了哥伦比亚全球中心网络的赠款,旨在促进新项目的开发和不同哥伦比亚全球中心之间的学术研究合作,提升哥伦比亚大

---

① Columbia Global Centers, "Global Columbia Collaboratory Presents", (06 March 2021), https://globalcenters.columbia.edu/cgc-global-columbia-collaboratory.
② Columbia University, "Mumbai Columbia Global Centers", (24 February 2021), https://cu-global-centers.site.drupaldisttest.cc.columbia.edu/content/mumbai-research.

学教师的全球研究、教学和服务的机会。① 位于孟买的哥伦比亚全球中心利用"校长创新基金"开展的研究有2013年的"哥伦比亚全球人文计划",获得基金赠款的教师是南亚研究教授谢尔顿·波洛克(Sheldon Pollock)、阿文德·拉古纳森(Arvind Raghunathan);通过"涵盖宗教:全球视野"项目获得基金赠款的教师是新闻学研究生院教授阿里·高德曼(Ari L. Goldman)、兼职教授尤吉·特里维迪(Yogi Trivedi);等等。② 哥伦比亚大学全球中心和全球发展执行副总裁萨夫万·马斯里指出了哥伦比亚全球中心对教师国际经验的重要性:"哥伦比亚全球中心以及哥伦比亚大学的其他重要全球计划,为世界各地的物质和知识基础设施提供了便利,学者可以进行跨学科共同合作,解决共同感兴趣的问题。从安曼到里约热内卢,全球中心所在的城市中,我们的教职工都从事着重要的工作,这些工作既丰富了自己的学术研究,又对当地产生了实际影响。有了'全球哥伦比亚'的愿景,将深厚的知识与应用的解决方案相结合的机会是无限的。"③

(四)国际性的知识:国际化课程和国际化研究

哥伦比亚大学所提供的国际性的知识主要包括了国际化课程和国际化的研究。

其一是国际化课程。哥伦比亚大学明确提到了"核心课程"属

---

① Columbia University, "Paris Columbia Global Centers", (24 February 2021), https://cu-global-centers. site. drupaldisttest. cc. columbia. edu/content/paris-research.
② Columbia University, "Mumbai Columbia Global Centers", (24 February 2021), https://cu-global-centers. site. drupaldisttest. cc. columbia. edu/content/mumbai-research.
③ Columbia Global Centers, "Message from Safwan Masri, EVP for Global Centers and Global Development", (06 March 2021), https://globalcenters. columbia. edu/content/message-safwan-masri-evp-global-centers-and-global-development.

于本科生教育重要组成部分,这一课程的重大使命是丰富学生视野,使其了解更多的科学发展、艺术发展等思想观念与巨大成就。[①] 课程包括文学人文、当代文明、艺术人文、音乐人文、科学前沿和大学写作六个板块,这六个板块的课程是内容基本相同的必修课。除了这六个板块之外,哥伦比亚大学的核心课程还包括了"外语要求"、"全球核心要求"、"科学要求"、"体育要求"四类有一定选课自由的课程。其中,"外语要求"和"全球核心要求"课程是哥伦比亚大学培养国际化人才在国际化课程层面的具体体现。

"外语要求"课程是哥伦比亚大学实现其使命的重要组成部分,其使命旨在将学生培养成未来尽心尽责和见多识广的公民。哥伦比亚大学认为,掌握其他国家的语言和文学是了解一个国家及其民众最重要的方式。[②] 哥伦比亚大学的"外语要求"课程内容主要包括三个方面:向学生介绍世界文化的同时,让他们了解自己的文化;让学生区分不同语言在语法和结构上的差异,并理解语言与文化含义之间的紧密联系;发展学生对外语的批判、分析和写作的技能。哥伦比亚大学"外语要求"课程所提供的外语类课程有40余种,包括"东亚语言文化"部门提供的汉语、韩语、日语等课程;"中东、南亚和非洲研究"部门提供的阿拉伯语、亚美尼亚语、希伯来语、土耳其语、印地语-乌尔都语、波斯语、泰米尔语、斯瓦希里语等课程;"拉丁美洲和伊比利亚文化"部门提供的西班牙语、葡萄牙语、加泰罗尼亚语等课程;"日耳曼语言文学系"部门提供的芬兰语、德语、瑞典语课程;"斯拉夫语言文学系"部门提供的俄语、捷克语、波兰语、乌克

---

① Columbia College, "Core Curriculum", (24 February 2021), https://bulletin.columbia.edu/columbia-college/core-curriculum/.
② Columbia College, "Foreign Language Requirement", (24 February 2021), https://bulletin.columbia.edu/columbia-college/core-curriculum/foreign-language-requirement/.

兰语、波斯尼亚语-克罗地亚语-塞尔维亚语课程等。另外，同哈佛大学一样，哥伦比亚大学"外语要求"课程也提供使用人数较少的外语选项，如"语言资源中心"部门提供的祖鲁语、约鲁巴语课程等，特别是"日耳曼语言文学系"提供的意第绪语（课程），其使用人数仅有300多万。"外语要求"课程甚至还提供已经消亡外语的课程，如"语言资源中心"部门提供的阿卡德语课程。数量众多、范围广泛的外语课程体现出哥伦比亚大学对多元文化的尊重和包容。另外，"外语要求"课程中的所有语言课程在发展基本语言技能的同时，都重视对语言背后文化的理解。哥伦比亚大学本科生必须修完"外语要求"课程列表中的四门不同语种的语言课程，且其中一门课程的语言水平应达到中级（Ⅱ级）。

"全球核心要求"课程支持学生直接参与到多元文明和多元文化传统之中，并持续与这些文明和传统保持互动。"全球核心要求"课程要求学生在历史背景下探索非洲、亚洲、美洲和中东的文化。[①] 课程主要被分为两种类型（如表5-1所示）：一种是以特定文化和特定文明为主题的比较课程或跨学科课程，如2021年春季学期课程表中的"东亚文明概论：中国""世界上的越南"等等；一种是以具体问题作为主题的课程，如2021年春季学期课程表中的"世界舞蹈史""全球思想主题：互联网世界中的全球20岁青年"。哥伦比亚大学学生必须修完全球核心课程列表中的两门课程才能获得相应的成绩。

---

① Columbia College, "Global Core Requirement", (24 February 2021), https://bulletin.columbia.edu/columbia-college/core-curriculum/foreign-language-requirement/.

表 5-1 哥伦比亚大学 2021 年春季学期"全球核心要求"课程列表

课程部门	课程名称
人类学	想象的阿拉伯
艺术史与考古学	非洲艺术
	中国、日本和韩国的艺术
核心课程中心	非洲文明
	拉丁美洲文明的主要文本
种族与种族研究中心	殖民/非殖民化
比较文学与社会	希腊人的奥斯曼帝国过去(从 2018 年春季开始)
全球思想委员会	全球思想主题:互联世界中的全球 20 岁青年 (从 2019 年春季开始)
舞蹈	世界舞蹈史
东亚语言文化	东亚文明概论:中国
	东亚简介:日本
	东亚文明概论:韩国
	主要文本讨论会:东亚
	东亚电影院(自 2017 年春季开始)
	日本历史(从 2019 年秋季开始)
法国浪漫史语言学	重新映射阿尔及利亚:空间的诗学与政治 (2021 年春季开始)
	黑色巴黎(通过巴黎虚拟哥伦比亚计划提供;以英语授课)
	城市外交(2021 年春季开始; 通过巴黎虚拟哥伦比亚计划提供;英语授课)
	妇女与社会——性贸易经济 (通过巴黎虚拟哥伦比亚计划提供;以法语授课)
日耳曼语	柏林/伊斯坦布尔:移民,文化,价值观

(续表)

课程部门	课程名称
历史	拉丁美洲文明 II
	奥斯曼帝国
	世界上的越南(2019 年春季开始)
	历史上的蒙古人
意大利语	欧洲的《古兰经》(自 2017 年秋季开始)
犹太研究	伊斯兰中东城市中的犹太人(2021 年春季开始)
	中世纪伊比利亚翻译中的犹太文化
拉丁美洲和伊比利亚文化	西班牙裔文化 I：殖民时期的伊斯兰西班牙
	葡语非洲和非洲黑人文化
	西班牙文化 II：对当今的启示
	巴西社会与文明(自 2017 年秋季开始)
	19 世纪巴西的种族，医学和文学(2020 年秋季开始)
中东、南亚和非洲研究	主要文本讨论会：中东和南亚
	当代伊斯兰文明
	甘地和他的对话者(2015 年春季开始)
	理论与文化
	MESAAS 与历史：法院文化(350—1750)(从 2021 年春季开始；作为一次性课程提供)
	南非奋斗的文学和文化(从 2017 年春季开始)
	伊斯兰中亚(从 2020 年秋季开始；作为一次性课程提供)
	社团/文化：印度洋(从 2013 年秋季开始)
	伊拉克：战争、爱情和流放(2021 年春季开始)
	冷战阿拉伯文化
	南亚的电影与殖民主义(从 2018 年春季开始)

(续表)

课程部门	课程名称
音乐	东亚音乐
宗教	印度教
	中国宗教传统
	黑色美国：简介
城市研究	城市其他地方：探索城市世界（从2021年春季开始）

资料来源：Columbia College,"Global Core Requirement",(24 Feburary 2021), https://bulletin.columbia.edu/columbia-college/core-curriculum/foreign-language-requirement/。

哥伦比亚大学的国际化课程不仅体现在本科生课程层面，还体现在研究生课程层面，国际与公共事务学院的研究生课程是哥伦比亚大学国际化课程的缩影。国际与公共事务学院所提供的国际事务硕士、公共管理硕士、开发实践公共管理硕士、经济政策管理公共管理硕士、环境科学与政策公共管理硕士、行政公共管理硕士、可持续发展博士等学位课程都具有国际化特色。以国际事务硕士的学位课程为例，学生在修读国际政治学、国际政治经济学、国际安全政策、国际金融与经济政策、经济与政治发展、人权与人道主义政策等核心课程的同时，还将有广泛的经验学习，包括参加世界各地组织共同举办的顶峰研讨会项目。通过修读国际事务硕士的学位课程，学生将获得解决国际事务所需重大问题的专业知识、实践技能和现实经验，在课程完成之后，国际事务硕士的毕业生将有机会到全球的公共部门、私营部门、非营利部门工作，包括联合国，美国的国务院、国防部、外交部，德意志银行，麦肯锡公司和国际救援委员会等机构和组织。事实上，除了国际与公共事务学院，其他学院也有国际化课程。例如法学院的(全球商法专业)行政法学硕士课程需要必修全球业务中的专业责任、全球商法座谈会课程和选修全球金融监督框架、国际环境法、国际贸易法等课程；文理研究生院的文学硕士学位课程中包括了"东亚：区域研究""东亚语言文化""欧洲历史、政治与社会""全球思想""国际和世界历史"等具有区域和全球特质的国际化课程；梅尔曼公共卫生学院的公共卫生学硕士学位课程中包括了"全球化与全球健康"核心课程，该课程通过探索有关公共卫生领域挑战和应对策略的全球观点，巩固和扩展学生对公共卫生领域的分析。综上所述，哥伦比亚大学已经将国际化的理念融入了不同学院的研究生学位课程之中。

由于哥伦比亚大学地处纽约这座国际化大都市，是众多国际组织和国际机构的总部所在地。因而该校的不少课程将学生在纽约的国际组织实习作为国际化课程的重要组成部分。鉴于纽约是联合国、众多国际公司和非政府组织的总部，还是欧洲国家使领馆和文化中心的所在地，法学院欧洲研究中心支持学生参加联合国的实习，获得关于人权的实地学习机会，同时学生还可以获得在其他国际机构的实习机会。

其二是国际化研究。哥伦比亚大学有超过 200 个研究中心和研究所，这些研究中心分布在哥伦比亚大学的不同学院，虽然不同研究中心和研究所的研究领域各有不同，但是不少研究中心和研究所进行的研究仍具有鲜明的国际化特征，主要可分为五类：区域研究、国别研究、国际事务和国际问题研究、国际比较视野下的专业研究、跨学科的国际化研究。

一是区域研究。哥伦比亚大学开展区域研究的机构主要有非洲研究所、欧洲研究所、哈里曼研究所、拉丁美洲研究所、中东研究所、南亚研究所、韦瑟黑德东亚研究所。这些区域研究机构通过一系列研究项目和研究计划对所关注的区域进行了深入研究。非洲研究所是哥伦比亚大学开展以非洲为主题的学术项目和研究的核心论坛和资源中心，该研究所通过与哥伦比亚大学其他各个部门和学生团体合作，共同促进有关非洲的学习、对话和交流。1948 年，欧洲研究所由卡内基基金会资助成立，它是美国致力于欧洲研究历史最悠久的学术机构，研究所在成立之初就致力于培训"马歇尔计划"的专家，为冷战时期的美国安全政策做出了巨大贡献，同时也为欧洲共同体的发展提供了支持，该研究所更多地关注西欧问题。① 1946 年，哈里曼研究所在洛克菲勒基金会的支持下成立，它是美国第一家致力于对俄罗斯和苏联进行跨学科研究的学术中心，如今哈里曼研究所已经成为致力于俄罗斯、欧亚和东欧研究的世界领先学术机构之一。② 1962 年拉丁美洲研究所成立，该研究所是哥伦比亚大学研究拉丁美洲的中心机构，为哥伦比亚大学教师和学者提供研究拉丁美洲的资源，并加强拉丁美洲与美国拉丁裔的联系。哥伦比亚大学教授弗兰克·坦嫩鲍姆（Frank Tannenbaum）是拉丁美洲研究所的第一任理事，也是自 20 世纪 30 年代以来美国最杰出的拉丁美洲主义者之一，他认为该研究所是在相关知识领域对美国外交政策需求的一种回应。自从以后，哥伦比亚大学的拉丁美洲地区研究已发展成为美国社会科学和人文学科最强大的领域之一。③ 1954 年中东研究所成立，该研究所致力于中东和北非相关地区的跨学科研究，被联邦政府教育部指定为国家资源中

---

① European Institute, "Mission & History", (03 March 2021), https://europe.columbia.edu/content/mission-history.
② Harriman Institute, "History", (11 April 2021), https://harriman.columbia.edu/about-us/history.
③ Institute of Latin American Studies, "About", (11 April 2021), https://ilas.columbia.edu/content/about.

心，还被授予外语和区域研究（FLAS）奖学金资格。① 南亚研究所负责协调哥伦比亚大学对阿富汗、孟加拉国、印度、马尔代夫、尼泊尔、斯里兰卡等国进行的研究活动。② 该所同样被教育部指定为国家资源中心并授予外语和区域研究奖学金。东亚研究所（2003 年更名为韦瑟黑德东亚研究所）成立于二战后的 1949 年，当时美国政府急需当代东亚专家。东亚研究所最初旨在为社会科学领域的研究生提供有关现代和当代中国及日本知识的培训，如今东亚研究所的研究范围已经涵盖了整个东亚、东南亚和中亚地区，成为研究东亚、东南亚和中亚的综合性研究中心和枢纽。自 1960 年以来，哥伦比亚大学已经被教育部指定为东亚国家资源中心。③

二是国别研究。哥伦比亚大学以国别为单位成立了相关研究中心，对具体国别的历史、文学、社会、宗教、建筑和艺术等进行研究。这些研究中心包括了巴勒斯坦研究中心、美国研究中心、唐氏中国中心、埃塞俄比亚国家卫生发展中心、伊朗研究中心、以色列犹太研究所、日本经济和商业中心、唐纳德·基恩日本文化中心、法国和法语研究中心等等。另外，哥伦比亚的部分国别研究中心往往由区域研究所成立，利用区域研究所的相关资源对区域内的国家进行研究，例如东亚研究所的韩国研究中心、拉丁美洲研究所的莱曼巴西研究中心和墨西哥研究中心。

三是国际事务和国际问题研究。这类研究中比较典型的要数哥伦

---

① Middle East Institute, "About MEI", (11 April 2021), https://www.mei.columbia.edu/about-1.
② South Asia Institute, "About the South Asia Institute", (11 April 2021), https://www.sai.columbia.edu/about-sai/south-asia-columbia.
③ Weatherhead East Asian Institute, "History", (02 March 2021), https://weai.columbia.edu/timeline.

比亚大学国际与公共事务学院下属的五个研究中心：发展经济与政策中心、环境经济与政策中心、全球经济治理中心、全球能源政策中心、萨尔茨曼战争与和平研究所所进行的研究。[①] 它们所进行的研究有一个显著的特点，即往往从"全球"和"人类"的视角对当前世界面临的经济、政治、能源和国际关系等问题进行研究。例如，全球经济治理中心旨在就全球经济治理进行新一轮政策导向研究，它的使命是开发、促进和实施超越民族国家边界，并解决保护主义和政治动荡的新理论、研究和政策倡议。除了国际与公共事务学院的这些研究中心之外，哥伦比亚大学其他与国际事务和国际问题研究相关的研究中心还包括国际冲突解决中心、国际历史中心、国际气候与社会研究所、艾滋病护理和治疗计划国际中心、国际商务教育与研究中心、亚太经济合作组织研究中心等等。

四是国际比较视野下的专业研究。除了上述国别和区域、国际问题和国际事务等国际性明显的研究中心之外，哥伦比亚大学还将国际比较的视野融入它的专业学科领域之中。例如，比较文学与社会中心旨在为跨学科、跨地区的比较关注提供支持，将研究文学和社会的比较方法带入当今产生知识和创造历史的全球化背景之中。这类研究比较有代表性的要数哥伦比亚大学法学院，法学院将国际和比较法作为重要的研究领域：一方面，法学院成立了专注于研究欧洲和亚洲国家法律的研究中心，包括以色列法律研究中心、日本法律研究中心、韩国法律研究中心、欧洲法律研究中心、中国法律研究中心；[②] 另一方

---

① Columbia SIPA, "Centers & Institutes", (11 April 2021), https://www.sipa.columbia.edu/experience-sipa/centers-institutes/search?keys=&field_resource_type_tid%5B%5D=30.

② Columbia Law School, "Research Centers and Programs", (11 April 2021), https://www.law.columbia.edu/faculty-scholarship/research-centers-and-programs.

面，法学院在全球人权倡导、国际公司法、反托拉斯法、经济移民和全球治理等问题始终处于研究的前沿。同时，法学院还帮助发展了联合国等国际组织和机构，为全球人权法建立了现代法律框架，相应地成立了国际商业与投资仲裁中心、全球治理中心、全球法律转型中心。

五是跨学科的国际化研究。跨学科的国际化研究通常有两种表现形式，一种是在某一个研究机构中，由多个学科的学者从不同的学科视角出发来进行研究，例如欧洲研究所进行的部分研究汇集了来自人类学、社会学、文学、宗教、政治学、哲学、法学、新闻学、历史学、经济学、艺术学、考古学、建筑学等学科的教师和学者，这些学者基于各自的学科视角对同一研究问题进行研究。另外一种是不同的研究机构之间进行合作，成立相应的研究中心，来进行跨学科的国际化研究。比较典型的是哥伦比亚大学欧洲研究所与哥伦比亚大学法学院欧洲法律研究所合作成立的让·莫内特高级研究中心，该研究中心获得了欧盟 2018—2021 年的资助，主要研究与欧盟相关的研究问题，包括关于欧盟规则和法规的国际影响研究、关于欧元区危机中历史和教训的研究、关于民粹主义兴起对欧洲构成挑战的研究等。类似的研究中心还有哥伦比亚文理学院和哥伦比亚法学院联合成立的哥伦比亚当代批判思想中心、哥伦比亚法学院和哥伦比亚大学地球研究所联合成立的哥伦比亚可持续发展中心。

五、国际化的氛围

位于国际化大都市对校园国际化氛围具有重要影响。哥伦比亚大学的全称是"纽约城的哥伦比亚大学"（Columbia University in the City of New York），由此可见纽约这座城市对哥伦比亚大学的影响。

李·布林格指出,"作为经典的大都市大学,哥伦比亚大学是真正的大学城。这所大学最令人惊讶的一点,就是聚集在我们现在所处的这几个街道的学生、教师和员工的数量。这里的生活完全不像人们对纽约专业的大都市里的大学所想象的那种生活。它像古代的雅典,市民可以胡乱披上长袍,走向论坛,思考世界问题。思考和讨论的风气笼罩一切,这里不仅仅是校园,而是一个社区。哥伦比亚大学融进了街区和城市的肌理"[①]。

毋庸置疑的是,哥伦比亚大学的国际化氛围也潜移默化地受到了纽约这座国际大都市的影响。以哥伦比亚大学的国际与公共事务学院为例,该学院成立于1946年,为适应二战后美国培养外交官和其他专业人员而设立,通过实践培训,以增进对重要地理区域的了解,后来发展成为美国在区域研究、安全和国际关系方面的重要领先机构。通过培养学生的服务和领导能力,在全球社会面临的关键公共政策中生产和分享新知识,以支持全球公共利益。国际与公共事务学院积极从纽约市的国际化资源中汲取力量。在纽约市,有联合国和其他国际组织,有金融、媒体和其他行业的领先公司,有数量众多的非营利组织,有市政府以及许多其他机构,哥伦比亚大学国际与公共事务学院的学生可以参加在联合国、大型私营公司和小型非营利组织的实习课程,从而获得实践经验。在纽约市,学生可以亲身体验到公共政策的影响。

另外,纽约市以其公园、剧院、博物馆和文化活动而闻名,不管是在经济还是文化等层面都是当今世界首屈一指的国际化大都市。一定程度上说,如果说哥伦比亚大学是"纽约城的哥伦比亚大学",那么纽约同时也是"哥伦比亚大学的纽约",纽约的国际化文化成为哥

---

① 朱易:《常春藤名校校长演说精选》,王建华等译,江西人民出版社2009年版,第182—183页。

伦比亚大学国际化氛围的不可分割的组成部分，探索国际化大都市的纽约是哥伦比亚大学的国际化人才培养的重要环节。

更为重要的是，哥伦比亚大学国际与公共事务学院可以在纽约与世界上最重要的国际组织之一——联合国建立牢固的伙伴关系。国际公共事务的学生进入联合国的机会包括访问安全理事会、与联合国工作人员举行高级别的小组会议、与联合国大使共进午餐，以及参加每年的"联合国日"之类的交流活动。

正如哥伦比亚大学在其官网所说，"哥伦比亚大学是世界上最国际化城市的一所全球性大学。我们的学生在学术和经验上都与更广阔的世界互动，同学和教授来自世界各地。哥伦比亚大学的学生中有17%是国际学生，校园中有150多个国家和地区的学生。在哥伦比亚可以学习大约50种语言，纽约市的居民大约讲180种语言"。在纽约这座多元文化的大熔炉里，哥伦比亚大学不可避免地受到纽约国际化的影响，被熏染上了浓墨的国际化色彩。

哥伦比亚大学在校园里还会举办各种国际化的活动，以开拓学生的国际视野、培养学生的国际素养。其比较有代表性的是"哥伦比亚世界领导人论坛"（World Leaders Forum）和"全球思想委员会"（Committee on Global Thought）。

哥伦比亚世界领导人论坛为学生提供了广阔的平台，在这个平台上，学生可以从权威的领导人口中听到有关其他国家和整个世界面临的重大问题。自2003年由时任校长李·布林格首次创立以来，世界领导人论坛已经接待了来自85个国家和地区的300多位国家元首和世界领导人、国际组织高级官员，其中包括挪威王国总理埃尔纳·索尔伯格、芬兰总理桑纳·马林、卢旺达共和国总统保罗·卡加梅、伊拉克共和国总统巴勒姆·萨利赫、新西兰总理贾辛达·阿登、哥伦比亚共和国总统胡安·曼努埃尔·桑托斯、联合国秘书长安东尼奥·古特雷斯、联合国大会第73届会议主席玛丽亚·费尔南达·埃斯皮诺萨·加塞斯。互动回答是哥伦比亚世界领导人论坛的重要环节，哥伦比亚大学的学生和教师都有机会参与以上领导人的讨论。哥伦比亚世界领导人论坛让学生在校园里就可以积极参与国际事务，正如李·布林格所说，"哥伦比亚世界领导人论坛的目的和初衷是通过一个持续性的开放性论坛，为那些将成为未来领导人的学生提供学习、交流和进行激烈辩论的机会"①。

全球思想委员会为哥伦比亚教师和学生提供了在全球意义上与杰出学者和实践者互动的机会和平台，以重新思考和构想大学应对全球化挑战的方式。全球思想委员会认为"全球思想"是一种考虑当今全球问题的方法，它摆脱了旧有过时的框架。全球思想委员会由李·布林格校长于2006年成立，委员会规模已由6位创始成员扩大到34位，其使命是加强大学对全球重要性的问题的参与。全球思想委员会认为了解当今世界不断变化的局势，需要讨论与全球现象有关的新概念和新类别，需要对全球现象进行跨国界和跨学科的思考。全球思想委员会除了履行在学院内的使命，还与决策者、记者、建筑师、城市规划师、国际金融界的从业人员、电影摄制者、艺术家、非营利机构、国际非政府组织和国际社会的代表开展合作与互动。全球思想委员会开展的活动有：（1）全球思考活动，供来自不同学科、不同背景和不同专业知识的学者共享和发展新思想，通常采取小型集体讨论的形式。讨论的主题有"现在的民粹主义""全球资金：过去、现在、未来""全球曝光：21世纪的虚拟透明度"等。（2）签名研究项目，

---

① Columbia University, "World Leaders Forum", (11 April 2021), https://world-leaders.columbia.edu/.

思考大学如何向世界学习并为建立健全和繁荣的全球社区目标做出贡献。目前的签名研究项目包括"瞬息万变的世界中的青年""负债累累的世界""全球背景下的记忆政治"。(3)全球思想讲座。(4)午餐时间研讨会。全球思想委员会的活动主要围绕三个主题展开：全球治理、全球政治经济学和全球政治与文化。① 全球思想委员会是李·布林格校长实现"全球哥伦比亚"愿景的一部分，它不仅拓宽了哥伦比亚大学参与国际和全球事务有关活动的广度，还通过全球政策倡议、全球报告和全球中心等扩大哥伦比亚大学研究、教学和实践在全球的联系。

第二节　加州大学伯克利分校

加州大学伯克利分校系加州大学系统内创建最早的高校，也属于加州大学系统的旗舰与全球知名高校。加州大学伯克利分校总共有150多年的历史，建校30多年后便成为美国著名大学，建校60多年后便获得诺贝尔奖，现在已经成为全球一流大学。② "当(20世纪)50年代末期秩序确立以后，伯克利不仅振作起来，而且是作为美国大学中哈佛显赫地位的挑战者的身份出现的。尽管偶尔有厄运降临，但伯

---

① Columbia University,"Global Thought/Events",(11 April 2021), https://cgt.columbia.edu/events/.

② 谷贤林：“一流大学之路：加州大学伯克利分校发展研究”，《清华大学教育研究》2005年第4期。

克利仍然是战后时代杰出的学术成功者"①。马万华教授在其专著《从伯克利到北大清华——中美公立研究型大学建设与运行》中指出了加州大学伯克利分校的成功经验：与社会——包括工业企业、社会组织、慈善机构、各种基金会、地方、州政府和联邦政府——的密切联系，使大学能够及时掌握社会发展各方面的信息和需求。② 可以说，与社会和政府的密切联系同样成为加州大学伯克利分校国际化人才培养的成功经验。

一、加州大学伯克利分校国际化人才培养的历史和现状

加州大学伯克利分校建立于 1868 年，地处旧金山湾区的伯克利市，被称作"公立常春藤"，也被称作"全球最好的公立大学"。加州大学伯克利分校设有化学学院（College of Chemistry）、教育研究生院（Graduate School of Education）、工程学院（Berkeley Engineering）、环境设计学院（Environmental Design）、哈斯商学院（Haas School of Business）、信息学院（School of Information）、新闻学院（Graduate School of Journalism）、法学院（Berkeley Law）、文理学院（College of Letters & Science）、自然资源学院（College of Natural Resources）、眼科学院（School of Optometry）、公共卫生学院（School of Public Health）、高盛公共政策学院（Goldman School of Public Policy）、社会福利学院（Berkeley Social Welfare）。该校指出了教育的国际合作与国

---

① 罗杰·L. 盖格：《研究与相关知识——第二次世界大战依赖的美国研究型大学》，张斌贤等译，河北大学出版社 2008 年版，第 79 页。
② 马万华：《从伯克利到北大清华——中美公立研究型大学建设与运行》，教育科学出版社 2004 年版，第 151 页。

际化人才培养的重要意义:"我们认为,消除国内外机构之间的障碍对于创造新知识和探索世界上最紧迫问题的创新解决方案至关重要。我们致力于通过国际研究和机构合作,扩大伯克利的全球影响力来实现这一目标。"[1] 一定程度上来说,加强教育国际合作的过程,也是国际化人才培养的过程。加州大学作为公(州)立大学,有其特殊性,即它不仅要为联邦政府培养国际化人才,更要为州政府培养国际化人才。因而,在它国际化人才培养的过程中,在受到联邦政府和加州政府大力支持的同时,又受到加州政府的掣肘和羁绊。总体而言,进入21世纪以后,加州大学的国际化人才培养迎来了新的发展时期。

在建校之初,加州大学伯克利分校就表现出对国际化人才培养的浓厚兴趣和重视。该校的第二任校长丹尼尔·科特·吉尔曼(Daniel Coit Gilman)指出,加利福尼亚是东西方产品交流和文化思想交流的枢纽和门户,招收并培养国际学生有助于拓宽学术思维,推进美国和其他国家间的文化交流;另外,还能推动加利福尼亚经济以及美国经济的整体发展。1899 年,本杰明·艾德·惠勒(Benjamin Ide Wheeler)成为加州大学伯克利分校的第八任校长,在德国的留学经历让他深刻领会到了国际化人才培养,以及国际交流的重要性。本杰明·艾德·惠勒在任期间(1899—1919 年),一方面通过各种渠道筹款资助学生的人类学国际考察,另一方面创办了"东方学院",招收来自韩国、日本和中国的亚裔学生。不管是鼓励学生走出去做国际田野调查,还是吸引国际学生到美国并对他们进行培养,加州大学伯克利分校充分地意识到了国际化人才培养对学校、对加州以及对美国的重要内在价值。为了支持国际化人才培养,加州大学伯克利分校鼓励不同经济背

---

[1] Berkeley Global Engagement, "GEO's Mission", (09 March 2021), https://globalengagement. berkeley. edu/about/geos-mission.

景、社会背景的学生能够在同一环境一起学习,努力为国际化人才培养营造多元文化的氛围和环境。

然而,加州大学伯克利分校的国际化人才培养并非一帆风顺,因为并不是所有的大学管理者和加州官员都支持国际化人才培养,其中不乏对国际学生的招收和培养持有怀疑态度者。在一战之后特别是20世纪30年代,美国经济陷入了萧条和衰退困境,联邦政府削减了对高等教育的财政支出,但此时大批加州民众入学热情高涨,这使得加州民众对非加州的美国学生和国际学生抱有强烈的排斥态度。为了应对这种情况,加州大学伯克利分校的第九任校长大卫·普雷斯科特·巴罗(David Prescott Barrows)倡议国际学生培养对构建多元文化校园的重要性,即国际化人才培养对加州大学伯克利分校的文化和学术将会产生积极层面的影响。在他的坚持和努力下,学校可以继续招收国际学生,但关于国际学生地位和价值的争论一直没有停止过。在加州人口持续增长的背景之下,大学管理者和加州官员更为关切的是加州大学如何更好地为加州人民所服务。经过博弈,双方达成了一项协议,即将加州之外的学生入学数量控制在较低水平。在这个协议的影响下,加州大学伯克利分校的国际化人才培养受到了较大影响,学校的国际学生特别是国际本科生入学人数大幅下降。从20世纪60年代到世纪末,国际本科生人数仅占全校本科生的4%。[1]

进入21世纪之后,在全球化浪潮的席卷之下,加州大学伯克利分校重新认识到了国际学生对国际化人才培养的重要性,以及国际学生为学校和国家所带来的影响及效益。在21世纪前20年,加州大学伯克利分校以更加多元包容的文化和态度欢迎来自世界各地的国际学

---

[1] 朱建安:"加州大学伯克利分校国际学生教育质量保障研究",河北大学硕士学位论文,2020年,第17页。

生。在校国际学生人数从 2004 年的 2688 人上升到了 2019 年的 6833 人，整体呈现出上升的发展趋势。① 国际学生培养仅仅只是加州大学伯克利分校国际化人才培养的一个缩影和重要元素，但对国际学生的重视标志着加州大学伯克利分校已将国际化人才培养和国际化教育作为学校不可或缺的组成部分。

二、价值理念

（一）批判性思维、跨文化沟通和适应能力的领导者

加州大学伯克利分校将培养领导者作为国际化人才培养的重要价值观念，并且非常注重学生跨文化沟通能力的培养。加州大学伯克利分校的学术规划副教务长兼高级国际干事丽莎·阿尔瓦雷斯·科恩（Lisa Alvarez Cohen）也指出："当今的全球生态系统要求领导者具有跨组织、国家和文化边界的协作技能。国际教育合作可以培养学生的跨文化能力，而国际研究合作可以扩大知识发现和创新的范围和影响。加州大学伯克利分校提供支持教育和研究的国际化，以造福全球社会。"②

培养全球领导者的国际化理念还体现在加州大学伯克利分校的各个院系。哈斯商学院通过培养企业家领导者，以应对当今社会最大的挑战：创新、包容性和可持续，尤其是全球气候危机。哈斯商学院的可持续发展项目就是以培养企业领导者作为目标，以实现环境、社会

---

① 朱建安："加州大学伯克利分校国际学生教育质量保障研究"，河北大学硕士学位论文，2020 年，第 17 页。

② Berkeley Global Engagement, "Welcome from the Vice Provost & Senior International Officer", (09 March 2021), https://globalengagement.berkeley.edu/about/welcome-vice-provost-senior-international-officer.

以及经济目标。该学院从地球环境和气候变化的角度出发,开设可持续发展的相关课程,从而能够让学生在毕业时对地球面临的环境威胁和机遇有基本的认识,今后可以在引领社会变革和可持续发展未来中发挥领导作用。同时,哈斯商学院还通过对学生批判性思维、沟通能力和适应能力的培养,以令其适应全球知识经济发展的需求。① 高盛公共政策学院的教师是各自领域的顶尖研究人员,这些领域包括了经济学、政治学、法学、社会心理学和工程学等,研究的范围包括了教育政策、种族概况以及全球清洁能源。高盛公共政策学院通过对学生组织领导力的训练,致力于培养未来的政策领导者。②

(二)全球责任感

加州大学伯克利分校一直注重对学生全球责任感的培养,将解决全球健康、全球贫困和全球气候等问题作为研究的重点和国际化人才培养的重要方向。全球公共卫生中心(Center for Global Public Health)为学生提供跨学科的、经验性的研究,以及提供培训和学习的机会,以改善世界范围内的人类健康。③ 加州中国气候研究所(California-China Climate Institute)由加州大学与清华大学合作设立,联合培养学生以应对全球气候变化,并提供全球气候解决方案的国际化人才。加州大学伯克利分校的全球有效行动中心(Center for Effective Global Action)致力于通过创新研究推动全球社会改善生活,以推动有效的

---

① Berkeley Hass, "Sustainability", (11 April 2021), https://haas.berkeley.edu/sustainability/.
② UC Berkeley, "The Goldman School Public Policy", (11 April 2021), https://gspp.berkeley.edu/.
③ School of Public Health Center for Global Public Health, "About", (06 March 2021), https://cgph.berkeley.edu/about/.

社会政策和发展规划。① 全球有效行动中心在严格研究的支持下,将技术和创新运用于减少全球贫困和加速全球发展。②

加州大学伯克利分校在其国际参与原则中,提到了全球参与对培养加州公民、国家公民和世界公民的重要性。该原则指出,学校在教学与研究方面的成就之所以声名远播,部分原因就是它悠久的国际参与的历史传统。加州大学伯克利分校与世界的互动为应对社会挑战提供了绝佳机会,也有助于培养具有全球责任感的国际化人才。为此,加州大学伯克利分校创建国际化的校园社区;创造有利于学术的教育环境;鼓励教师和学生走遍世界,去追寻和探索知识;欢迎国际化的合作,以增进知识;致力于加强多元性和包容性以及学术自由,在国际参与环境中展现领导才能;为师生参与国际事务提供保障。③

(三) 具有全球视野、参与全球事务的国际问题专家

加州大学伯克利分校在二战后的1955年,为适应美国冷战的战略竞争需要、研究二战后的全球新秩序,成立了国际问题研究所(Institute of International Studies)。时任校长克拉克·克尔(Clark Kerr)在国际问题研究所的成立致辞中说道:"国际问题研究所标志着加州大学伯克利分校在人类知识领域的研究和发展计划迈出了重要一步,随着美国在世界上领导地位的稳固,这一领域变得越来越重要。国际问

---

① Berkeley California-China Climate Institute, "About", (06 March 2021), https://ccci.berkeley.edu/about.
② Center for Effective Global Action, "Who We Are", (06 March 2021), https://cega.berkeley.edu/.
③ Berkeley Global Engagement, "UC Berkeley's Principles of International Engagement", (06 March 2021), https://globalengagement.berkeley.edu/about/uc-berkeleys-principles-international-engagement.

题研究所为大学履行国家责任提供了重点。"① 在国际问题研究所的支持下,加州大学伯克利分校建立了很多新的区域研究计划并发起很多国际倡议,其中许多已经发展成为独立研究所,包括东亚研究所、非洲研究所等。国际问题研究所的存在,让加州大学伯克利分校可以在全球或国际层面统筹国际化人才培养:区域研究中心——开展各区域的研究;全校层面的国际教学和研究——包括全球研究专业课程、政治学系的国际事务课程、文理学院对国际研究广度的要求;"世界在伯克利"——支持学生出国留学,增加国际学生资源;"国际之家"——国际宿舍楼。其中,全球研究专业课程可以指导学生如何使用获得的知识,以应对最重要的全球问题;政治学系的国际事务课程可以让学生理解国际政治的政治方式以及它如何围绕政治角色和人类重要的实质性问题发挥作用。② 总而言之,国际问题研究所通过跨学科的视角关注和研究国际问题之时,它自身也被加州大学伯克利分校作为统一的框架和平台,通过协调研究所、中心和部门的合作,为学生提供参与全球和国际事务的机会,旨在将学生培养为具有全球视野、参与全球事务的国际问题专家。

三、模型框架

政府、社会、加州大学伯克利分校(内部机构)构成了加州大学伯克利分校国际化人才培养的模型框架,三者之间紧密联系,在国际

---

① Berkeley Institute of International Studies, "History", (06 March 2021), https://iis.berkeley.edu/home/history.

② Berkeley Institute of International Studies, "International Studies at Berkeley", (06 March 2021), https://iis.berkeley.edu/home/international-studies-berkeley.

化人才培养中发挥着不同的作用,尤其是加州政府对该学校国际化人才培养的影响较大。

(一) 政府与加州大学伯克利分校

加州大学伯克利分校作为公立大学,与联邦政府和加州州政府都保持着密切联系。联邦政府主要通过教育法案和教育经费拨款等形式作用于加州大学伯克利分校,该分校基于联邦政府资助进行人才培养和学术科研工作:"加州大学伯克利分校在联邦政府政策和投资的影响下,从一所地区性大学转变为面向全球的研究型大学。"[①] 相比联邦政府,加州州政府采取了更为直接的方式,即通过行政干预和颁布法律等方式管控加州大学伯克利分校的国际化人才培养。

具体而言,联邦政府主要从两个方面为加州大学伯克利国际化人才培养提供保障:一是颁布政策法案,营造制度环境。美苏冷战初期,在苏联成功发射人造卫星之后,美国颁布了《国防教育法》,其第六章为美国高校的"国际教育基础设施建设"提供支持。加州大学伯克利分校在《国防教育法》颁布之后,得到了该法案第六章所授权的经费拨款,截至目前,每年可获得近350万美元的经费资助,以支持加州大学伯克利分校的世界区域中心建设和语言计划。《国防教育法》第六章的颁布遵循了二战后的国际主义理念和精神,旨在鼓励美国民众广泛学习和了解外语和国际事务,同时培养熟练掌握外语、熟知世界区域和了解国际形势的专家型国际化人才。1980年,《国防教育法》第六章被并入到《高等教育法》第六章,在这之后,《高等教育法》第六章的内容又经历了几次更改和扩展。《高等教育法》第六章

---

① Ma, Wanhua, "The University of California at Berkeley: An Emerging Global Research University", *Higher Education Policy*, Vol. 21, No. 1, 2008.

所提供的经费资助为加州大学伯克利分校的国际化人才培养提供了支持,包括区域研究机构和中心的运营、语言教学、各学科研究生的培养、公共宣传、外语类图书资料等。正如加州大学伯克利分校前常务副校长兼教务长乔治·布雷斯劳尔(George Breslauer)所说:"《高等教育法》第六章不仅对于我们的区域研究中心来说是必不可少的,对于成千上万的学生和年轻学者来说也是必不可少的。没有《高等教育法》第六章,我们将无法提供某些创新计划或创新项目,让加州大学伯克利分校的学生成为具有全球知名度的公民。"[①]

《高等教育法》第六章中与加州大学伯克利分校国际化人才培养密切相关的主要有:国家资源中心(National Resource Centers, NRC)计划、外语和区域研究奖学金(Foreign Language and Area Studies Fellowship, FLAS)计划和国际研究(International Research and Studies, IRS)计划。这些计划旨在增强和提升美国外语教育的能力和表现,并提高对其他文化和语言的教学和公众意识。以加州大学伯克利分校的非洲研究中心为例,该中心是教育部"国家资源中心计划"所资助的国家资源中心。同时,非洲研究中心还获得教育部"外语和区域研究奖学金计划"的资助,该资助成为支持非洲研究中心学生学习少数、关键外语,开展区域研究和国际研究的奖学金。另外,非洲研究中心还获得了教育部国际外语教育办公室"国际研究计划"的资助,并将这些资助用于开设"非洲之角"[②] 课程(Curriculum on the Horn of Africa)。总的来说,《高等教育法》第六章通过经费资助的方

[①] Berkeley Research, "International Education at Berkeley-The Role of Tittle VI Support", (25 February 2021), https://vcresearch.berkeley.edu/international/international-education-berkeley-role-title-vi.

[②] 非洲之角为地理概念,指非洲大陆东北部区域,包括吉布提、厄立特里亚、埃塞俄比亚、肯尼亚、索马里、南苏丹和苏丹等国。

式，很大程度上支持了非洲研究中心的语言教学、本科生和研究生的奖学金、非洲语言的研究、图书馆资源，等等。自1959年以来，美国联邦政府通过《高等教育法》第六章的相关计划大大增强了包括加州大学伯克利分校在内的美国顶尖大学在外语教育和地区研究领域的能力。自1979年以来，加州大学伯克利分校非洲研究中心定期获得联邦政府的资助。

二是协调下设机构，强化组织保障。联邦政府设置的相关机构为加州大学伯克利分校培养国际化人才提供了支持和保障。这些机构包括了促进学生国际流动、为国际学生到美学习提供信息的教育和文化事务局；为国际学生提供签证有关资料的领事事务局；维护和管理国际学生数据的国土安全部；为国际学生技术、专利和学术成果提供保障服务的商务部工业和安全局；负责有关国际教育和学术流动咨询的国际事务办公室；负责为外语和区域研究、国际研究提供支持的教育部国际和外语教育办公室（International and Foreign Language Education，IFLE）。①

因为加州大学伯克利分校是加州基于宪法专门建立的一所公立大学，因而该校在享受大学自治权的同时，很大程度上摆脱不了加州政府对它的监督和管理，加州政府希望加州大学伯克利分校的国际化人才培养能更好地为加州公民服务。

一方面，加州政府监管加州大学伯克利分校国际化人才培养的具体事务。首先，加州政府间接参与加州大学伯克利分校的校长和教师的任命，加州州长还对加州大学的董事会成员进行任命；其次，加州政府会重点对加州大学伯克利分校国际化人才培养（如国际学生教育）所产生的效益和收支进行监管和审查，同时为加州大学伯克利分

---

① 国际和外语教育办公室负责管理《高等教育法》第六章、《富布莱特-海斯法》助学金和奖学金计划，以加强外语教学、区域或国际研究的教学和研究。

校的国际化人才培养提供奖助学金,以及相关的专项财政支持;再次,加州政府还会对加州大学伯克利分校国际化人才培养中的学生管理、学生事务、招生等方面进行一定程度的行政干预;最后,加州大学伯克利分校还要向州政府提交有关国际化人才培养的年度报告,报告里须包含国际学生的录取情况和学业学习状况等,同时加州大学伯克利分校还要对下一年度的国际化教育作出规划。[①]

另一方面,加州政府对加州大学伯克利分校国际化人才的培养与加州发展的关系进行了协调。由于国际化人才培养,特别是对国际学生的培养一定程度上会影响到加州学生的权益,所以加州政府会对加州大学伯克利分校的招生方式和招生标准等进行监督。加州政府通过《AB1674法案》(Assembly Bill No.1674)要求加州大学伯克利分校等所有加州大学分校在录取本科学生时,须以加州和加州外两种学生身份和两种要求进行择优录取,以保证加州学生的入学机会,同时不允许为国际学生和加州外学生预留入学名额,公平对待每位入学申请者,[②] 做到既保证国际化人才培养的质量,又能保障加州学生的入学权利。综上所述,加州政府虽然对加州大学伯克利分校的国际化人才培养进行直接干预,但是目的是保障国际化人才的培养质量,同时让加州政府与加州大学伯克利分校的关系更为融洽。

(二)社会与加州大学伯克利分校

加州大学伯克利分校与美国的基金会等社会组织关系密切,特别

[①] 朱建安:"加州大学伯克利分校国际学生教育质量保障研究",河北大学硕士论文,2020年,第33页。

[②] California Legislative Information,"AB-1674 University of California: nonresident student enrollment",(06 March 2021),https://leginfo.legislature.ca.gov/faces/billNavClient.xhtml?bill_id=201720180AB1674.

是二战结束以后，美国的基金会加大了对加州大学伯克利分校的资助。以东亚研究所为例，在这个外语和区域研究中心的发展历程中，基金会扮演了重要的角色。1957年，东亚研究所中国研究中心的成立受到了福特基金会的资助。20世纪六七十年代，基金会的资助在国际和区域研究计划的管理中发挥了重要作用，其中就包括加州大学伯克利分校的东亚研究所。福特基金会在内部文件中指出：亚洲知识对美国的重要性，训练有素的专家被证明是亚洲问题以及世界和平的关键；在1953—1966年之间，福特基金会为大学和研究中心资助了2.7亿美元，用于专业培训；洛克菲勒基金会的一份备忘录强调必须将项目分包给大学。1978年，正式的东亚研究所成立之后，研究所创始人和第一任理事罗伯特·安东尼·斯卡拉皮诺（Robert A. Scalapino）进行了一次非常成功的筹款活动，梅隆基金会、哈斯基金会、人文挑战国家捐赠基金会、美国银行捐赠基金会每所基金会各向东亚研究所捐款30万美元，由此可见基金会对东亚研究所发展的重要性。到20世纪80年代初，资助东亚研究所的社会组织除了慈善基金会（如萨拉·斯卡夫基金会）和私人基金会（如艾格尼丝·波特基金会）的资助之外，还出现了公司的资助。例如，美孚石油公司捐赠7000美元，以帮助承办1983年5月的东亚研究所和国际战略研究中心会议，主题为"经济发展的政治稳定：20世纪80年代的替代方案"[①]。综上，从东亚研究所的例子可以看出，加州大学伯克利分校在联邦政府的资助下，还获得了基金会和公司等社会组织和机构的支持和资助，且这些社会资助和机构拓宽了加州大学伯克利分校获取办学资金的途径，在加州大学伯克利分校的发展过程中发挥着不

---

① UC Berkeley, "Institute of East Asian Studies", (11 April 2021), https://ieas.berkeley.edu/.

可或缺的作用。

(三) 加州大学伯克利分校的内部结构

加州大学伯克利分校内部的国际化人才培养管理部门包括了全球参与办公室、伯克利国际办公室、暑期课程、出国留学和终身学习部门、访问学者和博士后事务办公室。

全球参与办公室(Global Engagement Office, GEO)是加州大学伯克利分校协调管理国际化人才培养的中心机构。该办公室认为,"消除国内外机构之间的障碍对于创造新知识和探索全球最紧迫问题的创新解决方案至关重要。全球参与办公室致力于通过国际研究和机构合作扩大(加州大学)伯克利的全球影响力来实现这一目标"[①]。全球参与办公室从六个方面推进加州大学伯克利分校的"全球参与"和国际化人才培养:一是充当全球活动的中心枢纽和国际资源的信息交换所;二是支持高级管理部门推进加州大学伯克利分校的国际业务和战略;三是促进加州大学伯克利分校与国际合作伙伴的联络;四是接待和联系国际代表团,以及与国际化人才培养任务相关的教职员工;五是通过向有关学院等单位提供有关国际协定和伙伴关系的最佳做法的准则的咨询,确保国际伙伴关系的成功和可持续性。全球参与办公室主要通过三个工作组——国际活动协调组(International Activities Coordination Group, IACG)、国际参与政策工作组(International Engagement Policy Task Force, IEPTF)、伯克利国际组(Berkeley International Group, BIG)——来推动加州大学伯克利分校的国际化人才培养。其中,国际活动协调组由为国际活动提供建议或参与国际活动规划的成

---

① Berkeley Global Engagement, "GEO's Mission", (09 March 2021), https://globa-lengagement.berkeley.edu/about/geos-mission.

员组成。国际活动协调组帮助学校高级管理部门了解整个学校的国际化工作,协调高级别的校园全球计划,并为校园制定国际活动的准则。国际参与政策工作组负责向学校领导机构提供有关伯克利国际政策、协议和全球参与战略的指导。伯克利国际小组由加州大学伯克利分校的教职员工组成,他们被邀请每月开会参加与加州大学伯克利分校国际化人才培养相关的非正式讨论。伯克利国际小组已经成为公认的员工组织实践社区,它为员工提供了更多参与校园生活的机会。

全球参与办公室促进并协调组织校园内单位之间的全球参与活动,以支持大学在教学、研究和公共服务方面的使命。该办公室既是校园社区成员的资源和信息交换所,同时又是已有和潜在国际合作伙伴的联络人。全球参与办公室是加州大学伯克利分校学术规划部门的组成部分,正如学术规划副教务长兼高级国际干事丽莎·阿尔瓦雷斯·科恩所说:"当今的全球生态系统要求领导者具备跨越组织、跨越国界和跨越文化边界的协作技能。国际教育合作伙伴关系可以培养学生的跨文化能力,且国际研究合作可以扩大创新发现的范围和影响。全球参与办公室为能通过支持加州大学伯克利分校的教育国际化、研究国际化而造福于我们的全球社会而感到自豪。"①

伯克利国际办公室(Berkeley International Office,BIO)的职责是通过向加州大学伯克利分校的校园社区提供咨询、移民服务、倡议等方面的最高知识和专业知识,来提升国际学生和国际学者的学术经验。具体来说,伯克利国际办公室的职能包括为国内研究学者、教职

---

① Berkeley Global Engagement, "Welcome from the Vice Provost & Senior International Officer", (09 March 2021), https://globalengagement.berkeley.edu/about/welcome-vice-provost-senior-international-officer.

工等提供专门的咨询服务；为国际研究学者或是求学学生提供针对性的签证文件制作服务；为学生或是其他研究人士提供专业化课程和工作坊；为学校管理层或是其他的教职人员提供专业化培训或是强有力支持；解决美国居民成为国际教师的申请。①

加州大学伯克利分校的暑期课程、出国留学和终身学习部门（Summer Sessions, Study Abroad, and Lifelong Learning Division）主要由伯克利暑期课程办公室（Berkeley Summer Sessions Office）、伯克利出国留学办公室（Berkeley Study Abroad Office）和伯克利继续教育办公室（Berkeley Extension Office）组成。② 伯克利暑期课程办公室致力于在夏季提供高质量、有创新性的学术课程和体验式教育机会。通过向国内外的来访学生敞开大门，伯克利暑期办公室为广泛而多样化的学生群体提供大学教育。伯克利暑期课程办公室致力于为来访学生、校内院系和合作单位提供优质服务和无与伦比的学习机会。伯克利出国留学办公室通过鼓励和支持学生出国留学以完成加州大学伯克利分校的学术使命和公共使命，从而将学生培养成具有潜力和参与能力的国际化人才。具体来说，伯克利出国留学办公室为入学的本科生提供了出国留学的机会，并为他们如何出国留学提供指导建议。伯克利继续教育办公室为国际学生提供了一个无须正式入学，就可以自由选择就读加州大学伯克利分校课程的机会。伯克利继续教育办公室为国际学生提供各种短期课程，包括在线课程和留学课程。

此外，加州大学伯克利分校积极接待来自国外其他大学、实验室和政府机构的 2500 名学者，这些学者可以使用加州大学伯克利分校

---

① UC Berkeley, "International Office", (11 April 2021), https://internationaloffice.berkeley.edu/.

② UC Berkeley, "Undergraduate Education", (11 April 2021), https://vcue.berkeley.edu/our-units.

的设施开展研究。为支持访问学者和博士后的研究和专业兴趣,加州大学伯克利分校创建了"访问学者和博士后事务办公室"(Visiting Researcher Scholar and Postdoc Affairs Office, VSPA)。访问学者和博士后事务办公室的创始人是萨姆·卡斯塔涅达(Sam Castaneda),在他的带领下,访问学者和博士后事务办公室成为加州大学系统乃至美国大学中的第一个博士后办公室。也是在他的影响下,访问学者和博士后事务办公室创建了定制的座谈会、讲习班和社会活动,旨在为加州大学伯克利分校的1500名博士后、1500名访问学者和1200名访问学生提供专业资源,以扩大他们的职业发展机会。同时,访问学者和博士后事务办公室还为博士后群体"量身定制"各种资源,其中就包括伯克利博士后企业家计划(Berkeley Postdoc Entrepreneurs Program)、博士后行业探索计划(Postdoc Industry Exploration Program)和博士后教学机会计划(Postdoc Teaching Opportunities Program)。除此之外,访问学者和博士后事务办公室致力于为访问学者和博士后建立一个强大的研究社区,从而增强加州大学伯克利分校的研究经验。鉴于此,访问学者和博士后事务办公室为海外的访问学者、访问学生和博士后提供了资源和支持。具体包括了伯克利博士后协会(Berkeley Postdoctoral Association)、人文和社会科学协会(Humanities and Social Sciences Association)、科学繁荣计划(Thriving in Science)、伯克利配偶和伴侣计划(Berkeley Spouses and Partners Program)、语言和交流相关的研讨会(Language and Communication)、职业和专业发展讲习班(Professional Development Presentations)、职业发展途径研讨会(Career Pathways)。概而言之,访问学者和博士后事务办公室的目的是通过为海外访问学者和博士后提供全方位的支持,促进他们更快地融入校园生活;通过安排讲座、研讨会和讲习班等活动为访问学者和博士后提供跨学科的研究发展机会和职业发展机会。同时，为访问学者和博士后提供社交活动、旧金山湾区社会生活、家庭支持、健康保险和住房信息、签证申请、紧急医疗、社会保障等等方方面面的支持，最终为访问学者、访问学生、博士后创建一个社会和知识社区（social and intellectual community）。①

四、实践规范

以专业能力的培养为基础，学生和教师的国际经验、国际性的知识和国际化的氛围构成了加州大学伯克利分校国际化人才培养的实践规范。

（一）专业能力

加州大学伯克利分校通过各种举措培养学生的各项专业核心能力，为他们日后参与国际事务、处理国际问题和进行跨文化沟通交流打下坚实的基础。学校从六个维度培养学生的专业能力，包括专业精神、研究与数据分析、职业探索与准备、教学与指导、领导与管理、写作与交流。②

其一是专业精神。加州大学伯克利分校以其严格的本科课程学术标准而闻名，其包括六所本科生学院，分别是化学学院、文理学院、自然资源学院、工程学院、哈斯商学院和环境设计学院。加州大学伯克利分校一共有130多个学术部门和80个跨学科研究部门。不同学院都有着不同的专业知识、专业能力培养目标，例如，哈斯商学院商

---

① UC Berkeley, "Visiting Scholar and Postdoc Affairs", (11 April 2021), https://vspa.berkeley.edu/programs-0.
② UC Berkeley, "Graduate Student Professional Development Guide", (11 April 2021), https://grad.berkeley.edu/professional-development/guide/.

业管理的工商管理课程可以让学生理解现代商业世界，掌握未来工作所必需的专业知识和技能。加州大学伯克利分校除了为研究生提供100多门研究生课程之外，还提供了研究生双学位课程、跨学科博士课程和交换课程，旨在培养研究生的专业能力。同时，加州大学伯克利分校还从职业道德、团队合作与协作、时间管理、学科专业参与、校园专业参与、建立社会网络等渠道来加强对学生专业精神的培养。

其二是研究与数据分析。加州大学伯克利分校为本科生提供了几乎所有领域的研究机会，这些领域既包括人文科学领域（如文学、音乐、历史、语言、政治和法律等），还包括 STEM 研究领域（如生物科学或工程学等），数量众多的研究机会让加州大学伯克利分校的本科生可以获得知识生产的第一手经验。这些研究机会有"哈斯学者计划""伯克利夏季生物工程计划""汤森中心研究学徒计划""生物学者计划""暑期研究机会计划"等等。本科生除了获得这些研究机会之外，还可以参加"本科生研究学徒计划"（Undergraduate Research Apprentice Program，URAP），该计划旨在使加州大学伯克利分校的本科生更深入地参与大学的研究工作，通过与教师合作参加前沿的研究项目，本科生将在自身感兴趣的领域加深对专业知识的理解，强化对研究技能的掌握。对于研究生，加州大学伯克利分校提供研究方法课程、研究讲座、座谈会和研讨课等形式的内容，以培养学生的研究能力。另外，加州大学伯克利分校为研究生提供数据分析的培训课程、校园讲座，培养学生在数据和技术方面的技能。

其三是职业探索与准备。加州大学伯克利分校为在校研究生做好学术职业和非学术职业准备均提供了支持。对于学术职业准备，学生可以参加有关学术求职的研讨会、夏季暑期预备学院、取得高等教育教学证书等；对于非学术职业准备，学生可以参加创业研讨会或课程，探索专业协会提供的资源。

其四是教学与指导。加州大学伯克利分校认为学生尤其是研究生在教学与指导中发展的技能例如评估他人并提供建设性的反馈以及创建包容性的学习环境的技能，都可以应用于多种职业道路上。研究生可以参加院系的教学方法课程，提高在本学科课程的教学技能。

其五是领导与管理。加州大学伯克利分校从五个层面提出培养学生领导与管理能力的支持举措：一是学生可以举办部门专业发展活动，为组织校园会议做出贡献，在专业会议上组织小组讨论，培养组织协调的能力；二是学生完成专业标准和道德必修课程，培养学生的职业道德；三是学生进行团队管理、冲突解决和差异管理方面的培训；四是学生参加与当地社区的互动和其他公共服务；五是研究生可以担任本科生的导师，对本科生进行指导。

其六是写作与交流。加州大学伯克利分校认为专业写作和口语交流是从事每项职业的基础，学校通过写作研讨会和写作课程等方式来提升学生的写作能力。通过研讨会、实验室小组会议的研究报告、专业会议上的研究报告，或者在教学中讲解概念，来提升学生的口语交流技能。

（二）学生的国际经验

加州大学伯克利分校通过一系列计划来推动学生的国际流动，以增强他们的国际经验，国际经验既包括了国际学生在美国的国际经验，也包括了在校学生到国外的国际经验。这些计划包括了伯克利·哈斯全球访问计划（Berkeley Haas Global Access Program）、CEGA 全球网络（CEGA Global Networks）、柏林自由大学"伊拉斯谟＋"项目（Freie Universität Berlin Erasmus＋）、工程学院全球访问学者计划（College of Engineering Globe Visiting Scholar Program）、欧洲研究所伯克利-奥地利预论文和论文奖学金（IES Berkeley-Austria Pre-dissertation and Dissertation Fellowships）、全球创业学期计划（Global Startup Semester Program）、"Sciences Po-"加州大学伯克利分校双学位课程（Sciences Po-UC Berkeley Dual Degree Program）、皮德·萨斯高级研究中心（Peder Sather Center for Advanced Study）、清华-伯克利深圳学院（Tsinghua-UC Berkeley Shenzhen Institute）等。

在增进国际学生在美国国际经验的计划中，比较有代表性的有伯克利·哈斯全球访问计划和全球创业学期计划。伯克利·哈斯全球访问计划隶属于哈斯商学院，该学院为国际学生提供旧金山湾区和硅谷创新生态系统一流的教师和一流的课程。通过参加伯克利·哈斯全球访问计划，不管是商业背景还是非商业背景的国际学生都将获得成为未来创新者和全球领导者所需的知识和技能。全球创业学期计划隶属于工程学院苏塔贾创业与技术中心（Sutardja Center for Entrepreneurship & Technology），国际学生有机会在该中心学习一个学期的创业学和创新课程，这些课程强调动手实践，帮助国际学生训练和习得成功创业的思维和行为。通过让国际学生沉浸在硅谷生态系统中，培养国际学生的领导力、创新力和执行力，为国际学生在全球经济中成为（企业）创始人和技术领导者做好准备。

在增进在校学生到国外的国际经验的计划中，比较有代表性的有欧洲研究所伯克利-奥地利预论文和论文奖学金、清华-伯克利深圳学院。前者为加州大学伯克利分校的人文社科研究生提供预论文和论文研究补助金，以资助他们前往奥地利开展相关研究；[①] 后者为加州大

---

① UC Berkeley Global Engagement, "IES Berkeley Austria Pre-dissertation and Dissertation Fellowships", (11 April 2021), https://globalengagement.berkeley.edu/ies-berkeley-austria-pre-dissertation-and-dissertation-fellowships.

学伯克利分校的研究生提供在深圳就读双学位硕士课程的机会,旨在培养未来的企业家和世界科学技术领导者。①

除了以上计划之外,加州大学伯克利分校增进在校学生国际经验的举措还包括了鼓励和支持学生"出国留学",并为学生出国留学提供奖学金。加州大学伯克利分校的"出国留学"目标主要由"伯克利国外暑期课程"(Berkeley Summer Abroad)和"伯克利全球实习计划"(Berkeley Global Internships)来实现。在校学生到目的国参加"伯克利国外暑期课程",可以深入探讨国际性的主题并获得相应学分;通过与当地社区的持续互动,学生可以体验当地的文化(如表5-2所示)。"伯克利全球实习计划"可以让全体在校学生(包括国际学生)到世界各地参加实习,在获得相应学分的同时,还可获得不同行业的实践经验。

表5-2 2019年加州大学伯克利分校的国外暑期课程

课程地点	课程名称
巴西·巴西利亚州	巴西女权主义、舞蹈
西班牙·巴塞罗那	"另一面"
德国·柏林	柏林的数学
秘鲁·库斯科	印加人的考古学
瑞士·日内瓦	商业创新的可持续性、社会责任和积极影响
西班牙·瓜达玛尔	对城市环境的想象和重新设想
西班牙·马德里	西班牙语言和文化
菲律宾·马尼拉	传统与抵抗的叙事

---

① UC Berkeley Global Engagement, "Tsinghua-UC Berkeley Shenzhen Institute (TB-SI)", (11 April 2021), https://globalengagement.berkeley.edu/tsinghua-uc-berkeley-shenzhen-institute-tbsi.

（续表）

课程地点	课程名称
墨西哥·墨西哥城	性别、性与文化生产
墨西哥·墨西哥城	20世纪墨西哥艺术
荷兰/比利时	欧洲的历史、艺术和身份
法国·巴黎	法语，文化和历史
葡萄牙	欧洲的企业家精神和创新
意大利·的利雅斯特/威尼斯	意大利的语言和文化

资料来源：Berkeley Study Abroad, "2019 Past Programs", (25 March 2021), http://studyabroad.berkeley.edu/summerabroad。

（三）教师的国际经验

与教师国际经验和国际流动密切相关的计划和机构有伯克利上海科技教育合作计划（Berkeley Shanghai Tech Education Collaboration Program）、CEGA全球网络（CEGA Global Networks）、柏林自由大学"伊拉斯谟＋"项目（Freie Universität Berlin Erasmus＋）、佩德·萨瑟高级研究中心（Peder Sather Center for Advanced Study）、清华-伯克利深圳学院（Tsinghua-UC Berkeley Shenzhen Institute）。[①] 其中比较有代表性的当数柏林自由大学"伊拉斯谟＋"项目、佩德·萨瑟高级研究中心和清华-伯克利深圳学院。欧盟通过"伊拉斯谟＋"项目为加州大学伯克利分校与柏林自由大学的合作提供资助，以支持两个大学之间教师的国际流动和国际交流。该项资助专门用于支持缺乏国际交流群体，资助将用于支付参加者的差旅费用，并在参加者到目的国六

[①] UC Berkeley, "Examples of Global Partnerships and Programs: Faculty Mobility", (11 April 2021), https://globalengagement.berkeley.edu/about/examples-global-partnerships-and-programs.

个月之内支付津贴。佩德·萨瑟高级研究中心的主要任务是支持加州大学伯克利分校的教师与挪威八所高等教育机构的高水平研究人员进行合作,共同进行探索性研究和前沿性研究,这八所高等教育机构分别是挪威商学院、挪威经济学院、挪威生命科技大学、挪威科技大学、阿格德大学、卑尔根大学、奥斯陆大学、挪威北极大学。清华-伯克利深圳学院的教师资源则包括两大组成部分,分别来自清华大学和加州大学伯克利分校,后者的教师(包括权威导师)每年有八周的时间在深圳与清华的教师一起教授课程。

加州大学伯克利分校还加入世界一流大学协会,例如国际研究型大学联盟(International Alliance of Research Universities,IARU)和环太平洋大学协会(Association of Pacific Rim Universities,APRU)。这两个协会仅是加州大学伯克利分校加强全球参与、扩大全球影响力、推动教师国际经验扩展工作的一个缩影。以国际研究型大学联盟为例,国际研究型大学联盟成立于2006年,成员大学11所,这11所大学具有相似的价值观、全球视野以及培养未来世界领导人的承诺。这些价值观体现了学术多样性和国际合作的重要性。加州大学伯克利分校的教师可以利用国际研究型大学联盟的平台,到其他成员大学进行交流、访问与合作,从而增强其国际经验。[①]

(四)国际性的知识:国际化课程和国际化研究

其一是国际化课程。加州大学伯克利分校的国际化课程并未局限于某个学院,而是广泛分布在多个学院。包括了海外学习课程、创业课程、高级管理人员教育课程、证书课程等。

---

① UC Berkeley Global Engagement, "Global Networks", (11 April 2021), https://globalengagement.berkeley.edu/about/global-networks.

加州大学伯克利分校的外语教育和区域研究课程主要由文理学院负责。其中外语教育课程由文理学院下属的不同系所负责授课，这些系所包括了东亚语言与文化系（Department of East Asian Languages and Cultures）、法语系（Department of French）、德语系（Department of German）、斯堪的纳维亚系（Department of Scandinavian）、斯拉夫语言文学系（Department of Slavic Languages and Literature）、西班牙语和葡萄牙语系（Department of Spanish and Portuguese），这些系所对应授课的语种有汉语、日语、韩语、蒙古语、法语、德语、丹麦语、芬兰语、冰岛语、挪威语、瑞典语、西班牙语、葡萄牙语等。以东亚语言与文化系为例，东亚语言与文化系的历史可以追溯到1872年，当时学校创始人之一爱德华·汤普金斯（Edward Tompkins）指出，"加尼福亚洲及其公民的未来不在大西洋的旧世界，而在太平洋"[①]。一个多世纪以来，东亚语言与文化系以其杰出的学术和服务传统为基础，成为东亚语言和文化领域中的一个创新而充满活力的教学和研究中心。东亚语言与文化系是加州大学伯克利分校中东亚人文学科的核心部门，主要负责汉语、日语、韩语、蒙古语的授课。东亚语言与文化系的课程通过现代和古典语言的形式，在相关历史和文化背景下对丰富的东亚语言进行有见地的阅读，以及发展有效的协作技巧和批判性思维。东亚语言与文化系既提供汉语、日语、东亚宗教思想文化的本科专业课程，也提供汉语、日语和韩语的辅修课程。

区域研究课程则主要由意大利研究系（Department of Italian Studies）、近东研究系（Near Eastern Studies Department）、南亚和东南亚研究系（Department of South & Southeast Asian Studies）等系所负责授

---

① East Asian Languages & Cultures, "About EALC-Our Mission and History",（25 February 2021），https://ealc.berkeley.edu/about/about-ealc.

课。这些系所的课程不局限于区域语言，还涉及区域的宗教、历史与文化。以近东研究系为例，该系成立于1894年，是美国历史最悠久、最杰出的科研与教学机构之一，该系既提供阿拉伯语、希伯来语、波斯语、土耳其语等语言课程，还提供有关近东地区考古学、艺术史、无脊椎动物学、埃及学、伊朗学、犹太教、伊斯兰教等课程。课程范围涉及区域研究相关的语言学、历史学、政治学、比较文学、人类学和艺术史等相关领域。[①] 南亚和东南亚研究系同样如此，该系不仅提供14种语言课程，还提供有关南亚和东南亚地区历史、宗教、文化和文字传统的本科学位和研究生学位课程。该系的区域研究课程覆盖印度、巴基斯坦、尼泊尔、斯里兰卡、缅甸、柬埔寨、印度尼西亚、越南、菲律宾等国家。[②]

加州大学伯克利分校的国际化课程不局限于外语教育和区域研究课程，在其他专业学院中，也有很多蕴含国际思维和国际理念的国际化课程，做到了将"全球视野"和"国际化理念"融入专业课程之中。例如公共政策学院的国际行政人员公共政策课程（Executive Public Policy for Internationals，EPPI），该课程属于证书课程，为希望在特定公共领域加深专业知识的国际参与者提供政策和经验。[③] 公共卫生学院的全球卫生专业领域课程（Global Health Specialty Area, GHSA）具体包括全球卫生基础课程、全球卫生政策课程、全球健康伦理课程等等，旨在通过国际化的专业课程支持和培养学生对全球卫生的兴趣，并培养学生适应全球公共卫生领域的能力和技能，学生在专业

[①] Department of Near Eastern Studies, "About the Department", (11 April 2021), https://nes.berkeley.edu/.

[②] Department of South & Southeast Asian Studies, "Programs", (11 April 2021), https://sseas.berkeley.edu/programs/.

[③] Goldman School of Public Policy, "Scholar Programs", (25 February 2021), https://gspp.berkeley.edu/global/fellowship-programs.

课程学习之后可以参与探索和解决全球健康的跨学科问题。① 哈斯商学院的全球管理专业课程是商科专业的必修课程，旨在实现国际化的教育和就业，培养全球视野。具体包括了语言课程、国际商务课程、区域研究课程等。② 加州大学伯克利分校专业学院的国际化课程如表5-3所示：

表5-3 加州大学伯克利分校专业学院的国际化课程

专业学院	国际化课程
环境设计学院	可持续城市的设计与创新课程，夏季学院环境设计课程
自然资源学院	环境领导力计划课程，开发实践硕士课程
工程学院	开发工程课程，Sutardja创业技术中心课程
公共政策学院	国际行政人员公共政策课程，海牙家庭暴力项目课程
新闻研究生院	国际报道专业课程
哈斯商学院	哈斯全球管理专业课程
信息学院	信息与数据科学硕士课程
法学院	国际人权法律诊所司法科学博士课程、法学硕士课程，法学院访问学者计划课程
公共卫生学院	砷对健康的影响研究课程，全球公共卫生专业领域课程，全球夏季公共卫生（未成年/证书）课程公共卫生硕士课程，美洲卫生倡议课程
社会福利学院	辛弗隆特拉斯-瓦哈卡暑期课程

资料来源：Berkeley Global,"International Programs",(25 March 2021), https://globalengagement.berkeley.edu/about/international-services-programs-institutes-cal/international-programs。

---

① Berkeley Public Health,"Specialty Area in Global Health",(25 February 2021), https://publichealth.berkeley.edu/academics/specialty-areas/global-health/.
② Berkeley Hass,"Global Management Concentration",(25 February 2021), https://haas.berkeley.edu/undergrad/academics/global-opportunities/gmc/.

为了培养复合型的国际化人才，加州大学伯克利分校还设置了跨学科的国际化课程，比较有代表性的要数"国际与地区研究学术课程"（International & Area Studies Academic Program）。该课程基于跨学科的视角和方法研究国际问题和全球问题。在全球化时代，该课程为学生培养全球实践所需要的知识和技能。国际与地区研究学术课程认为，单一的学科课程无法为学生提供对世界历史和复杂全球化的反思性理解，以及反思性理解所需的深度和广度。国际与地区研究学术课程在政治经济学、发展研究以及和平与冲突研究等领域提供跨学科的核心课程，同时将其他学院的课程纳入其中，为学生提供严格且灵活的课程。① 国际与地区研究学术课程包括：（1）本科专业课程（Major Programs），其中包括几种课程，如和平发展、中东国家重要研究课程、拉丁美洲重要问题研究课程；（2）本科辅修课程（Minor Programs），包括亚洲研究课程、全球贫困与实践课程、政治经济课程、中东研究课程、和平与冲突研究课程、人权课程、全球研究课程；（3）研究生学位课程（Graduate Programs），包括亚洲研究硕士课程和全球研究硕士课程。不管是本科专业课程还是本科辅修课程，抑或研究生学位课程，国际与地区研究学术课程均跨越传统学科的界限，从跨学科的视角出发设置相关课程。以发展研究本科专业课程为例，该课程侧重于社会变革研究，认为社会变革的问题是紧迫且庞大复杂的，需要对政治学、经济学、心理学、人类学、地理学、历史学和环境科学的知识和观点进行融合。② 全球研究专业课程也有着类似的特

---

① Berkeley International & Area Studies Academic Program, "Welcome to the IAS Academic Program", (25 February 2021), https://iastp.berkeley.edu/.
② Berkeley International & Area Studies Academic Program, "Development Studies", (25 February 2021), https://iastp.berkeley.edu/degree-programs/major-programs/development-studies/.

征，该课程将区域专业知识、语言培训相联系，被划分为了三个方向：全球发展、全球和平与传统、全球社会和文化，不同方向涉及的跨学科形式也各不相同，学生被要求采用跨学科的方法研究当代全球问题，掌握社会科学或人文科学的关键概念。为了将学生培养成外语专家和区域研究专家，全球专业课程要求学生选择五个区域——欧洲和俄罗斯、非洲（撒哈拉以南地区）、美洲、中东和北非、亚洲——的专业知识课程和语言培训课程，且所选择的语言培训课程必须与专业知识相匹配，如选择中文课程的学生应选择亚洲的专业知识课程。这些课程可以为学生提供所研究地区的文化、政治、经济和历史等领域的知识。①

其二是国际化研究。加州大学伯克利分校的国际化研究主要分为两个层面：一是国际和区域研究；二是专业领域层面的国际研究。

加州大学伯克利分校一直将探索世界和解决全球问题作为学校的重要传统。八个跨学科的国际和区域研究中心（研究所）促进了加州大学伯克利分校对世界各个地区的研究，也推动了学校教职人员、访问学者、研究生和本科生的相关研究工作。这八个国际和区域研究中心（研究所）分别是非洲研究中心（Center for African Studies），东亚研究所（Institute of East Asian Studies），欧洲研究所（Institute of European Studies），拉丁美洲研究中心（Center for Latin American Studies），中东研究中心（Center for Middle Eastern Studies），斯拉夫、东欧和欧亚研究所（Institute of Slavic, East European and Eurasian Studies），南亚研究中心（Center for South Asia Studies），东南亚研究中心（Center

---

① Berkeley Global Studies, "Global Studies Major", (25 February 2021), https://live-global-studies.pantheon.berkeley.edu/degree-programs/major-programs/global-studies/.

for Southeast Asia Studies)。① 加州大学伯克利分校的研究中心并非单一的研究机构,而是与学校的其他学术性单位有着密切合作,因而这些研究中心基本上都是跨学科的研究中心。如非洲研究中心成立于1979年,旨在支持有关非洲的基础研究和学者培训,该中心是美国西北地区主要的非洲研究中心之一,为涉及当代非洲问题的广泛主题的学术活动提供支持。该中心既为传统领域专业的学生提供非洲研究相关的综合性跨学科课程,又为全球研究专业本科生提供专业课程和辅修课程。与此同时,该中心还与加州大学伯克利分校的其他研究中心进行合作研究。总的来说,非洲研究中心通过促进跨学科的研究与合作,传播非洲研究成果、加强研究生和本科生在非洲问题领域的教育。② 非洲研究中心并非个例,东亚研究所同样是一个跨学科的研究中心,该研究所专注于对当代(历史上)东亚和东南亚的研究,以及该地区与美国关系的跨学科研究。东亚研究所充分利用加州大学伯克利分校各学科领域的知识和资源,如人类学、建筑学、艺术史、经济学、语言和文化、地理学、历史学、新闻学、法学、公共卫生等,以及与校外的社区和组织进行合作,以加强加州大学伯克利分校对亚洲的教学和研究。东亚研究所在美国东亚研究的相关机构中,不管是研究的深度还是研究的广度经常排名第一,该研究所在校内整合创立了一系列与东亚研究相关的中心和倡议,具体包括佛教研究中心(Center for Buddhist Studies, CBS)、中国研究中心(Center for Chinese Studies, CCS)、日本研究中心(Center for Japanese Studies, CJS)、韩

---

① Berkeley Research, "International & Area Studies", (25 February 2021), https://vcresearch.berkeley.edu/international.
② Center for African Studies, "About", (25 February 2021,) https://africa.berkeley.edu/about.

国研究中心（Center for Korean Studies，CKS）、东南亚研究中心（Center for Southeast Asia Studies，CSEAS）、唐氏丝绸之路研究中心（Tang Center for Silk Road Studies，TCSRS）、伯克利 APEC 学习中心（Berkeley APEC Study Center，BASC）、东亚国家资源中心（East Asia National Resource Center，EANRC）、蒙古倡议（Mongolia Initiative，MI）。①

加州大学伯克利分校的国际化研究除了国际和区域研究之外，还有专业层面的国际研究，由相应的研究中心负责承担。这些研究中心包括伯克利比较平等与反歧视法中心（Berkeley Center on Comparative Inequality & Anti-Discrimination Law）、百隆经济发展中心（Blum Center for Developing Economies）、加州-中国气候研究所（California-China Climate Institute，CCCI）、全球有效行动中心（Center for Effective Global Action，CEGA）、发展影响实验室（Development Impact Lab，DIL）、社会问题研究所（Institute for the Study of Societal Issues，ISSI）、哈斯商学院的克劳森国际商业与政策中心（Clausen Center for International Business & Policy）、法律与社会研究中心（Center for the Study of Law and Society）、韩国法律中心（Korea Law Center）、公共卫生学院的全球卫生传递、外交和经济中心（Center for Global Health Delivery，Diplomacy and Economics）、全球公共卫生中心（Center for Global Public Health，CGPH）、犹太法与以色列研究中心（Center for Jewish Law & Israel Studies）、佩德·萨瑟中心（Peder Sather Center）、

---

① Institute of East Asian Studies, "About IEAS", (25 February 2021), https://ieas.berkeley.edu/ieas-home/about-ieas.

法律研究所(Institute for Legal Research)，等等。① 这些专业领域的研究中心对推动国际化研究和培养国际化人才具有重要作用。例如，在全球公共卫生面临风险的背景下，全球公共卫生中心为学生和教职员工提供跨学科视角的经验性研究，以改善全世界的人类健康。全球公共卫生中心的目标是将全球卫生研究转化为伯克利及其全球公共卫生行动的解决方案。②

（五）国际化氛围

加州大学伯克利分校校内有许多国际性的学生组织，这些组织通过展示各个国家的历史、价值观和文化传统，激发学生对这些国家文化的探索和理解，有助于学生国际视野的开阔。同时，国际性的学生组织为不同文化背景的学生提供了跨文化交流的平台，有助于培养学生的全球情怀、国际理解力和全球竞争力。这些国际性学生组织有以国别作为主题的，例如阿富汗学生协会、亚美尼亚学生协会、柬埔寨学生协会、印尼学生协会、中国学生学者协会、巴西学生协会等；有以区域作为主题的，例如阿拉伯学生联盟、东亚联盟、中东和北非法律学生协会等。此外还包括其他综合性较强的国际学生组织，例如伯克利国际学生协会，它是加州大学伯克利校园内最大的国际学生协会，成立于 2009 年，并于 2010—2017 年被提名为杰出的学生组织。伯克利国际学生协会旨在为国际学生营造积极的知识和社交氛围，激发加州大学伯克利分校所有学生对多元文化的意识，并为学校的多元

---

① Berkeley Global Engagement, "International Research Institutes & Centers", (25 February 2021), https://globalengagement.berkeley.edu/about/international-services-programs-institutes-cal/international-research-institutes-centers.
② Berkeley School of Public Health Center for Global Public Health, "About", (25 February 2021), http://cgph.berkeley.edu/about/.

文化社区提供支持。它通过与其他学生组织的紧密合作，以激发文化意识并加强多元文化的联系，同时与伯克利国际办公室合作，为加州大学伯克利分校这一国际化的校园和社区创建丰富多彩的活动。[①]

---

① Berkeley University of California,"International Students Association at Berkeley",(06 March 2021), https://callink.berkeley.edu/organization/isab.

第六章　美国顶尖大学国际化人才培养范式及转换分析

美国是世界上极力倡导高等教育国际化，大力推进大学国际化人才培养的国家，其顶尖大学的国际化人才培养有着悠久的历史，经历了从前范式时期到形成期，再到危机与转换期的发展阶段。广泛意义上来说，二战结束之后，特别是《国防教育法》《国际教育法》等法案颁布之后，美国顶尖大学的国际化人才培养范式才算最终形成。基于库恩对范式概念和内涵的界定，以及前文对四所顶尖大学国际化人才培养范式的案例研究，本章从价值理念、模型框架和实践规范三个维度对10所顶尖大学中的国际化人才培养进行深入探讨和细致研究，以最终提炼和总结出美国顶尖大学国际化人才的范式，并对美国顶尖大学国际化人才培养的范式转换进行分析。

第一节　美国顶尖大学国际化人才培养范式

一、美国顶尖大学国际化人才培养具有统一的范式

20世纪初以后，美国顶尖大学的国际化人才培养范式开始初步

形成；二战结束以后，美国顶尖大学的国际化人才培养范式最终形成。一定程度上来说，自 20 世纪初至今，美国顶尖大学国际化人才培养都有着统一的范式作为支撑。

笔者认为，美国顶尖大学作为国际化人才培养的特定共同体，一是有统一的国际化人才培养价值理念：20 世纪初以来，美国顶尖大学国际化人才培养的价值理念主要是培养全球领导者和世界领袖、培养具有世界责任感的国际化人才、培养具有全球视野的全球参与者，旨在服务美国的国家利益，满足国家外交政策和维护国家安全的需要。二是有统一的国际化人才培养模型框架：政府、社会、高校在推进国际化人才培养的进程中虽然扮演着不同角色，但都为美国顶尖大学国际化人才培养的发展做出了重要贡献，特别是二战结束以后，美国联邦政府直接介入美国顶尖大学的国际教育，使得美国顶尖大学国际化人才培养的范式最终形成。三是有统一的国际化人才培养实践规范：美国顶尖大学的国际化人才培养实践规范内容丰富，表现在专业能力、师生国际经验、课程和研究的国际化、学校氛围的国际化等诸多方面。

因而，本书认为美国顶尖大学的国际化人才培养之所以能取得如此大的成就，并不是个体学校努力的结果，其成就背后有着统一的范式作为支撑，离不开国际化人才培养价值理念的引领，也离不开政府、社会和高校三者的协同合作，更离不开高校国际化人才培养实践规范中各要素的系统作用。在国际化人才培养范式之下，美国顶尖大学源源不断迸发出强大能量，为美国联邦政府称霸全球培养出一批又一批卓越的国际化人才。

(一) 美国顶尖大学国际化人才培养的价值理念

1. 服务美国联邦政府称霸全球的国家利益

美国顶尖大学始终将服务美国的国家利益作为首要的国际化人才培养价值理念。正如麻省理工学院在《麻省理工学院的全球战略》报告中所说的:"当麻省理工学院在考虑国际活动时,它必须认识到国家利益。尽管麻省理工学院是世界性的机构,有时可能会遇到危及国家利益的情况。当出现这种情况时,国内外都应该充满信心,麻省理工学院将永远不会把任何其他国家的利益置于美国利益之上。"① 这段话充分彰显了麻省理工学院国际化人才培养的相关活动为美国利益服务的精神内核和内在动力。其他顶尖大学亦不例外——尽管美国顶尖大学的国际化人才培养常常超越了国界甚至洲界,但是二战以来美国顶尖大学国际化人才培养范式的政治性愈发浓厚,为美国联邦政府称霸全球,赢得全球政治、经济、文化等各领域的竞争始终是美国顶尖大学国际化人才培养的首要宗旨和价值理念。围绕着这一基本价值追求,美国顶尖大学又提出了其他"面向全球"的国际化人才培养价值理念。

2. 培养全球领导者和世界领袖

斯坦福大学的人才培养宗旨是,在复杂的世界中,让学生成为参与社会发展的领导者,为社会做出有意义的贡献。② 斯坦福大学全球研究部(Stanford Global Studies,SGS)认为,通过课外活动与世界互动是斯坦福大学教育中不可或缺的一部分,旨在让斯坦福大学的学生有能力在全球范围内发挥领导作用。③ 斯坦福大学的弗里曼·斯波格

---

① Lester, Richard K., *A Global Strategy for MIT*, Massachusetts: MIT Office of the Associate Provost for International Activities, 2017.
② Stanford University, "Academics", (16 March 2021), https://www.stanford.edu/.
③ Stanford Global Studies Internship Program, "History and Mission", (07 March 2021), https://sgs.stanford.edu/global-studies-internship-program/about/history-and-mission.

利国际问题研究所（Freeman Spogli Institute for International Studies，FSI）旨在培养能够解决当今最具挑战性国际问题的领导者。① 约翰斯·霍普金斯大学将自身作为优秀、有抱负的学者，以及开展教学与研究的世界领导者的目的地，让各个专业领域的杰出教授将学生培养成为影响世界的领导者。约翰斯·霍普金斯大学高级国际关系学院（School of Advanced International Studies，SAIS）的学生将经济学、国际关系和区域研究的理论研究和决策实践相结合，毕业后将成为各个领域杰出的领导者和国际事务的杰出实践者，为全球市场做出贡献。② 该学院认为，在一个经济不稳定、安全存在挑战、贫困、不平等和脆弱的时代，培养未来跨部门的领导者比以往任何时候更为重要。③ 加州大学洛杉矶分校的研究生教育以培养对世界产生重大影响的专业人士、研究人员和领导者而闻名世界：拉斯金公共事务学院旨在培养领导者和变革者；护理学院旨在培养医疗保健领域的领导者。④ 宾夕法尼亚大学在《2018—2023 全球倡议战略框架》中指出，通过全球范围内以学院为基础，由教师主导的研究计划的支持，使全球领先的学者和实践者与大学社区互动，针对全球挑战提出变革性的想法。⑤ 宾夕法尼亚大学的各个院系也将培养全球领导者作为国际化人才培养的价值观念：工程与应用科学学院致力于培养跨学科研究的

---

① Stanford University, "FSI", (16 March 2021), https://fsi.stanford.edu/masters-degree.
② Johns Hopkins, "Master's in International Studies", (09 March 2021), https://apply.jhu.edu/international-studies/www.jhu.edu/about/.
③ Johns Hopkins, "About Us", (16 March 2021), https：//sais.jhu.edu/about-us.
④ UCLA, "Academics: Graduate and Professional", (16 March 2021), https://www.ucla.edu/academics/graduate-and-professional-education.
⑤ PennGlobal, "Strategic Framework for Penn's Global Initiatives 2018–2023", (07 March 2021), https://global.upenn.edu/global-initiatives/strategic-framework-penns-global-initiatives-2018-2023.

国际领导者；教育研究生院是培养全球变革型领导者的所在地；商学院为学术界、企业、政府和非营利组织培养有远见的领导者；等等。

3. 培养具有全球使命感的国际化人才

约翰斯·霍普金斯大学首任校长丹尼尔·吉尔曼在就职演说中定义了美国研究型大学的模型，该模型现仍被全球范围内的大学所模仿。他指出了约翰斯·霍普金斯大学人才培养的使命："教育学生并培养他们的终身学习能力，促进学生进行独立和原创的研究，并将有价值的发现带给世界。"约翰斯·霍普金斯大学将丹尼尔·吉尔曼的话提炼为分享"为了全世界的知识"（knowledge for the world）[1]，认为将知识和发现带给世界，会让世界变得更美好。[2] 约翰斯·霍普金斯大学人才培养的使命侧面反映了该大学培养具有全球责任感的国际化人才的价值观。

普林斯顿大学将对人类的服务作为学校的长期承诺，就像普林斯顿大学校长克里斯托弗·艾斯格鲁伯（Christopher L. Eisgruber）说过的："普林斯顿大学对服务的长期承诺，体现在普林斯顿的非正式座右铭，即普林斯顿对国家的服务和对人类的服务，并以普林斯顿人对社会的非凡贡献为例证。"[3] 普林斯顿大学为学生提供支持和资源，使得他们的研究和学习能让世界和人类受益，也使它的学生在世界各地从事服务——2021年3月，普林斯顿大学的四名学生因为从事全

---

[1] Johns Hopkins University, "History & Mission", (08 March 2021), https://www.jhu.edu/about/history/.

[2] Johns Hopkins University, "About Us: What are we aiming at", (08 March 2021), https://www.jhu.edu/about/.

[3] Princeton University, "Meet Princeton", (08 March 2021), https://www.princeton.edu/meet-princeton/service-humanity.

球服务项目而获得拉波易斯奖(Labouisse Prize)。① 同时，学生将国际学习经历称作"改变人生"(life changing)，普林斯顿大学认为，学生在出国留学，在国外进行国际研究和国际实习之后，将会发现新的兴趣，更加了解自己，对复杂的世界也有更深入的了解，在国际学习经历之后，学生将具有全球使命感。②

加州大学洛杉矶分校认为，国际教育比以往时候更加重要，学校通过各个学院和学术部门的合作，促进加州大学洛杉矶分校的课程国际化，从而让洛杉矶分校的学生成为当今复杂世界中成功的国际化人才。③

宾夕法尼亚大学在《2018—2023 全球倡议战略框架》中提出了将培养具有全球使命感的国际化人才视为提升宾夕法尼亚大学作为全球机构地位的核心支柱之一：通过在国外提供一系列要求严格的全球课程，并扩大全球课程和课外课程的范围，为每个宾夕法尼亚大学学生提供有意义的全球经验。④

4. 培养具有全球视野的全球参与者和全球问题解决者

美国的顶尖大学在国际化人才培养的过程中，已经超出了传统的校园层面，而是将全球作为学校课堂的组成部分，在全球不同大洲的国家和地区成立办事处和研究中心等机构，在这些机构的支持下，美

---

① Princeton University, "News", (08 March 2021), https://www.princeton.edu/news/2021/03/02/four-seniors-awarded-labouisse-prize-international-civic-engagement-projects.
② Princeton University, "Learning Abroad", (07 March 2021), https://www.princeton.edu/academics/learning-abroad#the-world-is-your-classroom.
③ UCLA Global, "About the Office", (07 March 2021), https://www.global.ucla.edu/aboutus.
④ PennGlobal, "Strategic Framework for Penn's Global Initiatives 2018–2023", (07 March 2021), https://global.upenn.edu/global-initiatives/strategic-framework-penns-global-initiatives-2018-2023.

国顶尖大学的学生可以在全球各地开展自己的研究，以及进行不同国家语言等课程的学习，从而将学生培养成具有全球视野的全球参与者和全球问题解决者。

斯坦福大学通过"全球研究实习计划"将学生的课堂学习扩展到在国外的沉浸式的专业和文化体验，帮助学生掌握当今全球就业市场上所必需的技能和经验。仅 2018 年暑期，斯坦福大学的学生就在六大洲的 23 个地点进行实习。[①] 为了应对全球化对高等教育的影响，斯坦福大学推进跨学科研究，以帮助学生解决全球性问题。[②]

约翰斯·霍普金斯大学在全世界不少国家都建立了分支机构，并设有主题广泛的出国留学计划。如医学和护理专业的学生可以在 19 个国家和地区参加医学选修课，工程专业的本科生被鼓励至少花一个学期出国学习。[③] 约翰斯·霍普金斯大学的护理学院认为，在日益相互依存的全球社会中，所有学生都需要具备应对复杂的全球健康挑战的技能，从而为全球化世界做好准备。该校希望能通过这种方式在全球范围内引领教育、研究和实践的变革之路。[④]

普林斯顿大学相信，让学生了解和为全球化世界做出贡献的最佳方式是亲身体验其他国家的文化，认为"世界是学生的教室，普林斯顿大学的学生拥有国际视野，在享受校园生活的同时，还有许多人利用各种机会在国外生活和学习。学生通过留学将获得看待世界的新

---

① Stanford Global Studies Internship Program, "History and Mission", (07 March 2021), https://sgs.stanford.edu/global-studies-internship-program/about/history-and-mission.
② Stanford Office of International Affairs, "Who We Are", (07 March 2021), https://international.stanford.edu/who-we-are.
③ The World University Rankings, "Johns Hopkins University", (07 March 2021), https://www.timeshighereducation.com/world-university-rankings/johns-hopkins-university.
④ Johns Hopkins, "School of Nursing", (07 March 2021), https://nursing.jhu.edu/excellence/community/global-center/.

视野,为具有国际影响力的职业做好准备"①。

加州大学洛杉矶分校指出它的全球使命是"着眼于发展新知识和增进对一个日益多样化和相互联系的世界的了解,让我们的学生为这个复杂的世界做好准备"②。

宾夕法尼亚大学将"让世界走向宾夕法尼亚大学,让宾夕法尼亚大学走向世界"(bring the World to Penn and Penn to the World)的理念作为其全球倡议战略框架的核心支柱之一,利用现有服务和资源,增强支持机制并扩大宾夕法尼亚大学的机构影响力,同时将该理念作为全球议程制定、创新变革思想的催化剂。③ 宾夕法尼亚大学致力于成为一所全球研究型大学,截至2018年,该校与全球200多个大学或学院建立合作关系,并在全球拥有60多个研究中心。④ 平均每年有超过2700名宾夕法尼亚大学的学生在国外学习学分课程,超过1400名宾夕法尼亚大学教师在国外170多个国家和地区开展工作。⑤ 宾夕法尼亚通过全球主要国家和地区为学生提供全球经验,以培养学生的全球视野和解决全球问题的能力。无独有偶,哈佛大学也提出了"让哈佛走向世界,让世界走向哈佛"(bringing Harvard to the World and the World to Harvard)的理念。⑥

---

① Princeton University, "Learning Abroad", (07 March 2021), https://www.princeton.edu/academics/learning-abroad#the-world-is-your-classroom.
② UCLA Global, "Partnerships Global Collaboration", (07 March 2021), https://www.global.ucla.edu/home.
③ PennGlobal, "Strategic Framework for Penn's Global Initiatives 2018–2023", (07 March 2021), https://global.upenn.edu/global-initiatives/strategic-framework-penns-global-initiatives-2018-2023.
④ PennGlobal, "Penn Schools, Centers & Programs", (07 March 2021), https://global.upenn.edu/global-initiatives/penn-schools-centers-programs.
⑤ PennGlobal, "Where We Are", (07 March 2021), https://global.upenn.edu/map.
⑥ Harvard University, "Office of the Vice Provost for International Affairs", (16 March 2021), https://vpia.harvard.edu/.

芝加哥大学则认为，一流的研究型大学需要研究影响世界的最重要问题。① 该校校长罗伯特·齐默（Robert J. Zimmer）指出，"我们所研究的问题很复杂，我们需要全方位的视角来研究它们。最好的教师和学生都希望能进入一所大学，在这所大学中融入全球视角并由此产生活力和参与感"②。同时，齐默还认为"全球参与是大学努力创造新的研究和教育机会的基础"③。芝加哥大学国际研究和国际合作的范围覆盖了全球主要的地区，包括非洲和中东、南极洲、亚太、欧洲和美洲，在48个国家和地区创建了与国际化人才培养密切相关的项目和倡议，在伦敦、埃及、孟加拉国、巴黎、北京、德里和香港成立了芝加哥大学的全球校园和中心。④ 芝加哥大学让学生通过在海外的课程学习和个人研究，将自身沉浸在学习所处的环境和文化中，从而获得国际视野和国际经验。

（二）美国顶尖大学国际化人才培养的模型框架

1. 政府：推动者

美国顶尖大学长期有着"大学自治""办学自由"的传统，并且几所在殖民地时期成立的大学比美国建国的时间还要早，这使得这些学校从一开始就较少受到政府的影响和控制。但是从19世纪中期开始，美国联邦政府开始以间接方式干预美国顶尖大学的发展，从而对

---

① UCHICAGO Global, "Regions", (07 March 2021), https://global.uchicago.edu/uchicago-in-the-world/regions.
② UCHICAGO Global, "A Global Foundation", (07 March 2021), https://global.uchicago.edu/global-foundation.
③ UChicago, "News", (16 March 2021), https://news.uchicago.edu/story/chicago-booth-expands-presence-europe-new-facility-london.
④ UCHICAGO Global, "UChicago in the World", (07 March 2021), https://global.uchicago.edu/page/uchicago-world.

国际化人才培养产生影响。"达特茅斯学院案"的判决，明确了私立大学的地位，促进了公（州）立大学的发展，丰富了美国高等教育的层次和类型；《莫雷尔法案》促进了美国赠地学院的发展，也正是在这一时期，美国顶尖大学进入了蓬勃发展期——本书中的麻省理工学院，以及加州大学伯克利分校和加州大学洛杉矶分校的母体"加州大学"，均是在《莫雷尔法案》的支持下成立的。

进入20世纪以后，美国顶尖大学国际化人才培养的政治性和国际性增强，一方面，随着一战后美国对参与国际事务的兴趣日益浓厚，顶尖大学的国际化人才培养视野由本土向全球转移；另一方面，顶尖大学的国际化人才培养开始有为联邦政府政治利益服务的趋势，以美国对中国的庚款留学资助最为典型。庚款留学期间，本书中的哥伦比亚大学、哈佛大学、麻省理工学院、芝加哥大学、斯坦福大学等成为接收中国留学生比较多的顶尖大学。这些顶尖大学培养中国籍的国际化人才，更多是出于政治性目的，通过传播美国的价值观和文化，让中国学生了解并认同美国的意识形态和社会制度，从而培养亲美的国际化人才。在第二次世界大战以后，联邦政府对顶尖大学国际化人才培养的控制力空前加强，美国顶尖大学的国际化人才培养的范式最终形成。在范式确立形成阶段，联邦政府通过教育法案和经费拨款等方式加强对顶尖大学的领导和影响，这个阶段美国顶尖大学的国际化人才培养的目的主要是为美国称霸全球的冷战战略，以及保障国家安全利益的外交政策所服务。在《富布莱特法案》的支持下，美国顶尖大学选派学生和教师到其他国家的大学学习，同时吸引其他国家大学的学生和教师到美国的顶尖大学。

在范式确立阶段，对美国顶尖大学影响最为深远的要数《国防教育法》第六章（后演变为《高等教育法》的第六章）。美国顶尖大学的外语和区域研究中心基本上都是在《国防教育法》的经费资助下成立的。斯坦福大学的东亚研究中心、拉丁美洲和加勒比海研究中心均是美国的国家资源中心的所在地，主要加强对这些区域外语的教学和培训，同时通过跨学科的方式加强对这些区域的研究，为国家提供有关一个国家或多个国家世界事务问题的指导。加州大学伯克利分校依靠《国防教育法》第六章中的国家资源中心计划、外语和区域研究奖学金计划、国际研究计划，维持区域研究机构和研究中心的运营，开展相关国家和地区的语言教学，提升学生对这些地区文化和语言的兴趣。该校的非洲研究中心、东亚研究所、南亚研究所、拉丁美洲研究中心等机构的成立与发展均与《国防教育法》第六章密切相关。除此之外，哥伦比亚大学的韦瑟黑德东亚研究所1960年被指定为国家资源中心，以加强东亚语言的教学和培训，增进对东亚地区国家经济、政治、社会和文化的了解。芝加哥大学的东亚研究中心同样被指定为国家资源中心，并加入外语和区域研究奖学金计划。宾夕法尼亚大学的非洲研究中心、东亚研究中心、中东研究中心和南亚中心也成了国家资源中心。在《国防教育法》第六章的影响之外，成立于1951年的麻省理工学院国际研究中心是美苏冷战斗争的直接结果，该中心始终将服务美国的国家利益作为核心承诺。另外，联邦政府还通过1991年《国家安全教育法》中的"国家安全教育计划"资助美国顶尖大学参加"语言旗舰计划"（The Language Flagship），旗舰语言包含了阿拉伯语、中文、韩语、土耳其语等语言。加州大学洛杉矶分校是俄语旗舰计划的所在地；威斯康星麦迪逊分校是韩语、俄语旗舰计划的所在地。

美国联邦政府除了通过教育法案和经费拨款影响美国顶尖大学的国际化人才培养之外，还建立健全相关的行政机构，以配合美国顶尖大学的国际化人才培养。例如管理《高等教育法》第六章和《富布莱特-海斯法》授权的国际化人才培养项目的教育部国际和外语教育办公室；为国际学生到美国顶尖大学学习提供信息的教育和文化事务局；等等。不得不提的是，加州大学伯克利分校和加州大学洛杉矶分校作为加州的两所公立大学，其国际化人才培养还受到了加州政府的直接管控和领导，有着为所在州人民服务的历史传统。

2. 社会：支持者

在美国顶尖大学国际化人才培养的范式形成阶段，美国的社会组织扮演了沟通政府与大学关系缓冲器的角色。对美国顶尖大学国际化人才培养影响比较深远、支持力度比较大的是：(1)教育性质的协会，例如美国大学协会、美国教育理事会等；(2)美国的基金会。

在教育性质的协会中，以美国大学协会为例，其成员包括美国和加拿大办学水平最顶尖的65所大学。美国大学协会有着极为严格的准入门槛，其成员身份成为评价一所大学是否顶尖的重要指标和依据。美国大学协会促进美国顶尖大学国际化人才培养主要表现在三个方面：一是影响联邦政府对顶尖大学的决策。作为维护美国顶尖大学群体利益的代表，美国大学协会通过参与国会和联邦最高法院，以及总统等行政部门的政策制定活动，在这些政府部门间积极游说，与政府相关部门和人员保持联系，以表达自身的政策诉求。与美国顶尖大学国际化人才培养关系密切的《高等教育法》，其形成与制定便与美国大学协会密切相关。美国大学协会在影响联邦政府的国际化人才培养政策，促进美国顶尖大学国际化人才培养方面做出了巨大的贡献。二是美国大学协会的专业能力。"在美国大学协会的指导下，美国研究型大学在全球大规模吸引有才华的学生到美国进行研究生培养，美国从多个角度将研究生的培养和最新的研究有机联结，使用这样的方式来培养优秀的人才。"① 三是美国大学协会的国际化水平。美国大学协会将自身定位为国际型的机构,为美国顶尖大学的国际化人才培养的对外交流和跨国合作"牵线搭桥",提供平台。美国大学协会的国际化委员会曾起草国际政策声明:作为全球性的机构,成员大学应将注意力投入到全世界的教育、服务和文化的交流上,这样就可以让不同的制度和文化得到提升。②

在美国的基金会中,加州大学伯克利分校东亚研究所的成立和发展受到了福特基金会、洛克菲勒基金会等基金会的帮助;哥伦比亚大学的东亚研究所 1949 年和 2003 年受到了洛克菲勒基金会、福特基金会和韦瑟黑德基金会的资助;哥伦比亚世界项目 2018 年受到了奥巴马基金会的资助;芝加哥大学的中东研究中心获得了梅隆基金会长达 40 余年的资助③;斯坦福大学是接受福特基金会资助最多的七所大学之一,另外六所大学是哈佛大学、芝加哥大学、哥伦比亚大学、麻省理工学院、耶鲁大学和加州大学伯克利分校。④ 这些基金会为美国顶尖大学培养国际化人才,进行国际化研究提供了充足的经费。

3. 高校:实施者

在国际化人才培养的范式形成阶段以及范式危机与转换阶段,美国顶尖大学在校内有着数量众多、分工明确、层次分明的国际化人才培养管理部门,在出国留学、签证申请、国际实习等各个方面为学生提供全方位的支持。

---

① 聂娟:"美国大学协会的社会服务能力从何而来",《江苏高教》2019 年第 2 期。
② 约翰·沃恩:"促进国家和全球利益:美国大学联合会的作用",杨曦译,《清华大学教育研究》2008 年第 1 期。
③ UCHICAGO Global, "UChicago's Global Directory", (16 March 2021), https://global.uchicago.edu/global-directory?keys=&prog%5B309%5D=309.
④ 丽贝卡·S. 洛温:《创建冷战大学:斯坦福大学的转型》,叶赋桂、罗燕译,清华大学出版社 2007 年版,第 250 页。

哈佛大学校内的管理部门有哈佛国际办公室、国际事务副教务长办公室、全球支持服务中心；麻省理工学院校内的管理部门有国际咨询委员会、国际协调委员会、全球教育办公室、国际学生办公室、国际学者办公室；哥伦比亚大学校内的管理部门有全球计划办公室、国际学生和学者办公室；加州大学伯克利分校校内的管理部门有全球参与办公室，伯克利国际办公室，暑期课程、出国留学和终身学习部门，访问学者和博士后事务办公室；斯坦福大学校内的管理部门主要有全球研究办公室、国际事务办公室、全球财务管理（业务服务）办公室、对外关系办公室等；约翰斯·霍普金斯大学校内的管理部门主要有教务长办公室、国际服务办公室、出国留学办公室；普林斯顿大学校内的管理部门主要有国际事务与运营副教务长办公室、国际项目办公室、国际教学与研究理事会、戴维斯国际中心等；加州大学洛杉矶分校的管理部门主要有国际研究和全球参与办公室、国际教育办公室、国际学院办公室[1]；宾夕法尼亚大学校内的管理部门主要有全球倡议副教务长办公室、宾夕法尼亚大学拜登外交和全球参与中心、佩里世界之家、宾夕法尼亚大学出国办公室、国际学生和学者服务办公室、全球支持服务办公室、宾夕法尼亚大学全球财务管理办公室[2]；芝加哥大学校内的管理部门主要有教务长办公室、"芝加哥大学全球"办公室、国际事务办公室。需要指出的是，这些国际化人才培养管理部门还需要得到学校的统一管理，通常隶属于副教务长办公室或教务长办公室管理，而负责国际化人才培养的副教务长或教务长又直接向校长汇报工作。

---

[1] UCLA Global, "About Us", (25 March 2021), https://www.global.ucla.edu/aboutus.
[2] PennGlobal, "About Penn Global: Who We Are", (08 March 2021), https://global.upenn.edu/global-initiatives/about-penn-global.

以上是美国顶尖大学在学校层面的国际化人才培养的管理部门，除了这些在学校层面的管理部门之外，美国顶尖大学在院系层面也有着相应的国际化人才培养管理部门。以哈佛大学和宾夕法尼亚大学为例，哈佛大学在院系层面的管理部门有哈佛学院的国际教育办公室、文理学院的国际事务办公室等。宾夕法尼亚大学在院系层面的管理部门有牙科医学院的全球事务办公室、社会政策与实践学院的全球参与办公室、沃顿商学院的全球倡议办公室等。

美国顶尖大学国际化人才培养管理部门大多呈现科层制结构的特征，对国际化人才培养进行分科分层的管理，即按照国际化人才培养所涉及的不同职能划分成各科，再按权力大小分层，确立国际化人才培养管理部门中的上下级关系，对国际化人才培养进行分工统一管理（如图6-1所示）。

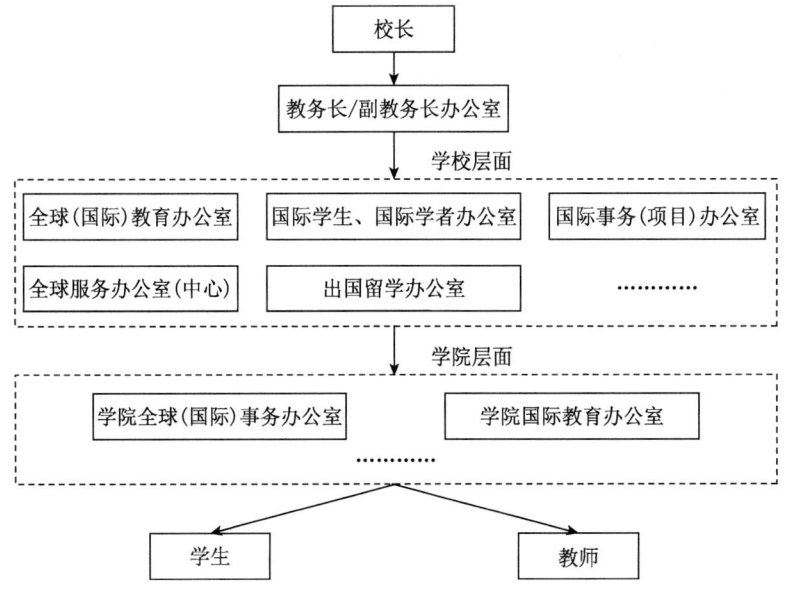

图6-1 美国顶尖大学国际化人才培养校内管理部门结构图

综合上述分析，在美国顶尖大学国际化人才培养范式的模型框架之中，大学处于核心位置，其内部的国际化人才培养管理部门分工明确、层次分明，在教学、科研和社会服务三个方面为学生和教师提供国际化的资源和支持。在顶尖大学外部，联邦政府和州政府对顶尖大学培养国际化人才进行政策规范和机构管理；社会层面的教育类协会为美国顶尖大学培养国际化人才提供指导和经费资助（如图6-2所示）。

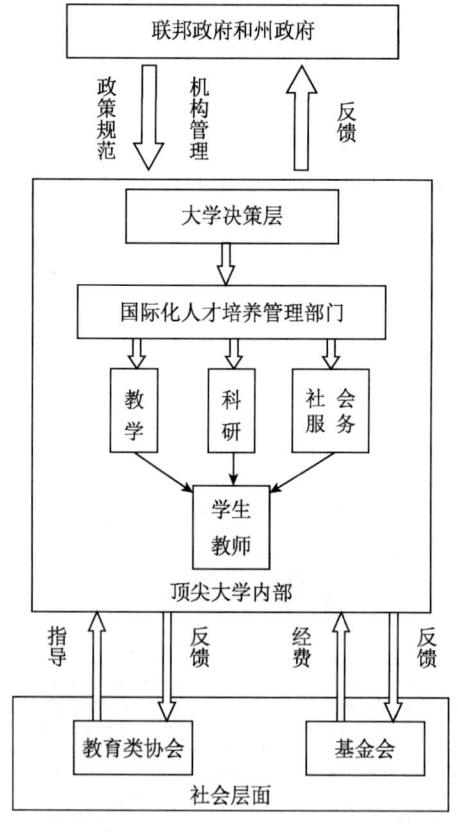

图6-2 美国顶尖大学国际化人才培养的模型框架图

(三) 美国顶尖大学国际化人才培养的实践规范

1. 作为国际化人才重要基础的专业能力

已有对美国高校国际化人才培养的研究往往会忽视学生专业能力的培养。事实上，专业能力是美国顶尖大学国际化人才培养的重要基础，只有让学生掌握牢固的专业知识，具备扎实的专业能力，学生才能更好地将国际化理念、国际化思维与专业学习相结合，在毕业之后具备国际化视野和国际化意识的同时也具备了全球化时代政府部门、非政府部门、国际组织、国际公司等不同组织和机构所需求的专业背景。

斯坦福大学的本科生教育为学生提供丰富的学习经验，并提供广泛的人文社科基础知识和深厚的学科领域专业知识；研究生教育可以让学生获得在某个专业知识领域发展的"无与伦比"的机会。[①] 普林斯顿大学有着历史悠久的通识教育，本科生在学习完人文社会科学与自然科学相结合的通识课程之后，将选择一个领域集中学习。通识教育既能拓宽学生的专业视野，又能帮助学生打下宽广的专业基础，同时还能帮助学生塑造性格和价值观。由于开展独立研究是普林斯顿大学教育的一项重要特征，研究生通过独立的研究将人类知识的前沿推向新的高度。[②] 加州大学洛杉矶分校通过本科生教育和研究生教育传授学生专业知识的同时，更培养学生的专业能力，为学生提供了125个专业、109个系所的3900多门课程。[③] 其中，该校文理学院的学生在学习完成后将学会批判性和创造性地思考有关文学、社会问题和语

[①] Stanford University, "Academic", (16 March 2021), https://www.stanford.edu/.
[②] Princeton University, "Studying Princeton", (16 March 2021), https://www.princeton.edu/academics/studying-princeton.
[③] UCLA, "Academics", (16 March 2021), https://www.ucla.edu/academics/.

言的问题；法学院通过创新的跨学科研究和培养方式，为学生提供法律的前沿知识和动手实践的经验；社会科学系指导学生对政治学、人类学、传播学等问题进行思考，让学生有能力为世界的变化做好准备，同时又能为世界带来变化。总的来说，加州大学洛杉矶分校极为严格的学术要求让学生在毕业后能获得改变生活和改变世界的能力。

在芝加哥大学独特的教育模式之下，学生和教师经常就某一议题进行相互辩论，师生之间可以互相辩驳对方的观点。正如其官网所指出的："在芝加哥大学，学生不是学会了思考什么，而是学会了怎么样思考。"[①] 在自由开放的探究氛围之中，学生学会了创新思考的能力、语言组织能力和口语表达能力，芝加哥大学严谨的教育模式让学生为对世界产生积极影响做好准备。

结合前文对哈佛大学、麻省理工学院、哥伦比亚大学和加州大学伯克利分校学生的专业能力培养，可以发现美国顶尖大学在国际化人才培养的过程中，非常注重对学生专业能力的培养，尤其是像斯坦福大学、哥伦比亚大学、普林斯顿大学等顶尖大学通过通识教育的方式让学生既获得广泛的人文社科和理工科的基础知识，又让学生获得专业领域的基础知识。更重要的是，这些顶尖大学在传授知识的过程中，都致力于培养学生学会思考、学会批判、运用知识的创新能力和迁移能力，做到了知识、价值观和能力三者的融合，为学生成为国际化人才打下了扎实的基础。

2. "以世界为课堂"的学生国际经验

美国顶尖大学已经不满足于将国内校园作为唯一的教育环境，而是雄心勃勃地鼓励和支持学生走向全球，积极建设"世界课堂"。

[①] The University of Chicago, "Academics", (16 March 2021), https://www.uchicago.edu/academics/.

斯坦福大学全球研究部为学生提供了"全球研究实习计划",将学生的课堂学习体验延伸到实习国家的沉浸式的文化体验和专业体验。[1] 约翰斯·霍普金斯大学的本科生在就读期间可以到世界各地50多个国家开展出国留学和国际研究项目,有40%以上的本科生在毕业之前拥有国际经验。[2]

普林斯顿大学提出了"世界是你的教室"(The World Is Your Classroom)的口号,认为学生的国际经历有助于帮助学生对复杂的世界有更深入地了解,并为本科新生提供了"诺沃格拉茨'桥梁'年度计划"(The Novogratz Bridge Year Program),即本科新生开启大学生涯之前就可以免学费出国从事公共服务工作——沉浸在当地文化中,学习语言并服务于当地社区的需求——高中到大学这段"桥梁"式的国际体验帮助本科新生拓宽了国际视野。此外,普林斯顿大学所有专业的本科生在就读期间可以在40多个国家的100多门留学课程中进行选择,以开展为期一年的出国留学。普林斯顿大学的语言课程还为学生提供了"暑期语言沉浸"项目,学生可以在国外进行深入的语言学习。同时,该校还为本科生提供"国际实习计划",为学生支付大部分费用,学生可以在50多个国家就自己感兴趣的领域开展实习。普林斯顿大学还通过国际和区域研究所组织的"全球研讨会",增加学生出国留学的机会,学生可围绕某一主题,到目标城市和国家进行亲身体验,以探究相关问题。普林斯顿大学还为研究生提供了在国外进行独立研究的机会,研究生院的交流计划可以让研究生

---

[1] Stanford University, "Global Studies Internship Program", (16 March 2021), https://sgs.stanford.edu/global-studies-internship-program/home.

[2] Johns Hopkins, "Hopkins around the World", (16 March 2021), https://www.jhu.edu/about/international/.

在海外学习课程或进行论文研究。①

加州大学洛杉矶分校将自身定位为21世纪的"全球大学"（21st-century global university），致力于通过国际合作伙伴关系履行其教学、研究和服务的使命，该校与46个国家和地区的191所高校、研究中心、企业等机构建立了国际伙伴关系，并在亚洲和欧洲设有办事处，在世界各地举办"全球论坛"，为学生提供"旅行学习计划"和"全球实习计划"，以支持学生的国际经验。②

宾夕法尼亚大学与非洲、亚洲、欧洲、拉丁美洲和加勒比海、中东、北美洲、大洋洲地区的国家和大学建立了合作伙伴关系，并面向这些国家创建了种类繁多的海外留学计划。数据统计，平均每年有超过2700名宾夕法尼亚大学的学生在国外学习学分课程。③ 以大洋洲为例，自从宾夕法尼亚大学与澳大利亚新南威尔士大学于2003年签署交流协议以来，每年都有数十名宾夕法尼亚大学学生前往大洋洲学习或实习。④ 除了鼓励支持学生在海外开展研究、学习和实习之外，宾夕法尼亚大学还创办了"宾大全球研讨会"，将每学期的强化学习与短期旅行相结合，学生通过参与该研讨会，在出国短期旅行的过程中将加深对课堂讨论概念的理解。⑤

芝加哥大学在世界不同地方建立了七个"全球校区和中心"

---

① Princeton University, "Learning Abroad", (16 March 2021), https://www.princeton.edu/academics/learning-abroad#undergraduate-opportunities.
② UCLA Global, "Global Events", (16 March 2021), https://global.ucla.edu/forums#globalevents.
③ PennGlobal, "Where We Are", (25 March 2021), https://global.upenn.edu/map.
④ PennGlobal, "Oceania", (16 March 2021), https://global.upenn.edu/global/map/oceania.
⑤ Penn Abroad, "Penn Global Seminars", (16 March 2021), https://global.upenn.edu/pennabroad/pgs.

(Global Campuses & Centers),以支持学生到国外开展研究和课程学习的需求,这七个全球校区和中心分别是香港的弗朗西斯和玫瑰园校区、北京中心、德里中心、巴黎中心、伦敦"展位"(London Booth)、埃及"芝加哥之家"(Chicago House)、孟加拉国芝加哥大学研究组织(UChicago Research Bangladesh)。[①] 以巴黎中心为例,该中心是芝加哥大学在欧洲"教学社区"的总部,研究生可以在该中心从事研究工作,本科生可以在巴黎中心的支持下到法国合作大学就读或者学习巴黎中心教师的课程,涵盖人文科学、社会科学、自然科学等各个学科,学生到巴黎中心之后还将获得短途旅行的机会。

通过对以上美国顶尖大学学生国际经验的深入分析,再结合前文对哈佛大学、麻省理工学院、哥伦比亚大学和加州大学伯克利分校学生的国际经验的研究发现,美国顶尖大学普遍将世界作为学生的课堂,鼓励和支持学生走向全球,或开展课程学习(包括语言课程),或围绕自己的研究兴趣进行独立研究,或就自己感兴趣的领域开展实习。

3. "以世界为实验室"的教师国际经验

美国顶尖大学鼓励和支持教师走出校园,走向全球,在世界各地完成感兴趣领域的研究,既把世界作为研究的场所,又把世界作为研究的对象。

约翰斯·霍普金斯大学在全球110多个国家和地区的数百个地点开展持续性的研究,致力于"将知识带给世界"。普林斯顿大学的教师面向国际研究重点,与世界各地的同事进行合作,以开展重要的前沿研究,该校教师通过以下几种方式增进国际经验:一是通过"战

---

① UCHICAGO Global, "PUChicago in the World", (16 March 2021), https://global.uchicago.edu/page/uchicago-world.

略伙伴关系的赠款"。普林斯顿大学与圣保罗大学、柏林洪堡大学、东京大学建立了战略合作伙伴关系,以支持教师的跨国研究。二是通过"研究合作伙伴的赠款"。普林斯顿大学与日内瓦大学、巴黎政治学院建立研究合作伙伴关系,以支持教师到这些大学的访问和交流。三是通过"普林斯顿的赠款"。普林斯顿大学通过跨境学习计划(Learning Across Borders, LABs)支持以教师为主导的短期课程;通过姆帕拉研究基金(Mpala Research Fund)为教师提供到非洲开展研究的机会;通过国际基金(International Fund),使教师能够追求创新思想,从而扩大教师研究和教学使命的国际范围。[1] 另外,普林斯顿大学在海外还设立了"普林斯顿雅典中心""普林斯顿中国中心""姆帕拉研究中心",以支持教师在海外开展研究工作。[2] 数据统计,宾夕法尼亚大学至少有1400名教师在七大洲170多个国家和地区开展研究工作。以非洲为例,有超过300名教师在非洲开展620多个研究项目和活动。宾夕法尼亚大学各个院系的教师深入到世界各地开展研究工作,并基于自身专业知识为当地做出实质贡献的案例不胜枚举:宾夕法尼亚大学教育研究生院的教师莎朗·沃尔夫(Sharon Wolf)曾在乌干达研究社区卫生和教育,目前正在利用专业知识衡量该国幼儿教育计划的有效性,她的研究将帮助乌干达教育管理人员制定新计划;教师保罗·罗宾逊(Paul Robinson)正在领导研究小组为索马里起草现代刑法;魏茨曼设计学院的教师兰德尔·梅森(Randall Mason)领导项目小组对卢旺达的种族灭绝纪念碑进行保护。[3] 芝加哥大学有

---

[1] Princeton University, "International Princeton", (16 March 2021), https://international.princeton.edu/research-partnerships/funding-opportunities/if.

[2] Princeton University, "International Princeton", (16 March 2021), https://international.princeton.edu/princeton-world.

[3] PennGlobal, "Africa", (16 March 2021), https://global.upenn.edu/global/map/africa.

超过1/4的教师在美国之外开展研究工作,涉及的地区包括非洲和中东、南极洲、亚太、欧洲和美洲,这些地区的"全球校区和中心"为教师在海外开展研究提供了平台。

结合前文对哈佛大学、麻省理工学院、哥伦比亚大学、加州大学伯克利分校教师国际经验的研究发现,美国顶尖大学非常注重教师的国际经验,为教师提供充足经费,鼓励教师走出校园,在全球各地开展研究,真正地将世界作为教师探索并解答研究问题、应用研究发现的"实验室"。

4. 国际性的知识

在此方面,首先是全球视野和国际理念下的国际化课程,包括外语教育课程、国际和区域研究课程、国际事务和国际关系课程,以及专业课程的国际化。

在外语教育课程方面,芝加哥大学通常提供50多种语言(最新数据是53种)的外语教育课程,包括汉语、日语、韩语、阿拉伯语、孟加拉语、哈萨克语、葡萄牙语、波兰语、俄语等。芝加哥大学提供的外语教育课程中既有古代语种如古巴比伦语、古典希伯来语、古突厥语、古希腊语,也有使用人数较少的语种如意第绪语。[①] 宾夕法尼亚大学提供至少45种语言的外语教育课程。具体到院系层面,仅宾夕法尼亚大学的文理学院就提供了32种教学语言的课程。[②] 加州大学洛杉矶分校提供40多种语言的外语教育课程,同芝加哥大学一样,加州大学洛杉矶分校也提供古代的语种如古代近东语言(苏美尔语等),

---

① University of Chicago Language Center, "Languages Offered at UChicago", (10 March 2021). https://languages.uchicago.edu/languages/.

② Penn Arts & Sciences, "Foreign Languages", (10 March 2021), https://www.sas.upenn.edu/global-inquiries.

还提供使用人数较少的语种如比较有特色的美洲土著语言盖丘亚语。① 普林斯顿大学提供了 29 种语言的外语教育课程,包括了一些较少教授的通用语言,例如阿卡德语、拉丁语、梵文。普林斯顿大学近年来通过校内外的合作,进一步增加较少教授语言的数量。② 哈佛大学外语教育课程的语言更是达到了 100 多种,成为世界上课程教学语言数量最多的大学。仅 2020—2021 学年的课程教学语言就到了 90 多种,足以可见哈佛大学外语教育课程的雄厚实力。

总的来说,美国顶尖大学的外语教育课程呈现出三大特点:一是数量众多,本书中涉及的顶尖大学所提供的外语数量基本超过了 40 多种,哈佛大学甚至达到了 100 多种;二是覆盖范围广泛,美国顶尖大学所提供的外语既有使用人数较多,使用范围较广的语种,也有使用人数较少的语种;三是历史跨度较大,美国顶尖大学不仅提供现当代的语种的教学,还提供古代的语种的教学。

在国际和区域研究课程方面,斯坦福大学全球研究部为学生提供东亚研究,拉丁美洲研究,俄罗斯、东欧和欧亚研究三门跨学科硕士课程。③ 此外,斯坦福大学的弗里曼·斯波格利国际问题研究所的欧洲中心提供全球研究辅修课程,专门对欧洲进行研究,该课程是为对欧洲历史、文化、政治、社会具有跨学科兴趣的本科生设计的。④ 加州大学伯克利分校的区域研究课程主要由意大利研究系、近东研究

---

① UCLA Center for World Languages, "Languages taught at UCLA", (16 March 2021), https://international.ucla.edu/cwl/article/29240.
② Princeton Center for Language Study, "Languages", (16 March 2021), https://pcls.princeton.edu/resources/language-programs/.
③ Stanford University, "Global Studies", (16 March 2021), https://sgs.stanford.edu/academics/undergraduate-programs.
④ Stanford Freeman Spogli Institute for International Studies, "Our Programs", (10 March 2021), https://fsi.stanford.edu/studentprograms/programs-overview.

系、南亚和东南亚研究系等系所负责教授。这些系所的课程不局限于区域语言,还涉及区域的宗教、历史与文化。约翰斯·霍普金斯大学的克里格文理学院(Zanvyl Krieger School of Arts and Sciences)也为学生提供以区域作为研究对象的专业课程,如东亚研究课程、非洲研究课程、近东研究课程等。① 普林斯顿大学的"普林斯顿国际和区域研究所"(Princeton Institute for International and Regional Studies)为学生提供非洲研究课程,当代欧洲政治与社会课程,俄罗斯、东欧和欧亚研究课程,南亚研究课程等证书课程;② 东亚研究系为学生提供东亚研究的专业课程。③ 加州大学洛杉矶分校国际研究所本科主修专业课程有非洲和中东研究课程、亚洲研究课程、欧洲研究课程、全球研究课程、国际发展研究课程、拉丁美洲研究课程;研究生课程有非洲研究硕士学位、东亚研究硕士学位课程、拉丁美洲研究硕士学位课程。④

美国顶尖大学国际事务和国际关系相关的课程主要由国际事务学院或国际问题研究所等机构提供。斯坦福大学全球研究部提供国际关系的本科学位课程和辅修课程,还提供人权与国际司法中心的辅修课程。⑤ 该校的弗里曼·斯波格利国际问题研究所为优秀的高年级本科生提供了"民主、发展与法治荣誉课程""国际安全研究荣誉课程";

---

① Zanvyl Krieger School of Arts and Sciences, "Departments, Program Requirements, and Courses", (10 March 2021), https://e-catalogue.jhu.edu/arts-sciences/full-time-residential-programs/degree-programs/.
② PIIRS, "Regional Studies & Certificate Programs", (25 March 2021), https://piirs.princeton.edu/study-learn/regional-certificate-programs.
③ Harvard University, "Explore Programs Available at Harvard", (16 March 2021), https://www.harvard.edu/programs/?degree_levels=graduate&schools=hri.
④ UCLA, "International Institute", (09 March 2021), https://www.international.ucla.edu/academics/graduate
⑤ Stanford University, "Global Studies", (16 March 2021), https://sgs.stanford.edu/academics/degrees-offered.

为硕士研究生提供"福特·多尔西国际政策硕士学位课程",该学位课程包括了很多跨学科的选修课程。另外,该研究所还有三门特色的国际化课程:"管理全球政治风险""比较视角下的外交政策决策""民主精神。"[①] 芝加哥大学国际关系委员会有着美国历史最悠久的国际事务硕士研究生课程,该委员会将核心课程与跨学科课程相结合,使学生能够探索国际关系的复杂性,委员会还与布斯商学院、法学院和哈里斯公共政策学院提供一年制硕士课程以及双学位和联合学位课程。该课程主要分为四个领域:"国际关系理论,安全与历史""国际政治经济与发展""区域研究与民族主义""人权,环境与国际法"。[②] 除了国际事务学院和国际问题研究所之外,顶尖大学的其他学院也提供与国际事务和国际关系密切相关的课程。如约翰斯·霍普金斯大学的克里格文理学院提供"国际研究"专业的跨学科课程,所涉及的学科范围包括了政治科学、历史学、经济学、语言学、社会学和人类学。[③] 哈佛大学文理学院提供国际关系的学士学位和硕士学位课程,同时提供国际关系的研究生证书课程。[④]

美国顶尖大学的学生通过学习国际事务和国际关系课程有助于加深对主权国家的作用、国家之间的关系以及国际组织的跨学科理解,同时加深对当今全球复杂国际关系的了解,有助于为学生毕业以后在政府组织、非政府组织、国际组织、跨国公司、国际贸易等部门从事

[①] Stanford Freeman Spogli Institute for International Studies, "Education", (10 March 2021), https://fsi.stanford.edu/education.

[②] Committee on International Relations, "A One-Year MA Program", (10 March 2021), https://cir.uchicago.edu/content/coursework.

[③] Zanvyl Krieger School of Arts and Sciences, "International Studies", (10 March 2021), https://e-catalogue.jhu.edu/arts-sciences/full-time-residential-programs/degree-programs/international-studies/.

[④] Harvard University, "International Relations", (16 March 2021), https://www.harvard.edu/programs/international-relations/.

相关工作做好准备。

在专业领域课程的国际化方面,除了上述课程之外,美国顶尖大学还将全球视野和国际化理念贯穿于其他专业领域的课程,旨在培养出既熟悉专业领域,又具有国际视野的国际化人才。哈佛大学将国际化理念融合于本科生和研究生的课程之中——哈佛教育研究生院提供人类发展与教育课程;哈佛肯尼迪政治学院提供国际发展中的公共行政课程;哈佛医学院提供全球卫生服务课程;等等。斯坦福大学也同样具有相似的特征——斯坦福医学院提供健康政策博士学位课程,课程内容涉及国际卫生政策和经济发展;斯坦福法学院提供比较法与国际法课程,课程内容包括国际人权法、国际商业教育和诉讼法等;斯坦福工程学院提供全球工程课程,旨在让学生能在全球视角下了解技术和工程,在多元文化和国际环境中获得现实工作经验的机会。[①] 除了哈佛大学和斯坦福大学之外,宾夕法尼亚大学和加州大学伯克利分校等顶尖大学也将国际化的理念,以及国际化人才培养的使命与各个学院专业领域的课程紧密结合。

总体来看,美国顶尖大学将全球视野与国际理念蕴藏于不同学院的课程之中,既有与国际关系、国际事务、国际规则等密切相关的课程,也有与国际化专业人才培养密切相关的专业领域课程。

其次是多领域、多学科、跨学科的国际化研究,包括国际和区域研究、国别研究、国际问题和国际事务的跨学科研究,以及专业领域层面的国际化研究。

在国际和区域研究方面,哈佛大学在学校内部建立了多个中心,

---

① Stanford University, "Engineering", (16 March 2021), https://engineering.stanford.edu/students-academics/global-engineering-programs.

如哈佛亚洲中心等国际和区域研究机构。① 斯坦福大学全球研究部负责国际和区域研究，该研究部包括欧洲研究中心、东亚研究中心、非洲研究中心、俄罗斯研究中心、伊斯兰研究中心等。② 加州大学伯克利分校的国际和区域研究中心包括东亚研究中心、中东研究中心等。③ 哥伦比亚大学校内有非洲研究所、欧洲研究所、哈里曼研究所、拉丁美洲研究所、中东研究所、南亚研究所、韦瑟黑德东亚研究所。④ 约翰斯·霍普金斯大学在文理学院创建了与国际和区域研究相关的跨学科研究中心与其他的科研项目等。⑤ 普林斯大学设立了专门的国际和区域研究机构，即"普林斯顿国际和区域研究所"（Princeton Institute for International and Regional Studies），该研究所的研究范围覆盖了非洲、中东和北非、亚洲、欧洲、欧亚大陆、南美洲等地区。⑥ 加州大学洛杉矶分校的国际和区域研究主要由国际研究所（International Institute）负责，该研究所下面分别有针对世界各区域的研究中心——针对非洲地区的非洲研究中心、近东研究中心；针对美洲地区的拉丁美洲研究所；针对亚洲地区的亚太中心、印度和南亚中心、东南亚研究中心；针对欧洲和欧亚大陆的欧洲和俄罗斯研究中

---

① Harvard Worldwide, "Research Centers", (16 March 2021), https://worldwide.harvard.edu/world-harvard#research-centers.

② Stanford University, "Global Studies", (16 March 2021), https://sgs.stanford.edu/about/centers-programs-0.

③ Berkeley Research, "International & Area Studies", (25 February 2021), https://vcresearch.berkeley.edu/international.

④ Columbia University, "List Centers and Institutes", (25 March 2021), https://www.columbia.edu/content/list-centers-and-institutes.

⑤ Johns Hopkins, "Krieger School of ARTS & SCIENCES", (09 March 2021), https://krieger.jhu.edu/academics/departments-programs-and-centers/.

⑥ Princeton University, "Princeton Institute for International and Regional Studies", (09 March 2021), http://piirs.princeton.edu, Accessed: 09 March 2021.

心、近东研究中心；针对中东地区的中东发展中心和近东研究中心。① 日本学者山田彰和山田玲子认为，"加州大学洛杉矶分校在亚太地区的地理位置使其成为东亚研究和拉丁美洲研究的主要阵地。加州大学洛杉矶分校被誉为美国最多样化和国际化的大学之一"②。宾夕法尼亚大学的国际和区域研究主要由文理学院负责，其文理学院下面有非洲研究中心等多个中心。③

从美国顶尖大学的国际和区域研究中心的分布可以看出，美国顶尖大学在国际和区域研究层面的研究区域分布广泛，涵盖了当今世界上的主要区域，旨在培养国际和区域研究人才。

除了上述国际和区域研究之外，美国顶尖大学还有专门从事国别研究的研究中心。例如，宾夕法尼亚大学的当代中国研究中心、印度高级研究中心、意大利研究中心等；④ 加州大学洛杉矶分校的巴西研究中心、墨西哥研究中心、中国研究中心、韩国研究中心、寺崎日本研究中心、亚美尼亚研究中心等；⑤ 哥伦比亚大学的巴勒斯坦研究中心、美国研究中心、唐氏中国中心、伊朗研究中心、以色列犹太研究所、韩国研究中心、墨西哥研究中心等。

美国顶尖大学的这些国别研究中心以专门国家作为研究对象，对专门国家的历史、文化、制度等进行深入且全面的研究，旨在培养国

---

① UCLA, "International Institute", (09 March 2021), https://www.international.ucla.edu/institute/centers.
② Yamada, Reiko, *Measuring Quality of Undergraduate Education in Japan*, Singapore: Springer, 2014, p. 48.
③ Center for International Studies, "Chiasmos", (09 March 2021), https://chiasmos.uchicago.edu/about.shtml.
④ Penn Arts & Sciences, "Centers", (09 March 2021), https://www.sas.upenn.edu/centers/.
⑤ UCLA, "International Institute", (09 March 2021), https://www.international.ucla.edu/institute/centers.

别研究的专家。

在国际问题和国际事务的跨学科研究方面,斯坦福大学的弗里曼·斯波格利国际问题研究所是该校首屈一指的国际事务研究所和国际研究机构,该研究所对治理、安全、全球健康、能源与环境、国际发展等领域进行跨学科研究。以全球健康和国际发展为例,研究所从经济学、营养学和政治学对全球健康问题进行跨学科研究;召集卫生、教育、治理、能源和社会正义领域的专家进行合作,以商讨推动国际发展的对策。该研究所还下属有中国经济与制度研究中心,民主、发展与法治中心,粮食安全与环境中心,国际安全与合作中心,等等。[①] 约翰斯·霍普金斯大学的阿里吉全球研究中心属于跨学科研究中心之一,致力于研究当代全球化进程中出现的紧迫问题,阿里吉全球研究中心目前的三个方向分别是全球社会抗议研究、全球不平等与发展研究、城市治理研究。[②] 加州大学伯克利分校的国际问题研究所是一个多学科的研究单位,该研究所体现了不同学术领域之间的跨学科特征,其特点是分析全球政治和全球经济的联系和系统动力,主要关注国家和非国家行为者在安全、治理、经济和文化交流等众多领域之间的互动,包括对人员跨境流动的研究,以及对思想、金钱、商品、疾病、污染、信息、国际机构、国际法和全球治理的研究,特别是加大对影响整个世界的跨国问题的研究。加州大学洛杉矶分校国际研究除了国际和区域研究中心之外,还有以全球问题作为主题的研究中心,例如伯克尔研究中心、国际移徙研究中心、世界语言中心、国

[①] Stanford, "Freeman Spogli Institute for International Studies", (09 March 2021), https://fsi.stanford.edu/research/international-development.

[②] The Arrighi Center for Global Studies, "Research", (09 March 2021), https://krieger.jhu.edu/arrighi/.

家遗产语言资源中心。①

美国顶尖大学的国际化研究还表现在具体的专业学院的专业领域层面，即除了语言学、政治学、公共政策学、国际关系学等与国际化人才培养密切相关的学科和机构中心之外，其他理、工、农、医等领域的学院和机构同样也表现出人才培养的国际化特征。约翰斯·霍普金斯大学的布隆伯格公共卫生学院、全球健康中心、通信程序中心、医学院等机构也开展国际化研究，从而为全球带来积极影响。② 宾夕法尼亚大学有 12 所学院，每所学院都有与国际化人才培养密切相关的研究项目，致力于推动宾夕法尼亚大学成为全球一流的研究机构。如安纳伯格传播学院设立了全球交流高级研究中心，从区域、国际、比较的角度对文化传播、媒体传播、视觉传播、政治传播和健康传播等主题进行研究；文理学院的教师以"传授世界"作为使命，在进行广泛的全球研究时，使用人文和社会科学方法作为自己的视角，同时运用自然学科的相关知识应对全球科学、技术和社会面临的挑战；教育研究生院拥有数个对全球教育问题开展前沿研究的中心，这些研究中心以实践为导向将创新的实践策略和工具"输送"到全球实践者手中。③ 另外，宾夕法尼亚大学还创建了数个"全球中心和计划"，以推动专业领域层面的跨学科国际化研究，如专注于商业教育研究的劳德学院、专注于可持续能源研究的克莱曼能源政策中心、专注于犹

---

① UCLA, "International Institute", (09 March 2021), https://www.international.ucla.edu/institute/centers.
② Johns Hopkins, "Hopkins Around the World", (16 March 2021), https://www.jhu.edu/about/international/.
③ PennGlobal, "Global Engagement Penns Schools", (25 March 2021), https://global.upenn.edu/global-initiatives/global-engagement-penns-schools.

太文明研究的赫伯特·卡兹高级犹太研究中心等。① 麻省理工学院在航空航天、农业、建筑学、人文、艺术、大气科学、医学等领域均有国际化的研究。② 加州大学伯克利分校亦不例外,哈斯商学院有克劳森国际商业与政策中心,法学院有韩国法律研究所、伯克利犹太法与以色列研究所,公共卫生学院有全球公共卫生中心,等等。③ 芝加哥大学在文化、艺术、社会、数字世界、经济与商业、能源与自然资源、行星地球等主题领域都开展国际化的研究。④

综上所述,美国顶尖大学的国际化研究涉及多个领域和多个学科,既有人文社科中的历史、政治和国际关系等领域的知识,又覆盖理工农医等领域的知识。另外,无论是国际和区域研究、国别研究还是国际问题研究和专业领域的国际化研究,都或多或少地涉及跨学科的视角,可见跨学科已经成为美国顶尖大学国际化研究的显著特征。

5. 多元、包容的国际化校园氛围

美国的顶尖大学有着数量众多的国际学生和国际教师,且非常注重对多元文化的尊重,对不同族裔、不同身体条件的学生和教师权利予以维护。在书涉及的顶尖大学中,几乎随处可见学校对"多元化""多样性"和"包容性"校园文化的追求。

以约翰斯·霍普金斯大学高级国际研究学院为例,"学院致力于促进所有人的尊严与平等——包括种族、国籍、性别、性别认同、性

---

① PennGlobal, "Global Centers and Programs", (25 March 2021), https://global.upenn.edu/global-initiatives/global-centers-and-programs-0.

② Global MIT, "International Research", (25 March 2021), https://global.mit.edu/research.

③ PennGlobal, "Global Centers and Programs", (16 March 2021), https://global.upenn.edu/global-initiatives/global-centers-and-programs-0.

④ UCHICAGO Global, "UChicago's Global Directory", (16 March 2021), https://global.uchicago.edu/global-directory.

取向、年龄、社会阶层、身体能力、宗教、军事地位和政治信仰"。高级国际研究学院认为，尊重和包容的环境对于学校的使命至关重要。① 因而，随着不同文化背景和历史背景的学生来到美国顶尖大学中共同学习，美国顶尖大学自然而然地成为世界文化的大熔炉。佐治亚大学即有学生指出，"国际学生在美国的第一年大多发展了积极的跨文化友谊，包容性的文化为国际学生提供了支持"②。同时顶尖大学在学生和教师不同思想和文化的碰撞中被营造出浓厚的国际化氛围，在这种国际化氛围之下，学生潜移默化地受到了学校国际化"隐性课程"的影响和熏陶，耳濡目染地具备了国际化人才应具有的国际化视野和跨文化交流能力。

普林斯顿大学以校园中心和学生团体作为支撑平台来营造学校的国际化氛围：菲尔兹平等与文化理解中心让学生能探索不同种族、阶层、性别之间的不同观点和经验，戴维斯国际中心为国际学生和学者举办跨文化的活动，妇女中心举办了一系列旨在消除性别不平等的文化和教育计划。在这些中心之外，普林斯顿大学还有着数量众多、类型丰富的国际化本科生组织和研究生组织，本科生组织分享的主题内容为世界各地的遗产、公民利益和文化传统，这些本科生组织有黑人学生会、斯堪的纳维亚俱乐部、香港学生协会等等。研究生组织代表着各种各样的文化，反映了美国国内文化的多样性，以及来自其他国家42%国际学生文化的多样性。多元文化主题的研究生组织有普林斯顿中国学生学者联谊会、土耳其研究生协会、伊朗学生协会、韩国研

---

① Johns Hopkins, "Diversity and Inclusion", (16 March 2021), https://sais.jhu.edu/about-us/diversity-and-inclusion.
② Atencio, Marisa, "International Students' Experiences Developing Friendships in U. S. Higher Education", Ph. D. dissertation, University of Georgia, 2018.

究生协会等。①

宾夕法尼亚大学为给学生营造国际化的氛围，创建了诸多的项目计划和学生组织。一是"跨文化：参与和意识"计划（Intercultural Dialogues: Engagement and Awareness），让学生在跨文化背景下探索身份、权力等主题；二是"跨文化领导力"计划（Intercultural Leadership Program），旨在营造跨文化领导者的社区；三是"宾夕法尼亚大学世界学者"计划（Penn World Scholars），吸引来自世界各地的杰出学生，为他们成为全球领导者奠定基础，学校为这些学生创造全球参与的机会，为他们培养全球领导力提供途径；四是创建国际学生咨询委员会，为国际学生提供有尊重文化的校园环境。②

芝加哥大学的国际学生占学生总数的1/4，国际学生来自115个不同国家和地区，让该校成为一个"全球社区"。在芝加哥大学，有超过40个关注文化和地理的学生组织。③ 与此同时，学校还为学生提供了"国际之家"，国际之家的使命是让来自世界各地的学生和学者能够在一个多元文化的社区中共同生活和学习。国际组织之家组织学生与国际组织、外国领事馆进行合作与交流，每年，国际之家都会为35,000多名学生提供参与国家和世界事务的机会。④

结合前文对哈佛大学、麻省理工学院等顶尖大学国际化氛围的分析，可以看到国际化的氛围已经成为美国顶尖大学培养国际化人才必

---

① Princeton University, "Cultural & Affinity Group", (16 March 2021), https://www.princeton.edu/one-community/cultural-affinity-groups.

② International Student & Scholar Services, "Programs", (16 March 2021), https://global.upenn.edu/isss/programs.

③ UCHICAGO Global, "World UChicago", (16 March 2021), https://global.uchicago.edu/world-uchicago.

④ The University of Chicago, "International House", (16 March 2021), https://ihouse.uchicago.edu/about/.

不可少的组成部分。美国顶尖大学促进国际化氛围的举措种类繁多,既有哈佛大学的"全球周"、国际对话和讲座,也有麻省理工学院等顶尖大学学生的国际化社团和学生组织,同时还有麻省理工学院和芝加哥大学为学生创建的"国际之家"。总的来说,让学生浸润在国际化的校园氛围中,潜移默化地受到学校国际化氛围的影响,可以为学生走向世界、适应全球时代的多元文化工作环境做好充足准备。

二、美国顶尖大学国际化人才培养范式的特点

(一)立足本国政治且面向全球的价值理念

二战结束以来,美国顶尖大学已经将全球视野融入学校的人才培养使命、愿景和制度文化中,顶尖大学国际化人才培养理念已然超越美国本土,具有了面向全球的气魄和格局。

在服务美国国家利益的理念基础上,美国顶尖大学提出了国际化人才培养的价值理念:一是培养在全球各领域都拔尖的全球领导者和世界领袖,哈佛大学前校长劳伦斯·巴考指出:"哈佛致力于教学、学习和研究方面的卓越成就,并致力于培养能够在世界上产生积极影响的各个学科的领导者。"[1] 麻省理工学院的学生在出国留学时,必须学习关于所在国语言、文化、历史和政治等方面的课程,最终目的是将麻省理工学院的学生打造成为未来的全球领导者,同时通过建立牢固的跨文化联系,推进具有全球影响力的重要研究,将学生塑造成

---

[1] Harvard University, "Office of the President", (02 March 2021), https://www.harvard.edu/president/.

为未来的真正世界领袖。① 二是培养具有全球使命感的国际化人才：哥伦比亚大学前校长李·布林格在其就职演说中称："哥伦比亚大学参与世界不仅仅出于自我利益的考虑，还出于一种责任感。"② 加州大学伯克利分校与世界的互动为应对社会挑战提供了绝佳机会，也有助于培养具有全球使命感的国际化人才。宾夕法尼亚大学在《2018—2023全球倡议战略框架》中将培养具有全球使命感的国际化人才视为提升宾夕法尼亚大学全球机构地位的核心支柱之一。③ 三是培养具有全球视野的全球参与者和全球问题解决者：芝加哥大学前校长罗伯特·齐默（Robert Zimmer）认为："我们所研究的问题很复杂，我们需要全方位的视角来研究它们。""全球参与是大学努力创造新的研究和教育机会的基础。"④

美国顶尖大学国际化人才培养范式理念面向全球的气魄和格局反映出了美国顶尖大学作为世界一流大学的气质、内涵、勇气和自信，特别是培养具有全球使命感和世界责任感的国际化人才更是体现出美国顶尖大学的"以天下为己任"的博大胸怀。由于服务美国国家利益是美国顶尖大学国际化人才培养的基本价值追求，因而美国顶尖大学在对学生进行全球素养教育、培养学生全球视野的同时，也让学生了解美国的政治制度、政府职能与法律法规，了解美国的政治理念，

---

① MISTI, "What We Do", (06 March 2021), https://misti.mit.edu/about-misti/what-we-do.
② 朱易：《常春藤名校校长演说精选》，王建华等译，江西人民出版社2009年版，第181页。
③ PennGlobal, "Strategic Framework for Penn's Global Initiatives 2018-2023", (25 March 2021), https://global.upenn.edu/global-initiatives/strategic-framework-penns-global-initiatives-2018-2023.
④ UCHICAGO Global, "Global Foundation", (25 March 2021), https://global.uchicago.edu/global-foundation.

具有政治参与能力。因而，美国顶尖大学国际化人才培养做到了政治教育和国际化人才教育的统一，且将政治教育渗透到国际化人才教育中，最终培养具有政治能力，适应国家政治制度，同时具有全球视野的全球领导者和世界领袖。

（二）政府、社会和高校协同的模型框架

在美国顶尖大学国际化人才培养范式的转换过程中，逐渐形成了政府、社会和高校三者之间的协同机制，在范式转换过程中，政府、社会和高校都各自扮演着不同的角色，这也成为美国顶尖大学国际化取得巨大成就的重要原因之一。在20世纪初到二战结束以前，美国顶尖大学国际化人才培养的重要推动力量是社会和高校，在二战结束以后，政府成为美国顶尖大学国际化人才培养的最重要推动力量。在美国顶尖大学国际化人才范式形成时期，政府逐渐成为美国顶尖大学国际化人才培养的推动者，社会成为美国顶尖大学国际化人才培养进程中政府与大学关系的支持者，高校成为美国顶尖大学国际化人才培养的实施者。政府、社会和高校在美国顶尖大学国际化人才培养范式的模型框架中，各司其职，通过形成强大的合力，为美国顶尖大学的国际化人才培养提供了强大动力。

政府通过教育法案和教育经费资助来对美国顶尖大学的国际化人才培养加以影响和控制，让美国顶尖大学的国际化人才培养能为联邦政府的政治利益服务；对于各州的公立大学，美国地方州政府还会通过州政府的行政命令和州的法律对公立大学的国际化人才进行直接干预。

社会层面的教育协会，如代表美国顶尖大学整体利益的美国大学协会，对于协调政府和高校的关系发挥了重要作用，通过游说政府，

说服政府制定和出台有利于美国顶尖大学国际化人才培养的法案和政策。另外，美国大学协会还通过召开会议，提出美国顶尖大学国际化发展和国际化合作的倡议。社会层面的教育基金会则为美国顶尖大学的国际化人才培养，特别是美国私立顶尖大学的国际化人才培养提供了充足的资金来源。

外因需要通过内因才能发生作用，20世纪初以来，美国顶尖大学在国际化人才培养的过程中始终发挥着重要主体作用，特别是在范式危机与转换期，主体性作用越来越明显，顶尖大学将国际化理念融入教学、科研和社会服务之中，并且在校内设有横纵交错、分工明确的国际化人才培养支持部门，以培养具有全球竞争力的国际化人才。

综合来说，政府、社会和高校的协调机制构成了美国顶尖大学国际化人才培养的模型框架，在此模型框架下，美国顶尖大学获得了国际化人才培养所可能获得的一切政治资源、经济资源等强大支持。

（三）专业能力与全球素养统一的实践规范

通过前文对美国顶尖大学国际化人才培养实践规范的研究，笔者发现美国顶尖大学的国际化人才培养非常重视对学生专业能力的培养，尤其是通过通识教育和跨学科教育在传授学生专业知识的同时，培养学生批判性思考的创新能力，特别是运用专业知识解决实际问题的能力。从事实来说，美国顶尖大学并没有一所学院是专门承担培养国际化人才的使命和任务，即便是以国际关系和国际事务见长的公共和国际事务学院所培养的国际化人才亦不是美国顶尖大学国际化人才培养的全部。美国顶尖大学的国际化人才遍布各个学院，专业背景和学科背景各不相同，共同的是，这些学院的学生都被要求掌握牢固的专业知识，具备扎实的专业能力。在此基础上，美国顶尖大学将国际化人才培养的理念和使命融入学生的专业学习之中，通过国际交流、国际化课程和国际化研究，让所有学生在国际化的校园氛围中潜移默化地具备国际化人才所需的全球素养和国际意识。

具体到全球素养的培养，美国顶尖大学以"面向全球"的国际化人才培养价值理念作为指导，"将世界作为学生的课堂""将世界作为教师的实验室"，极大增进了学生和教师的国际经验，而教师丰富的国际经验对于培养国际化人才有着重要价值，哈佛大学和宾夕法尼亚大学均旗帜鲜明地提出了让哈佛走向世界、让宾夕法尼亚大学走向世界的口号。在国际化课程中，美国顶尖大学均向学生提供了数目众多的外语教育课程，哈佛大学的外语教育课程的教学语言甚至达到了上百种。数目众多的教学语言对于提升学生的外语能力、帮助学生理解他国的历史和文化，以及进一步开展跨文化交流奠定了坚实基础。此外，美国顶尖大学还向学生提供国际和区域研究课程，培养学生成为区域研究的专家；并提供国际事务和国际关系课程，培养学生国际问题方面的专家；还提供专业领域层面的国际化课程，培养学生成为专业实践能力较强的国际化人才。值得指出的是，美国顶尖大学的国际化课程往往是跨学科的，学生通过学习不同学科领域的知识，成为复合型的国际化人才，从而能为适应和改变全球化时代的复杂世界做好充足准备。在国际化研究中，美国顶尖大学既对国际和区域进行专门研究，也将国际化的理念和思维渗透到其他专业研究领域。和国际化课程类似的是，美国顶尖大学的国际化研究往往也是跨学科的，对于某个区域的研究往往涉及历史学、经济学、政治学、社会学、文学、艺术学和国际关系学等各学科领域的知识。在国际化校园氛围中，一方面美国顶尖大学吸引大批国际学生和国际教师（学者）来到美国的顶尖大学学习和任教，让美国顶尖大学成为多元文化背景的群体所支持的"国际化社区";另一方面美国顶尖大学通过组织国际层面的讲座、对话、论坛、社团活动,以及创建"国际之家""法国之家"等跨文化交流的学生宿舍等方式营造学校的国际化氛围。弗兰克·H. T. 罗德斯(Frank H. T. Rhodes)也认为:"校园共同体是美国大学中未被使用的一种资源。不同信仰和背景的学生相遇,学生学会尊重和理解不同人的不同的思考方式。""在美国,不同文化、宗教和政治信仰的混合是力量的源泉和创造力的源泉。"[①] 值得一提的是,纽约的哥伦比亚大学的国际化校园氛围已经超出了学校的范围,联合国等国际组织总部所在地的纽约为哥伦比亚大学的国际化人才培养提供了更高层面的国际化氛围,一定程度上也增进了学校的国际化氛围。

综上所述,美国顶尖大学以培养学生的专业能力作为基础,以各种举措培养学生的全球素养和国际视野作为手段,使得学生在毕业后能胜任政府部门、非政府部门、私营组织、跨国企业、国际组织等不同组织所提供的工作,满足各行各业对国际化人才知识、能力和价值观的要求。

通过对以上 10 所美国顶尖大学国际化人才培养的比较研究,笔者提炼总结出美国顶尖大学国际化人才培养的范式,即作为国际化人才培养共同体的美国顶尖大学所共有的国际化人才培养价值理念、国际化人才培养模型框架和国际化人才培养实践规范的集合。其范式特点具体表现为:价值理念立足于本国政治且有面向全球的气魄;模型框架做到了政府、社会和高校的三者协同;实践规范实现专业能力和全球素养全面统一。

[①] 弗兰克·H. T. 罗德斯:《创造未来:美国大学的作用》,王晓阳等译,清华大学出版社 2007 年版,第 132 页。

第二节 美国顶尖大学国际化人才培养的范式转换分析

一、国际化人才培养范式的转换

库恩认为科学体系发展的模式是前科学—常规科学—危机—科学革命—新的常规科学,这种科学发展的过程就是库恩范式理论中的"范式转换"。同理,美国顶尖大学的国际化人才培养范式也并非一成不变的,受经济、政治、宗教、文化、社会、学术等方面因素的影响,美国顶尖大学国际化人才培养会适时地发生转换。自美国顶尖大学诞生以来,其国际化人才培养范式共经历了前范式时期、范式形成时期、范式危机与转换时期三个阶段。

在前范式时期的早期(殖民地时期),美国顶尖大学的国际化人才培养范式的理念是为宗教培养神职人员和为殖民地培养公职人员。在前范式时期的后期(19世纪中期到20世纪初),美国顶尖大学的国际化人才培养的理念开始转变成为社会经济发展服务。前范式时期美国顶尖大学国际化人才培养的最大特点就是向欧洲学习,学生和教师自发地前往英国和德国的大学,学习和考察这两个国家的高等教育模式——从19世纪初以前对英国高等教育模式的简单移植到19世纪特别是中期以后对德国高等教育模式的学习和借鉴。在德国学习考察的学生和学者中，有不少后来成为美国顶尖研究型大学的校长。如哈佛大学的校长查尔斯·艾略特、约翰斯·霍普金斯的大学校长丹尼尔·吉尔曼、康奈尔大学校长安德鲁·迪克森·怀特、密歇根大学校长亨利·塔潘等。

在范式形成时期（20世纪初到20世纪60年代末），二战结束以前，社会组织中的教育协会和私人基金会成为美国顶尖大学国际化人才培养的重要推动力量，极大增强了美国顶尖大学国际化人才培养的系统性和组织性。随着第一次世界大战以后美国综合国力的提升，及其对参与国际事务日益浓厚的兴趣，美国顶尖大学国际化人才培养的政治性和国际化趋势日趋增强。二战结束以后，随着冷战爆发，特别是苏联人造卫星的成功上天，暴露出了美国顶尖大学在国际化人才培养中的问题，在《富布莱特法案》《国防教育法》《高等教育法》《国际教育法》等法案的影响下，美国顶尖大学国际化人才培养的范式最终形成，国际化人才培养的价值理念是为美国称霸全球，维护美国国家安全利益，服务美国的外交政策而培养具有全球视野的全球领导者。

从20世纪60年代末至今，美国顶尖大学的国际化人才培养进入到了范式危机与转换阶段。其中，20世纪80年代末至今属于范式的转换阶段，国际化人才培养的价值理念转变为培养适应全球经济竞争，为美国全球竞争力服务的国际化人才，顶尖大学愈发成为国际化人才培养的最重要的推动主体。

从美国顶尖大学国际化人才培养范式转换的历程可以看出，美国顶尖大学国际化人才培养范式是动态发展的，不同时期的发展变化均与当时的经济政治社会政治背景有着密切联系，这些变化均服务于国际化人才培养所在时期的实用利益和实用目的。因此，美国顶尖大学国际化人才培养范式的适时转换充分体现了美国实用主义文化的思想,即对客观事物的评价以其是否具有实际功用为标准和目的指向。

二、国际化人才培养范式转换的推动因素

为深入了解推动美国顶尖大学国际化人才培养范式转换的原因,笔者将从国家安全和经济竞争、宗教思想和文化因素、社会组织和大学的主体性等方面展开探讨。

(一) 由国家安全到经济竞争的转变

詹姆斯·J. 杜德斯达(James J. Duderstadt)在其专著《21世纪的大学》(*A University for the 21st Century*)中指出:"第二次世界大战之后,联邦政府与研究型大学形成了合作关系,这是由于国家的发展与军事安全需要新的科学知识的创造和应用。从国家利益出发,联邦政府为校园研究提供了支持,以保证基础研究的进行和培养人才的需要。国家安全的驱动力曾作为基础研究的最主要的刺激力量。随着冷战的结束,这种驱动力正在减弱。今天,国家正在寻求新的动力。"[①] 美国顶尖大学的国际化人才培养同样如此,其范式形成和转换的推动力历经了从维护国家安全到保持经济竞争力的转变。

在范式的初步形成时期,美国顶尖大学国际化人才培养的主要参与主体是教育性质的协会、私人基金会,国际化人才培养的动因主要来源于政治层面:第一次世界大战引发了人们对国际理解的重视,希望通过国际理解来获得和平,国际化人才培养被视为意识形态领域实现和平与共同理解的工具,在此影响下,美国顶尖大学加强了国际关

---

① 詹姆斯·J. 杜德斯达:《21世纪的大学》,刘彤等译,王定华校,北京大学出版社2020年版,第30页。

系和国际理解的教学，第一次世界大战的战争阴云也成了美国顶尖大学学生出国学习的新动力。在二战结束以前，美国联邦政府就希望顶尖大学能够安排短时间项目，来为美国军方提供懂得外语和特定文化知识的人才，这说明国际化人才培养逐渐受到政府的关注，日益成为一项"联邦事务"。在美国顶尖大学国际化人才培养范式的确立时期，国际化人才培养的主要参与主体是政府，其国际化人才培养的动因是国家安全，国际化人才培养被视为冷战战略的重要组成部分，体现出鲜明的政治色彩。二战结束以后，美国成为世界超级强国，与苏联的冷战增加了美国政府对外语类人才和特定区域研究人才的需要。因此，这一阶段美国联邦政府对顶尖大学国际化人才培养的介入，更多是基于地缘政治与国家安全层面的考虑。

进入范式危机与转换时期，特别是20世纪80年代末以来，美国顶尖大学国际化人才培养的动因转变是为了适应全球经济竞争，保持美国的全球竞争力。维护美国在经济全球化时代的领导地位是这一时期顶尖大学国际化人才培养的最主要动力。顶尖大学日益成为国际化人才培养的重要主体，国际化人才培养的学术动因和经济动因的作用日益明显，国家安全的重要性有所下降。受经济全球化的影响，美国顶尖大学开始积极参与到全球高等教育市场竞争中去，通过提升和改进国际化人才培养方式，吸引和培养来自世界各地的国际化人才，从而获得经济利益。

（二）宗教思想与文化因素的影响

潘懋元先生指出："一个民族的文化是在历史的年轮中不断积累产生的自己的文化传统，这将会展示出一个民族的观念、道德、行为习惯等方面。它会出现在民族生活的方方面面，并且有着可以约束整个社会发展的潜在力量。"① 美国的高等教育希望自己能够获得更多人才,他们利用美国的传统文化和宗教传统完成自己的目的。美国顶尖大学国际化人才培养作为美国高等教育的重要活动要素,其范式转换同样离不开宗教思想和文化传统的推动。

1."天定命运"

美国人具有特殊的使命感、极为强烈的命运感和上帝的选民感,"天定命运"(Manifest Destiny)是对美国精神文化最好的诠释,代表着美国将自身视为被上帝选中的独特国家,有责任对世界的发展做出巨大的贡献。② "天定命运"与清教主义有着密不可分的联系,最早到北美洲建立殖民地的清教徒便希望能够摆脱英国国教与欧洲天主教的迫害,在北美建立"山巅之城"(City upon a Hill)来播撒上帝的荣光,认为美利坚民族是上帝的选民,是世界上第一个新国家,传播和扩张美国文化正是播撒上帝荣光的伟大事业,这也让美国的文化传播有宗教传播的色彩和意味。"天定命运"赋予了美国人领导世界的责任感,他们坚信美国有让其他国家了解和接受美国文化意识形态的义务,认为这种义务是来自上帝的旨意。"天定命运"是美国处理一切国际事务的精神内核,成为美国在外交政策中实现国家利益最大化的"完美"借口和理由。19 世纪 40 年代,学者约翰·奥沙利文(John O. Sullivan)发表了《民主评论》,其中便强调了"天定命运",随后这一理念成为美国对外扩张的口号。

在传播美国文化的众多手段中,高等教育是最为行之有效的方式,而高等教育最基本的便是人才培养。20 世纪初以来,美国通过

---

① 潘懋元、朱国仁:"高等教育的基本功能:文化选择与创造",《高等教育研究》1995 年第 1 期。
② 王俊烽:"美国高等教育国际化探析",天津师范大学硕士学位论文,2012 年,第 24 页。

发展高等教育培养国际化人才，让国际化人才感受美国文化魅力并帮助传播美国的文化。在美国顶尖大学国际化人才培养范式的初步形成时期，通过"庚款兴学""招收拉美地区留学生"等举措培养了大批亲美的国际化人才。与此同时，有宗教背景的基金会等社会组织开始介入顶尖大学的国际化人才培养中来。二战激发了美国人强烈的使命感，战争结束以后，美国自视为"自由的灯塔"、被压迫人民的避难之所。在美苏冷战背景下，通过各种举措对抗信仰共产主义的苏联成为美国人在这一时期的"天定命运"。"富布莱特项目"正是在"天定命运"价值观下制定的，表面上是推动人才的教育文化交流，实质是通过资助学生出国留学以及国际学生到美国留学，来输出美国的文化价值观，最终实现称霸世界的目的。20世纪90年代，《新世纪的国家安全战略》中强调"美国才是人类的希望，其制度文化具有先进性，将自由的理念传播到世界是天赋的历史使命"[①]。2001年"9·11"事件后，反对恐怖主义成为美国人的"天定命运"，保护国家安全成为布什总统行使一切权力的正当合法理由。正因如此，美国国会跳过听证会，通过了损害国际学生权利的《爱国者法案》。"天定命运"的理念和精神根植于美国人内心之中，成为美国的重要文化传统，也是美国顶尖大学培养国际化人才的最大动力与精神支柱。天赋使命的心态让美国人认为美国的制度和文化是世界上最理想的模式，为了全人类的共同利益和长远发展，美国人通过培养国际化人才对外传播和推行其理念和价值观。

2. 实用主义

在美国所有文化传统中，实用主义是与美国历史联系最为紧密的

---

① GlobalSecurity, "A National Security Strategy for a New Century", (05 January 2000), https://www.globalsecurity.org/military/library/policy/national/nss9912.htm.

文化传统之一。学者闫玉华指出,"美国独树一帜的历史文化似乎从最开始就包含着实用主义的萌芽思想,即务实,注重经验和实践"①。19世纪70年代,实用主义发端于美国的马萨诸塞州,其创始人查尔斯·皮尔士(Charles Peirce)创办"形而上学俱乐部",该俱乐部被誉为"实用主义思想摇篮"。查尔斯·皮尔士首先使用"实用主义"一词并提出了"实用主义准则",即科学理论研究必须阐明观念和意义。真正将实用主义方法和原则体系化的是威廉·詹姆斯(William James),其在20世纪初发表的著作《实用主义》,促进了美国实用主义运动迈向高潮,标志着美国实用主义的诞生,威廉·詹姆斯对查尔斯·皮尔士的"实用主义"观点进行升华并与美国社会生活联系。鉴于威廉·詹姆斯对美国实用主义的贡献,他被美国社会称为"实用主义之父"。真正将实用主义发扬光大的约翰·杜威(John Dewey)是20世纪初美国最具影响力的教育家和哲学家。1925年,杜威发表的《经验与自然》指出"思想要从紧要的实际问题出发",他更重要的贡献则是将实用主义融合到学校教育中去,杜威的实用主义思想为美国学校教育发展开辟出一条新路。

对美国的实用主义进行溯源,可以发现实用主义的历史远早于19世纪70年代。实用主义本质属于经验论哲学,而经验主义的影响主要在英国,因此,美国的实用主义哲学是对英国经验主义哲学的延续。与此同时,美国的实用主义与英国的功利主义文化传统有着千丝万缕的联系,它吸收了功利主义思想的内核。英国清教徒将实用主义的"种子"带到了充满生机与活力的北美大陆,生根发芽的实用主义将其思想、价值观和原则深深植根于美国历史发展的轨迹之中,成

---

① 闫玉华、付裕:"美国古典实用主义思想与美国精神",《中北大学学报(社会科学版)》2020年第1期。

为200多年来美国历史发展进程中国家和人民非常具有代表性的价值取向和哲学态度，深刻影响着美国人的生活观念和生活方式。可以这么说，实用主义是最具美国特色的哲学思想，其精神理念已经渗透到美国社会意识形态的各个方面，以致美国的政治、军事、经济、科技、教育等诸多领域都被打上了实用主义的烙印。因而，实用主义对于美国精神具有明显的代表性，"美国人以功利和价值为目标的所谓'美国精神'，指的是美国人在务实进取中形成的理性且不惧怕实践的脚踏实地的实用主义人生信条和'心灵习惯'"①。

在美国人的价值观层面，实用主义体现为美国人以结果为导向的生活方式和血脉里流淌的务实精神；在美国社会层面，实用主义体现为美国人可以摆脱教条，以自由、平等的身份追求理想；在美国国家政策层面，实用主义体现为利益至上，以移民政策为例，当经济发展需要外来人口时就开放移民，当外来人口威胁到本土美国人利益时就限制移民，特朗普政府的"美国优先"政策表现得尤为突出。在美国对外政策层面，实用主义仍然体现为美国利益至上或美国利益优先。美国历史上对外政策的孤立主义与现实主义等都是基于实用主义。二战结束以前更多奉行孤立主义政策（中立、不结盟、不介入欧洲事务），二战结束以后更多奉行全球扩张政策。即便是伍德罗·威尔逊建设国联，同样是为美国的国家利益服务——尽管后来他的美好愿望破产了。

黄明东指出，美国实用主义思想具有四个方面的特征：（1）以自我需要的满足程度为中心的价值观，客观事物评价完全依赖于个人喜好；（2）认识和评价客观事物时，具有相对主义特征，认为世界是不

---

① 闫玉华、付裕："美国古典实用主义思想与美国精神"，《中北大学学报（社会科学版）》2020年第1期。

可预测的，没有任何稳定的东西；(3)片面强调经验，排斥理性在认识事物过程中的作用；(4)对客观事物的评价以其是否具有实际功用为标准和目的指向。① 殖民地时期，为了培养宗教神职人员、识字读书的教民、殖民地公职人员，美国的学生到英国留学并移植英国高等教育模式到美国，使得哈佛学院、耶鲁学院等早期的顶尖大学在殖民地得以建立。美国建国以后，宗教导向的殖民地学院难以适应当时时代的发展，且缺乏创新的氛围，培养不出适应社会和国家发展的国际化人才，特别是进入19世纪以后，美国通过第二次工业革命完成从农业社会向工业社会的过渡，一跃成为资本主义强国，美国的高等教育已然不能适应社会经济的发展，且当时以柏林大学为代表的德国高等教育成为当时世界高等教育的中心。鉴于此，从19世纪初到20世纪初，上万名美国大学学生涌入德国大学学习，吸取了德国高等教育模式的经验，创建了美国首个研究型大学——约翰斯·霍普金斯大学。

20世纪以后到二战结束以前，随着美国国际地位的提升，其对外政策从大陆扩张时期(1775—1897年)过渡到海洋扩张时期(1898—1945年)，美国迫切希望大学能培养为美国走向世界而服务的国际化人才，此时美国顶尖大学的国际化人才培养范式逐渐成形，开始有了国际性，且因为政府的介入政治性愈发明显。二战结束以后，美国对外政策进入到全球扩张时期(1946年至今)，特别是苏联卫星发射成功以后，美国联邦政府通过《国防教育法》主导和控制了顶尖大学的国际化人才培养，顶尖大学为了自身发展和国家利益，将培养国际化人才上升到国家安全的高度。由于美国这时期推行多边主义的外交政

---

① 黄明东："试析实用主义思想对美国教育立法的影响"，《法学评论》2003年第6期。

策，顶尖大学的国际化人才主要是为美国赢得美苏冷战对抗，巩固美国世界霸权和主导国际秩序而服务。"9·11"事件以后，美国联邦政府为了国家安全考虑重新加强对顶尖大学国际化人才培养的控制。特朗普总统上任以后，为了保护本土国民利益，奉行保守的逆全球化国际化人才培养政策。

回顾美国顶尖大学国际化人才培养范式转换的整个历程可以发现，实用主义的文化传统在其中如影随形，影响深远。从联邦政府的角度来看，当国际政治形势和全球经济发展威胁到美国利益的时候，美国联邦政府便会收紧对顶尖大学国际化人才培养的控制；当国际政治形势和全球经济发展有助于推进美国利益的时候，美国联邦政府便会放松对顶尖大学国际化人才培养的控制。从顶尖大学的角度来看，不管是师生留学英国学习英国高等教育模式，还是留学德国学习德国高等教育模式，抑或将德国高等教育模式加以改造创办美国的研究型大学，再到《莫雷尔法案》的出台和威斯康星大学的建立，都折射出浓厚的实用主义思想，顶尖大学"以实际功用作为标准"增添大学科研职能的同时，与社会和国家走得越来越近，以致为社会和为国家服务成为顶尖大学国际化人才培养范式转换的重要推动因素。

综上所述，实用主义思想反映在美国顶尖大学国际化人才培养范式转换上，就是一切以国家利益为中心，符合国家利益的事情，可以不择手段并置国际公约于不顾；不符合国家利益的事情，就没有存在的意义，就是零价值。

3. 危机意识和忧患意识

美国文化是充满危机意识和忧患意识的文化。有学者指出，美国的危机意识和忧患意识跨越三个历史阶段：从建国到南北战争时期对国家存亡的担忧和关怀；南北战争后到二战期间对社会肌体的矫治；二战结束以后应对国内外挑战的策略性考虑。① 事实上，在殖民地时期，危机意识便已经在北美移民心中产生。在殖民地时期，危机意识通过宗教的力量激发着清教徒为建立上帝的"山巅之城"而开疆拓土，防止北美的"新世界"堕落为腐败的"旧大陆"成为主流诉求。不断深化和强化的危机意识推动着"意识的宗教大觉醒"以及社会文化教育的进步，最终诱发美国的独立革命。

相比殖民地时期带有宗教色彩的忧愁，美国建国后的危机意识和忧患意识更多表现为对国家命运前途的极大忧虑，对年轻共和国何去何从一直是美国各阶层忧心忡忡的首要问题，这表现在《1787年宪法》让邦联成为联邦，保证充分团结；《门罗宣言》让美国实施孤立主义，避免欧洲威胁到政体的生存；托马斯·杰斐逊与亚历山大·汉密尔顿关于美国发展道路的大辩论；19世纪前期奴隶制的存废引发的冲突让美国人担忧国家解体；等等。南北战争后到二战结束以前，美国的城市化和工业化发展迅猛，但美国人对贫富分化、托拉斯垄断、腐败与犯罪等社会问题忧心如焚，终而爆发了声势浩大的进步运动。特别是20世纪30年代的经济危机让美国人担忧美国的资本主义制度走向终结，这种普遍担忧的社会心理也导致了新政的诞生。二战结束以后，美国成为当时世界上超级第一强国，但是美国的危机意识并未消减，反而愈发强烈，唱衰美国的声音层出不穷。

美国的危机意识具有多重基本特征：(1)普遍性与广泛性。每当美国面临历史抉择性的时刻，美国国内的学术争鸣和政治对垒也是最激烈的时候。在文学艺术、学术文化和政策辩论中都可以看到美国民

---

① 吕庆广："危机意识与美国强国之路"，《徐州师范大学学报》2006年第3期。

众和政治文化精英对美国国家命运前途的忧心情绪。(2)浓厚的宗教色彩和宗教使命。在美国，98%的美国人相信上帝，40%的美国人参加周日礼拜，基督教文化是美国文化的重要组成部分，美国成为西方国家中宗教色彩最浓的国家之一。美国人恪守新教伦理的最终目的是完成上帝的神圣事业，到北美开辟殖民地是充满着建立新大陆和人间天堂的宗教热情，建国后不同时期的危机意识虽然表现程度各不相同，但都透露着宗教的仪式感。(3)以完美主义为追求标杆。经济上对效率与平等的理想追求；政治上对政党政治的批评声音从未中断；文化教育上从未停止过对完美人格的高标准；社会生活中新教伦理对福利主义和享乐主义的忧心忡忡。吊诡的是，当美国国内谈论教育危机的时候美国教育正处辉煌；当美国国内担忧走向衰落的时候美国仍然是世界超级强国且越来越强。这一切或许就是以完美主义为要素的危机意识的具体体现。

　　危机意识和忧患意识是推动美国顶尖大学国际化人才培养范式转换的重要文化因素。当看到殖民地学院的人才培养模式无法满足国家和社会经济发展需求时，美国的学生、教师、学者便自发性地到德国学习，将德国的高等教育模式借鉴到美国，在德国高等教育模式的基础上改革美国的高等教育，美国顶尖大学国际化人才培养范式开始生根发芽；当看到美国顶尖大学的国际化人才培养无法适应美国日益上升的国际地位时，美国的基金会和教育协会纷纷介入教育国际化，让美国顶尖大学的国际化开始有组织、有系统、有国际性，美国顶尖大学国际化人才培养的范式也逐渐成形。当看到二战后苏联卫星升空并意识到美国教育存在的问题时，美国联邦政府正式介入顶尖大学的国际化人才培养，将其上升到法案的高度，美国顶尖大学的国际化人才培养从非官方性质到官方性质，从小规模到大规模，从个人、社会组织推动到政府为主导，顶尖大学国际化人才培养的目的是服务美国的国家安全和全球战略，美国顶尖大学国际化人才培养的价值理念、理论框架和实践规范方面逐渐成熟，美国顶尖大学国际化人才的范式最终形成，国际化人才培养的范式就此诞生了。在范式危机与转换阶段，最能体现美国人忧患意识与危机意识的要数20世纪80年代的改革运动，这次运动以1983年发表的报告《国家处在危机中：教育改革势在必行》(*A Nation at Risk: The Imperative for Educational Reform*)为开端。该报告主要揭示了中小学教育质量不断下降的事实，引起了全国教育大讨论，并逐渐影响到美国的高等教育，对美国顶尖大学的国际化人才培养也产生了一定影响。[①] 因而，从顶尖大学国际化人才培养范式的形成到范式的转换，均有美国人的危机意识和忧患意识在背后推动。

4. 对自主、竞争、市场的迷信与推崇

美国的高等教育自诞生之时便有了"自主办学"的文化和理念，其发展历史比美国建国的时间还长——哈佛大学建于1636年，是美国历史最悠久的大学，100多年以后的1776年美国才正式独立建国，正所谓"先有哈佛，而后有美利坚"。最早受过英国古典教育的清教徒来到北美殖民地以后，为了培养年轻牧师宣传清教观念便决定建立哈佛学院（哈佛大学的前身）。在教会的支持下，耶鲁学院（耶鲁大学前身）和费城学院（宾夕法尼亚大学前身）等具有宗教色彩的殖民地学院被建立。可以看出，美国的顶尖大学成立之初大多是具有宗教背景的教会大学且多为私立大学，办学资金来源最开始主要是社会捐赠。以哈佛大学为例，建校之初的办学资金包括了哈佛牧师的遗产捐赠、

---

① 郭健：《哈佛大学发展史研究》，河北教育出版社2000年版，第256页。

社会名流到英国募集的资金等。但不可否认的是，直到美国独立革命以后，美国私立大学的经费仍然有很大部分来自州政府。当1819年"达特茅斯学院案"判决以后，美国私立大学的合法地位得到法律的肯定，州政府也再没有义务向私立大学提供资助，这使得顶尖大学获得更大自主权。顶尖大学办学资金的自主与独立使得它们在人才培养等方面享有较大自主权，在国际化人才培养范式的萌芽阶段，这些顶尖大学的学生和教师自发性地到英国和德国留学和访问，将英国高等教育模式移植到美国以及将德国高等教育模式加以改造，国际流动的教师和学生和具有国际化色彩的美国大学为顶尖大学培养国际化人才奠定扎实基础。在国际化人才培养范式的成型阶段，尽管联邦政府早已成立，但这一时期国际化人才培养的推动力量更多是以基督教作为文化基础的基金会和教育协会等，顶尖大学在国际化人才培养方面仍然享有较大自主权。办学自主、学术自由和学术自治是美国顶尖大学最重要的文化基因之一，这些基因决定了顶尖大学可以根据国家政治利益需求和国际局势的变化，基于大学自身的长远利益和目标定位自主性地选择适合自身的国际化人才培养道路，也无形中在推动国际化人才培养范式的转换。因为自始至终，顶尖大学都是国际化人才培养的重要参与主体，它们充分发挥主观能动性设立国际化人才培养的相关机构，并筹措国际化人才培养所需的资金。

在美国，受个人主义文化的影响，竞争无处不在，高等教育亦是如此。长期以来，美国高等教育已经形成较为完备的竞争体系与竞争机制。所以，虽然美国的高校可以自主办学，但是不意味着美国的高校可以"随心所欲"和放任自流，激烈的竞争迫使大学不得不改革自身的人才培养模式和人员管理模式。美国顶尖大学的校长们坚信唯有竞争才能让大学一直处于领先地位。正如哈佛大学文理学院院长所说:"英国的大学之所以会衰败,原因之一就在于缺乏竞争的意识和竞争的紧迫感。"① 美国的顶尖大学从成立之初,竞争便一直存在,甚至可以说是竞争在迫使着美国顶尖大学国际化人才培养范式的改革和转型。在殖民地时期,除了哈佛学院,还有耶鲁学院、费城学院和国王学院等,殖民地学院"争先恐后"地将学生派往英国,学习英国的高等教育模式。当美国的第一所研究型大学——约翰斯·霍普金斯大学仿照德国大学模式成立之时,美国的其他大学又将学生和教师派往德国学习德国的高等教育模式,殖民地学院如哈佛学院和耶鲁学院,也纷纷效仿,将自身改造为现代性大学。在国际化人才培养范式的形成时期、范式危机与转换时期,不同大学根据自己的历史传统和办学实际,争相成立国际和区域研究中心。哈佛大学早在1948年便成立了俄罗斯研究中心,20世纪60年代还加强对东亚研究的重视。哥伦比亚大学在拉美研究和非洲研究中发挥重要作用。美国顶尖大学在激烈竞争中成立的国际和区域研究中心,既是进行研究的主阵地,同时又是培养国际化人才的重要场所。

美国对市场经济推崇备至,其高等教育非常重视市场经济的运行机制。在美国顶尖大学看来,要想在美国上千所大学中甚至是在全球所有大学中保持领先,就得对全球高等教育市场做出灵活应对和快速反应。21世纪初,为了应对西欧国家、澳大利亚和日本等发达国家在国际化人才培养的激烈竞争,美国的顶尖大学做出积极应对,提高自身办学水平和办学要求的同时鼓励和吸引来自全球各地的学生到美国留学,使得美国至今仍然是留学生最大目的国,在全球留学生市场中仍占有最大份额。在顶尖大学国际化人才培养的范式危机与转换阶

---

① 亨利·罗索夫斯基:《美国校园文化》,谢宗仙等译,山东人民出版社1996年版。

段，顶尖大学在经济全球化浪潮的影响下，越来越将市场经济和市场机制作为国际化人才培养必不可少的价值取向，旨在赢取更多经济价值。尽管在顶尖大学国际化人才培养范式的形成时期，政府通过教育立法和经费调拨开始大规模介入到顶尖大学的国际化人才培养，但是顶尖大学在国际化人才培养的目标、理念和价值观，国际化人才培养的课程和教学、国际化人才培养的招生和师资等很多方面都有着非常大的自主权力，不受联邦政府的干预。

（三）社会组织不可或缺的作用

美国数量众多的社会组织结合自身的力量和资源，积极与国外的大学和政府开展联系与沟通，通过支持顶尖大学的国际化人才培养输出美国的教育模式，同时提升美国的国际影响力和国际形象。美国的社会组织还对美国顶尖大学国际化人才培养的方向进行引导，为美国顶尖大学的国际化人才培养指明方向，提供相关建议。不得不提的是，美国的社会组织，尤其是基金会为美国顶尖大学培养国际化人才提供了资金支持，特别是为范式形成期的美国顶尖大学培养国际化人才提供了充足的资金保障。哈佛大学前校长德里克·博克（Derek Bok）也指出："随着大学规模和影响的扩大，它的财政需求也相应增加了。对资金的寻求已变得更加不遗余力，范围也越来越广，教育工作者们已不能仅靠工业家的资助办大学了。第二次世界大战以后，即使是公立学校也成立了专门机构，并设专人向基金会、公司和大量的校友寻求资助。"①

美国教育理事会在顶尖大学国际化人才培养的范式危机与转换时期，也对美国顶尖大学的"国际化和全球参与"提出相关研究和见

---

① 德里克·博克：《走出象牙塔》，徐小洲等译，浙江教育出版社2001年版。

解。一是美国教育理事会提出了"全面国际化"的研究模型。美国教育理事会为了帮助美国大学及其毕业生在 21 世纪的全球化世界中获得成功,提出了"全面国际化"的模型(如图 6-3 所示),将"全面国际化"定义为大学面向全球和更具国际联系的战略性和协调性过程,在这个过程中国际化的政策、计划和举措应保持一致。

美国教育理事会认为"全面国际化"是一个持续的过程,而不是一个固定的目标,大学的所有组成部分(包括学生、教师和教职员工)都是国际化的核心;该理事会还认为"全面国际化"不能局限于某些办公室或某些学科,"全面国际化"是一种整合的、协作的理念和精神。[1] 美国教育理事会为了推动美国顶尖大学的"全面国际化",通过美国教育理事会国际化实验室(ACE Internationalization Laboratory)等平台与美国的各种类型的顶尖大学进行合作,共同培养国际化人才。美国教育理事会的国际化实验室可以为顶尖大学提供定制化的指导和建议,以帮助其实现国际化目标。迄今为止,已经有 150 多所大学参加了与美国教育理事会国际化实验室的合作[2]。二是全球合作伙伴(Global Partnerships)。美国教育理事会对顶尖大学与全球机构的合作伙伴关系提出了相关研究和见解。三是国际学生(International students)。美国教育理事会认为国际学生是全面国际化的重要贡献者,他们将全球视野带入课堂和校园生活。美国教育理事会的研究和资源致力于解决与国际学生有关的关键问题和政策,并重点介绍各州

---

[1] American Council on Education,"Comprehensive Internationalization Framework",(15 February 2021),https://www.acenet.edu/Research-Insights/Pages/Internationalization/CIGE-Model-for-Comprehensive-Internationalization.aspx.

[2] American Council on Education,"ACE Internationalization Laboratory",(15 February 2021),https://www.acenet.edu/Programs-Services/Pages/Professional-Learning/ACE-Internationalization-Laboratory.aspx.

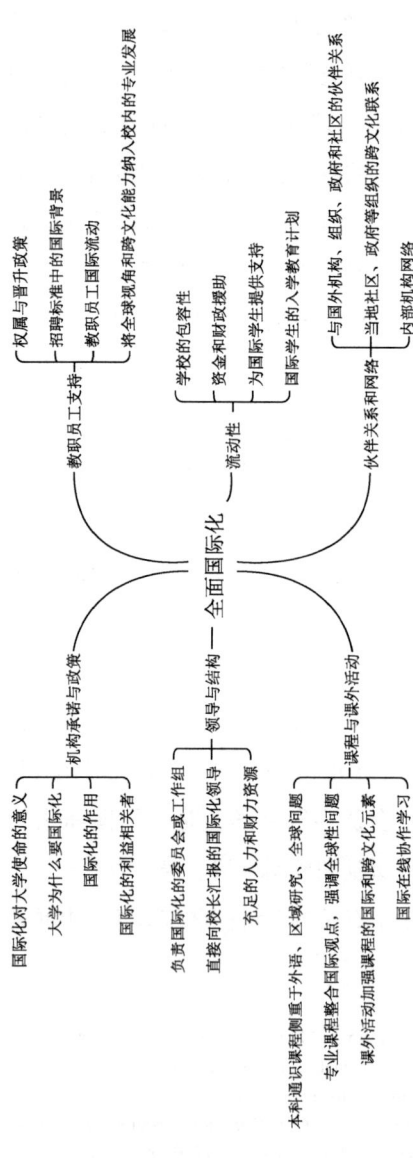

图 6-3 美国教育理事会的全面国际化模型

资料来源:American Council on Education, "Comprehensive Internationalization Framework", (24 March 2021), https://www.acenet.edu/Research-Insights/Pages/Internationalization/CIGE-Model-for-Comprehensive-Internationalization.aspx。

机构的战略和优秀实践。四是评估美国高校的国际化现状，美国教育理事会国际化和全球参与中心（Center for International and Global Engagement, CIGE）每五年一次发布《美国校园国际化地图》（*Mapping Internationalization on U. S. Campuses*）的报告，该报告是评价美国高等教育国际化的唯一的且全面的数据来源。

(四) 大学在国际化人才培养中的主体性

王英杰教授指出，国际性是高等教育的重要恒常性价值，也属于其本质特征，[①] 美国顶尖大学亦不例外。美国顶尖大学派学生和教师到欧洲学习，以及敞开校门为社会培养国际化人才，都是为了追寻真理和发现知识。同时，由于美国顶尖大学所传授的知识是专门化的知识，所培养的人才是高级的专门人才，是为国家政治稳定和社会经济发展培养后备力量。这种人才需拥有广阔的眼界，具备较高的国际素养，对国际事务具有充分认识，并适应国际化发展，具备较高的国际专业水准。[②]

中世纪的大学在成立之初，便具有了国际性，知识不仅可以在不同大学之间传播，学生也可以在各大学之间自由流动。[③] 美国的顶尖大学也不例外，殖民地时期的美国大学，其成立就是源自清教徒移民从英国大学所带来的经验。此外，殖民地时期的美国大学建立之后，不断派遣学生和教师到欧洲大学学习和考察，这使得美国大学在成立之初便具有了国际性。理论上来说，大学作为文化的传播者、知识的

---

① 王英杰、高益民：" 高等教育的国际化——21 世纪中国高等教育发展的重要课题"，《清华大学教育研究》2000 年第 2 期。
② 王英杰、高益民：" 高等教育的国际化——21 世纪中国高等教育发展的重要课题"，《清华大学教育研究》2000 年第 2 期。
③ 高鹏："美国高等教育国际化的历程研究"，吉林大学博士学位论文，2015 年，第 19 页。

创造源头，在学术和人才的跨国交流层面有着得天独厚的优势。在美国顶尖大学发展的过程中，随着工业革命的发展，科学技术的发展，美国顶尖大学所面临的全球问题要求其打破国与国之间的界限，从更广泛的范围开展人才培养和科研的国际交流与合作，服务于更广范围的人类社会。这一切决定了美国顶尖大学在国际化实践和国际化人才培养中的主力军作用。

受实用主义文化的影响，美国的顶尖大学在国际化人才培养范式转换的不同时期，均表现出了不同的国际化样态，即从作为州的服务机构（19世纪中期到二战结束以前），到国家的服务基地（二战结束以后到冷战结束），再到世界的服务平台（20世纪90年代至今）。但不管在范式转换的哪个时期，美国顶尖大学作为国际化人才培养的实施主体和推动国际化人才培养范式转换的主体之一未曾改变过。以二战后的范式形成时期和范式危机与转换期为例，美国顶尖大学为配合联邦政府的国际化人才培养相关的教育法案和其他拨款的政府项目，在校内设立支撑国际化人才培养的办公室，如国际事务办公室、全球支持服务办公室等。在美国顶尖大学看来，国际化人才培养不仅有助于维护国家的政治利益，还能提升学校的声誉和国际竞争力，同时还能获得政府的资金和收益，总体来看，国际化人才培养对美国顶尖大学的长远发展有着巨大的长远意义。这也使得二战结束以来，美国顶尖大学积极投身国际化发展，积极参与到联邦政府所主导的国际化人才培养之中。

结　论

本书以库恩的范式理论作为研究理论基础，以美国的10所顶尖大学作为研究对象，首先以文献研究法，从历史的角度梳理了美国顶尖大学国际化人才培养范式转换的历史进程；而后运用案例研究法，对4所美国顶尖大学的国际化人才进行了案例研究；最后在案例研究的基础上，运用比较研究法，对10所美国顶尖大学国际化人才培养深入剖析，提炼出美国顶尖大学国际化人才培养的范式，并对美国顶尖大学国际化人才培养的范式特点和范式转换进行了分析。经过上述研究，有关美国顶尖大学国际化人才培养问题，有如下结论。

第一，美国顶尖大学国际化人才培养范式是价值理念、模型框架和实践规范的集合。

在价值理念方面，服务美国的国家利益是美国顶尖大学国际化人才培养的基本追求。美国顶尖大学将自身定位为"国家的大学"和"世界的大学"，但基础和核心仍是美国国家的大学，只是为适应全球化趋势，服务美国的全球战略和国家利益，美国顶尖大学方又提出了其他国际化人才培养的价值理念：将学生培养成各领域的全球领导者和世界领袖；关注人类面临的共同难题，将学生培养成为人类服务，具有全球使命感的国际化人才；在国际化人才培养的过程中，将全球作为学校课堂的组成部分，将学生培养成具有全球视野的全球参与者和全球问题解决者。美国的顶尖大学从全球的视角培养国际化人才，为国家和世界服务，以便更直接、更深入、更广泛地影响国际事务，在国际舞台中发挥更大的作用。

在模型框架方面，美国政府、社会和顶尖大学形成了协调统一的合作机制。其中，政府是美国顶尖大学国际化人才培养的推动者。美国政府通过政策法案和经费拨款等手段，同时成立相关行政机构，影响和控制美国顶尖大学的国际化人才培养，使得美国顶尖大学国际化人才培养的政治性愈发明显。社会是美国顶尖大学国际化人才培养的支持者。教育类协会和基金会等社会组织是处理政府与美国顶尖大学国际化人才培养合作关系的缓冲器，一方面，教育类协会游说政府，出台有助于推进顶尖大学国际化人才培养的政策，另一方面，基金会为美国顶尖大学培养国际化人才提供经费资助，以作为联邦资助经费的补充。高校是美国顶尖大学国际化人才培养的实施者。美国顶尖大学在校内设置了诸多支持国际化人才培养的管理机构和部门，这些机构和部门的设置具有科层制结构"分科分层"的特征。各个层级、各种职能部门建立了良好合作关系、分工明确，从而构建起美国顶尖大学国际人才培养的组织管理制度。

在实践规范方面，美国顶尖大学将对学生专业能力的培养作为国际化人才培养的重要基础，并且将国际化理念和国际化思维融入专业学习中。美国顶尖大学通过通识教育的方式让学生既能获得广泛的人文社科和理工科的基础知识，又能获得专业领域的基础知识，同时培养其批判性思考的能力以及运用知识解决问题的创新能力和迁移能力。美国顶尖大学在海外不同大洲、不同国家的不同城市设立（研究）中心、办事处和校区，以支持学生和教师的国际经验获得，为他们的国际活动提供支助——"以世界为课堂"，鼓励和资助学生到其他国家和地区进行海外留学、海外研究、海外服务和海外创业，增强学生的国际经验；"以世界为实验室"，支持和资助教师到其他国家和地区进行海外研究。美国顶尖大学在校内亦为学生提供国际性的知识：一种是全球视野和国际理念下的国际化课程，通常包括国别和区域研究课程、国际事务和国际关系课程、专业领域的国际化课程。另一种是多领域、多学科和跨学科的国际化研究，其中跨学科已经成为美国顶尖大学国际化研究的显著特征。美国顶尖大学还为学生营造多元、包容的国际化校园氛围，校内的学生和教师来自不同的国家，具有不同的文化背景，构成了文化多样性的"全球社区"，让学生在国际化氛围的影响和熏陶之下，耳濡目染地具备国际化视野和跨文化沟通能力，为适应全球化时代多元文化工作环境做好准备。

第二，美国顶尖大学国际化人才培养经历了前范式、范式形成、范式危机与转换三个阶段。

前范式时期对应殖民地时期至 20 世纪初，这一时期美国顶尖大学国际化人才培养最大的特征就是向欧洲学习——先向英国学习，后向德国学习。在前范式时期前期（殖民地时期），美国顶尖大学国际化人才培养的方式是作为清教徒的后代不远万里到英国的大学留学，将英国的高等教育模式移植复制到美国。国际化人才培养的理念是为教会培养宗教神职人员和为殖民地培养公职人员。在前范式时期后期（19 世纪初到 20 世纪初），美国顶尖大学国际化人才培养的方式转变为学生和教师到德国的大学留学，将德国的高等教育模式借鉴到美国，并结合美国实际对德国高等教育模式加以改造。国际化人才培养的理念是培养具有美国本土意识，为美国社会经济服务的国民。前范式时期的美国顶尖大学国际化人才培养，主要依靠个人来实现，学生和教师到欧洲留学往往是自发的。不管政府还是高校都未出台与国际化人才培养直接相关的法案和规定。受交通和通信的障碍，这一时期的国际化人才培养更多是单向性和地区性的，规模还比较小，未能形成普遍意义上的国际化人才培养。

范式形成时期对应20世纪初到20世纪60年代末。在范式初步形成时期，美国的教育社会组织和私人基金会的出现，让美国顶尖大学的国际化人才培养日益体系化、组织化和规模化。进入20世纪特别是第一次世界大战之后，美国对参与国际事务的兴趣愈发强烈，为适应美国联邦政府外交政策从保守的门罗主义转向扩张主义的趋势、为美国走向世界和称霸世界服务，美国顶尖大学的国际化人才培养的国际性开始增强。与前范式时期相比，这一时期美国顶尖大学的国际化人才培养活动和项目日益多元，国际化人才培养不再停留于学术层面的师生国际交流，而是开始将培养国际化人才作为发展外交的突破，国际化人才培养开始被赋予外交政策的使命与意涵。在范式最终形成时期，美国政府对顶尖大学国际化人才培养的主导性增强，顶尖大学国际化人才培养的驱动力主要是为满足美国国家冷战战略的需求，以及维护美国的国家安全利益。

范式危机与转换时期对应20世纪60年代末至今。在范式的危机时期，美国政府和社会组织对顶尖大学国际化人才培养的支持力度下降，顶尖大学的国际化人才培养的政治性也受到削弱。在范式的转换时期，顶尖大学国际化人才培养的价值理念转换为培养适应全球经济竞争，提升美国全球竞争力的国际化人才。顶尖大学成为国际化人才培养最重要的推动主体。

第三，美国顶尖大学国际化人才培养范式形成和转换的动力在于国家安全、经济竞争、文化宗教思想、社会组织、大学自身。

美国顶尖大学国际化人才培养范式转换的推动因素构成了美国顶尖大学国际化人才培养的环境和土壤，为美国顶尖大学的国际化人才培养实践奠定了基础。

其一,国家安全方面。在范式确立时期,国际化人才培养范式转换的主要动力来自政治因素,政府成为美国顶尖大学国际化人才培养的主导力量,政府在美国顶尖大学国际化人才培养范式最终形成中发挥着决策、支持、引导和控制的重要作用,具体表现政策和法案上的推动、经费的支持,以及国家和机构部门上的管理。美国顶尖大学国际化人才培养的价值理念是培养为美国国家安全和全球战略所服务的国际化人才。

其二,经济竞争方面。在范式危机与转换时期,尤其是20世纪90年代后,随着经济全球化时代的到来,帮助美国赢得全球经济竞争、保持美国的全球竞争力、维护美国的经济霸主地位成为美国顶尖大学国际化人才培养理念的新趋向,经济竞争成为国际化人才培养范式转换的主要动力。美国顶尖大学也将赢得经济利益和经济价值作为国际化人才培养的重要内在动力。

其三,文化宗教思想方面,具体表现为"天定命运"、实用主义、危机意识和忧患意识,以及对自主、竞争、市场的推崇乃至迷信。"天定命运"赋予了美国人领导世界的责任感,他们坚信美国有让其他国家了解美国文化意识形态的义务。实用主义是与美国历史联系最为紧密的文化传统之一,在美国顶尖大学国际化人才培养范式转换的整个过程中,实用主义文化如影随形,影响深远。尤其是二战结束以来,美国顶尖大学的国际化人才培养始终以国家利益为中心,为了服务国家利益,将国际化人才培养上升到国家安全的角度。危机意识和忧患意识使得美国顶尖大学的国际化人才培养没有止步不前,而是及时采取变革措施。对自主的推崇,使得美国顶尖大学在国际化人才培养进程中有较强的自主性;对竞争的推崇,使得美国顶尖大学加快国际化人才培养的改革进程以防在竞争中掉队；对市场的推崇，使得美国顶尖大学将市场经济和市场机制作为国际化人才培养必不可少的价值取向。

其四，社会组织方面。社会组织是推动20世纪初美国顶尖大学国际化人才培养范式由前范式时期向范式形成期转型的关键因素。正是在社会组织的支持下，美国顶尖大学国际化人才培养提出了较为明确的国际化人才培养目标，国际化人才培养也有了一定系统性、规模性和组织性。社会组织主要包括教育组织，如美国大学协会等，以及私人基金会，如卡内基基金会和洛克菲勒基金会等。社会组织结合自身的力量与资源，积极同国内外的大学和政府开展联系与沟通，通过支持顶尖大学的国际化人才培养提升美国的国际影响力。

其五，大学自身方面。美国顶尖大学自诞生之初便具有国际性，国际性作为美国顶尖大学的恒常价值和本质属性，成为其培养国际化人才培养的基本动力。不管是范式形成时期，还是范式危机与转换时期，美国顶尖大学都是国际化人才培养的重要主体，尤其是在范式危机与转换时期，主体性的作用变得愈发明显。美国顶尖大学所面临的全球问题要求其打破国与国之间的界限，从更广泛的范围开展人才培养和科研的国际交流与合作，服务于更广范围的人类社会。

无论是国际化人才培养的历史经验，还是国际化人才培养的现实成果，美国顶尖大学在当今世界都可以称得上首屈一指。学习、借鉴美国顶尖大学的国际化人才培养，不能异化为对其表层经验的照搬照抄或亦步亦趋，应看到支撑国际化人才培养的大学理念、文化、精神、价值和制度。只有追溯到美国顶尖大学作为大学的本质属性和核心价值，才能更深入、更全面地学习和吸收其国际化人才培养的经验。学习和借鉴美国顶尖大学的国际化人才培养经验，不仅要对美国的历史、制度、文化等进行全面考量,更要立足于中国的民族底蕴、文化传统、历史思想、政治制度,创建我国一流大学国际化人才培养的范式、理念、框架和规范。基于此种观念,笔者得出如下启示。

第一,借鉴国际化人才培养范式特点,构建我国一流大学国际化人才培养的范式。

基于库恩范式理论的"范式"和"范式转换",美国顶尖大学的国际化人才培养范式特点主要体现在两个方面:一方面,美国顶尖大学的国际化人才培养有着统一的范式作为支撑,这代表着美国顶尖大学的国际化人才培养有着较强的系统性和整体性,美国顶尖大学国际化人才培养所取得的巨大成就离不开其价值理念、模型框架和实践规范三者的整体统一。另一方面,美国顶尖大学的国际化人才培养有着悠久的历史,尽管严格意义上的国际化人才培养到20世纪初以后才逐渐出现,但是早在殖民地时期,美国顶尖大学的国际化人才培养便已经生根萌芽。并且,美国顶尖大学的国际化人才培养范式发展至今,并非一成不变,而是经历了范式的形成、范式的危机与转换等阶段,这体现了美国顶尖大学的国际化人才培养有着较强的历史性和发展性。

借鉴美国顶尖大学国际化人才培养的范式特点,一是要促进我国一流大学国际化人才培养的整体性和系统性,不能将国际化人才培养与大学的教学、科研和社会服务割裂开来,应将国际化人才培养与大学的各项工作融为一体。奥尔特加·加塞特(Ortega Y. Gasset)在《大学的使命》(*Mission of the University*)一书中指出:"任何一项改革运动,如果仅局限于纠正我们大学中那些懒散草率的弊病,那么改革同样也会不可避免地变得非常草率。""大学改革的实质是为了能够系统完整体现其目标,因此,对我们的大学目标只做出一些调整、修饰或变更最终会是一场空欢喜。"① 以麻省理工学院为例，它将国际化人才培养与"教学、研究、服务、合作、校园氛围"融为一体，实现了"全球教育""国际研究""服务世界""全球合作""全球校园"。② 同时，也不能将国际化人才培养停留于"狭义国际化层面"，仍然只为实现国际化人才培养的显性目标如留学生招收规模以及国际经验教师所占比重等而努力，而应将国际化人才培养的价值理念、模型框架与实践规范三者结合起来。正如王英杰教授所说，"一流大学应尽快进入广义国际化的阶段，把重点放在文化、精神和制度层面"③。

二是要促进我国一流大学国际化人才培养的历史性和发展性。我国一流大学在国际化人才培养过程中，应避免浮躁冒进的心态，意图通过短期性的举措培养出高水平国际化人才，这显然不符合教育发展和人才培养的科学规律，因为国际化人才培养非一日之功，美国顶尖大学国际化人才培养之所以取得今天的成就，背后经历了上百年的历史积淀。我国一流大学应秉持"十年树木，百年树人"的理念，从历史的角度出发，基于对学生长远发展和高等教育科学发展规律的考量，将国际化人才培养打造成"百年工程"，循序渐进，持续推进，只有这样我国一流大学才能早日屹立于世界一流大学之林。同时，我国一流大学还应从发展的角度出发，根据国内政治经济和国际世界格局的发展变化，结合本校发展实际，适时地对国际化人才培养加以改革。

总体而言，借鉴美国顶尖大学国际化人才培养的范式特点，构建

---

① 奥尔特加·加塞特：《大学的使命》，徐小洲等译，浙江教育出版社2001年版，第45—46页。
② MIT, "Global MIT", (25 March 2021), https://global.mit.edu/.
③ 王英杰："广义国际化与世界一流大学建设"，《比较教育研究》2018年第7期。

一流大学国际化人才培养的中国范式需要结合我国一流大学的发展实际，以及我国高等教育的改革实践，在中国话语体系下从全面动态的角度推进我国一流大学国际化人才培养的整体性、系统性、历史性和发展性。

第二，借鉴国际化人才培养全球理念，树立我国一流大学国际化人才培养的理念。

基于笔者的研究可以发现，在美国顶尖大学的国际化人才培养价值理念中，"全球"成为出现次数最多的关键词，可见面向全球，培养国际化人才成为美国顶尖大学国际化人才培养价值理念的最显著特征。如哈佛大学致力于培养具有全球视野、全球影响力和全球竞争力，未来可能成为全球领导者的国际化人才。美国顶尖大学的国际化人才不仅关注国内经济、政治、社会等问题，还关注全球最棘手的难题如难民、贫困、饥饿、战争、疾病、气候变暖等，其国际化人才培养的"全球理念"充分体现了其作为世界一流大学的气魄、胸怀和格局。

与美国顶尖大学国际化人才培养的"全球理念"相比，"在我们的大学愿景和使命中，鲜有世界一流大学的气质、内涵和勇气，尚很少见到培养全球公民的提法，更少见到培养世界领袖的提法"[①]。由此可见，我国大多数一流大学尚未将培养"全球领导者""世界领袖"加入国际化人才培养的价值理念中，这显然不符合我国参与全球治理体系转型与变革对高校培养全球竞争力国际化人才的需求，也不符合我国作为一个负责任大国走向世界舞台中心的主流趋势。更为重要的是，如果我国的一流大学没有培养"全球领导者"的胆魄和勇气，没有培养具有人类使命感的国际化人才的情怀和精神，那么我

---

① 王英杰："广义国际化与世界一流大学建设"，《比较教育研究》2018年第7期。

国一流大学既不能培养出全球治理体系变革的参与者、国际规则的制定者,也难以引领世界价值体系和话语体系。因而,我国一流大学应有更高的格局、更广的胸怀、更大的气魄,不仅培养为我国经济社会发展、政治稳定所服务的国际化人才,更要培养促进人类共同进步、维护世界各国人民福祉的"全球领导者""世界领袖""全球参与者""国际难题解决者"。

与此同时,需要清醒地认识到美国顶尖大学国际化人才培养全球理念的核心本质,即为美国的霸权主义所服务,顺应美国主导世界的国家利益需要,培养"全球领导者"等旨在输出美国的文化和价值观,提升美国的国际形象,增强美国的软实力。与美国的宗教文化不同,中国的传统文化具有"天下大同""和而不同"的观念,故中国一流大学国际化人才培养的全球理念将以构建人类命运共同体作为指导思想,以实现"民心相通"作为国际化人才培养的根本目的,所培养的"全球领导者"将致力于推进各国之间的平等交流、互学互鉴。通过尊重合作与文明对话,促进世界教育共同发展和世界文明共同进步,进而促进不同文化与民族之间深层次的理解与认同,在开放和谐的环境中推进世界各国文明发展和国力的综合提高。[①]

第三,借鉴国际化人才培养协同机制,建构我国一流大学国际化人才培养框架。

与美国顶尖大学国际化人才培养的协同机制相比,我国一流大学的国际化人才培养在协同机制层面还存在三点不足。其一,政府层面,美国联邦政府自二战结束后出台了《富布莱特法案》《国防教育法》等与国际化人才培养密切相关的法案,这些法案将国际化人才培

---

① 刘淑华、刘庆:"后'9·11'时代美国教育外交战略及其对中国的启示",《高等教育研究》2021年第2期。

养的教育政策与美国政治战略和外交政策结合起来，对维护美国的国家利益、保护美国的国家安全有着重要意义。而当前我国政府对高校国际化人才培养的发展战略，尚缺乏定位清晰、内容明确的顶层设计和规划，尚未出台与国际教育和国际化人才培养直接密切相关的法律，目前更多的是以规划、办法、条例、意见、通知等形式出现，稳定性和权威性不足，[①] 且不具有系统性，负责国际化人才培养的国家教育机构也相对较少且单一，政府对国际化人才培养在教育外交层面和国家软实力竞争层面的价值重视程度还不够。

其二，社会层面，美国有着数量庞大、实力雄厚的社会组织，如教育类协会和私人基金会等。而目前为我国一流大学国际化人才培养提供支持的社会组织还相对较少，社会力量参与国际化人才培养的巨大优势没有被充分激活。组织能力较弱，中国社会组织参与国际化人才培养的协调机制尚不成熟和完善。

其三，高校层面，尽管美国顶尖大学国际化人才培养有着统一的范式作为支撑，但不同顶尖大学国际化的人才培养模式各不相同。当下，我国一流大学的国际化人才培养的价值理念和实践规范等同质化较为严重，未能很好地与各自学校的办学特色相结合，不少一流大学的国际化人才培养千篇一律。这一定程度上受到我国当前在一流大学国际化人才培养理念和实践规范制度方面的影响。在此环境下，部分一流大学甚至出现了忽略本校发展实际、发展特色以及人才培养的科学规律，为迎合国家政策而匆匆上马国际化人才培养项目的情况，对国家的高等教育资源造成了较大浪费。

由于中美高等教育体制有着显著差异，我国一流大学不可能也没

---

① 陈越、王余生：" 美国高等教育国际化政策：历程、动因和走向"，《现代教育管理》2016 年第 8 期。

有必要完全照搬照抄美国顶尖大学国际化人才培养框架。鉴于以上问题，一方面，在一流大学外部，要建立健全政府、社会、高校协同合作的国际化人才培养机制：政府应从政策层面出台与国际教育和国际化人才培养密切相关的法律，为一流大学国际化人才培养提供法律指导；从机构层面丰富与完善与国际化人才培养相关的机构，为一流大学国际化人才培养提供支持。通过政策引导赋予社会组织参与办学或其他形式参与国际化人才培养的权利，拓宽筹资渠道，积极吸引社会捐赠，鼓励基金会等社会组织向一流大学注入资金，形成一流大学国际化人才培养的多元资源投入格局。政府对高校国际化人才培养的价值理念、实践规范等可以赋予一定自主权，高校在践行国家国际化人才培养政策方针的同时，应立足于学校发展实际和学校发展特色，培养"世界一流，中国特色，学校风格"的国际化人才。另一方面，在一流大学内部，应健全和完善国际化人才培养的职能部门和管理体系，加强国际化人才培养的治理体系改革，构建分工明确、系统科学的国际化人才培养管理制度。

第四，借鉴国际化人才培养统一实践，建设我国一流大学国际化人才培养规范。

美国顶尖大学国际化人才培养不仅在价值理念、模型框架和实践规范三个方面做到了范式的统一，还在实践规范内部做到了统一。相比之下，我国一流大学的实践规范尚缺乏整体性和系统性。其一，我国一流大学在培养国际化人才的过程中，未能将对学生专业能力的培养和对全球素养的培养进行结合，使得培养出来的国际化人才或缺乏牢固的专业知识和专业能力，或缺乏全球素养和国际视野。其次，我国一流大学通识教育和专业教育衔接存在割裂，致使通识教育"不通"，专业教育"不专"，也未能将国际化人才培养的理念融入通识教育和专业教育之中，无法培养出一专多能的复合型国际化人才，也未将跨学科的思维融入专业学习之中，导致所培养的国际化人才知识面较窄。其二，我国一流大学未能将国际化人才培养的理论学习与实践能力结合起来，开展海外实习、海外服务和海外创业的学校还相对较少。其三，我国一流大学将国际学生和本土学生割离开来，为国际学生和本土学生设置了两套标准——录取不同、专业不同、考核不同、住宿不同等，将国际学生视为特殊群体而不是一视同仁，很难将国际学生培养成亲华友华的全球领导者和世界领袖。其四，我国一流大学未能将国际化人才培养的国内平台和国外平台结合起来，为学生提供海外体现的机会还相对较少，有国际经验的学生比例还很低，人数也非常少，且主要集中在研究生层面。其五，我国一流大学很少在国外设立分校区、办事处和研究中心，难以为学生和教师提供在海外开展学习、实习和研究的机会。其六，我国一流大学缺乏国际化的校园氛围，学生和教师的国际化背景还相对欠缺，国际学生和国际教师的比例还相对较低，且学生和教师的国际化背景较为单一，与美国顶尖大学学生和教师动辄来自上百个国家相比，我国一流大学还存在差距。其七，我国一流大学将语言学习、特定国家文化课程、国别和区域研究割裂开来，选择学习他国语言，学习他国文化，基于他国语言到他国开展研究的学生还相对较少。

我国一流大学应立足于中国的文明、文化和历史等，在此基础上通过以下几个方面的统一来推进国际化人才培养实践规范的建设。其一，将专业能力和全球素养进行统一，将国际化要素融入专业知识学习之中。其二，将中华文明史、中国人文经典等课程作为通识教育的重要组成部分，实现通识教育和专业教育的统一，将国际化理念融入通识教育和专业教育之中，实现专业学习和跨学科学习的统一，拓宽学生的知识面。其三，将理论学习与实践能力结合起来，鼓励和支持学生到国外开展实习实践，特别是立足于中国，研究世界问题。其四，将国际学生与本土学生结合起来，对国际学生一视同仁，培养认同和热爱中国历史文化的世界领袖。其五，将国内和国外统一起来，提升学生尤其是本科生的国际经验，在海外设立分校区，或者办事处和研究中心，为学生和教师的国际经验提供支持。其六，将学生、教师和学校统一起来，提升学生和教师背景的国际化和多元化，丰富学生和教师的国际化背景，营造国际化的校园氛围，与此同时，鼓励我国一流大学招聘本土优秀学生作为青年师资，以作为对我国一流大学国际化人才培养成果的肯定。其七，将语言、课程和研究统一起来，一流大学应鼓励学生学习第二外语，特别是联合国官方语言，——汉语和英语之外的法语、俄语、阿拉伯语和西班牙语，并以该语作为研究所使用的语言，到语言所在的国家开展研究；开设多个语种的外语教育课程，以增进学生对特定区域语言和历史文化的了解和研究；此外，由于中国的官方语言不是英语，但英语作为国际语言的地位一时难以撼动——"在制定国际化国家战略的国家中有 2/3 仍将英语作为教学语言之一"[1]，故我国的一流大学仍然要鼓励学生学习英语，对国际学生开设英语授课课程，对于研究论文发表的语言，则应报以开放态度，不论论文的语言，只论论文的质量。

随着国际地位的提升，中国日益走向世界舞台的中央，构建人类命运共同体成为参与全球治理的中国方案，你输我赢的"零和博弈"传统思维将被抛弃。我国一流大学不能故步自封，而应主动走在国际

---

[1] Curaj, Adrian, Deca, Ligia & Pricopie, Remus (eds.), *European Higher Education Area: The Impact of Past and Future Policies*, Switzerland: Springer International Publishing, 2018, pp. 95-106.

化的最前列,在学习美国顶尖大学国际化人才培养的经验基础上,为我国构建和引领"人类命运共同体"培养合格人才,提供基础性的服务和支持。①

---

① 王英杰:"广义国际化与世界一流大学建设",《比较教育研究》2018年第7期。

参考文献

一、著作/译著

奥尔特加·加塞特：《大学的使命》，徐小洲等译，浙江教育出版社 2001 年版。

贝磊等：《比较教育研究：路径与方法》，李梅译，北京大学出版社 2010 年版。

布迪厄：《文化资本与社会炼金术》，包亚明译，上海人民出版社 1997 年版。

查尔斯·维斯特：《一流大学 卓越校长：麻省理工学院与研究型大学的作用》，蓝劲松主译，北京大学出版社 2008 年版。

查尔斯·维斯特：《麻省理工学院如何追求卓越》，蓝劲松主译，北京大学出版社 2013 年版。

陈昌贵、曾满超、文东茅：《研究型大学国际化研究》，中国出版集团 2014 年版。

陈利民：《办学理念与大学发展——哈佛大学办学理念的历史探析》，中国海洋大学出版社 2006 年版。

陈学飞：《美国高等教育发展史》，四川大学出版社 1989 年版。

陈学飞：《高等教育国际化：跨世界的大趋势》，福建人民出版社 2002 年版。

戴维·凯泽：《麻省理工学院的成长历程：决策时刻》，王孙禺等译，清华大学出版社 2015 年版。

德里克·博克：《走出象牙塔》，徐小洲等译，浙江教育出版社 2001 年版。

德里克·博克：《回归大学之道：对美国大学本科教育的反思与展望》，侯定凯译，华东师范大学出版社 2008 年版。

菲利普·G. 阿特巴赫：《比较高等教育：知识、大学与发展》，人民教育出版社教育室译，人民教育出版社2001年版。

冯增俊：《比较教育学》，江苏教育出版社2001年版。

弗兰克·H. T. 罗德斯：《创造未来：美国大学的作用》，王晓阳等译，清华大学出版社2007年版。

顾明远：《教育大辞典(第3卷)》，上海教育出版社1991年版。

郭健：《哈佛大学发展史研究》，河北教育出版社2000年版。

郝艳萍：《美国联邦政府干预高等教育机制的确立》，浙江教育出版社2015年版。

亨利·罗索夫斯基：《美国校园文化》，谢宗仙等译，山东人民出版社1996年版。

简·奈特：《激流中的高等教育——国际化变革与发展》，刘东风、陈巧云译，北京大学出版社2011年版。

金子元久：《大学教育力》，徐国兴等译，华东师范大学出版社2009年版。

理查德·布瑞德利：《哈佛，谁说了算》，梁志坚译，北京大学出版社2014年版。

理查德·诺顿·史密斯：《哈佛世纪——锻造一所国家大学》，程方平等译，贵州教育出版社2004版。

丽贝卡·S. 洛温：《创建冷战大学：斯坦福大学的转型》，叶赋桂、罗燕译，清华大学出版社2007年版。

梁茂信：《美国人才吸引战略与政策史研究》，中国社会科学出版社2015年版。

林玉体：《哈佛大学史》，高等教育文化事业有限公司2002年版。

罗伯特·M. 罗森兹威格：《大学与政治——美国研究型大学的政策、政治和校长领导》，王晨译，林薇校，河北大学出版社2008年版。

罗杰·L. 盖格：《研究与相关知识——第二次世界大战依赖的美国研究型大学》，张斌贤等译，河北大学出版社2008年版。

马万华：《从伯克利到北大清华——中美公立研究型大学建设与运行》，教育科学出版社2004年版。

莫顿·凯勒、菲利斯：《哈佛走向现代：美国大学的崛起》，史静寰等译，清华大学出版社2007年版。

乔治·M. 马斯登：《美国大学之魂》，徐弢等译，北京大学出版社2015

年版。

史静寰:《当代美国教育》,社会科学出版社 2012 年版。

斯塔夫里阿诺斯:《全球通史:从史前史到 21 世纪》,董书慧等译,北京大学出版社 2005 年版。

托马斯·库恩:《科学革命的结构》,金吾伦、胡新和译,北京大学出版社 2012 年版。

王英杰:《美国高等教育的改革与发展》,人民教育出版社 1993 年版。

亚瑟·科恩:《美国高等教育通史》,李子江译,北京大学出版社 2010 年版。

杨启光:《教育国际化进程与发展模式》,社会科学文献出版社 2011 年版。

於荣:《冷战中的美国大学学术研究》,北京师范大学出版社 2008 年版。

约翰·塞林:《美国高等教育史》,孙益等译,北京大学出版社 2014 年版。

詹姆斯·J. 杜德斯达:《21 世纪的大学》,刘彤等译,王定华校,北京大学出版社 2020 年版。

张维平、马立武:《美国教育法研究》,中国法制出版社 2005 年版。

张伟:《卓越的背后:美国大学研究》,当代中国出版社 2013 年版。

张扬:《文化冷战:美国的青年领袖项目》,中国社会科学出版社 2020 年版。

朱易:《常春藤名校校长演说精选》,王建华等译,江西人民出版社 2009 年版。

Altbach, Philip G., & Balán, Jorge, *World Class Worldwide: Transforming Research Universities in Asia and Latin America*, Baltimore: Johns Hopkins University Press, 2007.

Altbach, Philip G., Reisberg, Liz & Rumbley, Laura E., *Trends in Global Higher Education: Tracking an Academic Revolution*, Dordrecht: Sense Publishers, 2010.

Ash, Mitchell G. & Söllner, Alfons (eds.), *Forced Migration and Scientific Change: Emigré German-Speaking Scientists and Scholars after 1933*, New York: Cambridge University Press, 1996.

Bestor, Arthur E., *Educational Wastelands: The Retreat from Learning in Our Public School*, Urbana: University of Illinois Press, 1953.

Biddle, Sheila, *Internationalization: Rhetoric or Reality?* New York: American Council of Learned Societies, 2002.

Brumbaugh, Aaron John, *American Colleges and Universities*, Washington: American Council on Education, 1948.

Burn, Barbara B., *Expending the International Dimension of Higher Education*, San Francisco: Jossey-Bass Publishers, 1980.

Conger, Sarah Pike, *Letters from China*, Chicago: A. C McClurg, 1910.

Crawley, Edward F., *The CDIO Syllabus: A Statement of Goals for Undergraduate Engineering Education*, Massachusetts: MIT Department of Aeronautics and Astronautics, 2001.

Curaj, Adrian, Deca, Ligia & Pricopie, Remus (eds.), *European Higher Education Area: The Impact of Past and Future Policies*, Switzerland: Springer International Publishing, 2018.

De Wit, Hans, *Internationalization of Higher Education in the United States of America and Europe: A Historical, Comparative, and Conceptual Analysis*, Westport: Greenwood Press, 2002.

Duggan, Stephen P., *First Annual Report of the Director: Institute of International Education*, New York: Institute of International Education, 1920.

Duggan, Stephen P., *Second Annual Report of the Director: Institute of International Education*, New York: Institute of International Education, 1921.

Geiger, Roger L., *To Advance Knowledge, the Growth of American Research Universities, 1900-1940*, New York: Oxford University Press, 1986.

Hartshorne, Edward Yarnall, *The German Universities and National Socialism*, Cambridge: Harvard University Press, 1937.

Harvard University, *Harvard University Global Engagement: An Overview*, Massachusetts: Office of the Vice Provost for International Affairs Harvard University, 2020.

Hollis, Ernest Victor, *Philanthropic Foundations and Higher Education*, New York: Columbia University Press, 1938.

Hunt, Michael H., *Frontier Defense and the Open Door. Manchuria in Chinese-American Relations, 1895-1911*, New Haven: Yale University Press, 1973.

Kent, Donald Peterson, *The Refugee Intellectual: The Americanization of the Immigrants of 1933-1941*, New York: Columbia University Press, 1953.

Kerr, Clark, *Higher Education Can not Escape History*, Albany: State University of New York Press, 1994.

King, Roger (eds.), *The University in the Global Age*, New York: Palgrave Macmillan, 2004.

Klasek, Charles B. (eds.), *Bridges to the Future: Strategies for Internationalizing Higher Education*, Carbondale: Association of International Education Administrators, 1992.

Knight, Jane, *Internationalization: Elements and Checkpoints*, Ottawa: Canadian Bureau for International Education Research No. 7, 1994.

Knowles, Asa S. (eds.), *The International Encyclopedia of Higher Education*, San Francisco: Bass Publishers, 1977.

Lester, Richard K., *A Global Strategy for MIT*, Massachusetts: MIT Office of the Associate Provost for International Activities, 2017.

Lowell, Abbott Lawrence, *Report of the President and the Treasurer of Harvard College, 1921-1922*, Cambridge: Harvard Archive Center, 1922.

Ma, Yingyi & Garcia-Murillo, Martha A., *Understanding International Students from Asia in American Universities*, Switzerland: Springer International Publishing, 2018.

Malone, Gifford D., *Political Advocacy and Cultural Communication: Organizing the Nation's Public Diplomacy*, New York: University Press of America, 1988.

McCaughey, Robert, *Stand Columbia: A History of Columbia University in the City of New York, 1754-2004*, New York: Columbia University, 2003.

Mckee, Delber L., *Chinese Exclusion Versus the Open Door Policy, 1900-1906: Clashes over China Policy in the Roosevelt Era*, Detroit: Wayne State University Press, 1977.

Mestenhauser, Josef A. & Ellingboe, Brenda J., *Reforming the Higher Education Curriculum: Internationalizing the Campus*, Phoenix: American Council on Education, Oryx Press, 1999.

OECD (eds.), *Quality and Interntionalisation in Higher Education*, Paris: OECD Publishing, 1999.

Rickover, Hyman George, *Education and Freedom*, New York: E. P. Dutton & Co, 1959.

Scott, Peter (eds.), *The Globalization of Higher Education*, Buckingham: The Society for Research into Higher Education and Open University Press, 1988.

Spring, Joel H., *The American school, 1642 - 2000*, Boston: McGraw-Hill Companies, 2001.

Stephens, David (eds.), *Higher Education and International Capacity Building: Twenty-five Years of Higher Education Links*, Oxford: Symposium Books, 2009.

Sussman, Leonard R., *The Culture of Freedom: The Small World of Fulbright Scholars*, Maryland: Rowman & Littlefield Publishers, 1992.

U. S. Congress, *United State Information and Educational Exchange Act of 1948*, In United State Code, Congressional Services, 80th Congress, 2nd Session, Vol. 1, St. Paul, MINI: West Publishing Co. 1948.

Vestal, Theodoer M., *International Education: It's History and Promise for Today*, Westport: Praeger Publishers, 1994.

Yamada, Reiko, *Measuring Quality of Undergraduate Education in Japan*, Singapore: Springer, 2014.

二、期刊/学位论文

安亚伦、段世飞:"推拉理论在学生国际流动研究领域的发展与创新",《北京师范大学学报(社会科学版)》2020年第4期。

安亚伦、段世飞:"全球学生流动的特点、影响因素与趋势",《复旦教育论坛》2020年第5期。

安亚伦:"二战后美国联邦政府国际学生流动政策变迁研究",北京师范大学博士学位论文,2020年。

白强:"危机·转机·生机:哈佛大学改革轨迹探究(1869—2001)",南京大学博士学位论文,2016年。

别敦荣、李晓婷:"麻省理工学院的发展历程、教育理念及其启示",《高等理科教育》2011年第2期。

别敦荣:"论'双一流'建设",《中国高教研究》2017年第11期。

操睿:"语言学转向:库恩'不可通约性'论题的嬗变",《西部学刊》2020年第20期。

曹德明:"高等外语院校国际化外语人才培养的若干思考",《外语教学理论与实践》2011年第3期。

曹晓飞:"《国防教育法》对美国高等教育发展的影响及启示",《当代教育理论与实践》2014年第2期。

陈秀娟、张志强:"国际科研合作对科研绩效的影响研究综述",《图书情报工作》2019年第15期。

陈越、王余生:"美国高等教育国际化政策:历程、动因和走向",《现代教育管理》2016年第8期。

程永林、刘毅强:"哈佛大学的人才培养战略研究:经验与借鉴",《广东外语外贸大学学报》2013年第24期。

崔军、汪霞:"从创新人才培养的角度谈大学国际化的应对之策",《全球教育展望》2009年第10期。

崔来廷:"美国私立顶尖研究型大学办学绩效评价分析",《河南师范大学学报(哲学社会科学版)》2015年第2期。

崔淑卿、钱小龙:"美国高等教育国际化的兴起、发展及演进",《现代大学教育》2012年第6期。

丁进、陈锡安、蔡爱华等:"'国际化人才'探析",《中国人力资源开发》2005年第12期。

丁玲:"中美大学国际化实践及发展趋势研究",华中科技大学博士学位论文,2012年。

董渊、刘丽霞、张伟等:"服务'一带一路'建设 提升研究生国际化培养水平",《学位与研究生教育》2017年第7期。

方红、周鸿敏:"高等教育国际化的发展特点与趋势",《江西社会科学》2007年第2期。

菲利普·G.阿特巴赫:"世界一流大学的成本与收益",覃文珍译,《北京大学教育评论》2004年第1期。

冯刚:"国际化视野下高校德育的创新发展",《中国高等教育》2011年第

1 期。

冯倬琳、刘念才："世界一流大学国际化战略的特征分析",《高等教育研究》2013 年第 6 期。

高会军、邱剑彬："依托国际化平台提升博士生培养质量的探索与实践",《继续教育研究》2016 年第 10 期。

高鹏："美国高等教育国际化的历程研究",吉林大学博士学位论文,2015 年。

谷贤林："一流大学之路:加州大学伯克利分校发展研究",《清华大学教育研究》2005 年第 4 期。

顾建民、薛媛："美国研究型大学的国际化战略——基于战略规划的内容分析",《高等教育研究》2017 年第 7 期。

顾建民、薛媛："研究型大学国际化的制度分析",《高等工程教育研究》2017 年第 6 期。

顾明远："教育的国际化与本土化",《华中师范大学学报(人文社会科学版)》2011 年第 6 期。

郭庆霞："《莫雷尔法案》的颁布对内战后美国高等教育的影响",《黑龙江高教研究》2011 年第 3 期。

郭伟、崔佳、赵明媚等："日本世界一流大学建设:变迁、特征与启示",《高教研究》2020 年第 9 期。

胡开宝、王琴："国际化视域下的外语学科发展:问题与路径——以上海交通大学外语学科建设为例",《外语教学》2017 年第 2 期。

黄葵："国际化与世界一流大学的建设——以学科建设为视角看北京大学国际化进程",《教育与经济》2012 年第 3 期。

黄明东："试析实用主义思想对美国教育立法的影响",《法学评论》2003 年第 6 期。

黄帅、杨天平："美国教育委员会参与大学国际化研究",《比较教育研究》2020 第 2 期。

季波、刘毓闻、陈龙等："美国高校国际化人才培养模式的特征与启示——以美国五所知名研究型高校为例",《华南师范大学学报(社会科学版)》2019 年第 6 期。

姜微、季明、刘丹："百年复旦百年复兴",《瞭望新闻周刊》2005 年第

39 期。

蒋玉梅、孙志凤、张红霞:"教师视野中的高校课程国际化——基于对中英大学教师的调查",《开放教育研究》2013 年第 4 期。

金蕾莅、刘士达、施华杰等:"国际组织最高领导人的任职特征及对国际化人才培养的启发",《清华大学教育研究》2019 年第 5 期。

金帷、马万华:"20 世纪美国高等教育国际化历程——以动因—策略为脉络的历史分析",《教育学术月刊》2012 年第 1 期。

劳拉·珀纳、卡培·奥罗兹:"促进学生流动:美国高等教育国际化的发展趋势",刘博森译,《比较教育研究》2015 年第 8 期。

李成明、张磊、王晓阳:"对国际化人才培养过程中若干问题的思考",《中国高等教育》2013 年第 6 期。

李蕙伶:"哥伦比亚大学通识课程设置研究及启示",湖北大学硕士学位论文,2015 年。

李军、段世飞、胡科:"高等教育国际化的阶段特征与挑战",《高教发展与评估》2020 年第 1 期。

李立国:"大学治理变迁的理论框架:从学术—政府—市场到大学—国家—社会",《清华大学教育研究》2020 年第 4 期。

李盛兵:"大学国际化评价指标体系初探",《华南师范大学学报(社会科学版)》2005 年第 6 期。

李昕照:"世界一流大学国际化战略的实施路径及其启示——以新加坡国立大学为例",《高等理科教育》2020 年第 2 期。

李永强、罗云:"师资队伍国际化:建设世界一流大学的关键",《中国农业教育》2009 年第 3 期。

李昀、王文泽:"面向国际合作的大学结构功能的优化路径研究——基于北京大学的案例",《高等工程教育研究》2016 年第 1 期。

刘宝存:"哈佛大学办学理念探析",《外国教育研究》2003 年第 1 期。

刘宝存:"战后美国高等教育的全球性政策剖析",《比较教育研究》1988 年第 2 期。

刘国福:"大学国际化探讨",《太平洋学报》2008 年第 2 期。

刘经南、陈闻晋:"论培养'有根'的世界公民——中国研究型大学在高等教育国际化进程中的定位",《中国高教研究》2008 年第 1 期。

刘淑华、刘庆："后'9·11'时代美国教育外交战略及其对中国的启示"，《高等教育研究》2021年第2期。

刘欣："范式转换：课程开发走向课程理解的实质与关系辨析"，《教育研究与实验》2014年第1期。

柳海民、林丹："困境与突破：论中国教育学的范式"，《东北师大学报（哲学社会科学版）》2007年第3期。

卢猛："美国顶尖大学学科竞争力研究：结构布局与质量发展"，湖南大学硕士学位论文，2017年。

陆根书、康卉："我国'985工程'大学高等教育国际化政策分析"，《高等工程教育研究》2015年第1期。

吕林海、郑钟昊、龚放："大学生的全球化能力和经历：中国与世界一流大学的比较——基于南京大学、首尔大学和伯克利加州大学的问卷调查"，《清华大学教育研究》2013年第4期。

吕林海、郑钟昊、龚放："中韩研究型大学本科生全球化能力和经历的比较研究——基于南京大学与首尔大学的问卷调查"，《大学教育科学》2013年第6期。

吕庆广："危机意识与美国强国之路"，《徐州师范大学学报》2006年第3期。

马嵘、程晋宽："美国高校的全面国际化——基于组织变革的视角"，《高等教育研究》2019年第4期。

马嵘："全面国际化背景下美国研究型大学国际事务治理研究"，南京师范大学博士学位论文，2019年。

聂娟："美国大学协会的社会服务能力从何而来"，《江苏高教》2019年第2期。

牛华勇、金菁华、宋阳等："基于软系统方法论构建教育国际化指标体系"，《江苏高教》2018年第5期。

潘懋元、朱国仁："高等教育的基本功能：文化选择与创造"，《高等教育研究》1995年第1期。

彭志军、梁莉、成永红："以国际化建设为契机推进优势学科建设与发展——以西安交通大学'985工程'三期建设为例"，《学位与研究生教育》2013年第9期。

阙芳："美国研究型大学课程国际化发展研究"，沈阳师范大学硕士学位论文，2017年。

桑元峰："从国际化人才培养视角探索外语教学质量监控"，《外语界》2014年第5期。

邵国松："国际化办学的新思路和新探索——以上海交通大学新媒体全英文项目为例"，《青年记者》2016年第19期。

石毅："美国高等教育国际化与国家战略"，《教育研究》2020年第9期。

眭依凡、俞婷婕、李鹏虎："大学文化思想研究——基于改革开放30多年大学文化发展的线路"，《北京大学教育评论》2016年第1期。

孙奥军："库恩范式理论视角下的公共管理转型研究"，湘潭大学硕士学位论文，2018年。

孙贵平、商丽浩："基金会资助：美国研究型大学崛起的推动力"，《现代大学教育》2020年第5期。

邰蕾蕾、袁文霞、杨玲："研究生'产学研'联合培养'范式'辨析——基于托马斯·库恩范式理论语境下的争论与澄清"，《合肥工业大学学报（社会科学版）》2014年第3期。

唐纪明："美国退还庚子赔款与清华学校"，《清华大学教育研究》1989年第2期。

汪霞、钱小龙："美国高等教育国际化的现状、经验及我国的对策"，《全球教育展望》2010年第11期。

王秋燕："H大学硕士国际化课程政策及其执行研究"，华中科技大学硕士学位论文，2019年。

王俊烽："美国高等教育国际化探析"，天津师范大学硕士学位论文，2012年。

王雪梅："全球化、信息化背景下国际化人才的内涵、类型与培养思路——以外语类院校为例"，《外语电化教学》2014年第1期。

王英杰、高益民："高等教育的国际化——21世纪中国高等教育发展的重要课题"，《清华大学教育研究》2000年第2期。

王英杰："广义国际化与世界一流大学建设"，《比较教育研究》2018年第7期。

王英杰："后疫情时代教育国际化三题"，《比较教育研究》2020年第9期。

王颖:"近十年大学国际化问题研究趋向",《江苏高教》2008年第3期。
王玉峰、樊蓉:"高校国际化人才培养模式:西方名校的经验与启示",《新疆大学学报(哲学人文社会科学版)》2016年第4期。
王忠民、康卉、陆根书等:"西部高校中外合作办学新模式、新机制探索——西安交通大学与香港理工大学合作的通理项目案例研究",《高等工程教育研究》2013年第1期。
文东茅、陆骄、王友航:"出国学习还是校本国际化?——大学生国际化素质培养的战略选择",《北京大学教育评论》2010年第1期。
吴玫:"大学国际化水平评价体系的比较研究",《高教探索》2011年第5期。
徐国祥、马俊玲、于颖:"人才国际化指标体系及其比较研究",《上海财经大学学报》2006年第3期。
徐梦杰、张民选:"美国大学国际组织高层次人才培养研究——以哈佛大学肯尼迪政府学院为例",《比较教育研究》2018年第5期。
许传静:"我国大学国际化问题研究",西南大学博士学位论文,2010年。
旋天颖、杨程:"美国顶尖大学本科人才培养:理念、制度及借鉴",《大学教育科学》2014年第4期。
薛珊:"全球化背景下耶鲁大学与哈佛大学国际化策略评析",《比较教育研究》2012年第7期。
闫玉华、付裕:"美国古典实用主义思想与美国精神",《中北大学学报(社会科学版)》2020年第1期。
阎光才:"大学的自治传统",《读书》2000年第10期。
杨建国、李茂林:"提升大学创新能力 培养高端国际化战略人才——北京外国语大学的人才培养之道",《大学(学术版)》2010年第9期。
杨捷:"19世纪美国达特茅斯学院案及其影响",《河南大学学报(社会科学版)》2000年第5期。
殷超:"试析1965年《美国高等教育法》",《沧桑》2012年第3期。
约翰·沃恩:"促进国家和全球利益:美国大学联合会的作用",杨曦译,《清华大学教育研究》2008年第1期。
张汉、赵寰宇:"中国大学如何培养全球治理人才?——美国研究型大学的经验及其启示",《经济社会体制比较》2019年第1期。

张化新、梁瑜霞、高萍:"国际化大都市背景下的国际化人才培养",《西北大学学报(哲学社会科学版)》2012 年第 6 期。

张纪红:"哥伦比亚大学办学理念发展研究",山东师范大学硕士学位论文,2014 年。

张乐天:"美国退还庚子赔款余额的决策过程",《史林》1987 年第 2 期。

张少刚、王永锋:"我国开放大学国际化战略与政策选择",《现代远程教育研究》2011 年第 5 期。

张谨:"库恩的科学观",《江汉论坛》2006 第 3 期。

钟周、张传杰:"立足本地、参与全球:全球胜任力美国国家教育战略探析",《清华大学教育研究》2018 年第 2 期。

朱建安:"加州大学伯克利分校国际学生教育质量保障研究",河北大学硕士学位论文,2020 年。

庄智象、谢宇、韩天霖等:"国际化创新型外语人才培养的思考——教学大纲、课程体系、教学方法与手段",《外语界》2012 年第 4 期。

邹志钢、黄睿彦:"组织与管理视阈下的哈佛大学教育国际化分析",《江苏经贸职业技术学院学报》2014 年第 6 期。

Albedah, Amani, "A Gadamerian Critique of Kuhn's Linguistic Turn: Incommensurability Revisited", *International Studies in the Philosophy of Science*, Vol. 20, No. 3, 2006.

Altbach, Philip G. & Knight, Jane, "The Internationalization of Higher Education: Motivations and Realities", *Journal of Studies in International Education*, Vol. 1, No. 3-4, 2007.

Altbach, Philip G., De Wit, Hans, "Trump and the Coming Revolution in Higher Education Internationalization", *International Higher Education*, No. 89, 2017.

Atencio, Marisa, "International Students' Experiences Developing Friendships in U. S. Higher Education", Ph. D. dissertation, University of Georgia, 2018.

Buckner, Elizabeth, "The Internationalization of Higher Education: National Interpretations of a Global Model", *Comparative Education Review*, Vol. 63, No. 3, 2019.

Butos, William N., "The Doomsday Lobby: Hype and Panic from Sputniks,

Martians, and Marauding Meteors. Independent Review", *The Independent Review*, Vol. 16, No. 22, 2011.

Cantu, Maria P., "Three Effective Strategies of Internationalization in U. S. Universities", *Journal of International Education & Leadership*, Vol. 3, No. 3, 2013.

Cummings, William K., "Going Overseas for Higher Education: The Asian Experience", *Comparative Education Review*, Vol. 28, No. 2, 1984.

Ford, Karly S. & Cate, Leandra, "The Discursive Construction of International Students in the USA: Prestige, Diversity, and Economic Gain", *Higher Education*, Vol. 80, No. 3, 2020.

Gong, Tian, "Beyond Academic Mobility: International Education Professionals' Perspectives on Internationalization in US Higher Education", Ph. D. dissertation, California State Polytechnic University, 2009.

Horn, Aaron S., Hendel, Darwin D. & Fry, Gerald W., "Ranking the International Dimension of Top Research Universities in the United States", *Journal of Studies in International Education*, Vol. 11, No. 3-4, 2007.

Hou, Y. W. & Chan, S. J., "Investigating into the International Education Strategies in the UK and USA", *Journal of Education Research*, Vol. 312, 2020.

Kreber, Carolin, "Different Perspectives on Internationalization in Higher Education", *New Directions for Teaching and Learning*, Vol. 118, No. 1, 2009.

Leask, Betty, "Internationalizing the Curriculum in the Disciplines—Imagining New Possibilities", *Journal of Studies in International Education*, Vol. 17, No. 2, 2013.

Ma, Wanhua, "The University of California at Berkeley: An Emerging Global Research University", *Higher Education Policy*, Vol. 21, No. 1, 2008.

Macrander, Ashley, "An International Solution to a National Crisis: Trends in Student Mobility to the United States Post 2008", *International Journal of Educational Research*, Vol. 82, No. 2, 2017.

Marginson, Simon, "Dynamics of National and Global Competition in Higher Education", *Higher Education*, Vol. 52, No. 1, 2006.

Mcmahon, Mary E., "Higher Education in a World Market", *Higher Educa-

tion, Vol. 24, No. 4, 1992.

McWhirter, Paula T. & McWhirter, J. Jeffries., "Historical Antecedents: Counseling Psychology and the Fulbirght Program", *The Counseling Psychologist*, Vol. 38, No. 1, 2010.

Mohrman, Kathryn, Ma, Wanhua & Baker, David, "The Research University in Transition: The Emerging Global Model", *Higher Education Policy*, Vol. 21, No. 1, 2008.

Olson, Keith W., "The G. I. Bill and High Education: Success and Surprise", *American Quarterly*, Vol. 25, No. 5, 1973.

Soutar, Geoffrey N. & Turner, Julia P., "Students' Preferences for University: A Conjoint Analysis", *International Journal of Educational Management*, Vol. 16, No. 1, 2002.

Strong, Ned, "Internationalization at Harvard", *Higher Learning Research Communications*, Vol. 3, No. 2, 2013.

Tight, Malcolm, "Globalization and Internationalization as Frameworks for Higher Education Research", *Research Papers in Education*, Vol. 36, No. 1, 2021.

Ward, Isabel Avila, "The Fulbright Act", *Far Eastern Survey*, Vol. 16, No. 17, 1947.

Yildirim, Ozgur, "Class Participation of International Students in the USA", *International Journal of Higher Education*, Vol. 6, No. 4, 2017.

三、网络文献

中国政府网:"中共中央办公厅、国务院印发《加快推进教育现代化实施方案(2018—2022 年)》",2020 年 2 月 23 日,https://www.gov.cn/xinwen/2019-02/23/content_5367988.htm。

网易教育:"网友称:北大清华进世界一流就是个笑话",2011 年 8 月 23 日,https://edu.163.com/11/0823/07/7C4HG85I00293L7F.html。

新华网·教育关注:"一流大学国际化人才培养的共性特征",2020 年 12 月 19 日,http://education.news.cn/2016-12/19/c_129411152.htm。

央广网:"教育部:加快培养具有全球视野的高层次国际化人才",2020 年

6月18日，http：//edu. cnr. cn/list/20200618/t20200618_525133604. shtml。

中国教育新闻网："加快培养具有全球竞争力的国际化人才"，2020年7月6日，http：//www. jyb. cn/rmtzcg/xwy/wzxw/202007/t20200706_342560. htm。

中国青年报："伟大的大学要有伟大的博物馆"，2014年5月20日，http：//zqb. cyol. com/html/2014-05/20/nw. D110000zgqnb_ 20140520_ 1-09. htm。

AAU，"Global Competence Briefing：Program and Bullet Points"，（25 March 2021），https：//www. aau. edu/us-global-competence-briefing-program-and-bullet-points.

American Council on Education，"ACE Internationalization Laboratory"，（15 February 2021），https：//www. acenet. edu/Programs-Services/Pages/Professional-Learning/ACE-Internationalization-Laboratory. aspx.

American Council on Education，"Comprehensive Internationalization Framework"，（15 February 2021），https：//www. acenet. edu/Research-Insight s/Pages/Internationalization/CIGE-Model-for-Comprehensive-Internationalization. aspx.

Association of U. S. Universities，"The Association of U. S. Universities：A Century of Service to Higher Education 1900－2000"，（14 February 2021），https：//www. aau. edu/association-american-universities-century-service-higher-education-1900-2000.

Berkeley Global Engagement，"UC Berkeley's Principles of International Engagement"，（06 March 2021），https：//globalengagement. berkeley. edu/about/uc-berkeleys-principlcs-international-engagement.

Berkeley Global Studies，"Global Studies Major"，（25 February 2021），https：//live-global-studies. pantheon. berkeley. edu/degree-programs/major-programs/global-studies/.

Berkeley Hass，"Global Management Concentration"，（25 February 2021），https：//haas. berkeley. edu/undergrad/academics/global-opportunities/gmc/.

Berkeley International & Area Studies Academic Program，"Development Studies"，（25 February 2021），https：//iastp. berkeley. edu/degree-programs/major-programs/development-studies/.

Berkeley Public Health, "Specialty Area in Global Health", (25 February 2021), https://publichealth.berkeley.edu/academics/specialty-areas/global-health/.

Berkeley Research, "International & Area Studies", (25 February 2021), https://vcresearch.berkeley.edu/international.

Berkeley Research, "International Education at Berkeley-The Role of Tittle VI Support", (25 February 2021), https://vcresearch.berkeley.edu/international/international-education-berkeley-role-title-vi.

Berkeley University of California, "International Students Association at Berkeley", (06 March 2021), https://callink.berkeley.edu/organization/isab.

California Legislative Information, "AB-1674 University of California: Nonresident Student Enrollment", (06 March 2021), https://leginfo.legislature.ca.gov/faces/billNavClient.xhtml?bill_id=201720180AB1674.

Carnegie Corporation of New York, "Other Carnegie Organizations", (14 February 2021), https://www.carnegie.org/about/our-history/other-carnegie-organizations/.

Center for African Studies, "About", (25 February 2021,) https://africa.berkeley.edu/about.

Columbia College, "Academic Requirements", (05 March 2021), https://bulletin.columbia.edu/columbia-college/requirements-degree-bachelor-arts/.

Columbia College, "Core Curriculum", (24 February 2021), https://bulletin.columbia.edu/columbia-college/core-curriculum/.

Columbia College, "Foreign Language Requirement", (24 February 2021), https://bulletin.columbia.edu/columbia-college/core-curriculum/foreign-language-requirement/.

Columbia Global Centers, "Global Columbia Collaboratory Presents", (06 March 2021), https://globalcenters.columbia.edu/cgc-global-columbia-collaboratory.

Columbia Global Centers, "Message from Safwan Masri, EVP for Global Centers and Global Development", (06 March 2021), https://globalcenters.columbia.edu/content/message-safwan-masri-evp-global-centers-and-global-development.

Columbia Law School, "Research Centers and Programs", (11 April 2021), https://www.law.columbia.edu/faculty-scholarship/research-centers-and-programs.

Columbia University Center for Career Educations, "Columbia Experience Overseas", (24 February 2021), https://www.careereducation.columbia.edu/programs/columbia-experience-overseas.

Columbia University, "Mumbai Columbia Global Centers", (24 February 2021), https://cu-global-centers.site.drupaldisttest.cc.columbia.edu/content/mumbai-research.

Columbia University, "List Centers and Institutes", (25 March 2021), https://www.columbia.edu/content/list-centers-and-institutes.

Columbia University, "Mumbai Columbia Global Centers", (24 February 2021), https://cu-global-centers.site.drupaldisttest.cc.columbia.edu/content/mumbai-education.

Columbia University, "Office of the President", (05 March 2021), https://president.columbia.edu/.

Columbia University, "Paris Columbia Global Centers", (24 February 2021), https://cu-global-centers.site.drupaldisttest.cc.columbia.edu/content/paris-research.

Columbia University, "University Mission Statement", (25 February 2021), https://www.columbia.edu/content/about-columbia.

Columbia University, "World Leaders Forum", (11 April 2021), https://worldleaders.columbia.edu/.

Committee on International Relations, "A One-Year MA Program", (10 March 2021), https://cir.uchicago.edu/content/coursework.

Constitution Annotated, "ArtI.S9.C3.2 Ex Post Facto Laws", (25 March 2021), https://constitution.congress.gov/browse/essay/.

Giving to Columbia, "Our Commitment to Students", (05 March 2021), https://giving.columbia.edu/commitment/students.

Giving to Columbia, "Safwan M. Masri", (03 March 2021,) https://giving.

columbia. edu/safwan-m-masri.

Global Engagement, "Global Columbia Collaboratory", (06 March 2021), https://global. undergrad. columbia. edu/program/global-columbia-collaboratory.

Global MIT, "International Advisory Committee", (06 March 2021), https://global. mit. edu/about/international-advisory-committee.

Global MIT, "Serving the World", (06 March 2021), https://global. mit. edu/serving-world.

GlobalSecurity, "A National Security Strategy for a New Century", (05 January 2000), https://www. globalsecurity. org/military/libra ry/policy/national/nss9912. htm.

Goldman School of Public Policy, "Scholar Programs", (25 February 2021), https://gspp. berkeley. edu/global/fellowship-programs.

Harvard Business School, "The Field Method Bridging the Knowing-Doing Gap", (04 February 2021), https://www. hbs. edu/mba/academic-experience/Pages/the-field-method. aspx.

Harvard College, "The Transformative Power of a Liberal Arts and Sciences Education", (06 March 2021), https://college. harvard. edu/about/mission-vision-history.

Harvard Global Support Services, "Graduate Student Travel Policy", (02 February 2021), https://www. globalsupport. harvard. edu/travel-tools/forms-policies/graduate-professional-student.

Harvard Summer School, "Harvard Summer Program in Kyoto, Japan", (05 February 2021), https://www. summer. harvard. edu/study-abroad/kyoto-japan.

Harvard University, "Faculty of Arts and Sciences Office of International Affairs", (07 March 2021), https://international. fas. harvard. edu/.

Harvard University, "Harvard in the World", (06 March 2021), http://worldwide. harvard. edu/harvard-world.

Harvard University, "Harvard Museums of Science & Culture", (11 April 2021), https://hmsc. harvard. edu/.

Harvard University, "Harvard Worldwide", (06 March 2021), https://worldwide.harvard.edu/world-harvard.

Harvard University, "International Relations", (16 March 2021), https://www.harvard.edu/programs/international-relations/.

Harvard University, "Locations Abroad", (06 March 2021), https://worldwide.harvard.edu/harvard-world.

Harvard University, "Museums", (25 March 2021), https://www.harvard.edu/campus/museums/.

Harvard University, "Office of the President", (02 March 2021), https://www.harvard.edu/president/.

Harvard University, "Office of International Education", (07 March 2021), https://oie.fas.harvard.edu/.

Harvard Worldwide, "One Harvard, One World", (06 March 2021), https://worldwide.harvard.edu/.

IHOUSE, "Learning", (06 March 2021), https://ihouse.mit.edu/.

Institute Community & Equity Office, "Diversity", (06 March 2021), https://diversity.mit.edu/diversity/mit-diversity-equity-and-inclusion-data.

Institute of International Education, "Academic Level", (13 November 2019), https://www.iie.org/Research-and-Insights/Open-Doors/Data/International-Students/Academic-Level.

Institute of International Education, "Commemorating a Century", (10 December 2020), https://www.iie.org/Why-IIE/History.

Institute of International Education, "Number of International Students in the United States Hits All-Time High", (18 November 2019), https://witreader.com/articles/913366427472/.

International Association of Universities, "Definition of Internationalization", (08 December 2018), https://www.iau-aiu.net/Internationalization?lang=en.

Johns Hopkins, "Diversity and Inclusion", (16 March 2021), https://sais.jhu.edu/about-us/diversity-and-inclusion.

Johns Hopkins, "Hopkins Around the World", (16 March 2021), https://

www. jhu. edu/about/international/.

Johns Hopkins, "Krieger School of ARTS & SCIENCES", (09 March 2021), https：//krieger. jhu. edu/academics/departments-programs-and-centers/.

Johns Hopkins, "Master's in International Studies", (09 March 2021), https：//apply. jhu. edu/international-studies/www. jhu. edu/about/.

Johns Hopkins, "School of Nursing", (07 March 2021), https：//nursing. jhu. edu/excellence/community/global-center/.

Legal Information Institute, "Bill of Rights", (25 March 2021), https：//www. law. cornell. edu/constitution/billof rights.

MISTI, "Global Teaching Labs", (06 March 2021), https：//misti. mit. edu/student-programs/area-inter est/global-teaching-labs.

MISTI, "MISTI Excellence Awards", (06 March 2021), https：//misti. mit. edu/about-misti/misti-excellence-awards.

MISTI, "MISTI Student Overview", (21 February 2021), https：//misti. mit. edu/MISTI101.

MISTI, "MIT PeaceTech Initiative", (06 March 2021), https：//misti. mit. edu/mit-peacetech-initiative.

MISTI, "Student Programs：India", (06 March 2021), https：//misti. mit. edu/student-program s/location/india.

MISTI, "What We Do", (06 March 2021), https：//misti. mit. edu/about-misti/what-we-do.

MISTI, "What We Do", (21 February 2021), https：//misti. mit. edu/about-misti/what-we-do.

MIT Admission, "The MIT education：Global education", (22 February 2021), https：//mitadmissions. org/discover/the-mit-education/global-education/.

MIT News on Campus and around the World, "Computing and Artificial Intelligence：Humanistic Perspectives from MIT", (21 February 2021), https：//news. mit. edu/2019/computing-and-ai-hu manistic-perspectives-0924.

MIT News, "IROP Students Around the World", (06 March 2021), https：//news. mit. edu/2011/irop-around-the-world.

MIT News, "MIT Receives Grant from Association of U. S. Universities", (25 March 2021), https：//news. mit. edu/2017/mit-receives-american-association-universities-grant-for-undergraduate-stem-education-0214.

MIT, "Global Languages", (25 March 2021), https：//mitgsl. mit. edu/.

MIT, "Global MIT", (25 March 2021), https：//global. mit. edu/.

Penn Abroad, "Penn Global Seminars", (16 March 2021), https：//global. upenn. edu/pennabroad/pgs.

Penn Arts & Sciences, "Centers", (09 March 2021), https：//www. sas. upenn. edu/centers/.

Penn Arts & Sciences, "Foreign Languages", (10 March 2021), https：//www. sas. upenn. edu/global-inquiries.

Penn Global, "Oceania", (16 March 2021), https：//global. upenn. edu/global/map/oceania.

Penn Global, "Global Centers and Programs", (16 March 2021), https：//global. upenn. edu/global-initiatives/global-centers-and-programs-0.

Penn Global, "Global Engagement Penns Schools", (25 March 2021), https：//global. upenn. edu/global-initiatives/global-engagement-penns-schools.

Penn Global, "Penn Schools, Centers & Programs", (07 March 2021), https：//global. upenn. edu/global-initiatives/penn-schools-centers-programs.

Penn Global, "Strategic Framework for Penn's Global Initiatives 2018-2023", (07 March 2021), https：//global. upenn. edu/global-initiatives/strategic-framework-penns-global-initiatives-2018-2023.

Penn Global, "Where We Are", (07 March 2021), https：//global. upenn. edu/map.

PIIRS, "Regional Studies & Certificate Programs", (25 March 2021), https：//piirs. princeton. edu/study-learn/regional-certificate-programs.

Princeton Center for Language Study, "Languages", (16 March 2021), https：//pcls. princeton. edu/resources/language-programs/.

Princeton University, "Cultural & Affinity Group", (16 March 2021), https：//www. princeton. edu/one-community/cultural-affinity-groups.

Princeton University, "International Princeton", (16 March 2021), https://international.princeton.edu/princeton-world.

Princeton University, "Learning Abroad", (07 March 2021), https://www.princeton.edu/academics/learning-abroad#the-world-is-your-classroom.

Princeton University, "Meet Princeton", (08 March 2021), https://www.princeton.edu/meet-princeton/service-humanity.

Princeton University, "Princeton Institute for International and Regional Studies", (09 March 2021), https://piirs.princeton.edu, Accessed: 09 March 2021.

Princeton University, "Studying Princeton", (16 March 2021), https://www.princeton.edu/academics/studying-princeton.

School of International and Public Affairs, "Experience SIPA", (05 March 2021), https://www.sipa.columbia.edu/experience-sipa/global-un-connections.

Stanford Freeman Spogli Institute for International Studies, "Education", (10 March 2021), https://fsi.stanford.edu/education.

Stanford Global Studies Internship Program, "History and Mission", (07 March 2021), https://sgs.stanford.edu/global-studies-internship-program/about/history-and-mission.

Stanford University, "Engineering", (16 March 2021), https://engineering.stanford.edu/students-academics/global-engineering-programs.

Stanford University, "FSI", (16 March 2021), https://fsi.stanford.edu/masters-degree.

Stanford University, "Global Studies Internship Program", (16 March 2021), https://sgs.stanford.edu/global-studies-internship-program/home.

Stanford University, "Global Studies", (16 March 2021), https://sgs.stanford.edu/academics/degrees-offered.

Stanford, "Freeman Spogli Institute for International Studies", (09 March 2021), https://fsi.stanford.edu/research/international-development.

Teachers College Columbia University, "Explore Academic Programs", (05

March 2021), https：//www. tc. columbia. edu/academics/.

Teachers College Columbia University, "Institutional Plan for the Assessment of Student Learning Outcomes 2016－2020", (31 December 2020), https：//www. tc. columbia. edu/media/administration/accreditation/2016-2020-Learning-Outcomes-Assessment-Plan. pdf.

Teachers College Columbia University, "Institutional Plan for the Assessment of Student Learning Outcomes 2016－2020", (31 December 2020), https：//www. tc. columbia. edu/media/administration/accreditation/2016-2020-Learning-Outcomes-Assessment-Plan. pdf.

The American Presidency Project, "Memorandum International Education Policy", (19 April 2000), https：//www. presidency. ucsb. edu/documents/memorandum-international-education-policy.

The Chronicle of Higher Education, "Columbia University to Open Network of International Collaborative-Research Centers", (3 April 2009), https：//www. chronicle. com/article/columbia-u-to-open-network-of-international-collaborative-research-centers/.

The Obama Foundation Scholar's Program, "Application Information", (02 March 2021), https：//worldprojects. columbia. edu/application-information.

THE World University Rankings, "Johns Hopkins University", (07 March 2021), https：//www. timeshighereducation. com/world-university-rankings/johns-hopkins-university.

UC Berkeley Global Engagement, "Global Networks", (11 April 2021), https：//globalengagement. berkeley. edu/about/global-networks.

UC Berkeley Global Engagement, "IES Berkeley Austria Pre-dissertation and Dissertation Fellowships", (11 April 2021), https：//globalengagement. berkeley. edu/ies-berkeley-austria-pre-dissertation-and-dissertation-fellowships.

UC Berkeley Global Engagement, "Tsinghua-UC Berkeley Shenzhen Institute (TBSI)", (11 April 2021), https：//globalengagement. berkeley. edu/tsinghua-uc-berkeley-shenzhen-institute-tbsi.

UC Berkeley, "Examples of Global Partnerships and Programs：Faculty Mobility", (11 April 2021), https：//globalengagement. berkeley. edu/about/

examples-global-partnerships-and-programs.

UC Berkeley, "Graduate Student Professional Development Guide", (11 April 2021), https://grad.berkeley.edu/professional-development/guide/.

UC Berkeley, "The Goldman School Public Policy", (11 April 2021), https://gspp.berkeley.edu/.

UC Berkeley, "Undergraduate Education", (11 April 2021), https://vcue.berkeley.edu/our-units.

UC Berkeley, "Visiting Scholar and Postdoc Affairs", (11 April 2021), https://vspa.berkeley.edu/programs-0.

UCHICAGO Global, "Global Foundation", (25 March 2021), https://global.uchicago.edu/global-foundation.

UCHICAGO Global, "PUChicago in the World", (16 March 2021), https://global.uchicago.edu/page/uchicago-world.

UCHICAGO Global, "UChicago's Global Directory", (16 March 2021), https://global.uchicago.edu/global-directory?keys=&prog%5B309%5D=309.

UCHICAGO Global, "UChicago's Global Directory", (16 March 2021), https://global.uchicago.edu/global-directory.

UCHICAGO Global, "World UChicago", (16 March 2021), https://global.uchicago.edu/world-uchicago.

UCLA Center for World Languages, "Languages taught at UCLA", (16 March 2021), https://international.ucla.edu/cwl/article/29240.

UCLA Global, "Global Events", (16 March 2021), https://global.ucla.edu/forums#globalevents.

UCLA Global, "Partnerships Global Collaboration", (07 March 2021), https://www.global.ucla.edu/home.

UCLA, "Academics", (16 March 2021), https://www.ucla.edu/academics/.

UCLA, "Academics: Graduate and Professional", (16 March 2021), https://www.ucla.edu/academics/graduate-and-professional-education.

University of Chicago Language Center, "Languages offered at UChicago", (10 March 2021), https://languages.uchicago.edu/languages/.

Zanvyl Krieger School of Arts and Sciences, "Departments, Program Requirements, and Courses", (10 March 2021), https://e-catalogue.jhu.edu/arts-sciences/full-time-residential-programs/degree-programs/.

Zanvyl Krieger School of Arts and Sciences, "International Studies", (10 March 2021), https://e-catalogue.jhu.edu/arts-sciences/full-time-residential-programs/degree-programs/international-studies/.

后 记

高等教育国际化是比较教育与高等教育领域的热门研究话题，国内外关于高等教育国际化的研究成果较为丰富和成熟；相比之下，关于国际化人才培养的研究相对较少，尤其是具有一定理论深度和学术贡献的国际化人才培养研究还不多。

本书运用库恩的范式理论对美国顶尖大学国际化人才培养进行了阐释和论证，带来新的理论视野，具有较强的学术价值和实践意义。本书开拓了国际化人才培养方式的新认识——近年来，我国"双一流"高校建设十分重视国际化人才培养，但无论实践领域还是研究方面，都局限于特定或专门的课程、项目、活动；本书则指明，美国顶尖大学的国际化人才培养并非如此，其国际化渗透到所有的院系、学科和专业，体现为基础性和普遍性的培养方式。本书还推进了高等教育国际化理论的发展——现有的国际化研究主要集中在国际化课程、教师和学生的国际比例及流动、科研项目和论文的合作等方面，本书则深入研究了人才培养方式的国际化，不但打开了高等教育国际化的新领域和新方向，也为高等教育国际化理论贡献了新的知识。此外，本书对哈佛大学等美国顶尖大学的案例研究也是此前的研究所没有涉及的，因而亦具有一定新意。可以说，本书的研究发现对我国"双一流"高校建设的国际化人才培养具有较强的启发和借鉴意义。但由于笔者能力所限，本书所呈现的内容仍是一个较为初步的成果，还存在不足，敬请学界同仁批评指正。

本书是在笔者博士学位论文的基础上进一步修改、丰富和完善而成的。2018年，笔者进入清华大学教育研究院，跟随叶赋桂老师攻读博士学位，并选择了"国际化人才培养"作为研究主题。读博期间，笔者得到了叶赋桂老师的悉心指导；同时，清华大学李曼丽教授、李锋亮教授、王传毅副教授、魏军副教授、钟周副教授，北京大学马万华教授，北京师范大学刘宝存教授等诸位专家在博士学位论文开题、预答辩、答辩等环节提出的宝贵建议，亦使作者对"国际化人才培养"这个研究主题，以及高等教育国际化相关研究领域有了更深入的理解，在此感谢他们的指导。同时感谢浙江大学张应强教授的鼓励，没有他们的无私帮助，就很难形成本书的基础。

进入浙江大学教育学院工作后，在浙江大学联合国教科文组织研究中心的资助下，笔者对博士学位论文进行了深度修改和完善，使之达到出版的要求。在此要特别感谢商务印书馆的大力支持，本书的成功出版离不开出版社各位老师的辛勤奉献。苏格拉底说，"我唯一所知的是我一无所知"——笔者认为对待学术，也是需要敬畏之心的，并很清醒地认识到本书还有诸多有待改进的地方，也还有诸多需要进一步深入思考的问题，如数字时代与变局时代国际化人才培养的理念与路径如何重塑与优化？高水平科技自立自强背景下如何处理好人才自主培养与推进高水平对外开放的关系？这些问题都有待后续研究的进一步探索。

段世飞
2024年5月于浙江大学紫金港